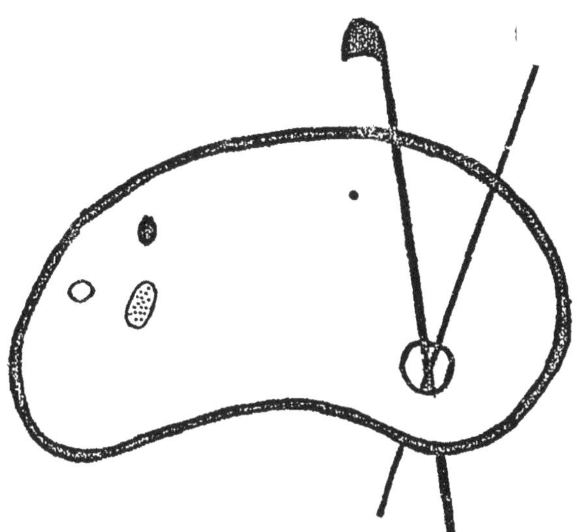

DEBUT D'UNE SERIE DE DOCUMENTS
EN COULEUR

LA
CULTURE DES MERS

EN EUROPE

PISCIFACTURE — PISCICULTURE — OSTRÉICULTURE

PAR

GEORGES ROCHÉ

Inspecteur général des Pêches maritimes

AVEC 81 GRAVURES DANS LE TEXTE

PARIS

ANCIENNE LIBRAIRIE GERMER BAILLIÈRE ET Cⁱᵉ

FÉLIX ALCAN, ÉDITEUR

108, BOULEVARD SAINT-GERMAIN, 108

1898

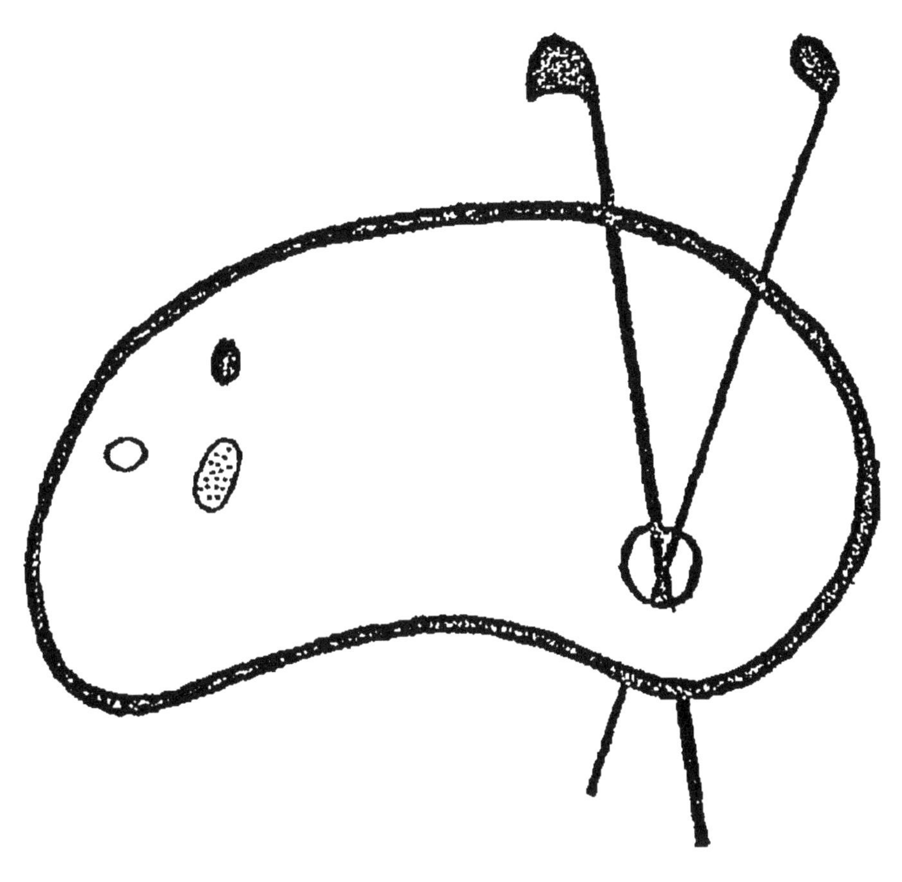

FIN D'UNE SERIE DE DOCUMENTS
EN COULEUR

BIBLIOTHÈQUE
SCIENTIFIQUE INTERNATIONALE

PUBLIÉE SOUS LA DIRECTION

DE M. ÉM. ALGLAVE

LXXXVII

BIBLIOTHÈQUE
SCIENTIFIQUE INTERNATIONALE

PUBLIÉE SOUS LA DIRECTION

DE M. ÉM. ALGLAVE

Volumes in-8, reliés en toile anglaise. Prix.......... 6 fr.
en demi-reliure d'amateur, 10 fr.

---

88 VOLUMES PUBLIÉS

DERNIERS VOLUMES PARUS :

Costantin. Les végétaux et les milieux cosmiques, avec 171 figures . 6 fr.

G. de Mortillet. Formation de la nation française (textes, linguistique, palethnologie), avec 150 figures dans le texte et 18 cartes . . . . . . 6 fr.

J. Demoor, J. Massart et E. Vandervelde. L'évolution régressive en bio logie et en sociologie, avec 81 figures . . . . 6 fr.

Niewenglowski. La photographie et la photochimie, avec 120 figures. 6 »

J.-L. de Lanessan. Principes de colonisation. . . . . 6 »

Le Dantec. Théorie nouvelle de la vie. . . . . 6 »

Stanislas Meunier. La géologie comparée, avec 35 figures . . . . . 6 »

Jaccard. Le pétrole, l'asphalte et le bitume au point de vue géologique, avec 70 figures . . . . 6 fr.

A. Angot. Les Aurores polaires, avec figures. . . . . 6 »

P. Brunache. Le centre de l'Afrique (Autour du Tchad), avec 41 figures et 1 carte. . . . . 6 fr.

De Quatrefages. Les émules de Darwin, avec préfaces de MM. E. Perrier et Hamy, 2 vol. . . . . 12 fr.

— Darwin et ses précurseurs français, 2e édition. . . . . 6 »

A. Lefèvre. Les races et les langues. . . . . 6 »

A. Binet. Les altérations de la personnalité, avec figures. . . . . . 6 »

Topinard. L'homme dans la nature, avec 101 figures. . . . . 6 »

S. Arloing. Les virus, avec 47 figures . . . . 6 »

Starcke. La famille primitive . . . . 6 »

Sir J. Lubbock. Les sens et l'instinct chez les animaux, et principalement chez les Insectes, avec 117 figures. . . . . 6 fr.

Berthelot. La Révolution chimique, Lavoisier, avec figures . . . . . 6 »

Cartailhac. La France préhistorique, avec 162 figures, 2e édition. . 6 »

Beaunis. Les sensations internes. . . . . 6 »

A. Falsan. La période glaciaire, principalement en France et en Suisse, avec 105 figures. . . . . 6 fr.

Richet (Ch.). La chaleur animale, avec figures. . . . . 6 »

Sir John Lubbock. L'homme préhistorique, étudié d'après les monuments et les costumes retrouvés dans les différents pays de l'Europe, suivi d'une étude sur les mœurs et les coutumes des sauvages modernes, avec 228 gravures, 3e édition, 2 vol. . . . . 12 fr.

Daubrée. Les régions invisibles du globe et des espaces célestes, avec 78 fig., 2e édition, revue et augmentée . . . . 6 fr.

OUVRAGES SUR LE POINT DE PARAITRE :

Guignet. Poteries et émaux.

Du Mesnil. L'hygiène de la maison, avec figures.

Kunckel d'Herculais. Les sauterelles, avec figures.

Cartailhac. Les Gaulois, avec figures.

Ed. Perrier. L'embryogénie générale, avec figures.

LA
CULTURE DES MERS

EN EUROPE

PISCIFACTURE — PISCICULTURE — OSTRÉICULTURE

PAR

Georges ROCHÉ

Inspecteur général des Pêches maritimes

AVEC 81 GRAVURES DANS LE TEXTE

PARIS

ANCIENNE LIBRAIRIE GERMER BAILLIÈRE ET Cⁱᵉ

FÉLIX ALCAN, ÉDITEUR

108, BOULEVARD SAINT-GERMAIN, 108

1898

Depuis des siècles, l'homme s'est préoccupé de régulariser
la production de la mer. Ignorant exactement les lois naturelles qui président à la propagation et à la conservation des
espèces marines comestibles, il était cependant convaincu que
l'exploitation désordonnée ou trop active de ces espèces pouvait en provoquer la diminution ou la disparition. Il voulut
donc, par des lois à lui, basées sur les conceptions frustes qu'il
avait de la vie dans les eaux, réglementer, restreindre l'exercice des pêches. Il pensa ainsi aider la nature elle-même et se
livrer à une sorte de culture du milieu marin.

Dans la seconde moitié de ce siècle, de nouvelles idées se
sont fait jour, tant pour augmenter artificiellement la production des eaux littorales que pour combattre le dépeuplement
des fonds de pêche. C'est alors qu'est née la véritable culture
de la mer.

La France a largement contribué pour sa part à agrandir
le champ d'exploitation de l'homme en matière d'aquiculture
marine. C'est chez nous que l'industrie ostréicole — industrie
ancienne, demeurée ignorée pendant des siècles, tandis qu'elle
était confinée dans quelques lagunes italiennes — a eu sa
renaissance, sous l'influence du génie fécond de Coste et des
recherches intelligemment conduites d'un administrateur
éclairé, le commissaire de la marine de Bon. C'est chez nous
encore que, encouragée par l'État, facilitée par le régime des
eaux en divers points de nos côtes, cette même ostréiculture
a acquis la perfection industrielle la plus grande et le plus
grand développement en Europe.

Par contre, c'est surtout à l'étranger que les hommes de
science se sont consacrés le plus activement à l'étude de toutes

les questions biologiques qui intéressent l'exploitation des mers. Il ne peut manquer d'être intéressant pour notre pays de se rendre compte du mouvement d'idées qui a amené certains spécialistes à tenter l'ensemencement des eaux maritimes libres par les méthodes piscicoles.

En 1857, M. Chauvin proposait à la Société d'acclimatation de produire dans des viviers littoraux d'immenses quantités d'alevins, destinés à être jetés dans la mer quand ils seraient aptes à lutter pour l'existence, afin de fertiliser les fonds de pêche. L'insuffisance des connaissances humaines, à cette époque, sur les conditions biologiques des poissons osseux marins, ne pouvait même permettre d'étudier avec fruit la proposition de M. Chauvin, et, à plus forte raison, d'en tenter l'application.

Depuis lors, ces connaissances se sont précisées et étendues, et l'on est arrivé à « fabriquer » les alevins des espèces comestibles importantes avec une précision technique très grande. On est donc en mesure maintenant d'expérimenter l'influence de l'alevinage artificiel sur la productivité des eaux exploitées par nos pêcheurs.

Le projet de peupler artificiellement les fonds laisse sceptique une grande partie du monde scientifique et du monde maritime. Ce livre ne saurait détruire ce scepticisme, car nous ne savons pas encore quelle influence les ensemencements de jeunes poissons, éclos en laboratoires sont appelés à exercer sur la fécondité naturelle des mers. Il y a là un problème à résoudre dont la solution nécessite de nouvelles et patientes recherches.

« ... La culture de la mer et son exploitation, disait Coste, en 1862, au cours d'une séance de l'Académie des sciences, peuvent être complètement organisées sur le rivage et dans l'intérieur des terres, ici par la transformation des fonds émergents en champs producteurs de coquillage, là par la création de vastes piscines, où les espèces comestibles seront soumises au régime du bercail. »

Mais cette assertion si ferme ne fut accueillie qu'avec réserve. Bientôt on reprocha à Coste les insuccès, qui ne pouvaient manquer de se produire au début de ses tentatives pour augmenter notre richesse nationale. On ne voulut pas, d'ailleurs, tenir compte des résultats heureux partiels qu'il obtenait en divers points de nos côtes, et on ne lui sut aucun gré du désintéressement de ses efforts.

La reproduction à Arcachon est loin d'atteindre « les chiffres fantastiques prédits par la science », disait en 1871 le chef du service de la marine à Bordeaux.

Cette phrase résume l'opinion de l'époque.

Trois ans plus tard — moins heureux que de Bon, qui put voir la réussite définitive de l'entreprise à laquelle il avait vaillamment collaboré — Coste mourait délaissé de tous, profondément découragé et sentant chanceler en lui sa foi dans son œuvre.

Or l'avenir qu'il annonçait est devenu le passé. Les chiffres « fantastiques prédits par la science » ont été atteints, et la production est telle aujourd'hui, non seulement à Arcachon, mais dans tous les centres d'ostréiculture, que les débouchés actuels en sont insuffisants.

Cette leçon donnée par le temps aux détracteurs des essais ostréicoles de Coste doit nous faire réfléchir.

Bien des points demeurent obscurs, sans doute, dans l'histoire des animaux marins comestibles, et l'empirisme ne saurait être exclu encore, d'une manière absolue, des méthodes de culture des eaux. Celles-ci ont cependant assez largement tenu, à l'égard de l'Huître, les espérances qu'elles avaient suscitées, pour que l'on fasse, à la science qui les a créées, crédit du temps qui lui est nécessaire pour en préciser l'application et l'étendre à d'autres animaux.

On peut prévoir d'ailleurs que, dans un délai rapproché, les méthodes de propagation artificielle serviront au perfectionnement de l'industrie millénaire qui capte dans des réservoirs et élève jusqu'à l'âge adulte les seuls alevins que les courants portent en côte.

Et, dans cet ordre de travaux, nous ne saurions évaluer l'importance que pourrait acquérir une industrie qui tirerait parti, avec les méthodes modernes de piscifacture, des marécages stériles et des landes qui bordent certains de nos rivages.

Ce livre n'est pas un traité d'aquiculture. Je n'ai pas eu pour but, en l'écrivant, d'initier le public qu'intéressent les industries maritimes à la technique détaillée des méthodes piscicoles ou ostréicoles. J'ai dû cependant décrire cette technique d'une façon exacte, mais je l'ai fait aussi sobrement que possible. J'ai voulu surtout, en effet, faire juger dans son ensemble le travail accompli depuis Coste, dans le domaine scientifique comme dans le domaine industriel, pour généraliser la « culture des mers ».

Il ne faut point entendre, par ce terme, du reste, la pêche proprement dite comme on le comprenait au temps de Noël de la Morinière. Il n'y a qu'une analogie de situations entre le pêcheur dont les filets récoltent la moisson que la mer produit naturellement et le cultivateur dont la faux abat les épis sur le sillon qu'il a ensemencé. Néanmoins, pour bien faire saisir le mobile pratique qui a incité les hommes de science à rechercher les moyens de peupler artificiellement les eaux salées, il m'a paru utile d'exposer, au début de cet ouvrage, les procédés de pêche modernes et les résultats qu'ils fournissent dans les mers d'Europe.

LA
CULTURE DES MERS
EN EUROPE

CHAPITRE PREMIER

PROCÉDÉS DE CAPTURE DES ANIMAUX MARINS COMESTIBLES, INDUS-
TRIES AUXQUELLES ILS DONNENT LIEU EN EUROPE

Procédés de pêche employés dans le nord de l'Europe. — Inscription maritime. — Organisation administrative française
des pêches maritimes. — Population pêcheuse. — Grande
pêche. — Pêche côtière, hauturière et littorale. — Armements
et résultats annuels concernant les pêches maritimes de France.
— Pêche à vapeur dans les mers d'Europe. — Vente et conservation des animaux marins comestibles. — Gains et salaires des pêcheurs. — Bénéfices laissés à l'armement par la
pêche hauturière à voiles. — Considérations statistiques sur
les pêches norvégiennes, allemandes, hollandaises, danoises,
belges, anglaises et italiennes.

Industrie extractive, la pêche maritime, dans quelque région
et par quelque méthode qu'elle s'exerce, a toujours pour but
de ravir à la nature la plus grande quantité possible des produits que celle-ci peut fournir. Les seuls perfectionnements
dont elle ait été l'objet dans ces dernières années ont d'ailleurs été l'augmentation du tonnage, de la puissance et de la
vitesse des bateaux pêcheurs et l'augmentation des dimen-

sions des engins de capture. Au lieu de se localiser au voisinage des côtes, en effet, la pêche maritime s'étend aujourd'hui très au large, et, tous les jours, les efforts de la plupart des marins qui l'exercent tendent vers l'exploitation de terrains demeurés jusqu'ici en dehors de l'action de leurs engins.

Comme la chasse, la pêche ne procède d'aucun principe scientifique dans sa technique. Une expérience, acquise empiriquement depuis de longues années et transmise à nos pêcheurs par les générations qui ont précédé la leur, est la base même des méthodes employées de nos jours encore dans l'exploitation des eaux marines. Variables suivant les espèces zoologiques comestibles qu'elles permettent de capturer, suivant les régions où vivent ces espèces et suivant les conditions morales et économiques de la population maritime qui les emploie, ces méthodes peuvent être groupées théoriquement de la façon suivante : pêche aux pièges — amorcés ou non amorcés, fixes ou mobiles ; — pêche par draguage.

Ainsi, dans certains cas, spéculant sur la voracité des animaux qu'il veut capturer, le pêcheur disposera un appât approprié dans un casier (une nasse), ou sur un hameçon qu'il immergera dans les eaux ou sur les fonds marins. C'est avec des casiers ainsi appâtés, par exemple, que seront pris, sur nos côtes de l'Ouest, le Homard, la Langouste, parfois la Crevette rose, et, dans les lagunes de la Méditerranée, l'Anguille.

Les hameçons amorcés sont montés isolément ou en petit nombre sur des lignes, que les pêcheurs jettent du bord d'une embarcation immobile, ou réunis par centaines et même par milliers sur des lignes qui sont placées sur les fonds marins (*pêche aux palangres en Méditerranée, aux grandes et petites cordes dans la Manche, aux harouelles à Terre-Neuve*). Dans d'autres cas, les hameçons appâtés sont traînés dans les eaux par les embarcations qui se laissent dériver sous voiles (*pêche de la Morue en Islande*), ou filent avec une vitesse qui, suivant les animaux, varie de 3 à 6 nœuds (*Maquereau breton, Germon*).

Un certain nombre d'animaux marins comestibles sont pêchés, à certaines époques de l'année, avec des filets coulés au fond des eaux, de façon que leurs nappes se maintiennent verticales, convenablement orientées par rapport aux courants marins et dissimulées dans les enrochements et le milieu liquide. Au voisinage de la côte encore, sur la partie du rivage qui découvre à marée basse, on dispose des filets tenus fixes et verticaux au moyen de pieux, on complète avec de petites murailles certains enrochements naturels de façon à former des réservoirs n'ayant qu'une bouche d'écoulement, que l'on munit d'une nasse, dans laquelle, à la marée descendante, se font prendre les animaux qui ont été amenés par le flot de la marée montante (*écluses à poissons*). Des haies d'épines disposées comme ces enrochements permettent d'atteindre le même but (*pêcheries de Cancale et de l'Arguenon*). Dans la zone littorale qui ne découvre pas à marée basse et que fréquentent, à certaines époques, des bancs de poissons, sont disposés aussi des pièges compliqués, en filets ou en roseaux, dans lesquels ces animaux s'engagent sans en pouvoir sortir (*madragues, trabacs, esturies, bordigues*, etc.).

Pour certaines espèces qui, périodiquement, se trouvent en bancs serrés dans les couches superficielles des eaux marines, des filets, maintenus flottants et verticaux (*filets dérivants ou flottants*), obéissant au mouvement des eaux ou fixés à des bouées ancrées, ayant une longueur de quelques dizaines à plusieurs milliers de mètres, étendent leurs nappes en travers du passage de ces animaux, qu'ils capturent dans leurs mailles (*Sardine, Surmulet, Bogue, Anchois, Maquereau, Hareng*). Parfois l'usage de ces filets est facilité par l'essaimage de chaque côté de leur nappe, d'un appât, vers lequel se précipitent les poissons et qui leur dissimule le piège (*Sardine océanique*). Des bancs entiers peuvent être entourés par d'autres filets manœuvrés de telle façon qu'ils finissent par former un réservoir flottant, dont les pêcheurs diminuent progressivement les dimensions et dans lesquels les animaux sont capturés comme au moyen d'une grande épuisette (*senne à Morue à Terre-Neuve ; lamparo, relz volant en Algérie*).

Si un grand nombre d'êtres marins peuvent être ainsi pêchés, avec des pièges de fond ou de surface, fixes ou mobiles, placés dans les eaux littorales, à l'embouchure des fleuves et dans les lagunes, ou à plusieurs milles des côtes, d'autres ne sauraient être capturés qu'avec des engins qui les viennent brutalement arracher aux lieux qu'ils habitent. D'autre part, dans certaines régions et à une certaine distance des côtes, les procédés que nous venons de passer rapidement en revue sont soit impraticables, soit incapables de fournir des récoltes d'une façon suivie dans des conditions suffisamment rémunératrices pour les gens de mer.

A la côte, les pêcheurs au rateau (*ou à la grapette*) détachent des rochers d'innombrables mollusques; les pêcheurs au *haveneau* qui, à pied, râclent le fond des flaques d'eau que laisse entre les enrochements la mer qui se retire ou promènent leurs engins sous les rouleaux de grève, sur les longues plages de sable, capturent les crevettes; les pêcheurs à la *senne* dans l'Ouest, au *bourgin* ou à l'*eissaugue* en Méditerranée, après avoir décrit, en partant du rivage avec leur filet, dont une extrémité est fixée à terre, un large circuit en mer, ramènent l'autre extrémité vers la plage et, halant sur les deux bouts, attirent à eux, en raclant le fond, tous les animaux qui se trouvent sur le passage de l'engin.

En mer, des plongeurs vont sur les fonds arracher l'éponge ou le corail — qui sont recueillis d'ailleurs par d'autres procédés. Avec une drague que remorque une embarcation, on arrache l'huître sur les bancs naturels où elle vit, tandis que, traînées dans certaines conditions par des bateaux sur les fonds marins, des poches en filets maintenues béantes sous les eaux par divers moyens, engloutissent en raclant le sol les êtres qu'elles rencontrent dans leur course (chalut, bœuf, gangui, otter trawl, etc.).

Après avoir ainsi examiné dans son ensemble l'industrie des pêches maritimes au point de vue de sa technique générale, nous allons essayer de nous rendre compte, maintenant, de son importance au point de vue des hommes qu'elle emploie, du matériel qu'elle utilise et de la valeur vénale des produits qu'elle fournit. Suivant les régions côtières, tous ces éléments varient d'importance.

Pour assurer le recrutement *régulier* de la flotte de guerre, Colbert fit décider que tous les marins français employés à la pêche ou à la navigation commerciale devaient obligatoirement accomplir une période d'instruction militaire à bord des navires de la marine royale et que — avant comme après cette période — tout en se livrant aux occupations de leur profession, ils demeuraient à la disposition du souverain, qui pouvait les *lever* instantanément pour compléter les équipages de ses navires et les envoyer guerroyer contre les flottes étrangères. Comme compensation aux obligations que leur imposait la loi, les marins furent admis, quelques années plus tard, à jouir d'une pension de retraite (la demi-solde) pour laquelle il leur fallait avoir cinquante ans d'âge et justifier de 3oo mois de navigation, tant au service de l'État qu'à la pêche ou au commerce. Ainsi fut instituée, presque en même temps que le régime de l'inscription maritime, la Caisse des invalides de la marine, destinée à assurer le paiement de la demi-solde aux gens de mer et alimentée par une retenue faite sur les salaires des marins, par une part des prises de guerre, par le produit de la vente des épaves, par des dons particuliers, etc., etc.

Au milieu des changements considérables survenus depuis deux siècles aux institutions françaises, l'inscription maritime s'est maintenue sensiblement identique à ce qu'elle était lors de sa fondation. La loi garantit en outre aux *inscrits* le monopole de l'exploitation des eaux marines. Nul ne peut, en effet, pratiquer — pour en tirer profit — la pêche en mer, dans les étangs salés ainsi que dans les fleuves et rivières, jusqu'au point où se fait sentir l'action des marées, s'il n'est *inscrit maritime*. En pratique, depuis déjà de longues années, le capital que représente le matériel d'exploitation est, dans un certain nombre de points, et pour certaines pêches, fournis aux inscrits par des armateurs.

L'exercice des pêches maritimes est soumis à une réglementation spéciale. Pouvant être levés subitement pour le service de l'État, d'une part, et devant, d'autre part, justifier d'un temps déterminé de navigation pour jouir de la demi-solde, il faut que les gens de mer soient placés, à bord des bateaux qu'ils arment, sous une sorte de régime militaire que nécessite encore leur isolement par petits groupes, loin de toute autorité administrative. Sans doute le matelot-pêcheur, qui seul doit nous occuper ici, a la latitude de changer de bateau comme l'ouvrier change d'atelier, mais ses mutations sont enregistrées par l'administration, qui doit toujours savoir exactement où le trouver en cas de mobilisation et qui ne doit lui faire compter, pour son admission à la retraite, que le temps où il est régulièrement embarqué. Enfin, le nombre de marins dont peut ainsi disposer l'autorité militaire, étant

fonction, en quelque sorte, de la prospérité des industries
océaniques, une réglementation particulière a été prévue pour
maintenir aux eaux une productivité convenable qui, assurant
aux inscrits-pêcheurs un travail rémunérateur, les empêche
d'abandonner leur métier pour se livrer à d'autres professions
sans rapports directs ou indirects avec le milieu marin.

Vis-à-vis des gens de mer, l'État témoigne donc une sollici-
tude particulière, qui est expliquée par le besoin qu'il a de
leurs aptitudes spéciales. En fait, l'administration de la ma-

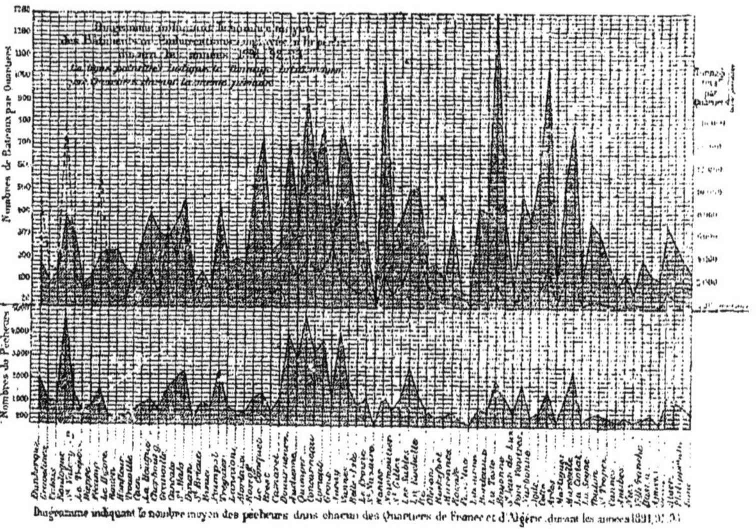

Fig. 1. — Comparaison des nombres de pêcheurs et de bateaux de pêche ainsi que
du tonnage de ces bateaux dans les divers quartiers de France et d'Algérie.

rine assure non seulement les vieux jours de ses inscrits
contre la misère, qui étreint la plupart des travailleurs âgés
d'autres professions, mais elle les aide à reconstituer leur matériel de pêche quand il a été perdu ou avarié par suite d'évé-
nements de mer ; récemment encore, elle vient de provoquer
la création et de subventionner, dans le même but, des mu-
tualités entre pêcheurs ; enfin elle soumet au Parlement un
projet de loi pour l'institution de l'assurance des marins sur la
vie et sur les accidents de leur profession. Ajoutons qu'elle
fait étudier pour les pêcheurs l'organisation d'un service d'as-
sistance et de crédit mutuel.

Pour assurer le fonctionnement des différents services qui ont trait au recrutement des équipages de la flotte, à la mobilisation des gens de mer et aux institutions de prévoyance qui le concernent aussi bien qu'à l'application des règlements afférents à la pêche et à la navigation, le littoral est divisé en un certain nombre de quartiers, administrés par un officier du commissariat de la marine et comprenant, suivant la densité de la population maritime, la configuration de la côte, etc., une plus ou moins grande étendue et un nombre variable de ports de toutes importances. Chaque quartier est subdivisé en syndicats (1), administrés par des agents subalternes (syndics) et fait partie, d'autre part, d'une des grandes subdivisions militaires, ayant leurs chefs-lieux dans nos cinq ports de guerre : les arrondissements mari-

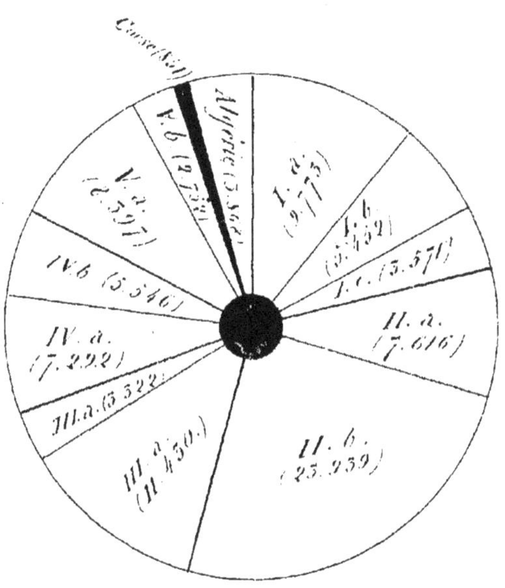

Fig. 2. — Nombres des pêcheurs dans les sous-arrondissements maritimes. (I. a., s.-arr. de Dunkerque; I. b., s.-arr. du Havre; I. c., s.-arr. de Cherbourg; II. a., s.-arr. de Saint-Servan; II. b., s.-arr. de Brest; III. a., s.-arr. de Lorient; III. b., s.-arr. de Nantes; IV. a., s.-arr. de Rochefort; IV. b., s.-arr. de Bordeaux; V. a., s.-arr. de Marseille; V. b., s.-arr. de Toulon.)

(1) Les quartiers de la côte métropolitaine de la Méditerranée et de la Corse sont pourvus, en outre, de prud'homies, sortes de tribunaux professionnels où les conflits qui peuvent surgir entre pêcheurs sont jugés rapidement et sans frais par les élus des pêcheurs eux-mêmes. Ces prud'homies ont d'ailleurs le droit de provoquer de la part de l'administration des mesures de police pour les pêches dans leurs régions respectives.

times (1). La haute administration des services qui concernent les intérêts moraux et économiques des gens de mer (dont nous nous occupons en ce moment) est faite au Ministère de la Marine, à Paris. Un comité spécial — le Comité consultatif des pêches maritimes — composé de membres du Parlement, de savants, d'administrateurs et de représentants des industries marines, est destiné à fournir, dans certains cas ressortissant à sa compétence, les avis qui permettent au Ministre de prendre des décisions motivées sur les questions d'ordre économique ou administratif concernant les pêches.

La population pêcheuse fran-

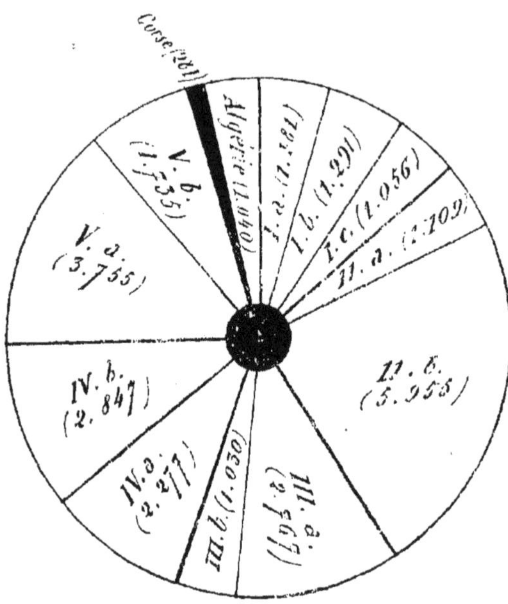

Fig. 3. — Nombres des bateaux de pêche dans les sous-arrondissements, la Corse et l'Algérie. (*I. a.*, s.-arr. de Dunkerque ; *I. b.*, s.-arr. du Havre ; *I. c.*, s.-arr. de Cherbourg ; *II. a.*, s.-arr. de Saint-Servan ; *II. b.*, s.-arr. de Brest ; *III. a.*, s.-arr. de Lorient ; *III. b.*, s.-arr. de Nantes ; *IV. a.*, s.-arr. de Rochefort ; *IV. b.*, s.-arr. de Bordeaux ; *V. a.*, s.-arr. de Marseille ; *V. b.*, s.-arr. de Toulon.)

(1) Ces arrondissements maritimes sont ceux de :

1° *Cherbourg :* de la frontière franco-belge à Portbail. — Sous-arrondissements : *Dunkerque, Le Havre, Cherbourg.*

2° *Brest :* de Portbail à Concarneau. — Sous-arrondissements : *Saint-Servan, Brest.*

3° *Lorient :* de Concarneau à Noirmoutier. — Sous-arrondissements : *Lorient, Nantes.*

4° *Rochefort :* de Noirmoutier à la frontière franco-espagnole. — Sous-arrondissements : *Rochefort, Bordeaux.*

5° *Toulon :* de la frontière franco-espagnole à la frontière franco-italienne, plus la Corse. — Sous-arrondissements : *Marseille, Toulon, la Corse.*

Les quartiers d'Algérie sont placés sous l'autorité du contre-amiral commandant la marine dans la colonie.

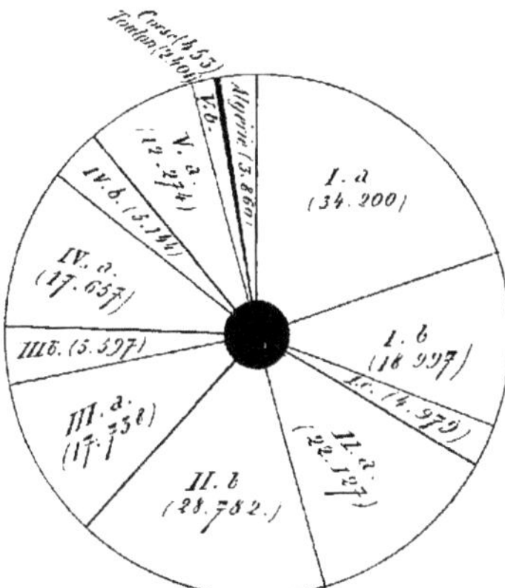

Fig. 4. — Tonnage des bâtiments de pêche dans chaque
sous-arrondissement, la Corse et l'Algérie. (*I. a.*, s.-arr.
de Dunkerque; *I. b.*, s.-arr. du Havre; *I. c.*, s.-arr. de
Cherbourg; *II. a.*, s.-arr. de Saint-Servan; *II. b.*, s.-arr.
de Brest; *III. a.*, s.-arr. de Lorient; *III. b.*, s.-arr. de
Nantes; *IV. a.*, s.-arr. de Rochefort; *IV. b.*, s.-arr. de
Bordeaux; *V. a.*, s.-arr. de Marseille; *V. b.*, s.-arr. de
Toulon.)

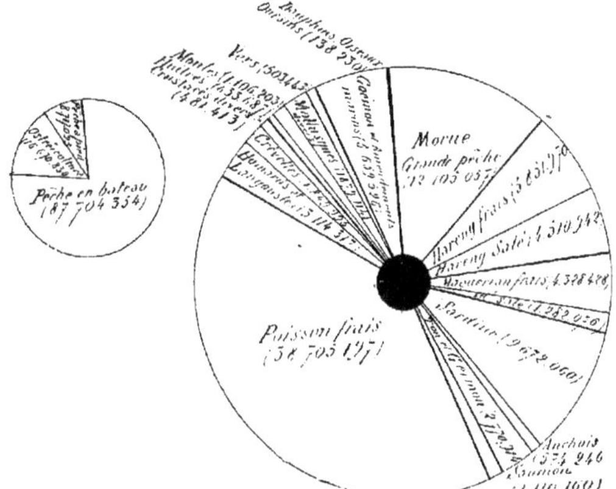

Fig. 5. — Valeurs annuelles comparées des rendements des diverses pêches
maritimes françaises.

çaise compte environ 90.000 hommes, montant 22.000 bateaux de dimensions très variables et jaugeant dans leur ensemble 200.000 tonneaux. En outre, 60.000 hommes, femmes et enfants pratiquent la pêche à pied le long des grèves (1).

La répartition des inscrits et des bateaux de pêche par arrondissements et par quartiers nous permet de tracer les figures 1, 2, 3 et 4.

Si, dans certaines régions, comme le Boulonnais, la pêche maritime est devenue une industrie considérable, analogue dans son fonctionnement aux industries similaires de la côte anglaise, on peut dire, d'une façon générale, que l'activité de la population est d'autant plus employée à la pêche, que l'agriculture régionale est plus ingrate, que les professions terriennes sont

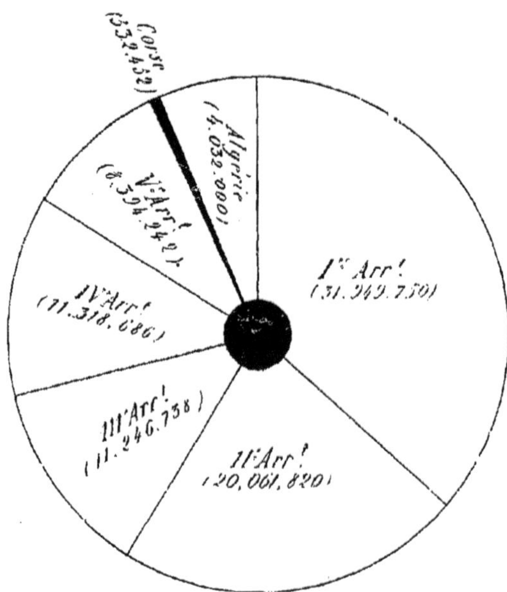

Fig. 6. — Résumé comparatif des rendements bruts de la *pêche en bateau* — grande pêche, pêche côtière hauturière, pêche côtière littorale — dans les cinq arrondissements, la Corse et l'Algérie.

moins lucratives et que les eaux océaniques comme le régime des côtes se prêtent mieux à l'exploitation des produits marins.

La production totale de la pêche française est d'environ 96 millions de francs, dont 87 pour la pêche en bateau et 9 pour

(1) Les inscrits-pêcheurs sont ainsi répartis sur les côtes : régions flamande et boulonnaise, 10.000 ; région normande, 12.000 ; région bretonne, 41.000 ; région vendéenne et saintongeoise, 7.500 ; région gasconne et basque, 5.000 ; région catalane et languedocienne, 7.000 ; région provençale, 4.500 ; région corse, 800 ; région algérienne, 3.500.

la pêche à pied. Ces 87 millions sont fournis par les diverses pêches dans les proportions indiquées par la figure 5 et peuvent se répartir entre les arrondissements et quartiers comme l'indiquent les figures 6 et 7.

Nous devons, dès maintenant, distinguer deux groupes dans les pêches françaises : 1° la pêche côtière ; 2° la grande pêche. Celle-ci, qui a pour objectif immédiat la capture et la salaison de la Morue, s'exerce dans les eaux de Terre-Neuve, d'Islande et de la mer du Nord.

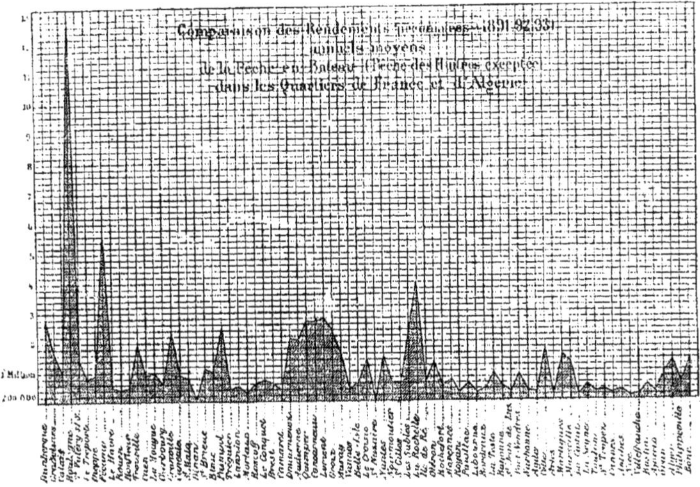

Fig. 7. — Valeurs annuelles des rendements des pêches maritimes, dans les divers quartiers de France.

GRANDE PÊCHE. — Ayant pour théâtre de ses travaux des parages très éloignés des côtes de France, s'exerçant dans des conditions particulièrement difficiles et pénibles de technique, la grande pêche est l'objet d'encouragements particuliers de la part de l'État. Il trouve en elle, en effet, une aide puissante, fournissant aux marins qu'il ne peut conserver dans sa flotte de guerre une école très rude de navigation. Aussi, cette industrie rapportant annuellement 13 millions environ, les primes qui facilitent son exercice et qui lui sont accordées, suivant l'importance des armements et la quantité des produits pêchés, atteignent-elles le chiffre de 3 millions environ.

A Terre-Neuve, en vertu du traité d'Utrecht et de conventions postérieures qui ont confirmé nos droits, nous jouissons du privilège de pêcher les animaux marins dans les eaux littorales de l'île, du cap Saint-Jean au cap Raye (en passant par le nord), et d'installer à terre, entre ces deux points (French-Shore) des bâtiments en bois (chauffauds, *temporary buildings*) dans lesquels ces animaux subissent les diverses manipula-

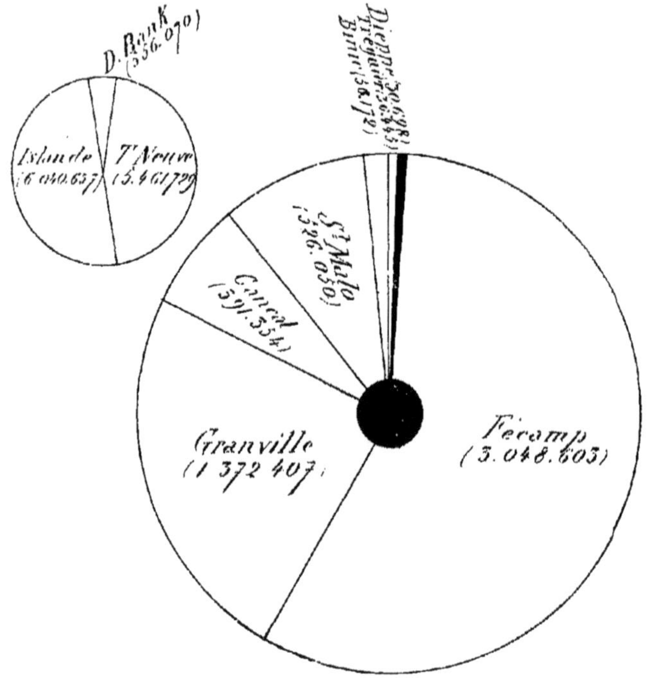

Fig. 8. — Grande pêche. *A*, comparaison des valeurs fournies annuellement par la pêche à Terre-Neuve, en Islande et dans la mer du Nord (Morue seulement) ; *B*, pêche à Terre-Neuve (bancs et French-Shore). Valeurs annuelles des rendements dans les divers quartiers d'armements.

tions que nécessite leur conservation. Ce droit d'usufruit, qui est borné à la pêche et à la conservation du poisson, dans des eaux et sur une terre étrangère, *est absolu*.

La Morue pêchée, rapportée à terre, est en effet, sur le rivage, préparée pour subir une conservation définitive.

Cependant la plupart de nos pêcheurs se rendant dans les parages de Terre-Neuve exploitent plus particulièrement les eaux qui surmontent les hauts plateaux sous-marins

— les bancs — situés entre la colonie anglaise et les îles
Saint-Pierre et Miquelon (*Grand Banc, Banc Vert, Banc de
Saint-Pierre*). Le poisson est là simplement soumis à une
salaison légère et entassé dans la cale des navires (salaison
en grenier). Cette conservation préventive, dite *en vert,* permet seulement d'amener le produit soit à Saint-Pierre, soit
dans des centres déterminés de la Métropole, où il subit, dans

des conditions convenables, les diverses manipulations qui doivent assurer sa conservation définitive.

C'est en vert, également, que se fait la salaison de la Morue pêchée dans les mers d'Islande. Les Bretons pratiquent, là encore, le mode de salaison dit en grenier ; les Normands et les Flamands salent en barils.

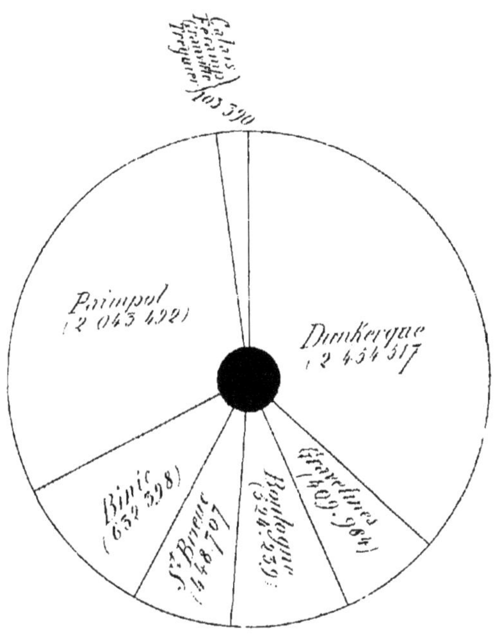

Fig. 9. — Pêche en Islande. Valeur des rendements
annuels dans les divers quartiers d'armement.

Les centres métropolitains dans lesquels la Morue subit des manipulations
définitives sont : Saint-Nazaire, La Rochelle, Bordeaux, Cette,
Port-de-Bouc.

Les bateaux qui vont en Islande sont généralement, aujourd'hui, gréés en goélette, jaugent une centaine de tonneaux et sont montés par un équipage de vingt à vingt-cinq
hommes. Les bâtiments qui vont à Terre-Neuve ont une jauge
plus forte (125 à 3oo tonneaux). Quelquefois, ils transportent,
outre leurs propres équipages, soit le personnel des saleries

du French-Shore, soit des marins destinés à armer des goélettes hivernant à Saint-Pierre.

La pêche dans les mers d'Islande débute au mois de mars et se termine en septembre ; celle à Terre-Neuve débute en avril et finit en août. Pour obtenir les primes qui leur sont allouées, les armateurs doivent justifier d'ailleurs de ce que leurs bateaux ont stationné un temps déterminé, variable suivant les régions, sur les lieux de pêche.

Le rendement général de la grande pêche est d'environ 13 millions de francs.

Les deux figures 8 et 9 nous représentent les valeurs comparées des rendements dans les divers ports français où l'on arme pour Terre-Neuve, l'Islande et la mer du Nord.

PÊCHE CÔTIÈRE. — L'expression « pêche côtière » est un terme générique qui est appliqué à l'ensemble des pêches exercées aux abords des côtes ou au large, dans les mers qui avoisinent la France. Elles ne nécessitent pas, comme la grande pêche, pour les marins qui la pratiquent, de longs mois de séjour loin de leurs foyers, mais quelques-unes, cependant, exigent une navigation assez longue et difficultueuse ; d'autres, qui ont pour théâtre les régions voisines du littoral, semées de récifs et parcourues par des courants de marée variables et violents, sont d'autant plus périlleuses qu'elles ne peuvent utiliser que de faibles bateaux ; quelques-unes, enfin, sont exemptes de dangers, d'une façon générale, et, n'exigeant que de courts déplacements, constituent des métiers qui, s'ils ne sont pas toujours très rémunérateurs, ne sont jamais pénibles comparativement aux autres industries maritimes.

On comprend donc aussi bien sous cette appellation, en même temps que la pêche des Boulonnais dans la mer du Nord, celle des Grésillons dans l'Océan, la pêche de la Crevette sur les fonds littoraux, celle du Saumon à l'embouchure des rivières et celle des poissons d'eau saumâtre dans les lagunes de la Méditerranée.

Nous ne saurions examiner en détail, ici, les industries ressortissant aux pêches dans les diverses régions de la France maritime. Nous nous bornerons à indiquer la valeur de chacune des principales, ainsi que les régions où elles s'exercent et les ports qu'elles intéressent.

La pêche du *Hareng*, exercée sur tout le littoral de la Manche, de Dunkerque à Cherbourg, par les marins de toute cette région, est faite en outre par les pêcheurs de Boulogne, de Saint-Valéry-en-Caux et de Fécamp, dans la mer du Nord, des Orcades au Pas-de-Calais, à partir du mois de juin jusqu'au mois de février. Elle produit annuellement 10 millions de francs, dont 4 millions pour la seule pêche hauturière des

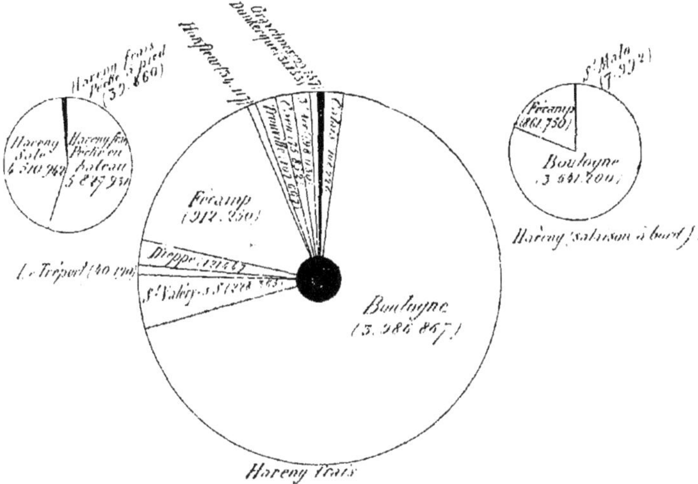

Fig. 10. — Comparaison des valeurs annuelles des rendements fournis par la pêche du Hareng.

ports du Boulonnais et de la Seine-Inférieure. Ces mêmes ports arment les mêmes bateaux pour la pêche du Maquereau en mars et en avril, dans les eaux avoisinant l'Irlande et le pays de Galles. Le Maquereau est d'ailleurs capturé dans les eaux littorales françaises de Dunkerque au Croisic et sur les rives méditerranéennes avec des filets flottants et à la ligne. La pêche du Maquereau produit la somme annuelle de 4.500.000 francs.

Comme le Hareng et le Maquereau, la Sardine, qui est pêchée dans les eaux côtières, de Lannion à Saint-Jean-de-Luz, de Banyuls à Menton et de Nemours à la Calle, est sur-

20   LA CULTURE DES MERS

tout destinée à fournir des conserves alimentaires. Son exploitation la plus active se fait entre Douarnenez et les Sables-
d'Olonne. En dehors des côtes bretonnes et vendéennes, ce
poisson n'est guère utilisé que pour la salaison, concurremment avec l'Anchois. La pêche de la Sardine n'emploie que de
faibles bateaux, montés par cinq ou six hommes d'équipage.
Elle produit, bon an, mal an, une douzaine de millions de
francs, — encore que, sans qu'on en connaisse les causes naturelles, ce chiffre soit soumis à d'assez considérables variations.

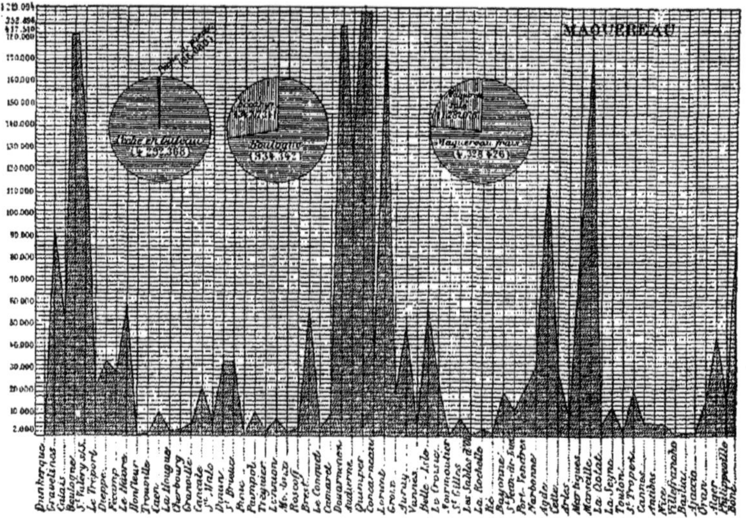

Fig. 11. — Comparaison des rendements annuels fournis par la pêche du
Maquereau dans les divers quartiers de France.

Les grands crustacés, Homard et Langouste, sont capturés
au casier dans presque toutes les régions rocheuses du littoral, mais surtout depuis l'Aberwrach jusqu'à l'île d'Yeu.
Les pêcheurs de la pointe du Finistère vont même poser
leurs engins jusqu'à plus de 20 milles au large. Produisant
en France (Corse et côtes méditerranéennes comprises),
3,500,000 francs, cette pêche n'est faite (sauf à Hœdic et
Houat) qu'avec de faibles bateaux.

Le *Saumon*, qui est pris dans toutes les rivières océaniques, est pêché activement à l'embouchure de la Loire,
dans la Dordogne, l'Adour et la Bidassoa. Dans son en-

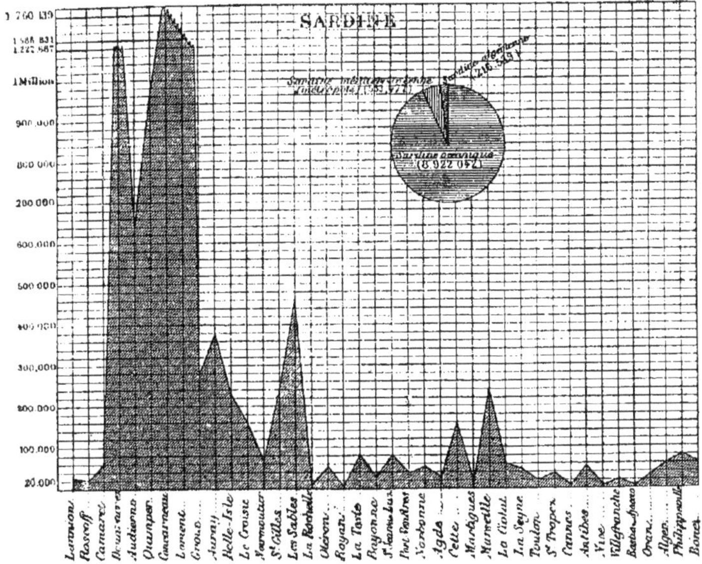

Fig. 12. — Comparaison de la valeur des rendements annuels fournis par la pêche de la Sardine dans les divers quartiers de France.

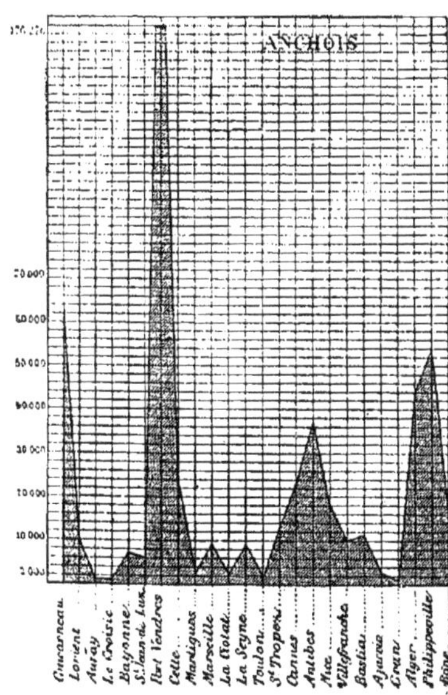

Fig. 13. — Comparaison de la valeur des rendements annuels fournis par la pêche de l'Anchois dans la Méditerranée et dans les divers quartiers de France.

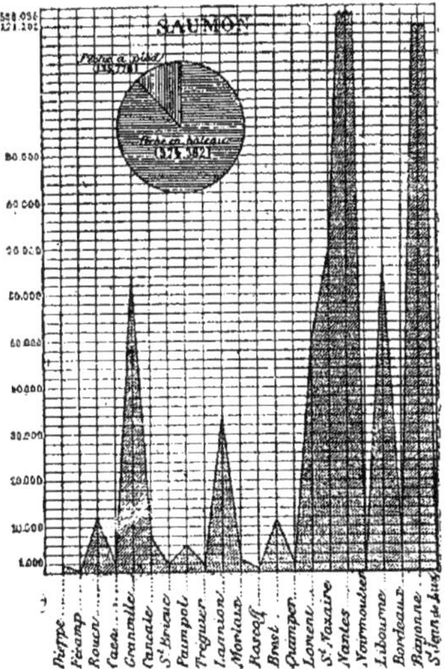

Fig. 14. — Comparaison de la valeur des rendements annuels fournis par la pêche du Saumon dans les divers quartiers de France.

semble, cette pêche produit annuellement un million de francs.

La pêche purement littorale de la Crevette (grise ou rose) est très développée sur les côtes de la Somme, dans la baie de Seine et sur les côtes vendéennes. Exercée au petit chalut et aux casiers spéciaux, cette industrie fournit un rendement annuel d'un million environ.

La pêche du *Germon*, au large, dans le golfe de Gascogne, emploie de juin à octobre deux cents bateaux d'une trentaine de tonneaux de jauge, montés par cinq hommes et traînant leurs lignes des côtes d'Espagne aux côtes d'Irlande. Elle produit 2 millions et demi de francs par année, répartis surtout entre les ports de Groix, du Croisic, des Sables, de l'île d'Yeu et de La Rochelle.

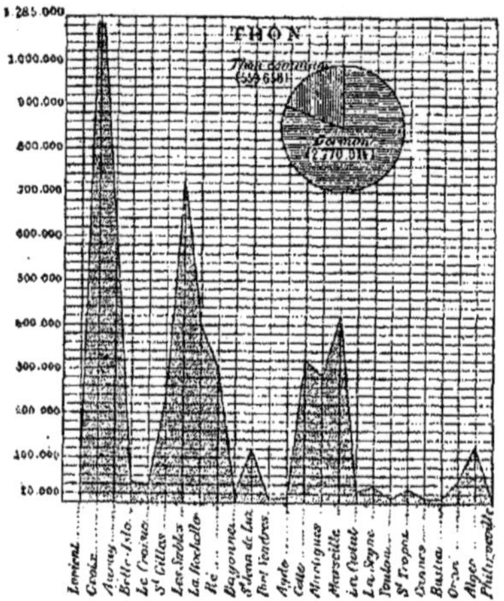

Fig. 15. — Comparaison de la valeur des rendements annuels fournis par la pêche du Germon (Océan) et du Thon commun (Méditerranée) dans les divers quartiers de France.

Enfin le poisson destiné à être consommé à l'état frais, pêché au chalut ou aux cordes de fond, au large ou à la côte, fournit aux pêcheurs français un rendement annuel de près de 40 millions de francs.

Boulogne et Trouville envoient pour cette pêche leurs bateaux jusque dans la mer du Nord; les chalutiers du Nord, de la Somme, de Normandie, draguent dans la Manche jusqu'en vue des côtes anglaises ; ceux du golfe de Gascogne vont de Groix au fond du golfe de Biscaye, traînant leurs engins à des profondeurs variant de 30 à 150 mètres (quelquefois à plus de 60 milles au large). Près de mille bateaux de 15 à 45 tonneaux, montés par cinq ou dix hommes, font cette pêche sur le plateau continental de nos côtes de l'Ouest et du Nord. En Méditerranée, la pêche au bœuf (analogue à celle au grand chalut) est exercée par des inscrits de Banyuls,

Collioure, Agde, Cette, Aigues-Mortes et Martigues en France, et par ceux d'Oran, Arzew, Cherchell, Alger, Bougie, Philippeville et Bône en Algérie. Travaillant dans le golfe du Lion, les pêcheurs de nos côtes métropolitaines ne font d'ailleurs pas de long séjour en haute mer et viennent à terre tous les jours pour vendre le produit de leur travail. Sur les côtes de la Manche, de l'Océan et même d'Algérie, beaucoup de bateaux tiennent la mer de quatre à dix jours.

Depuis trente ans, des bâtiments à vapeur sont employés à la pêche. Cette innovation pour la capture du poisson frais a eu pour but de soustraire l'industrie aux aléas que lui font courir les variations météorologiques.

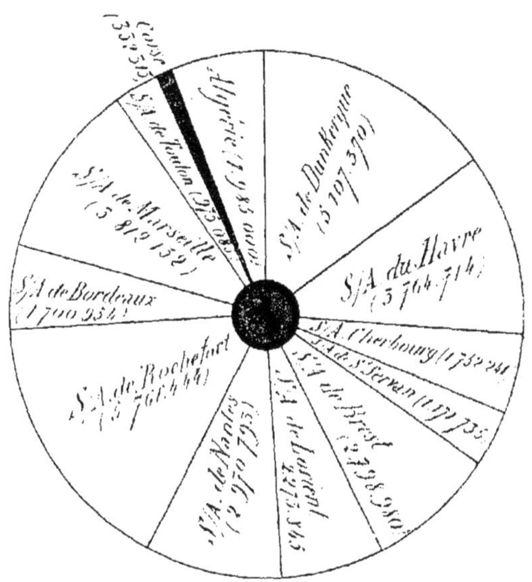

Fig. 16. — Comparaison de la valeur des rendements de la pêche du poisson frais dans les divers sous-arrondissements, la Corse et l'Algérie.

L'usage de cette force permet, en effet, de régulariser le travail en mer, tandis qu'il assure que les produits de ce travail même pourront être livrés à terre dans de bonnes conditions et dans le temps le plus court. Il permet aussi une rapidité plus grande des évolutions, il donne plus de sécurité dans la navigation, souvent difficile, des pêcheurs et diminue la fatigue des équipages dans la manœuvre des engins. Il fournit donc plus de travail que l'usage des bateaux à voiles, à temps égal.

La vapeur est employée par les pêcheurs, soit pour la propulsion de leurs embarcations et la manœuvre de leurs engins, soit pour la manœuvre de ces engins seulement, soit enfin pour ramener à terre le produit de leur travail.

Les bateaux pêcheurs à vapeur sont utilisés pour la capture du poisson avec des lignes de fond ou pour la pêche au chalut. Ils sont utilisés, enfin, pour la pêche, au moyen de filets flottants, des animaux voyageurs dont les bancs défient toute évaluation, tels que le Hareng et le Maquereau.

C'est en France, à Boulogne, qu'a été utilisé pour la première fois, il y a quatre ou cinq ans, par un armateur, M. Bouclet, un bateau à vapeur pour les pêches de dérive, servant en d'autre temps à la pêche au chalut. Son exemple a été suivi récemment par plusieurs armateurs étrangers.

Construits solidement, pour pouvoir tenir la mer par tous les temps bien plus que pour fournir dans la marche une vitesse qui leur est peu utile, ces navires demeurent généralement au large plusieurs jours — voire même plusieurs semaines — et naviguent de conserve, par groupes pêchant dans les mêmes eaux. Ils se relaient enfin pour porter à la côte le produit du travail de toute la flottille.

Beaucoup de petits remorqueurs, de caboteurs, même des yachts, ont été, du reste, dans ces dernières années, transformés, à l'étranger, pour être utilisés à la pêche. Aujourd'hui cependant, on construit directement des vapeurs destinés à cette industrie. Ceux-ci ne doivent, en effet, porter qu'une charge insignifiante, et ils ne sont pas appelés à fournir une grande rapidité de marche, même quand ils vont et viennent des terrains de pêche aux lieux de vente. On conçoit bien, de plus, qu'ils doivent présenter des qualités spéciales pour la manœuvre des engins de pêche.

Les caractéristiques d'un chalutier à vapeur écossais sont, d'après M. Paul Dubar, les suivantes : longueur 35^m,75 entre perpendiculaires ; largeur au maître-bau, 6^m,40 ; tirant d'eau, 3^m,35 ; puissance indiquée, 500 chevaux. Un type très courant parmi les bateaux de pêche n'a toutefois que 32 mètres de longueur et 300 chevaux de force.

Le prix de revient d'un chalutier à vapeur varie de 90.000 à 150.000 francs. Les bateaux cordiers de nos côtes, qui sont d'un échantillon plus petit, coûtent 49.000 francs ; un chalutier à voiles munis d'un haleur à vapeur revient, à Boulogne, à

22.000 francs environ ; les dériveurs, de la pêche du Hareng et du Maquereau, dont le tonnage est plus élevé que celui des chalutiers, coûtent de 30.000 à 35.000 francs.

En France, les ports armant des bâtiments à vapeur pour la pêche au large sont assez peu nombreux. A Boulogne, on compte trois chalutiers de ce genre et 17 cordiers ; Dieppe arme 5 chalutiers à vapeur et 8 cordiers. En outre, Boulogne compte 180 voiliers munis de haleurs à vapeur ; Fécamp en arme 40. Quelques-uns de ces derniers pratiquent le chalutage dans la Manche du Nord-Est et dans la mer du Nord, mais la plupart se livrent à la capture du Maquereau dans la mer d'Irlande et à celle du Hareng — en une autre saison — dans la mer du Nord.

Entre Fécamp et Arcachon, nous ne trouvons plus, à l'heure actuelle, un seul bâtiment pêcheur ayant à bord un appareil à vapeur ; le port d'Arcachon, lui, arme 8 bateaux, dont 5 à la Société des pêcheries de l'Océan pour le chalutage à vapeur ; Saint-Jean-de-Luz en arme 3.

A Agde, quatre petits vapeurs pratiquent la pêche au bœuf, — grand chalut méditerranéen traîné par deux bâtiments naviguant de conserve ; — à Alger, une paire de bœufs à vapeur et une autre à Oran travaillent dans les eaux côtières de l'Algérie.

Sur les côtes de la Grande-Bretagne, plus de 600 navires à vapeur en fer, 50 en acier, 60 en bois, se livrent à la pêche au chalut, dans la mer du Nord surtout ; quelques-uns d'entre eux sont même munis de viviers pour ramener le poisson vivant à terre. Ce nombre considérable de bateaux de pêche à vapeur est toujours en voie d'accroissement, mais sur la côte orientale seulement, car les bâtiments de ce genre ne sont guère qu'au nombre d'une vingtaine sur la côte occidentale.

Toutefois, en dehors de ces vapeurs qui capturent eux-mêmes le poisson, les pêcheries anglaises emploient de nombreux voiliers munis de haleurs mécaniques et qui sont reliés avec les ports de vente par des chasseurs à vapeur.

Ces voiliers travaillent en sociétés au voisinage et sur les bancs de la mer du Nord ; ils s'engagent à rester à la mer pendant une durée de deux, trois, quatre mois.

À Yarmouth, 700 bateaux sont engagés, été et hiver, pour ce genre d'industrie ; à Hull, 300 bateaux pêchent en société durant l'été ; on en compte un nombre égal à Grimsby.

Les principaux ports d'armements de la Grande-Bretagne pour la pêche à vapeur sont : Aberdeen, Granton, Leith, North Schields, Sunderland, Hull, Grimsby.

En Allemagne, ce fut en 1884 qu'un mareyeur de Gestmünde, à l'embouchure du Weser, arma le premier vapeur pour la pêche en haute mer. En 1889, 25 vapeurs étaient consacrés à cet usage sur les bancs de la mer du Nord et jusqu'au voisinage de la Norvège. Aujourd'hui, ce nombre est de plus de 80, répartis entre les ports de Hambourg, Cranz, Geestmünde, Brême, Emsden et Lübeck.

En Hollande, le nombre des vapeurs consacrés à la pêche en mer est assez peu considérable, eu égard à l'importance des industries marines dans ce pays ; mais je ne saurais oublier de mentionner ici que les ostréiculteurs de l'Escaut oriental emploient de petits navires à aubes pour l'exploitation de leurs concessions. En outre, je dois rappeler que dans la partie basse du Rhin et de la Meuse, des seines sont manœuvrées par des haleurs et des embarcations à vapeur, dans le but de capturer le Saumon. Cette dernière industrie permet la prise — année moyenne — de 60.000 individus de cette espèce.

En Belgique, plusieurs bâtiments à vapeur de tonnage assez élevé sont affectés actuellement à la pêche du poisson frais. Ils sont attachés au port d'Ostende. D'après les renseignements les plus récents, il paraîtrait que ce genre d'armements a tendance à se développer dans ce pays.

En Espagne, dans ces dernières années se sont installées des entreprises très florissantes de pêche à vapeur ; à Vigo, une quarantaine de bateaux de ce genre font usage des palangres ou cordes, sur les fonds rocheux qui avoisinent la côte ; une vingtaine d'autres vapeurs, de plus fort échantillon, pratiquent le chalutage avec le bœuf sur les fonds du large dans le golfe de Biscaye et viennent même jusque par le travers de l'embouchure de la Gironde.

La pêche littorale du poisson frais, faite avec de faibles bateaux, est surtout active sur les côtes métropolitaines de la

Méditerranée. D'ailleurs, de Marseille à Menton, le plateau continental est si étroit, les eaux deviennent rapidement si profondes, qu'il est impossible de pratiquer là autre chose que cette petite pêche littorale, aux cordes, aux casiers, aux filets flottants et même aux filets traînants. Le Maquereau, la Sardine et l'Anchois sont pêchés dans les eaux avoisinant le rivage, en Catalogne, dans le Languedoc et en Provence, avec des filets flottants ou de grandes sennes ; ces animaux, encore, ainsi que le Thon et surtout les poissons destinés à être consommés à l'état frais, sont pêchés avec des engins dérivants, traînants ou fixes appropriés aux habitudes spéciales de ces êtres. Tous les pêcheurs qui travaillent dans les eaux litto-

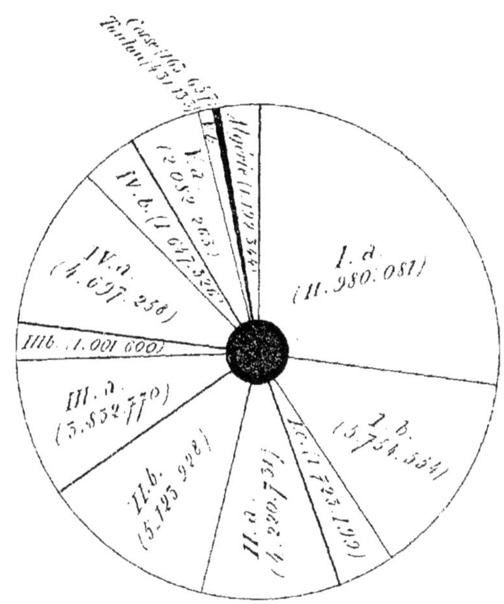

Fig. 17. — Comparaison de la valeur brute des bateaux de pêche dans les sous-arrondissements, la Corse et l'Algérie. (I. a., s.-arr. de Dunkerque; I. b., s.-arr. du Havre; I. c., s.-arr. de Cherbourg; II. a., s.-arr. de Saint-Servan; II. b., s.-arr. de Brest; III. a., s.-arr. de Lorient; III. b., s.-arr. de Nantes; IV. a., s.-arr. de Rochefort; IV. b., s.-arr. de Bordeaux; V. a., s.-arr. de Marseille; V. b., s.-arr. de Toulon.)

rales doivent avoir, en effet, une connaissance approfondie du régime des êtres qu'ils veulent capturer et des conditions — océanographiques en quelque sorte — du milieu où ils posent leurs engins. Pour être empiriques, ces notions n'en sont pas moins précises, et, suivant les espèces de poissons, suivant l'époque de l'année et même l'heure de la journée, ces pêcheurs varient la nature, la position et la manœuvre de leurs filets. Il n'est pas, dans les limites des eaux qu'ils exploitent, un enrochement, un haut fond, une prairie sous-marine, etc., dont ils ne connaissent la configuration et l'étendue. Au surplus, les produits de leur travail ont une valeur marchande supérieure à celle des produits de la pêche au large qui ont subi l'action du glaçage.

Les pêches littorales ne sont que de *petits métiers*. En Méditerranée elles sont l'occupation des trois quarts des inscrits. Cet état de choses peut être bien figuré par la comparaison des valeurs totales des bateaux et des engins dans les cinq arrondissements maritimes et par l'inspection des tableaux comparatifs de la répartition des bateaux et des inscrits dans ces mêmes arrondissements.

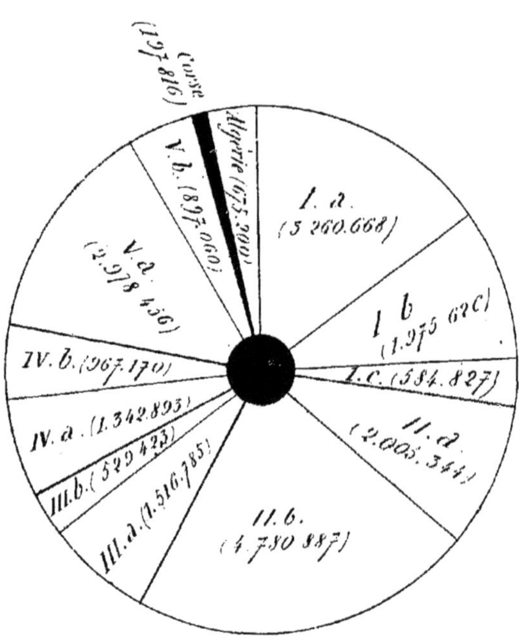

Fig. 18. — Comparaison de la valeur brute des engins de pêche dans les sous-arrondissements, la Corse et l'Algérie, (*I. a.*, s.-arr. de Dunkerque; *I, b.*, s.-arr. du Havre; *I. c.*, s.-arr. de Cherbourg; *II. a.*, s.-arr. de Saint-Servan; *II. b.*, s.-arr. de Brest; *III. a.*, s.-arr. de Lorient; *III. b.*, s.-arr. de Nantes; *IV. a.*, s.-arr. de Rochefort; *IV. b.*, s.-arr. de Bordeaux; *V. a.*, s.-arr. de Marseille; *V. b.*, s.-arr. de Toulon.)

rondissements. Les figures 17 et 18 nous montrent, notamment, que sur les côtes métropolitaines de la Méditerranée la valeur des engins est double de celle des bateaux qui servent à leur manœuvre.

Ramené à terre, le poisson destiné à être consommé à l'état frais est vendu à des écoreurs (des mareyeurs), dans les petits ports. Dans les ports plus importants existent des criées, où les représentants'de marchands de l'intérieur des terres viennent acheter ce poisson, et dont la création a souvent procuré de sérieux avantages pécuniaires aux gens de mer. Du reste, les municipalités ont trouvé pour leur compte de sérieux profits dans l'installation, par elles, de ces poissonneries, puisqu'elles perçoivent sur le montant de la vente des produits marins un droit proportionnel à ce chiffre de vente (3 à 5 %) et qu'elles exigent, en outre, une rétribution pour la place occupée sur le carreau par le butin du pêcheur.

Quant aux animaux destinés à l'industrie des conserves alimentaires, ils sont vendus dans les poissonneries ou — plus généralement — achetés directement sur les quais des ports et même sur les lieux de pêche par les usiniers.

Parmi les animaux pêchés, les uns, en raison de leur constitution spéciale, peuvent être expédiés vivants, vers les points de consommation (Homards, Langoustes, Huîtres, etc.), les autres doivent être protégés contre une décomposition fatalement rapide — et pour une plus ou moins longue durée — par divers moyens qui varient suivant les animaux et l'éloignement de leurs lieux de capture de la région où ils sont consommés. Si, dans quelques ports de notre côte, on se borne (particulièrement en hiver) à expédier le poisson dans un emballage de paille ou de varech, il faut, le plus généralement, pour ces expéditions, mettre les produits marins dans des conditions telles que les microorganismes susceptibles de lui faire subir une fermentation putride ne puissent s'y développer. Naturellement, ces procédés, en modifiant plus ou moins la substance comestible, modifient également sa sapidité.

Pour les produits de la pêche côtière (hauturière ou littorale) destinés à être consommés à l'état frais, leur conservation est assurée par le glaçage. La glace employée par les pêcheurs est importée de Norvège ou fabriquée directement dans les ports du littoral. Elle paralyse, tout le temps que dure l'abaissement de température, l'activité des levures ou des microbes et empêche leur sporulation. D'autres animaux doivent être l'objet d'une conservation plus longue. Ainsi l'on recourt, suivant les cas et pour assurer celle-ci, à la dessiccation (*Morue sèche*), à la salaison (*Morue, Hareng, Sardine, An-*

chois, *Maquereau salés*) ou au fumage du poisson (*Hareng saur, Saumon fumé*) ; enfin, au lieu de les soumettre à l'action d'antiseptiques, on peut stériliser définitivement les produits marins, en les soumettant à l'influence d'une haute température, sous'pression (*Sardine et Thon à l'huile, Hareng et Maquereau marinés, conserves de Homard*).

Certaines de ces opérations font, à proprement parler, partie intégrante des opérations de la pêche et sont pratiquées à bord même des bateaux lors de la capture des animaux marins (*glaçage du poisson frais*); d'autres, commencées à bord des embarcations, ne sont achevées qu'à terre, en des points avoisinant les lieux de pêche, — où se trouvent des installations rudimentaires ménagées à cet effet (*Morue salée de la côte de Terre-Neuve, Sardines et Anchois salés de la Méditerranée*), — ou dans de grandes manufactures, très éloignées parfois des régions de capture (*Morue salée en vert à Terre-Neuve et Islande et définitivement préparée en France. Hareng salé d'Ecosse, Maquereau d'Irlande*). Enfin certains procédés de conservation nécessitent des manipulations multiples et, conséquemment, une installation compliquée avec une main-d'œuvre considérable, qui ne peuvent être réunies que dans des usines bien aménagées sur le littoral (*Hareng saur, Sardine et Thon à l'huile, Hareng et Maquereau marinés*).

Les pêches maritimes donnent donc naissance à de véritables et très importantes industries secondaires, employant un personnel nombreux, faisant fructifier un capital énorme et semant dans la nation une richesse d'autant plus considérable que le travail des marins pêcheurs est plus fructueux.

Ayant leurs débouchés dans l'alimentation publique, la prospérité des pêches maritimes est directement influencée par la facilité et la rapidité des moyens de transports. Bien qu'un grand nombre de marchés de l'intérieur reçoivent aujourd'hui dans de bonnes conditions les produits marins, de grands perfectionnements peuvent être apportés aux conditions d'écoulement de ces produits.

Dans l'état actuel des choses, la situation économique des pêcheurs n'est pas absolument fonction de la productivité des eaux qu'ils exploitent, de la quantité des poissons qu'ils capturent. La consommation est parfois inférieure à la production ; suivant l'époque de l'année — et même le jour de la semaine — le cours marchand des produits de la mer varie dans des proportions considérables ; enfin, entre le pêcheur et le consommateur, ces produits passent par des intermédiaires si nombreux (encore que quelques-uns soient nécessaires), que les marins qui ont eu la peine de les récolter, dans des conditions qu'il est inutile de retracer, n'en recueillent qu'un salaire minime, eu égard à la valeur des transactions commerciales auxquelles ils donnent lieu.

Cependant, si nous devons désirer que le perfectionnement de notre réseau de voies ferrées, la réduction des tarifs de transport et celle des droits d'octroi permettent de livrer rapidement, en grandes quantités et à bas prix, à l'ensemble de la population française un produit qui n'entre aujourd'hui, il faut le dire, que pour une faible part dans son alimentation, il n'est pas que l'insuffisance de la consommation qui oppose un obstacle au développement industriel des pêches maritimes, et spécialement de la pêche du poisson frais. Si l'industrie des conserves exploite, en effet, des animaux qui s'offrent aux pêcheurs en masses serrées (variables d'importance, il est vrai, suivant les années, mais fournissant parfois des captures abondantes qui font compensation aux mauvaises pêches), l'industrie du « poisson frais » exploite des animaux qui, vivant sur les fonds marins sans opérer généralement de grands déplacements, paraissent devoir permettre aux engins un travail continuellement fructueux.

Or, d'après les dires des pêcheurs, il ne semblerait pas qu'il en soit ainsi ; ceux-ci se plaignent en effet, dans tous les pays d'Europe d'une diminution progressive dans les rendements de leur métier.

L'expansion de l'industrie des pêches maritimes — et nous aurons plus loin à insister sur ce sujet — paraît donc devoir être limitée, encore, par la productivité des eaux qu'elle exploite. Pour la pêche hauturière, toutefois, hâtons-nous de dire qu'avec les procédés modernes de capture et de conservation du poisson, il existe de nombreux terrains sur lesquels peuvent s'étendre les investigations de nos pêcheurs et qui sont actuellement inexploités.

Le capital que représentent les armements modernes pour

la pêche en haute mer est devenu assez considérable pour que le patron ne puisse plus, dans beaucoup de cas, être propriétaire — armateur — du bâtiment qu'il commande.

Il est intéressant à ce point de vue de se rendre compte de l'influence exercée par la transformation des armements à la pêche fraîche durant les trente dernières années sur les salaires des pêcheurs français.

Nous ne nous occuperons pas ici des gains que laisse aux pêcheurs la capture du Hareng, du Maquereau ou de la Sardine. Ces industries donnent des résultats trop variables suivant les années pour que l'on puisse calculer le gain moyen des marins qui s'y livrent.

En France, une partie des pêcheurs, la moins nombreuse, reçoit un salaire mensuel. C'est le cas d'un certain nombre de dériveurs des mers du Nord et d'Irlande. Ce salaire est de 80 à 100 francs par mois, pour les matelots de Fécamp, d'Étaples ou de Boulogne. Dans les mêmes ports et à Dieppe, des chalutiers et des cordiers, qui ne font que la pêche fraîche, sont également salariés au mois. A Boulogne, le marin pêcheur gagne ainsi de 1.100 à 1.400 francs par an ; à Dieppe, le taux du salaire est inférieur à ces chiffres.

En Algérie, les bateaux bœufs ont des équipages rémunérés au mois, à raison de 75 francs par homme.

Le mode de rémunération des pêcheurs le plus répandu en France est celui qui est dit « à la part ». Sur le montant brut de la vente on prélève une moitié ou un tiers qui est réservé pour les frais de l'armement. L'autre moitié ou les deux autres tiers sont divisés en autant de parts qu'il y a d'hommes à bord. Le patron peut ou non être avantagé dans la distribution des parts. Les mousses et novices reçoivent une rémunération proportionnée aux services qu'ils rendent.

Dans un métier qui réclame autant d'énergie et d'effort personnel que celui de la pêche, il semble à première vue que ce régime doit assurer l'armement de tirer le meilleur parti du capital qu'il fait valoir. En fait, quand le patron est le propre armateur de son bateau, cette conception est exacte. Mais on comprend facilement que, si le patron n'est pas armateur, tout l'équipage n'est intéressé que dans le résultat brut de la vente.

Dans l'Ouest et le Nord, la part annuelle des matelots de

la pêche fraîche « de haute mer » varie, suivant les ports, de 1.100 à 1.800 francs.

Certaines petites pêches littorales ou d'estuaires rapportent des sommes relativement considérables. C'est le cas de la récolte de la Crevette grise dans la baie de Somme ou des pêches de la Seine maritime. Mais les industries littorales ne rapportent qu'autant qu'elles sont exercées au voisinage de centres de consommation dans lesquels les marins peuvent écouler leurs produits sans recourir à des intermédiaires. D'ailleurs les bateaux qu'ils emploient, alors, sont montés par un seul homme — à la fois armateur et patron — et la part de pêche représente dans ce cas le gain total de l'embarcation.

Mais dans les régions éloignées des centres d'écoulement et où la mer est trop dure pour qu'un homme puisse s'aventurer couramment à pêcher seul, la part de pêche des industries littorales tombe à des taux infimes : 500, 400, et même 300 fr. C'est le gain annuel de la plupart des marins qui travaillent sur les côtes nord de Bretagne, entre le cap Fréhel et la pointe Saint-Mathieu, à Tréguier, à Trebeurden, à Lampaul, à Molène, à Ouessant, etc.

Et cependant, au delà de la petite bande de mer qu'exploitent ces pauvres gens, s'étendent des fonds relativement poissonneux, inaccessibles pour eux avec les bateaux dont ils disposent, et qui seraient pourtant susceptibles de faire fructifier un capital considérable.

Dans la Manche et le golfe de Gascogne, comme en Méditerranée, la part des marins de la pêche fraîche, faite exclusivement à la côte, est également très faible. Mais on peut dire que les inscrits de ces régions se livrent tous, autant qu'ils le peuvent, à la capture des poissons de passage, dont les rendements font notablement varier les résultats définitifs de leurs travaux.

Comme on a pu le comprendre, la pêche hauturière fournit aux équipages des salaires plus élevés, et à l'armement des bénéfices plus considérables. Cependant il ne faudrait pas en conclure qu'il suffit d'armer un bon bateau et de le confier à un patron jouissant généralement d'une bonne réputation comme homme et comme pêcheur pour retirer de la pêche de larges profits. Beaucoup de gens intelligents et bien intentionnés

tionnés ont fait à leurs dépens l'expérience de cette illusion.

Sans doute, le marin offre des qualités morales et des ressources d'énergie peu communes ; mais, comme pour tous les hommes, il n'est pas de meilleur stimulant pour cette énergie même que l'espérance d'une rétribution convenable de ses efforts.

Aussi, dans les ports du Nord, où les équipages sont rémunérés au mois, les patrons ne reçoivent comme salaire qu'un tant pour cent sur le montant brut des ventes ou sur les bénéfices réalisés par l'armement. Dans certaines entreprises de pêches, les matelots reçoivent, en plus de leurs salaires fixes, une prime mensuelle.

Quand les équipages sont salariés « à la part », et dans le cas où le patron n'est pas le propre armateur du bâtiment qu'il commande, tous les hommes du bord sont intéressés, il est vrai, à ce que les captures soient le plus abondantes possible, mais aucun n'est intéressé à ménager le bateau et les engins. Le capital engagé dans l'armement peut courir alors des risques importants.

Cependant, dans le golfe de Gascogne, la flottille de pêche de l'île de Croix s'est créée et s'est développée par l'application du prêt intelligemment fait aux inscrits maritimes.

Là, en effet, un bateau de pêche tout armé représente un nombre déterminé d'actions : 4, 6, 8, 10. L'armateur avance au patron une ou deux actions, à condition que celui-ci les lui rembourse sur les bénéfices réalisés. Dès lors, ce patron devient armateur lui-même. Aussi exerce-t-il son commandement avec toute l'autorité que lui donne sa qualité d'armateur, et avec toute la prudence — qui n'exclut pas une intelligente initiative — que réclame de lui la conservation du capital qu'il fait fructifier.

Or la flotte de Groix qui ne comptait, voici quarante ans, que quelques mauvaises barques, comprend aujourd'hui près de 200 bateaux de 25 à 30 tonneaux, représentant un capital de plus de 2 millions de francs et pêchant annuellement pour 2,500,000 francs de poisson.

Avec un bon équipage, un patron suffisamment instruit au point de vue nautique et au point de vue de la pratique des fonds de travail, intéressé directement dans les résultats définitifs de l'entreprise, un bateau à voile armé pour la pêche fraîche de haute mer rapporte 15 % net du capital engagé.

Ceci peut servir de conclusion à ces considérations sur l'état actuel des pêches maritimes françaises.

Sans entrer dans de longs détails sur les pêches maritimes des autres nations européennes, il me paraît utile de résumer ici quelques données statistiques à leur sujet.

Les documents que nous possédons en pareille matière sont disparates. Il nous est donc impossible de dresser un tableau complet de la production des pêches étrangères et des armements auxquels elles donnent lieu.

Néanmoins, je crois que l'on trouvera quelque intérêt à consulter les tableaux que nous plaçons ici. D'une manière ou d'une autre, ils nous permettent, en effet, d'apprécier l'activité des métiers qui nous occupent dans les pays qui nous avoisinent ou qui bordent la mer du Nord.

La flotte des pêcheurs allemands dans la mer du Nord s'est développée dans des proportions considérables dans ces dernières années, ainsi que le montre le tableau suivant :

	1er Janv. 1890	1er Janv. 1891	1er Janv. 1892	1er Janv. 1895
Bâtiments à voiles. .	376	430	408	401
Bâtiments à vapeur .	1	10	38	73

La production du port d'Altona, qui était de 72.062 marks en 1887 atteint maintenant 1.559.466 marks (1895). La production de Geestmunde était de 903.965 marks en 1890, elle est actuellement de 2.749.360 marks. Bremerhaven ne pêchait que pour 309.746 marks en 1892 ; il pêche aujourd'hui pour 734.539 marks.

En Norvège, les pêches maritimes comptent parmi les industries les plus importantes du pays.

On peut se rendre compte, par le tableau suivant, de leur valeur :

Tableau des. rendements fournis par les pêches norvégiennes

| ANNÉES | MORUE | | HARENG d'été | | MAQUEREAU | | QUANTITÉS ET VALEURS DES PRODUITS | | | | | | | | | | | VALEUR en milliers de francs |
| | Bateaux | Hommes | Bateaux | Hommes | Bateaux | Hommes | MORUE | | HARENGS et SPRATS | | MAQUEREAU | | PÊCHE d'été | HOMARD | | Autres pêches | TOTAL | |
							Milliers	1.000 Kroner.	1.000 Heclols.	1.000 Kroner.	Milliers	1.000 Kroner.	1.000 Kroner.	Milliers	1.000 Kroner.	1.000 Kroner.	1.000 Kroner.	
1877	15.676	66.386	7.279	42.028	875	3.264	66.805	10.411	1.112	6.790	4.548	703	1.790	987	291	456	29.441	40.875
1878	16.903	73.740	6.001	31.459	847	3.083	50.833	12.933	850	4.786	5.739	671	1.977	1.107	315	372	21.054	29.250
1879	19.600	83.580	5.316	32.476	867	3.374	63.494	13.682	661	4.920	6.080	681	1.371	1.118	342	344	21.340	29.650
1880	18.475	80.441	6.443	35.130	966	3.719	68.273	12.540	994	7.103	5.744	696	1.448	1.206	405	888	22.580	31.350
1881	15.572	69.266	5.970	32.334	1.025	3.903	55.153	10.925	877	4.962	6.165	769	2.175	1.146	377	408	19.616	27.250
1882	17.233	75.830	3.377	20.048	998	3.841	50.335	12.724	503	3.451	5.064	699	2.491	1.256	423	329	20.117	27.950
1883	19.171	77.858	6.281	31.298	971	3.761	33.403	9.942	1.131	8.447	5.116	742	4.366	1.224	440	391	24.328	33.800
1884	19.063	76.742	4.879	23.824	1.028	4.006	50.436	15.536	784	4.295	5.349	735	2.899	1.100	418	503	24.386	33.875
1885	18.316	76.504	5.198	33.008	1.052	4.147	58.798	11.012	950	3.965	6.112	792	2.439	1.008	398	594	19.190	26.650
1886	19.084	78.952	12.119	46.965	1.036	3.907	63.023	12.570	1.352	5.550	6.225	765	2.465	1.134	428	498	22.276	30.950
1887	21.547	84.703	8.907	35.007	1.176	4.133	52.346	8.654	1.302	2.957	4.732	554	2.248	889	395	554	14.762	20.500
1888	20.004	81.394	13.107	48.201	1.091	3.991	56.634	12.911	1.233	4.636	8.038	719	2.535	855	414	637	21.852	30.350
1889	20.155	83.092	10.778	43.002	1.001	3.860	58.877	15.402	1.235	3.836	2.920	384	2.631	795	402	656	23.311	32.375
1890	21.356	89.283	5.538	29.804	880	3.335	63.303	14.075	923	4.141	3.763	512	2.448	627	366	670	22.212	30.850
1891	23.252	94.836	7.093	30.180	867	3.294	40.612	14.111	1.403	6.763	5.381	650	3.328	583	369	888	26.118	36.275
1892	24.176	101.656	7.061	28.437	825	3.417	65.086	15.272	1.054	4.973	2.620	392	3.058	549	314	785	24.794	34.425
1893	22.178	93.743	3.834	20.316	755	2.813	70.953	11.706	1.853	4.432	2.787	380	3.057	570	328	714	23.617	32.800
1894	23.749	96.385	6.881	26.759	728	2.799	70.338	15.125	528	3.176	3.907	513	2.760	640	376	950	22.900	31.800

L'importance des pêches maritimes hollandaises est universellement connue. Le tableau suivant permet d'apprécier l'activité avec laquelle sont exploitées les eaux marines par la population de ce petit état.

ANNÉES	ENSEMBLE POUR LA HOLLANDE		
	Bateaux	Tonnage	Pêcheurs
1884.	3.230		11.894
1885.	3.363		12.478
1886.	3.591		13.150
1887.	3.637	Non établi	13.186
1888.	3.785		13.343
1889.	3.987		13.653
1890.	4.326		15.250
1891.	4.427	164.357	15.482
1892.	4.647	167.549	16.142
1893.	4.902	172.603	16.700
1894.	5.151	176.649	17.286

La flotte danoise de pêche comprend environ 5.500 embarcations, dont 550 affectées exclusivement à l'exploitation de la mer du Nord. Les autres bateaux travaillent dans la Kattegat ainsi que dans les Belts.

Le principal port d'armement est Frederikshavn, au nord du Jutland. Toutes les embarcations destinées à la haute mer ou à la pêche littorale sont pourvues au centre d'un vivier, qui peut contenir de 3 à 6,000 Plies. Certaines petites goélettes sont en outre affectées au transport du poisson vivant. Tous ces bâtiments sont munis d'un treuil à vapeur.

La production totale des pêcheries danoises peut être évaluée de 7 à 9 millions de francs annuellement.

Sur ce chiffre, les industries de la mer du Nord fournissent environ 1,200,000 francs.

Les côtes belges présentent plusieurs ports importants de pêche. Ceux-ci arment près de 600 bateaux.

De tous les ports de vente, celui d'Ostende est, en Belgique, le plus florissant.

A titre de document, nous donnons ici le tableau des ventes brutes qui y ont été effectuées en 1893, 1894 et 1895 :

VENTES EFFECTUÉES	ANNÉES		
	1893	1894	1895
	Fr.	Fr.	Fr.
Par des pêcheurs belges . .	2.647.009 85	2.585.785 »	2.561.945 50
— — anglais . .	213.844 30	365.343 20	390.596 90
— — français. .	603.489 40	491.133 75	332.919 60
— — allemands.	58.355 45	98.185 90	44.154 60
— — hollandais.	7.338 »	6.431 30	3.242 10
— — divers. . .	50.124 50	49.802 60	46.721 50
	3.579.861 50	3.596.681 65	3.379.580 20

Les résultats généraux fournis par les pêches maritimes anglaises durant l'année 1895 — pour l'ensemble des côtes d'Écosse, d'Angleterre, des Cornouailles et d'Irlande — sont les suivants :

Angleterre et Pays de Galles . . .	135.950.000 francs
Écosse	45.750.000 —
Irlande.	6.725.000 —
Total. . . .	188.425.000 francs

Dans ces chiffres sont compris les résultats pécuniaires fournis par la pêche des poissons, mollusques et crustacés. Ils ne comprennent pas, toutefois, les rendements de la pêche du Saumon.

Le tableau suivant permet de juger l'importance de la consommation du poisson de mer dans le Royaume-Uni :

	1889	1890
	fr.	fr.
Poisson fourni par les pêcheries nationales	150.500.000	188.425.000
Poisson importé de l'étranger et consommé dans le Royaume-Uni.	52.800.000	61.250.000
Total. . . .	203.300.000	249.675.000
A déduire :		
Poisson exporté du Royaume-Uni	44.175.000	56.875.000
Valeur totale du poisson consommé dans le Royaume-Uni	159.125.000	192.800.000

Statistique des bâtiments et des pêcheurs du Royaume-Uni de 1890 à 1894.

BATIMENTS ET EMBARCATIONS AFFECTÉS A LA PÊCHE EN MER

	ANGLETERRE et PAYS DE GALLES					IRLANDE					ÉCOSSE					TOTAUX POUR LE ROYAUME-UNI y compris l'île de Man et les îles Anglo-Normandes				
	1890	1891	1892	1893	1894	1890	1891	1892	1893	1894	1890	1891	1892	1893	1894	1890	1891	1892	1893	1894
Bateaux de 15 tonneaux et au-dessus.	3.879	3.873	3.863	3.834	3.766	438	441	425	410	406	3.797	3.705	3.658	3.620	3.547	8.111	8.316	8.211	8.156	8.000
Bateaux de moins de 15 tonneaux.	4.051	4.075	4.099	4.101	4.149	2.900	2.899	2.948	3.016	3.114	6.711	6.582	6.759	6.799	6.758	13.988	13.892	14.135	14.260	14.351
Canots naviguant seulement à l'aviron.	120	115	88	82	83	3.376	3.658	3.667	3.764	3.797	1.253	1.245	1.023	939	912	4.752	5.021	4.781	4.788	4.793
Totaux......	8.050	8.063	8.050	8.017	7.998	6.714	6.998	7.040	7.190	7.317	11.761	11.532	11.440	11.358	11.217	27.151	27.229	27.157	27.204	27.144
Nombre des bateaux qui, sur ces totaux, ont été réellement armés pendant toute ou partie de l'année.	7.006	6.696	6.624	6.802	6.993	5.784	5.902	6.143	6.515	6.550	10.502	10.419	10.457	10.292	9.981	23.874	23.622	23.813	24.173	24.069

PERSONNEL NAVIGUANT A LA PÊCHE OU EMPLOYÉ PAR CETTE INDUSTRIE

	ANGLETERRE et PAYS DE GALLES					IRLANDE					ÉCOSSE					TOTAUX POUR LE ROYAUME-UNI y compris l'île de Man et les îles Anglo-Normandes				
	1890	1891	1892	1893	1894	1890	1891	1892	1893	1894	1890	1891	1892	1893	1894	1890	1891	1892	1893	1894
Matelots et mousses constamment embarqués.	32.503	88.044	32.697	33.651	32.893	10.121	10.600	10.920	11.741	8.730	31.319	32.861	32.544	33.714	34.326	78.450	78.077	77.675	80.466	77.167
Autres personnes occasionnellement employées.	9.312	9.011	8.525	9.043	9.098	13.981	14.754	14.042	16.088	17.449	20.829	19.872	18.119	16.555	16.263	46.337	45.697	42.681	43.721	44.813
Totaux......	41.815	42.055	41.222	42.694	41.991	24.102	25.354	24.962	27.829	26.180	55.148	52.733	50.663	50.266	50.589	124787	123774	120356	124187	121978

Durant l'année 1895, les importations de poissons en Angleterre ont été réparties de la façon suivante :

Poisson salé ou conservé {	Norvège	8.183.925 fr.
	France	6.727.150
	Amérique anglaise	18.173.300
	Etats-Unis	16.499.250
	Autres contrées	7.665.375
Poisson frais		17.132.825
	TOTAL	74.381.825 fr.

Pour l'Écosse seulement, les rendements des pêches maritimes, sans compter celle des divers coquillages, ont été, depuis 1889, les suivants :

ANNÉES	POISSONS pris aux filets et aux lignes	POISSONS pris au chalut	VALEURS TOTALES annuelles des poissons péchés
	Fr.	Fr.	Fr.
1889	32.396.725	3.957.650	36.354.375
1890	35.493.150	5.090.500	40.583.650
1891	38.394.350	5.668.225	44.062.575
1892	33.619.675	6.269.200	39.888.875
1893	33.664.525	6.957.875	40.522.400
1894	32.505.100	6.640.425	39.145.525
1895	36.920.650	7.279.125	44.179.775
1896	31.585.575	7.709.500	39.295.075

En Italie, durant l'année 1895, 101.000 marins, montant 22.250 bateaux, ont pêché pour une valeur de 16.049.727 francs.

En outre, 4.155 marins, montant 781 bateaux, jaugeant 6.198 tonneaux, ont pêché pour une valeur de 1.418.122 francs dans les eaux de divers autres pays.

En Italie, les résultats de la pêche sont répartis de la façon suivante :

RÉGIONS MARINES	BATEAUX	PÊCHEURS	VALEURS
Mer Thyrrénienne	7.169	34.521	4.644.715
Côtes de Sardaigne	1.081	5.222	897.266
Côtes de Sicile	6.602	33.521	2.834.283
Mer de Tarente	1.410	4.766	2.126.958
Mer Adriatique	5.988	22.989	5.546.505
TOTAUX	22.250	101.019	16.049.727

La pêche seule des poissons, mollusques et crustacés — le Corail et les Éponges non compris, par conséquent, — peut être représentée par le tableau ci-dessous :

GENRES DE PÊCHE	BATEAUX	PÊCHEURS	VALEURS
Pêche au Gangui.	2.554	14.109	4.943.263
Pêche des mollusques	1.833	5.873	2.069.878
Filets fixes.	3.779	18.108	1.984.421
Pêche de bateaux isolés	3.000	16.756	1.934.385
Pêche à la senne à terre	1.817	15.197	1.403.756
TOTAUX.	12.983	70.043	12.335.503

CHAPITRE II

REPRODUCTION DES POISSONS MARINS COMESTIBLES

Organes reproducteurs des poissons. — Époques de fraye sur
les côtes de la Manche du Nord-Est. — Fécondité des principaux poissons osseux comestibles. — Proportions des mâles
et des femelles. — Déplacements des poissons et leurs causes.
— Tailles de maturité sexuelle chez ces animaux. — Répartition des œufs et des larves à la mer. — Lieux de ponte. —
Éléments reproducteurs et leur classification. — Développement des œufs flottants. — Transformations subies par les
poissons plats. — Croissance des poissons osseux comestibles.

Avant d'examiner les diverses méthodes employées ou proposées, tant pour maintenir aux fonds de pêche leur fertilité
que pour augmenter celle-ci, il est nécessaire que nous rap-
pelions diverses notions concernant la biologie des poissons
marins comestibles. Nous nous arrêterons donc ici à l'examen
des phénomènes relatifs à la propagation de ces espèces.

La constitution des organes qui élaborent les œufs et les
spermatozoïdes diffère suivant les classes de poissons.

Les glandes génitales des *poissons cartilagineux* (Raies,
Chiens de mer) rappellent assez exactement le dispositif de
ces organes chez les oiseaux. Les ovaires sont formés par des
masses paires situées dans la cavité abdominale, de part et

d'autre de la ligne médiane. Quand les œufs sont mûrs, ils forment des globules volumineux qui font saillie à la surface de la glande génitale. Ils ne tardent pas, d'ailleurs, à être expulsés au dehors en suivant un tube membraneux spécial, l'oviducte. A la partie inférieure de ce conduit, une poche sert de réceptacle pour les spermatozoïdes, qui attendent là le passage d'un œuf pour le féconder. En outre, dans sa portion ultime, l'oviducte contient une glande particulière, ayant pour fonction de secréter l'enveloppe ovulaire.

En général, les poissons cartilagineux sont ovipares ; néanmoins, dans certaines espèces les embryons se développent dans le corps de la mère et viennent au monde sous une forme qui, aux dimensions près, ne diffère pas sensiblement de celle de l'adulte.

Chez les mâles, la glande génitale est représentée par une double masse compacte disposée comme les ovaires. Chacune de celles-ci est constituée par une série de tubes séminifères dans lesquels se forment les spermatozoïdes. Ces organites sont expulsés de la même façon que les ovules. Les mâles se reconnaissent facilement à première vue, aux deux appendices styliformes qui sont appendus à la face ventrale, et qui jouent le rôle d'organes de copulation.

Dans la majorité des poissons osseux, les dispositions anatomiques des organes génitaux sont sensiblement différentes. Tout d'abord, les organes génitaux externes font généralement défaut, de sorte qu'il est impossible de distinguer à première vue les mâles des femelles. En outre, les ovaires et les testicules occupent des places identiques dans les deux sexes, et offrent une structure complètement différente de celles que l'on rencontre chez les poissons cartilagineux.

L'ovaire est constitué par un sac allongé, renflé en avant, aminci en arrière, et débouchant à l'extérieur par un petit orifice situé au voisinage de l'anus. Les parois de cette glande sont assez résistantes et donnent insertion par leur face interne à une série de lamelles triangulaires. Celles-ci sont formées par un stroma de tissu conjonctif et de vaisseaux sanguins ; sur ces lamelles se développent les œufs. Arrivés à maturité, les produits sexuels tombent dans la cavité ovarienne d'où ils sont évacués à l'extérieur. A l'inverse de ce qui se passe chez les poissons cartilagineux, les œufs ne sont pas fécondés dans

le corps de la mère. La fécondation s'effectue seulement
quand les éléments générateurs sont répandus dans le milieu
liquide ambiant.

Au point de vue de la structure, les organes génitaux mâles
diffèrent beaucoup de ceux de la femelle. Ils sont généralement formés par deux masses allongées, de couleur blanche,
réunies l'une à l'autre par de nombreuses brides de tissu conjonctif et déversant leurs produits par un petit orifice situé
immédiatement en arrière de l'anus. Des parois internes des
testicules émanent de nombreux tubes très déliés, dans l'intérieur desquels se développent les spermatozoïdes. Ceux-ci
diffèrent de forme suivant les différents ordres. Chez les Raies,
ils sont représentés par des bâtonnets extrêmement allongés
tandis que chez les téléostéens, ils présentent généralement
deux parties distinctes : une portion renflée sur laquelle s'in-
sère une queue effilée.

Chez les *poissons cartilagineux*, la ponte s'effectue pendant un laps de temps assez considérable. Les œufs sont
évacués en petit nombre, à différentes reprises, ou même isolément.

Chez les *poissons osseux*, la période de fraye est surtout
comprise dans les premiers mois de l'année — février à juin
— mais il faut reconnaître que la date précise de ce phénomène
et sa durée varient notablement suivant les espèces et suivant
les régions marines. Pour une même espèce, elles peuvent
changer un peu suivant les années.

Canu indique les époques suivantes pour la ponte des poissons comestibles les plus importants de la Manche du nord-
est.

ESPÈCES	MOIS DE PONTE
Pleuronectes limanda. . . .	Févr. à commencement avr.
Pl. flesus.	Fin janvier, à fin mars.
Pl. platessa.	Janvier-mars, décembre (?)
Pl. microcephalus	Avril, mai, juin, juillet (?)
Solea vulgaris	Mars à fin juin.
S. lutea	Juin, juillet.
Gadus morrhua.	Déc., janv., février, mars.
G. merlangus.	Février, mars, avril.
Rhombus lœvis.	Fin mars à juillet.
Rh. maximus.	Mi-avril à juillet.

Nombre d'œufs contenus dans une femelle.

ESPÈCES	LONGUEUR en millim.	POIDS	NOMBRE D'OEUFS
Sole-limande	381	1.135	672.000
—	318	427	150.000
Flet.	375	720	1.638.000
—	326	385	711.000
—	267	315	561.000
Limande	216	—	128.000
—	184	—	79.000
—	211	—	110.000
Sole	444	881	750.000
—	457	1.062	553.000
—	406	734	409.000
Turbot	711	7.858	9.161.000
—	620	6.356	8.104.000
Maquereau	406	692	639.000
—	406	699	689.000
Grondin gris	318	273	192.000
—	356	357	244.000
—	368	392	269.000
—	343	378	297.000
Hareng	295	—	30.000
—	302	—	26.000
—	202	—	47.000
Morue	952	10.442	3.970.000
—	965	9.761	6.652.000
—	889	7.264	2.963.000
Lieu	560	1.816	806.000
—	686	2.951	546.000
—	470	1.076	399.000
—	419	664	349.000
—	419	681	156.000
Merlan	292	294	109.000
—	419	406	131.000
Lingue	1.549	24.516	28.361.000
—	1.143	11.350	18.520.000
—	1.143	8.186	12.306.000
—	1.575	18.160	14.525.000
Plie.	444	1.369	223.000
—	444	1.188	148.000
—	560	1.914	487.000
—	572	2.148	324.000
—	522	1.712	323.000

La maturité sexuelle pour certains mâles précède l'apparition des femelles œuvées et se prolonge quelque temps après l'époque où l'on trouve de ces femelles.

Le nombre des œufs qu'un individu est susceptible de fournir est considérable. Pour s'en convaincre, il suffit de jeter les regards sur le tableau précédent, emprunté à Fulton.

Ces chiffres élevés ne doivent cependant pas nous donner trop d'illusions sur la résistance des diverses espèces de poissons marins. La fécondité d'une espèce ne suffit pas seule à assurer sa multiplication. Soumis à toutes les brutalités du monde océanique, les jeunes alevins, comme nous le verrons plus tard, sont, au cours de leur développement, exposés sans défense à des causes de destructions infiniment nombreuses.

Dans l'espèce humaine, la proportion des individus dans les deux sexes est sensiblement égale (il naît en moyenne 106 enfants mâles pour 100 enfants du sexe féminin). Fulton a montré que, chez les poissons marins, le nombre des femelles est en général supérieur à celui des mâles :

ESPÈCES ÉTUDIÉES	NOMBRE D'INDIVIDUS examinés		PROPORTION des femelles pour 100 mâles
	Mâles	Femelles	
Callionymus lyra.	8	22	275
Trigla gurnardus	255	1.044	409
Gadus morrhua	410	547	133
G. æglefinus.	476	899	188
G. luscus	29	59	204
G. merlangus	423	895	211
Hippoglossoïdes limandoïdes.	158	1.330	842
Rhombus maximus	26	53	204
Pleuronectes platessa	1.355	1.932	142
P. microcephalus	286	882	308
P. limanda.	522	1.539	295
P. flesus.	193	119	62
Solea lutea	18	20	111
Œufs submergés.			
Clupea harengus.	1.782	1.774	99

Actuellement, aucun fait ne nous permet d'expliquer l'anomalie que constitue ce notable excédent des femelles sur les mâles. On doit se borner à constater que c'est chez les espèces dont les œufs sont exposés aux plus nombreuses causes de destruction que la proportion des mâles est la plus élevée.

Contrairement à la croyance généralement répandue dans le monde des pêcheurs, la plupart des poissons osseux comestibles pondent des œufs qui flottent à la surface ou dans la masse des eaux. Quelques espèces seulement produisent des œufs qui tombent et se développent sur les fonds marins ou sont attachés, pendant leur développement, sur des corps submergés (Hareng, Éperlan).

C'est au naturaliste norvégien G.-O. Sars que revient le mérite d'avoir établi le premier que les œufs de la Morue flottaient dans les eaux superficielles au-dessus des bancs épais — « des montagnes de poissons » — que forme cette espèce à certaines époques de l'année et dans certaines régions marines.

De cette découverte datent les recherches de zoologie appliquée à la pisciculture. Aux États-Unis, de nombreuses investigations furent faites dans ce sens; mais je ne saurais manquer de rappeler ici les travaux extrêmement importants faits à Naples par Raffaele, qui établit en 1888 le premier catalogue détaillé des œufs pélagiques.

Les recherches faites sur ce sujet ont eu pour résultat de modifier profondément nos théories sur les migrations de certains poissons. Si la Morue, la Sardine, etc., faisaient les longs voyages qu'on leur attribuait, comment expliquer que dans des régions très diverses et aux mêmes époques de l'année on trouve réunis en grande abondance les œufs, les larves et les jeunes de ces animaux ? Pour la Sardine, spécialement, que l'on s'accordait autrefois à considérer comme une espèce migratrice, venant sur nos côtes après avoir longé les côtes portugaises, comment expliquer que cette espèce effectue sa ponte à peu près aux mêmes dates, dans des localités fort éloignées les unes des autres ? Il semble bien que les recherches effectuées par W. Fulton pour connaître l'aire de déplacement des poissons nous éclairent suffisamment sur cette question. Ce naturaliste, en effet, eut l'idée de fixer des plaques d'aluminium numérotées sur des poissons pêchés vivants et que l'on rejetait immédiatement à la mer. Or, le nombre des individus, ainsi capturés à nouveau, après un laps de temps variable, est considérable, si l'on tient compte des conditions dans lesquelles fonctionnent nos procédés actuels de pêche. Les expériences de W. Fulton ont porté sur la Plie, la Limande et la Morue.

Sur 1.250 Plies marquées, 103, ou 8,2 pour 100, furent reprises à une distance n'excédant pas 28 milles de leur point d'immersion. Sur 337 Limandes, on en recueillit 11, ou 3,2 pour 100, à une distance n'excédant pas 37 milles de leur point d'immersion. Sur 196 Lingues, 10 individus, ou 5,1 pour 100, furent repêchés à des distances variant de 1 à 52 milles de leur point d'immersion.

Un autre point mérite de nous arrêter ici quelques instants. A quel âge, ou tout au moins à quelle taille les divers poissons comestibles sont-ils susceptibles de se reproduire ?

Des recherches accomplies dans les divers laboratoires maritimes, il résulte qu'aucun poisson n'est capable de se reproduire dès la première année (1).

(1) « Les migrations des poissons adultes dépendent principalement de trois causes : le développement des organes génitaux, le besoin de nourriture, la saison de l'année. La plupart des poissons ont leur terrain de ponte, leurs terrains de nutrition, leurs quartiers d'hiver et d'été. En ce qui concerne le Hareng, ses apparitions vers les terrains de ponte sont très régulières, il visite les mêmes régions depuis des siècles et plus. Mais, bien que les mouvements des jeunes à leurs différents stades aient été suivis avec succès, nous ne pouvons dire avec certitude maintenant où se trouvent les adultes dans les intervalles des saisons de ponte. Ils sont pris occasionnellement en petit nombre durant ces intervalles, et, selon toute probabilité, ils se retirent alors à quelque distance des côtes. Si l'on considère la multitude de Harengs qui se trouvent dans la mer du Nord, de juillet à novembre, il paraît certain qu'ils ne peuvent demeurer dans cette mer de novembre à juillet sans être capturés : le Hareng d'hiver n'est pas le même, et nous devons donc conclure que le Hareng d'été se retire *vers* ou *dans* l'Océan libre.

« Le Maquereau et la Sardine, qui n'ont pas de terrains de ponte bien déterminés, n'accomplissent pas de migrations aussi étendues et demeurent hors de la portée des observations durant une partie de l'année. Le Maquereau, dans la Manche, accoste les eaux littorales en été, et on le trouve en train de pondre en mai et jusqu'à la fin de juin, de 5 à 10 milles au large. Sa saison de ponte se termine en août-septembre. En hiver, il se retire loin des côtes. La Sardine, au contraire, s'éloigne vers le large pendant la saison de ponte, jusqu'à 30 ou 50 milles ordinairement. Elle demeure sur la côte en hiver.

« Un sujet intéressant, qui est loin d'être élucidé, est l'extension des poissons de la Manche vers les côtes de la mer du Nord. L'Anchois est trouvé dans la Manche en nombres considérables, croissant d'octobre à novembre. Bien qu'aucune pêcherie régulière n'ait été organisée pour cette espèce sur les côtes anglaises, elle est capturée en petites quantités dans les filets dérivants, les seines, etc., utilisés pour la pêche du Sprat, de la Sardine et du Maquereau, sur la côte du Devon et des Cornouailles. On en a pris aussi de grandes quantités dans le Pas-de-Calais en novembre. Il existe une pêche régulière de ce poisson dans le Zuyderzée et le Scheldt en mai, juin,

J.-T. Cunningham, qui s'est spécialement occupé à Plymouth du développement du Flet, a montré que le jeune alevin, qui ne mesure pas plus de 10 millimètres, n'atteint pas plus de 10 centimètres au bout d'un an. Aucun spécimen n'a manifesté dans l'aquarium des signes de fraye durant la première année. Sur les 89 animaux qui survécurent, et dont la taille, au bout de deux ans, variait de 7,5 à 25 centimètres, 12 étaient des mâles parvenus à maturité sexuelle, 4 étaient des femelles œuvées. La taille des mâles variait de 15 à 22 centimètres, celle des femelles oscillait entre 20 et 25 centimètres.

Les conditions dans lesquelles Cunningham a fait ses observations sont évidemment très différentes de celles où se trouvent placés les animaux dans les conditions naturelles. Dans les eaux libres, la taille à laquelle ces animaux sont capables de se reproduire est sensiblement plus élevée.

Cunningham, Holt, Petersen, ont montré que cette taille varie aussi suivant les régions marines (2).

juillet; il paraît donc certain que l'*Anchois*, qui pond en été sur les côtes hollandaises, se retire en hiver à travers la Manche.

« Par une voie en quelque sorte similaire, le *Maquereau* entre dans les parties les plus étroites de la mer du Nord, par le Pas-de-Calais, en été et fournit une pêche régulière dans les comtés de Norfolk et de Suffolk. Au large de Lowestoft, le Maquereau est pêché en mai et juin et encore en septembre, octobre, et au commencement de novembre. Peut-être que dans l'intervalle, en juillet et août, les animaux de cette espèce s'élèvent plus au Nord le long des côtes continentales et que la pêche d'automne correspond à leur retour. Le Grondin-Hirondelle, qui habite constamment au large de Plymouth, est pris sur la côte Est de la mer du Nord près d'Helgoland en juin et au large de la côte hollandaise, en face de Lowestoft en septembre. Il est probable qu'il se trouve dans cette région durant tout l'été, mais je ne suis pas sûr qu'il ne retraite par la Manche en hiver. Quelques poissons de fond s'approchent de la côte pour pondre, tandis que d'autres s'en éloignent à ce moment. La *Morue* est des premiers, elle pond en mars et avril, et les adultes (quand ils se nourrissent simplement) se trouvent à une plus grande distance des rivages et à de plus grandes profondeurs aux autres époques de l'année. Le *Lieu* et le *Merlan* ne font pas de migrations compliquées à l'époque de la ponte ; le *Lieu* pond par 30 à 50 brasses, le *Merlan* par 10 à 40. En ce qui concerne les poissons plats, nous avons vu que les *Soles* adultes se trouvent en été dans des eaux très peu profondes près des rivages avec les immatures; il en est de même pour le *Turbot* et la *Barbue*. Ces espèces se retirent en hiver dans les eaux plus profondes du large. Mais les plus grandes *Plies* adultes se tiennent toujours au large, généralement dans les eaux les plus profondes. » (J. T. Cunningham. *Marketable Marine Fishes*, pp. 116-118.)

(2) « *A Grimsby*, on a trouvé que les femelles de *Plies* matures les plus petites, pêchées dans les parties septentrionales de la mer du Nord,

D'après Fulton, les dimensions auxquelles les poissons comestibles sont aptes à se reproduire dans les eaux écossaises
sont les suivantes :

ESPÈCES ÉTUDIÉES ÉCOSSE	TAILLES MINIMA DE REPRODUCTION	
	Mâles	Femelles
Trigla gurnardus.	30 ᶜᵐ	30ᶜᵐ
Gadus morrhua.	76	90
G. œglefinus	35	35
G. merlangus.	30	34
Rhombus maximus.	54	»
Pleuronectes microcephalus	33	38
Pl. limanda	20	21
Pl. flesus.	21	28

Ces chiffres ont été obtenus par simple mensuration des
spécimens renfermant soit des œufs, soit des spermatozoïdes.
Or, chez certains poissons, après la période d'activité sexuelle,

avaient 325 millimètres de longueur ; les plus grandes immatures
n'avaient pas tout à fait 485 millimètres, les plus petits mâles matures
avaient 225 millimètres — exceptionnellement, l'un avait 150 millimètres — les plus grands mâles immatures n'avaient pas tout à fait
400 millimètres. A *Plymouth*, les longueurs correspondantes étaient
225 et 375 millimètres pour les femelles ; 225 et 300 millimètres pour
les mâles. *Il est donc évident que la Plie arrive dans l'Ouest de la
Manche à maturité, à une taille inférieure à celle de la mer du Nord.*
et le fait que dans la Manche les poissons de cette espèce sont généralement de plus petite taille que dans la mer du Nord indique que
ces différences de taille pour la maturité tiennent non pas à ce que
celle-ci est plus précoce dans la Manche, mais à ce que les animaux
sont normalement moins grands dans une région que dans l'autre. Il
a été montré que la race de la Manche s'étend au nord du Pas-de-
Calais vers la côte hollandaise, une considérable proportion de Plies
matures étant trouvée avec des tailles de 225 à 350 millimètres parmi
les poissons capturés sur les Brown-Ridges, de 30 à 50 milles au large
de la côte néerlandaise et un peu au sud du Texel. D'un autre côté,
les petites Plies prises sur la côte continentale au voisinage d'Helgoland n'appartiennent pas à la petite race, aucune des femelles n'étant
matures avant 325 millimètres.

« La plus petite Sole mature a 262 millimètres, la plus grande imma-
ture 300 millimètres ; la taille moyenne des matures est de 275 millimètres ; la taille moyenne des mâles pour la reproduction est de 225
à 250 millimètres. Le *Lieu* est reproducteur, de 275 à 400 millimètres
dans les femelles et à 275 millimètres chez le mâle. La taille de la
Morue adulte, capable de se reproduire, est naturellement plus grande :
55 à 85 centimètres dans les deux sexes (J.-T. Cunningham, *Marketable Marine Fishes*, p. 109.)

les glandes génitales se réduisent à un aussi faible volume que celles des animaux immatures. Aussi nous devons reconnaître que ces observations n'ont pas un caractère de précision absolue. Cette question a cependant été étudiée avec beaucoup d'intelligence et d'esprit de suite par Mac Intosh. Prince, Cunningham, Fulton, Canu, Petersen, Williamson, Il semble toutefois, comme nous le verrons plus loin, que cette croissance s'accomplit assez lentement.

Comme nous l'avons indiqué, les œufs de la très grande majorité des poissons comestibles flottent à la surface ou un peu au-dessous de la surface des mers. Ils sont extrêmement abondants. Le professeur V. Hensen, de Kiel, a tenté, à la fin de l'hiver et au printemps de 1895, de déterminer, dans la mer du Nord, les quantités relatives d'œufs fécondés, de larves et d'alevins de poissons que l'on pouvait trouver dans les eaux de cette mer. Ses recherches ont porté sur la surface marine comprise entre Helgoland et le 58° de latitude nord, d'une part, et de 1° de longitude ouest et 1° de longitude est, d'autre part. Ce savant a calculé que, par mètre carré superficiel, il existait 35,34 œufs, larves ou alevins pélagiques de poissons comestibles, en février ; il en existait 122,6 en mars. Sur ces nombres, 2,64, ou 8 pour 100, dans le premier cas, et 13,8, ou 11,3 pour 100, dans le second cas, étaient formés par des jeunes nouvellement éclos.

En rapprochant ces chiffres de ceux donnés par Krümmel, pour l'évaluation de la surface de la mer du Nord, —547.623 kilomètres carrés, —le professeur Hensen évalue à 66.897.626 millions le nombre d'œufs, alevins ou larves de poissons vivants à l'époque de ses recherches, dans les eaux superficielles de cette mer. Il résulte d'ailleurs de ses travaux qu'après cette période, ce chiffre diminue beaucoup en même temps qu'augmente la proportion de jeunes par rapport à la totalité des organismes pêchés à la surface des eaux.

Là encore, nous ne devons pas considérer ces chiffres comme absolument exacts. Il est évident, en effet, que ces larves ou alevins ne sont pas uniformément répartis à la surface du monde océanique. Certaines régions sont absolument stériles, s'il en est qui soient remarquablement fertiles. Les poissons se rassemblent pour frayer dans des localités assez déterminées. C'est du moins l'opinion de la plupart des naturalistes qui se sont occupés de l'étude du développement des poissons marins.

Dans les eaux territoriales écossaises, W. Fulton a constaté que, sur 900 Morues examinées, aucune n'était apte à se reproduire au moment même de la période annuelle de ponte. Toutes celles qui présentaient des organes génitaux à maturité sexuelle avaient été pêchées à plus de 3 milles de la côte. Les recherches de ce savant, celle de Cunningham, de Mac Intosh et autres, en Angleterre, celles de Canu, en France, tendent à démontrer que la grande majorité des poissons marins comestibles gagnent les fonds de haute mer pour pondre. Bien qu'ici il faille entendre par « haute mer » les régions situées simplement au delà des eaux territoriales, ces conclusions sont absolument en désaccord avec les croyances répandues dans le monde des pêcheurs.

Fig. 19. — OEufs et larves de Morue (*Gadus morrhua*), grandeur naturelle, d'après E. Canu.

L'œuf des poissons osseux, au moment où il est pondu par la femelle, est toujours de faible taille. Il peut avoir de 1 à 2 millimètres. Il se compose d'une membrane externe (zona radiata) plus ou moins résistante qui abrite le protoplasma interne. Il ne paraît pas là y avoir de membrane vitelline, sauf peut-être chez le Hareng.

La zona radiata porte généralement sur sa surface externe des saillies de formes variées qui sont caractéristiques des diverses espèces. Elle présente, en outre, un micropyle par lequel pénètre le spermatozoïde qui sert à la fécondation.

La masse protoplasmique est formée par un vitellus nutritif très abondant, ou jaune, et un vitellus formatif. Le jaune constitue une réserve de nourriture importante pour le jeune embryon. Il fournit aussi des caractères distinctifs importants pour la détermination des œufs. Il renferme, effectivement, des globules gras, des cristaux de cholestérine, etc. Or, comme Prince l'a établi, les sphères huileuses sont tellement caractéristiques, que leur simple inspection permet de reconnaître l'espèce à laquelle appartient l'œuf.

Certains auteurs ont voulu voir dans ces corpuscules graisseux des appareils hydrostatiques. Si on en juge d'après ce qui se passe au cours du développement, il semble que ces globules jouent uniquement un rôle de nutrition. Ils sont, en effet, utilisés pendant les premiers stades de la vie libre de l'embryon, et c'est dans les formes pélagiques qu'ils disparaissent le plus rapidement. Ils ne contribuent pas, comme le vitellus formatif, à la constitution de l'embryon; ils servent seulement de réserves alimentaires et sont absorbés par les vaisseaux hépatiques et cœliaques.

En 1886, Prince constatait avec regret que, sur 9 à 10.000 espèces de poissons marins, on connaissait tout au plus les œufs de 80 d'entre elles. Grâce aux efforts persévérants des zoologistes européens et américains, nous connaissons assez bien aujourd'hui les diagnoses des diverses espèces d'œufs pélagiques. Les caractères dont on se sert pour ces diagnoses sont tirés des ornements de la coque ovulaire, de la présence ou de l'absence des globules graisseux ainsi que de leur répartition dans l'œuf; enfin des dimensions des œufs eux-mêmes.

D'après Canu, nous donnons ici les principaux caractères distinctifs des œufs appartenant à quelques espèces de nos côtes :

PLEURONECTES LIMANDA.	Œuf à membrane très fine, diamètre de $0^{mm},70$ à $0^{mm},75$.
PL. FLESUS.	Œuf généralement sphérique, capsule hyaline extraordinairement mince ; diamètre : $0^{mm},85$ à 1 millimètre.
PL. MICROCEPHALUS. . .	Coque finement striée de raies entre-croisées; diamètre : $1^{mm},3$ à $1^{mm},5$.
PL. PLATESSA	Le plus grand œuf du groupe des pleuronectes; diamètre : $1^{mm},1$ à $1^{mm},9$, forme sphérique; l'embryon présente de bonne heure des taches pigmentaires.
RHOMBUS LOEVIS . . .	Coque striée, globules huileux, de $0^{mm},22$ à $0^{mm},24$; diamètre, $1^{mm},3$ à $1^{mm},5$.
GADUS MORRHUA	Œuf transparent et homogène; diamètre : $1^{mm},4$ à $1^{mm},5$.
G. MERLANGUS.	Œuf rappelant celui de *G. morrhua*, mais plus petit; diamètre : $1^{mm},2$ à $1^{mm},3$.

Solea vulgaris . . . . . Œuf reconnaissable à sa capsule vitelline saillante au-dessus d'un vitellus
chargé de gouttelettes huileuses. Zone
périphérique formée de polyèdres.

Au début de la segmentation, les cellules blastodermi-
ques forment une calotte s'étendant seulement sur une por-

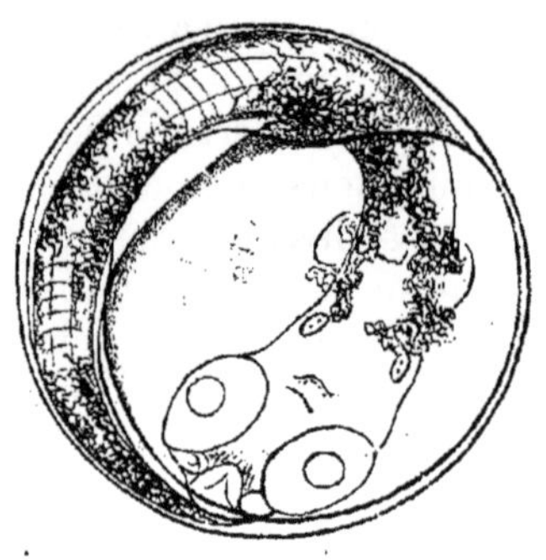

FIG. 20. — Œufs de Morue avec
l'embryon très avancé et près d'é-
clore, montrant la disposition des
quatre bandes de pigment. Grosseur : 35/1, d'après E. Canu.

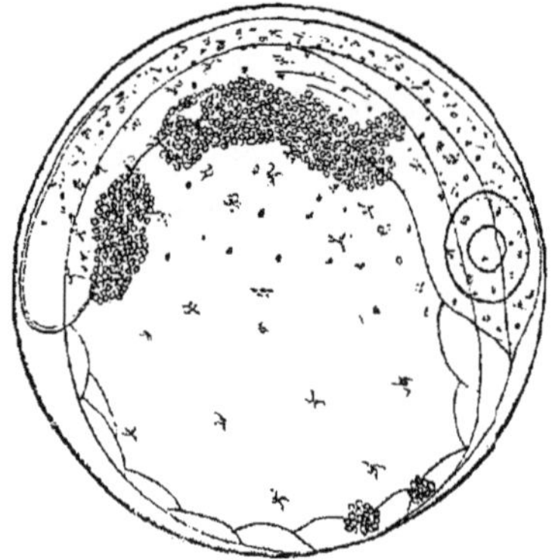

FIG. 21. — Œuf de Sole commune, d'après
J.-T. Cunningham.

tion du globe ovulaire. Pendant longtemps, le jaune apparaît
comme une masse annexée à la face ventrale — anatomique-

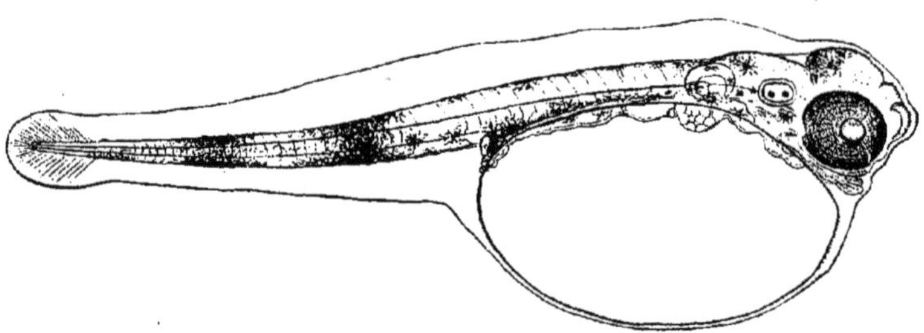

FIG. 22. — Larve de Morue, vue de profil peu de temps après l'éclosion.
Grosseur : 35/1, d'après E. Canu.

ment — du jeune individu. Au fur et à mesure des progrès
du développement, l'embryon acquiert successivement les
organes de l'adulte ; mais, au moment où il sort de l'œuf, il ne
possède ni bouche, ni sang rouge, ni os. Il flotte alors le

ventre en haut et n'emprunte au milieu dans lequel il se trouve rien autre chose que de l'oxygène nécessaire à sa respiration. Il puise sa nourriture dans le jaune de l'œuf qu'il porte à la face supérieure.

La durée de l'incubation varie beaucoup suivant les conditions cosmiques du milieu ambiant. D'après Harald Dannevig, dont les recherches, à cet égard, ont porté sur des espèces

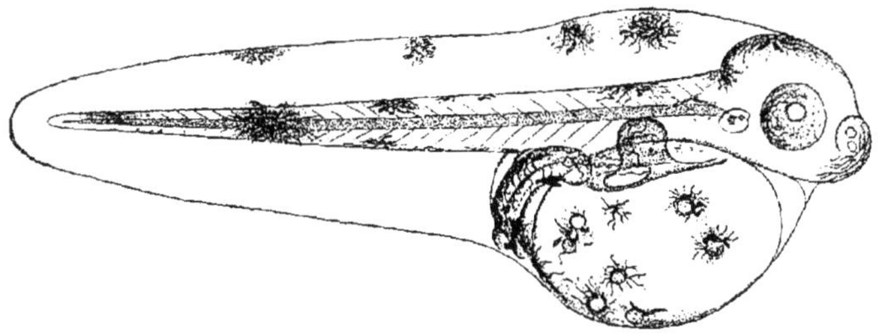

Fig. 23. — Larve de *Solea lutea*, ayant 3 millimètres de longueur, dans laquelle commence à se résorber la vésicule ombilicale. Grosseur : 40/1, d'après Ehrenbaum.

élevées dans le milieu artificiel d'une piscifacture, l'incubation de la Morue et de l'Eglefin exige :

8 jours 1/2,	lorsque la température de l'eau est de	14°
9 — 1/3	—	—	12°
20 — 1/2	—	---	4°
23 —	—	—	3°

Au moment où les jeunes alevins sortent de l'œuf, leur taille est très réduite. Les Carrelets les plus développés n'ont

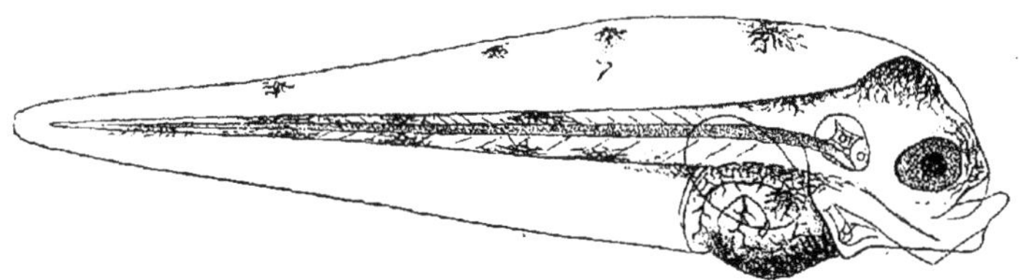

Fig. 24. — Larve de *Solea lutea*, plus âgée de deux jours, ayant 3mm,67, dans laquelle le sac vitellin est complètement résorbé. Grosseur : 35/1, d'après Ehrenbaum.

guère, à ce stade, plus de 5 millimètres de longueur. Les œufs fixés sur le substratum donnent rapidement des larves plus robustes, possédant de meilleure heure une bouche et du sang rouge.

Chez les poissons à œufs flottants ou fixés, le jaune va sans cesse en se réduisant. Finalement l'animal arrive à se suffire

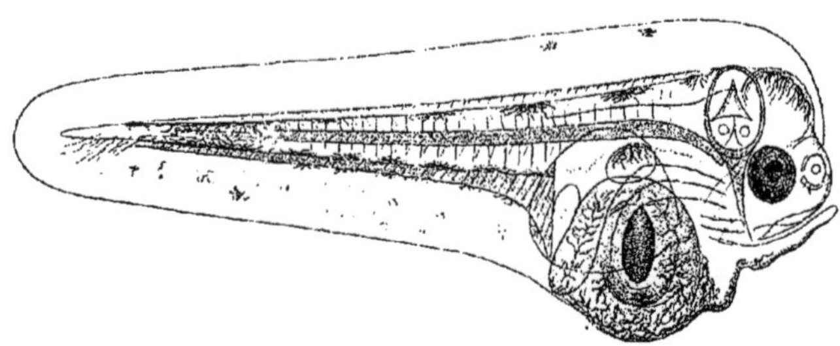

Fig. 25. — Larve de *Solea lutea*, dans laquelle commencent à se développer les nageoires. Longueur : 6ᵐᵐ,3: grosseur : 20/1 ; d'après Ehrenbaum.

à lui-même. La bouche apparaît, le corps se pigmente, les larves recherchent leur nourriture.

Le plus grand changement qui s'opère dans ces poissons à partir du moment où ils commencent à se nourrir est l'ossifi-

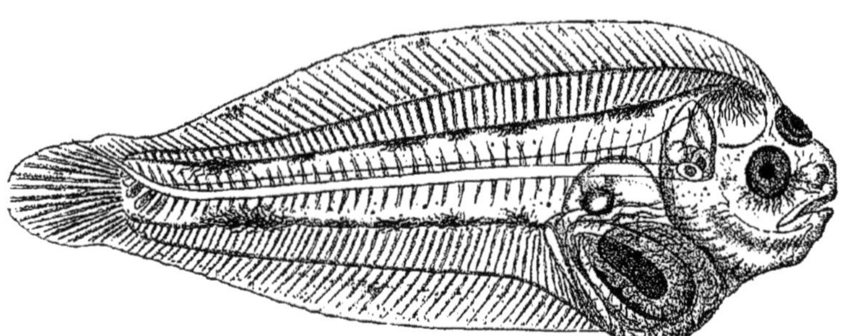

Fig. 26. — Larve de *Solea lutea* commençant à subir sa métamorphose définitive Longueur : 7ᵐᵐ,5; grosseur : 16/1; d'après Ehrenbaum.

cation de leur squelette et la formation, qui en est la conséquence, de leurs nageoires permanentes. Il se produit alors de considérables modifications dans la forme et les mœurs des poissons ; ceci varie d'ailleurs suivant les différents genres d'animaux. Les rayons des nageoires se développent en même temps que se développe le squelette. On peut parfaitement étudier cette transformation, car l'animal est encore transparent.

Sans insister autrement sur le développement des poissons ronds, il me paraît utile de dire ici quelques mots des transformations que subissent les jeunes poissons plats au moment où, abandonnant la vie pélagique, ils passent à l'état asymé_ trique sous lequel ils sont connus.

Il y a longtemps, un naturaliste suédois, Malm, remarqua que chez certains spécimens de Turbot, de Plie et autres poissons plats jeunes, les deux yeux, au lieu de se trouver, comme chez l'adulte, placés d'un même côté de la tête, occupaient anatomiquement des positions variées. Il lui parut donc que l'un de ces yeux se déplaçait graduellement ; que, primitivement, ces yeux devaient être symétriques, jusqu'à ce que l'un d'eux, passant par-dessus le bord supérieur du crâne, vînt occuper sa place définitive à côté de l'autre, qui demeurait immobile. Steenstrup apporta plus tard de nombreux arguments à l'appui des conclusions de Malm ; mais il différait d'opinion sur le processus évolutif qui aboutissait à la réunion des deux yeux sur un même côté de la tête. Pour Malm, l'œil mobile tournait autour de la tête ; pour Steenstrup, il traversait le crâne. Les recherches ultérieures de divers zoologistes ont démontré que les deux opinions étaient chacune exacte suivant que l'on considérait les diverses espèces de pleuronectes. Dans celles où les jeunes individus sy-

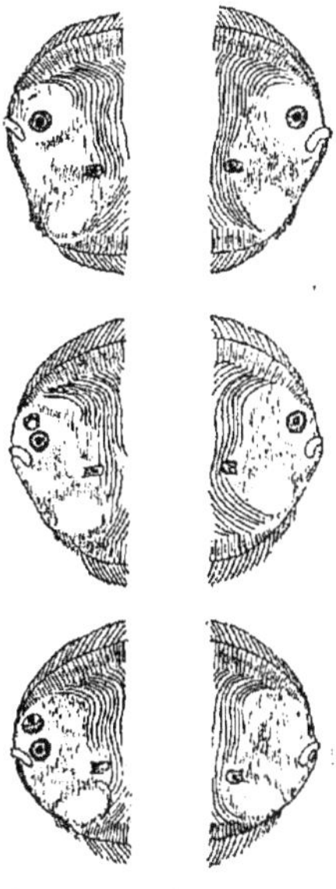

Fig. 27. — Trois stades de l'évolution de l'œil droit vers la face gauche ou dorsale du corps d'un jeune Pleuronecte, d'après Steenstrup.

métriques présentent une nageoire dorsale qui s'étend jusqu'à l'extrémité du museau, l'œil mobile traverse le crâne ; il le contourne quand on a affaire à des jeunes chez lesquels cette nageoire s'étend moins loin.

Chez certains animaux, c'est l'œil droit qui est mobile ; chez d'autres, c'est l'œil gauche. Quoi qu'il en soit, ces êtres, à un moment donné de leur existence, se couchent donc sur un côté de leur corps. On rencontre encore certains individus dissymétriques qui continuent pendant quelque temps à vivre à l'état pélagique. Mais, rapidement alors, ils gagnent les fonds marins.

Les auteurs ne paraissent pas d'accord sur la taille à laquelle les pleuronectes deviennent dissymétriques.

Hensen a trouvé dans la Baltique des individus complètement asymétriques ayant une longueur de 12 millimètres ; Petersen en a trouvé, à la surface de l'eau et sur les fonds, ayant 10 à 11 millimètres ; Holt admet que la dissymétrie se produit quand les jeunes pleuronectes ont de 10 à 21 millimètres ; Ehrenbaum estime enfin que l'œil gauche commence à évoluer chez les jeunes qui ont 15^{mm},5 au maximum.

L'évolution de l'œil s'accompagne naturellement de modifications dans l'appareil masticateur. Chez les adultes des diverses espèces de pleuronectes, la permanence des caractères acquis à cette période du développement permet de distinguer les groupes suivants :

1° Yeux sur le côté droit du corps ; bouche à l'extrémité du museau ; dents bien développées sur le côté aveugle du corps : Plie, Flet, Limande commune, Plie cynoglosse, Sole-Limande.

2° Yeux sur le côté droit du corps ; bouche large, mâchoires égales et symétriques sur les deux côtés : Flétan, Hippoglossoïde limandoïde.

3° Yeux sur le côté droit du corps ; museau plus long que les mâchoires ; mâchoires plus larges sur le côté gauche : Sole commune, Sole lascaris, Sole jaune et Sole variée.

4° Yeux sur le côté gauche du corps ; bouche située à l'extrémité du museau ; mâchoires égales et dents aussi nombreuses sur les deux côtés : Turbot, Barbue, Mère-Sole, Plie arnoglosse, etc.

Pendant que les jeunes subissent ces transformations anatomiques, leur corps s'aplatit latéralement, perd sa transparence et est l'objet d'une pigmentation très abondante.

Comme on le sait, chez l'adulte, cette pigmentation est très prononcée sur la face supérieure du corps et l'est peu sur la face inférieure. En outre, les animaux de ce groupe sont susceptibles de mimétisme et peuvent adapter leur coloration à celle du milieu qui les entoure.

Beaucoup d'auteurs, nous l'avons dit, se sont préoccupés de déterminer exactement les conditions dans lesquelles s'ac-

complit la croissance des poissons marins comestibles.
Cette question présente du reste un intérêt considérable pour
la fixation de l'âge de ces animaux. Certains zoologistes ont
calculé cette croissance d'après celle des individus qu'ils con-
servaient en viviers clos. D'autres l'ont établie en prenant
comme date approximative des fécondations l'époque de ponte
de l'espèce qu'ils envisageaient. Une méthode plus précise et
très compréhensible a été instituée dans ce but, et récemment, par C.-G.-Joh. Petersen à la station danoise de Biologie.

Cette méthode consiste à mesurer tous les individus qui
peuvent être recueillis d'une espèce déterminée, en prenant
soin de collectionner les spécimens de toutes les tailles et de
toutes les régions habitées par ladite espèce aux différents
stades de son accroissement. Les individus que l'on observe
proviennent nécessairement de pontes effectuées dans des
conditions de liberté absolue. Leur accroissement s'est également opéré en toute liberté. Or on constate que les individus que l'on recueille ainsi peuvent être groupés par blocs
d'animaux ayant sensiblement la même longueur. Chaque
groupe correspond évidemment à une période de ponte différente. Par l'emploi de ce procédé, on peut distinguer très
bien les individus de un, deux et trois ans.

« La pleine application de cette méthode », dit Cunningham,
« promet de bons résultats pour l'avenir ; toutefois, elle est
d'un emploi difficile et laborieux. Les collections d'individus
doivent être, en effet, faites dans un temps très court, sans
quoi les résultats ne seraient pas comparables. »

La croissance des jeunes poissons marins peut être résumée
de la façon suivante, d'après les divers zoologistes qui se sont
efforcés de la déterminer.

Temps compté à partir de l'éclosion :

Morue (d'après Dannevig H.)

	Animaux d'élevage.	Animaux pêchés.
6 jours. . .	5^{mm}	»	»
1 mois . . .	15	»	»
2 — 1/2. .	55	»	»
3 — 1/2. .	70	»	»

Animaux d'élevage.		Animaux pêchés.	
4 mois 1/2. .	85	»	»
5 — 1/2. .	115-157	»	»
»	»	22 mois . . .	367-400mm
»	»	30 — . . .	230-460

MAQUEREAU (Cunningham)

Animaux d'élevage.		Animaux pêchés.	
»	»	1 an	130-230mm
»	»	2 —	295
»	»	3 —	440

HARENG (Mayer)

Animaux d'élevage.		Animaux pêchés.	
1 mois . . .	17-18mm	»	17-18mm
2 — . . .	30-35	»	34-34,6
3 — . .	»	»	45-50
4 — . .	48-54	»	55-61
5 — . . .	65-66	»	65-72

FLET (Cunningham et Holt)

Animaux d'élevage.		Animaux pêchés.	
1 à 2 mois. .	15mm	»	15mm
4 à 5 — . .	67-80	»	67-80
1 an	142-190	»	142-190
2 —	200-250	»	»
3 —	300-350	»	»

PLIE (Cunningham)

Animaux d'élevage.		Animaux pêchés.	
3 à 4 mois. .	»	»	35-59mm
1 an	»	»	80-150
2 —	»	»	250-300

SOLE-LIMANDE (Cunningham et Holt)

Animaux d'élevage.		Animaux pêchés.	
»	»	12 à 17 mois .	155-175mm
»	»	2 ans. . . .	160-236

LIMANDE (Cunningham)   (Williamson)

Animaux d'élevage.		Animaux pêchés.		(Williamson)
»	»	1 mois . . .	»	10-13mm
»	»	3 — . . .	10,5-17mm	32-42
»	»	4 — . . .	»	48,5-59
»	»	6 — . . .	33-51	»
»	»	1 an	50-135	»
»	»	15 mois . . .	»	71,5
»	»	2 ans . . .	180-220	149

Sole (Cunningham)

Animaux d'élevage.		Animaux pêchés.		
»	»	1 mois . . .	12-15^{mm}	»
»	»	1 an	168-175	»
»	»	2 —	200-260	»
»	»	3 —	320-380	»

		Turbot (Cunningham)		Captivité. (Coste)
»	»	1 mois . . .	24-38^{mm}	»
»	»	10 — . . .	230-340	50-60^{mm}
»	»	11 — . . .	230-340	»
»	»	12 — . . .	»	140-150
»	»	2 ans. . . .	280-380	»

		Barbue (Cunningham)		
»	»	1 mois . . .	22-25^{mm}	»
»	»	6 — . . .	70-98	»
»	»	12 — . . .	90-104	»

		Merlan (Cunningham)		
»	»	4 à 5 mois. .	54-90^{mm}	»
»	»	12 mois . . .	120-150	»
»	»	2 ans. . . .	203-354	»

		Lieu (Cunningham)		
»	»	1 à 2 mois. .	20-24^{mm}	»
»	»	7 mois . . .	97	»

		Tacaud (E. Canu)		
»	»	3 mois . . .	64-67^{mm}	»
»	»	6 — . . .	117	»
»	»	12 — . . .	130-150	»

La nourriture des poissons de mer est excessivement variée. Elle comprend à peu près tout l'ensemble de la faune et de la flore marines.

Comme les zoologistes l'ont établi, chaque espèce de poisson a sa nourriture propre, et celle-ci ne laisse pas que d'être fort complexe, ainsi que l'ont établi des examens répétés du tube intestinal de ces animaux. Pour le Carrelet et la Morue, Ramsay Smith, qui a consacré à cette étude un intéressant mémoire, donne les chiffres suivants :

Chez 1,205 Carrelets, il a constaté :

Des débris d'échinodermes . . . .   89 fois.
    —   d'arthropodes . . . .   485 —
    —   de mollusques . . . .   326 —
    —   de poissons . . . .   46 —
    —   d'ascidies . . . .   5 —

Chez 641 Morues, il a constaté :

Des débris d'échinodermes . . . .   7 fois.
    —   d'annélides . . . .   43 —
    —   d'arthropodes . . . .   360 —
    —   de mollusques . . . .   76 —
    —   de poissons . . . .   325 —

D'autres espèces — et tel est le cas de la Sole — se nourrissent d'algues, tout en consommant du frai, des vers marins, quelques mollusques, enfin l'alimentation de toute une série de Poissons (Hareng, Sprat, Sardine) est assurée par des infiniment petits : diatomées, algues unicellulaires, spores, infusoires, radiolaires, copépodes, larves, etc.

La nourriture des poissons est différente suivant leur âge. Dans les essais tentés à Kiel pour étudier les conditions du développement du Hareng, on a constaté que, durant les premiers stades de leur vie post-embryonnaire, ces animaux consommaient des larves de mollusques ; plus tard, ils ne se nourrissent plus que de copépodes. Ces derniers animaux contribuent pour une large part à l'alimentation des jeunes poissons, tels que la Plie, la Morue, etc.

PRINCIPAUX AUTEURS A CONSULTER :

1. — Eug. CANU, *Ponte, œufs et larves des Poissons osseux utiles ou comestibles, observés dans la Manche* (*Annales de la Station aquicole de Boulogne-sur-Mer*, 1° série, t. I, part. 2, 1893, pp. 117-132, pl. VII à XIX ; 2° série, t. II, part. I, 1894, pp. 63-72, pl. V à VI).

2. — J.-T. CUNNINGHAM, *The Natural History of the Marketable Marine Fishes of the British Islands :* London, Macmillan and Co, édit., 1896.

3. — H. DANNEVIG, *The Influence of the Temperature on the Development of the Eggs of Fishes* (13th Report annual of the Fishery Board for Scotland; 1894, pp. 147-152).

4. — E. EHRENBAUM, *Eier und Larven von Fischen der Deutschen Bucht* (*Wissenschaft. Meeres untersuchung, v. d.Kommission z. w. U. der Deutschen Meere in Kiel. Neue Folge*, t. II, Heft I, Abt. I, 1896.

5. — FABRE-DOMERGUE et BIÉTRIX, *Recherches biologiques applicables à la pisciculture maritime* (*Ann. des sc. naturelles*, 1897).

6. — W. FULTON, *The Spawning and Spawning Places of Marine Food Fishes* (8 th Annual Report of the Fish. Bord f. Scott., 1889, art. III, pp. 257-269).

7. — W. FULTON, *Observations on the Reproduction Maturity and sexual Relations of the food Fishes* (10th Ann. Rep. of the Fish. Board f. Scott. ; 1891, part. III, pp. 232, 233, pl. VI).

8. — W. FULTON, *The Comparative Fecundity of the Fishes* (*ibid.*; 1890, part. III, pp. 243-269.

9. — *An Experimental Investigation on the Migrations and Rate of Growth of the Food Fishes* (11th Ann. Rep. of the Fish. Board f. Scott.; 1893, part. III, pp. 176-196).

10. — V. HENSEN und C. APSTEIN, *Die Nordsee-Expedition 1895 des Deutschen Seefischerei-Vereins, en Wissenschaftliche Meeresuntersuchungen, Kommission, z. w. U., der deutsch. Meere in Kiel. Neue Folge;* B. II, Heft. 2, pp. 1-98, pl. I-XX.

11. — W. C. MAC INTOSH, *The Eggs of Fishes* (*Nature*, t. XXXI, pp. 334-336, 56, 555, 557).

12. — MAC INTOSH, *On the British Wavers* (*Ann. of Natural History*, t. XVII, 1886, pp. 441-443).

13. — W.-C. MAC INTOSH, *The St. Andrews Marine Laboratory* (*Bull. de la Société centrale d'Aquiculture et de Pêche;* Paris, 1895, t. VII, pp. 109-131). Bibliographie des travaux de cet auteur sur les poissons marins.

14. — C.-G. Joh PETERSEN, *On the Biology of our Flat-Fishes and on the Decrease of our Flat-Fish Fisheries* (*Fiskeri-Beretning for 1893-1894. Travaux de la Station danoise de Biologie, IV*).

15. — E.-E. PRINCE, *Early Stages in the Development of the Food Fishes* (*Ann. and Mag. of Natur. History*; 1886, t. XVII, p. 443).

16. — E.-E. Prince, *On the Presence of Oleaginous Spheres in the Yolk of Teleostean Ova* (Ann. and Mag. of Natur. Hist., t. XVIII, p. 84).

17. — *The Significance of the Yolk in the Eggs of Osseous Fishes* (Ann. and Mag. of. Nat. Hist., t. XX, p. I).

18. — Raffaele, *Li Uova gallegianti e le Larve dei Teleostei nel Golfo di Napoli* (Mittheilungen. Stat. zu Neapel, t. VIII, 1888, pp. 1-84, pl. I à V).

19. — Ramsay-Smith, *On the Food of Fishes* (10th Ann. Rep. of the Fish. Board f. Scotl., 1892, pp. 211-232).

20. — Williamson, *On the Rate of Growth of Certain Marine Fishes* (11th Ann. Rep. of the Fish. Board f. Scotl.; 1892, pp. 265-273).

CHAPITRE III

Plaintes des pêcheurs relatives à la diminution des rendements
annuels de la pêche fraîche. — Augmentation progressive du
nombre des pêcheurs sur les côtes de France. — Ancienneté
des doléances des marins sur l'appauvrissement de leurs eaux
de travail. — Considérations statistiques sur les pêches du
golfe de Biscaye. — Réglementation des pêches françaises. —
Décrets du 4 juillet 1853, 19 novembre 1859 et 10 mai 1862. —
Évolution économique des pêches sous l'influence d'une réglementation libérale. — Discussion de la valeur des mesures
réglementaires pour la protection des espèces comestibles. —
Protection du fretin. — Cantonnements. — Réserves écossaises.
— Taille minima pour la vente des animaux marins. — Étude
faites en Angleterre pour établir logiquement des mesures
réglementaires à ce sujet.

La diminution des rendements de la pêche fraîche paraît,
si l'on s'en rapporte aux plaintes nombreuses et pressantes
de la population côtière, un fait absolument démontré.

D'ailleurs, à l'étranger, il semble que, comme chez nous, à
mesure que la pêche hauturière se développe, les gouvernements se préoccupent de rechercher l'origine d'un appauvrissement des eaux littorales dont souffre la partie la plus pauvre,
sinon la plus intéressante, des marins.

En Angleterre, diverses commissions parlementaires et

extraparlementaires ont été réunies pour apprécier le bien fondé des doléances des pêcheurs au sujet de l'appauvrissement de leurs eaux. En Belgique, les marins accusent aussi leur milieu de travail d'être de moins en moins productif. En Hollande, où l'industrie des pêches maritimes n'est soumise à aucune entrave, le gouvernement royal commence à s'inquiéter vivement des allégations de la plupart des pêcheurs nationaux sur la stérilisation progressive de leurs eaux.

Quoi qu'il en soit, il est bien difficile d'apprécier la valeur exacte de ces plaintes. Pour ne nous occuper ici que de ce qui concerne les exploitations françaises, il est fort certain que nos pêcheurs sont obligés aujourd'hui de travailler en haute mer s'ils veulent faire fructifier le capital relativement important que représentent un bateau de pêche et ses engins. Chez nous, comme en Angleterre, bien qu'à un degré moindre, le matériel de la pêche se transforme, devient plus puissant, plus coûteux et d'un usage plus pénible.

Le petit pêcheur côtier tend à faire place, dans le plus grand nombre de nos ports d'armements, au pêcheur hauturier — sorte de navigateur qui s'adonne à la pêche et demeure des semaines ou des mois éloigné de son foyer. Les mœurs de la population maritime tendent à se modifier sous l'influence de cette exode vers les fonds du large.

Enfin il est à noter que, sur toutes nos côtes, le nombre des pêcheurs va en augmentant.

En 1820, d'après Henri Milne-Edwards, la pêche côtière occupait, sur toute l'étendue du littoral, 6.010 bateaux et 26.874 hommes (1). En 1850, de Bon établit que cette industrie utilisait 11.422 embarcations, montées par 48.435 matelots.

Or, depuis 1870, le tableau suivant (p. 67) nous permet d'apprécier la progression croissante des armements pour cette pêche.

Il est donc difficile de déterminer si l'évolution économique subie par l'industrie des pêches tient seulement à l'appauvrissement des fonds côtiers ou si elle ne tient pas uniquement au contraire aux facilités trouvées par le commerce du poisson pour l'écoulement de ses produits. Le perfectionnement des

---

(1) Audouin et H. Milne-Edwards, *Recherches pour servir à l'Histoire naturelle du littoral de la France*; Paris 1832, t. I, p. 254.

réseaux de chemins ferrés, l'abaissement des tarifs de transport, l'emploi de la glace pour l'expédition des produits marins, ont élargi les débouchés de l'industrie des pêches. La seule bordure littorale ne saurait évidemment suffire à alimenter le commerce du poisson frais. Quelque active que soit l'industrie des pêcheurs de la Méditerrannée, par exemple, qui ne travaillent en grande majorité qu'aux abords immédiats de leurs rivages, ils ne peuvent alimenter même, d'une façon régulière, les villes voisines de leurs ports. Bien plus, certains ports de la côte méditerranéenne reçoivent des quantités importantes de poisson en provenance de l'Ouest ou d'Algérie.

Pêche côtière française haulurière et littorale

PÉRIODES QUINQUENNALES	NOMBRES MOYENS ANNUELS	
	des pêcheurs	des bateaux
1870-1875	64.916	19.263
1875-1880	70.186	21.561
1880-1885	73.325	22.594
1885-1890	75.252	24.447
1890-1895	80.856	25.368

Nous manquons de documents, en somme, pour déterminer la part de vérité et la part d'exagération qui coexistent certainement dans les allégations des gens de mer sur l'appauvrissement de leurs eaux.

Sur les marchés du littoral, on vend aux criées, sans que nous en puissions faire la distinction, les animaux capturés aux abords du rivage et ceux qui ont été recueillis à 100 milles au large. De plus, les pêcheurs des divers ports qui travaillent en haute mer fréquentent des fonds identiques à diverses époques de l'année. Leur travail est effectivement fonction de la direction ou de la force des vents, de l'expérience des patrons sur la pratique de tels ou tels fonds, du tonnage des embarcations, etc. Dans ces conditions, il nous est matériellement impossible d'apprécier la productivité relative des fonds de haute mer et des fonds littoraux.

Si l'autorité maritime obtenait de ses inscrits qu'ils tinssent à jour des livrets de prises, nous arriverions facilement, dans l'avenir, — à condition de faire un choix judicieux des patrons chargés de tenir ces livrets, — à connaître la productivité moyenne des zones de travail. Mais encore ceci ne se rapporte-t-il qu'aux pêches à venir. Pour le moment, nous sommes incapable d'avoir une opinion nette sur la stérilisation des eaux, basée sur des données indiscutables. Nous devons seulement nous en rapporter aux assertions des gens de mer. A l'heure actuelle, il faut le reconnaître, un grand nombre de personnes doutent très sérieusement de la dépopulation générale des mers et pensent, avec Huxley, que l'action humaine ne saurait, quelque intensive fût-elle, modifier la productivité des fonds sous-marins.

En somme, pour un certain nombre de spécialistes, les plaintes des pêcheurs, de nos jours comme par le passé, tiennent uniquement à des rivalités de métiers entre inscrits maritimes.

En fait, quand on parcourt notre littoral, on ne peut s'empêcher d'être singulièrement frappé par la vivacité avec laquelle se font jour ces rivalités. Et si, d'aventure, les filets traînants ne sont pas utilisés du tout par les marins d'un port, on les voit cependant, en même temps qu'il se plaignent de la diminution progressive du poisson dans leurs eaux, accuser, suivant les cas, les filets fixes ou même les palangres d'être les instruments auxquels est due cette diminution.

Si l'on consulte les archives de l'Administration de la marine, on voit que de tout temps des plaintes se sont fait entendre à ce sujet. Aux siècles passés, déjà, on prétendait que la mer du Nord était dépeuplée, et l'on accusait certains procédés de travail d'être les causes de ce dépeuplement. Les pétitions adressées au roi, il y a deux siècles, par des pêcheurs de la Méditerranée étaient conçues dans des termes presque identiques à ceux des pétitions actuelles. Tous les règlements qui ont été élaborés pour parer au dépeuplement des mers depuis 1850 sont précédés de considérants tels, que l'on semblait croire, aux époques où ces règlements ont été faits, à une stérilisation presque complète du milieu marin.

En présence des contradictions dont fourmillent les dépositions des pêcheurs que l'on interroge sur la diminution attribuée à la productivité de leurs fonds d'exploitation, il m'a paru utile il y a quelques années de rechercher des termes sûrs de comparaison entre les productions annuelles des pêches faites dans le golfe de Gascogne.

M. H. Johnston, directeur de la Société des pêcheries de l'Océan, à Arcachon, a bien voulu me permettre de consulter les registres de son entreprise, tenus au courant depuis 1868, et dans lesquels sont relevés jour par jour les résultats du travail des bateaux à vapeur de cette compagnie.

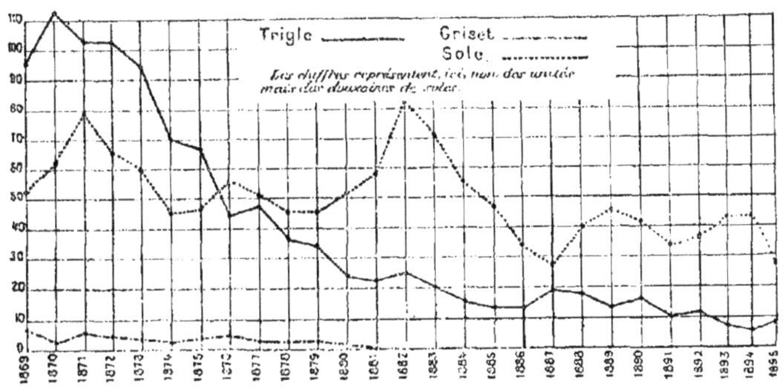

Fig. 28.

En divisant le nombre des poissons de chaque espèce recueillis par le nombre de journées de travail effectif des bateaux, durant chaque année, on obtient la quantité

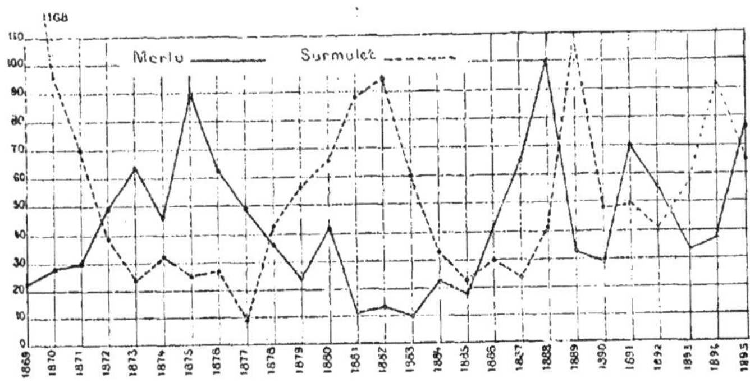

Fig. 29.

moyenne journalière des animaux capturés pour chacune des années comprises entre 1868 et 1895.

Si nous portons ces chiffres sur les ordonnées et les années sur les abcisses d'un diagramme, nous obtenons une série de figures qui nous permettent de comparer les variations annuelles des rendements des pêches effectuées par la Société arcachonaise.

Il résulte de l'examen de ces graphiques que les bateaux à vapeur dont les productions annuelles sont représentées ici offrent une diminution marquée pour quelques espèces importantes.

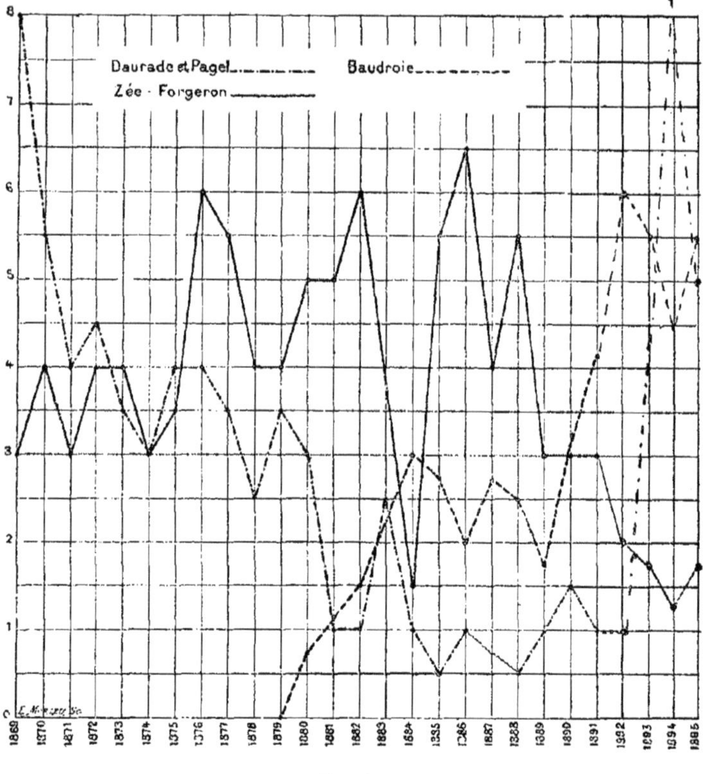

Fic. 30.

C'est ainsi que les Trigles sont de moins en moins nombreux dans les chaluts. Il en est de même des Raies, des Daurades et aussi des Soles.

Toutefois, en ce qui concerne cette dernière espèce, il nous est assez difficile d'expliquer d'une manière précise les raisons pour lesquelles nous avons à constater une sorte de poussée de production en 1882.

Les espèces telles que le Merlus et le Surmulet semblent

pour leur compte échapper à toute règle dans leurs rendements annuels. L'insuffisance de leur production durant plusieurs années consécutives ne peut donc aucunement faire préjuger de ce que seront leurs rendements dans l'avenir.

Dans les évaluations précédentes, je n'ai pu que tenir compte des rendements annuels bruts de chaque espèce de poissons. Il est incontestable que, chaque année, même en admettant que le nombre des jours de pêche serve de base aux calculs des moyennes, les conditions du travail à la mer ont été influencées par des causes nombreuses qui échappent à toute évaluation et qui faussent certainement la portée de ces graphiques. Le matériel de pêche par exemple en vieillissant fournit une besogne moins régulière. Les bateaux sont moins pêcheurs, ils ont de plus longues périodes de chômage, etc., etc.

Néanmoins, comme nos observations ont porté sur une durée de près de trente ans, les irrégularités de certaines côurbes sont instructives. De plus, les vapeurs arcachonais travaillent toujours dans le golfe de Biscaye, ils explorent une zone sensiblement invariable. Dans ces conditions, on peut dire qu'à peu de chose près, ces courbes représentent la production relative des trente dernières années du golfe de Biscaye, pour la grande pêche hauturière du poisson frais.

Mais, en admettant même que la productivité des fonds actuellement exploités par les procédés qui sont utilisés aujourd'hui n'ait pas sensiblement varié, nous devons nous poser une autre question.

Cette productivité ne saurait-elle être influencée par l'emploi de méthodes plus puissantes et plus actives dans les pêches maritimes ?

Or, à ce point de vue, le Fishery Board écossais paraît avoir démontré que l'industrie très active qui est en vigueur dans la mer du Nord, pour la pêche du poisson frais, détruit tous les ans une telle quantité de reproducteurs, que l'alevinage des eaux marines ne se fait plus dans des proportions suffisantes pour le peuplement de la mer.

Cependant les recherches faites par Hensen tendent à prouver que les quantités de larves et d'alevins de poissons comestibles que l'on trouve au printemps dans la même mer du Nord défient toute évaluation.

Pour nous fixer à cet égard, nous ne pouvons donc qu'attendre les résultats des travaux poursuivis sur ces sujets, à l'étranger et en France, par les naturalistes qui se sont consacrés à l'étude de ces questions.

Depuis des siècles, on s'est préoccupé chez nous de parer au dépeuplement des mers.

Nos ancêtres ont surtout voulu conserver aux fonds qui avoisinaient les côtes une productivité suffisante pour que ces fonds puissent faire vivre de nombreuses populations. Celles-ci ne pouvaient disposer, en effet, que de faibles bateaux, n'ayant que des ressources pécuniaires insignifiantes. De plus, les moyens d'écoulement et les procédés de conservation du poisson étaient rudimentaires ; il importait donc que le travail se circonscrivît dans des régions littorales.

D'autre part, les principes mêmes du mode de recrutement des équipages de la flotte impliquaient, aux époques où nous devions soutenir de grandes guerres maritimes, que les inscrits, pour être facilement utilisés, devaient s'éloigner peu de leurs ports respectifs. Si l'on se préoccupait d'empêcher la destruction des espèces marines comestibles, on cherchait donc aussi à faire vivre des métiers de la mer le plus grand nombre possible d'individus.

La richesse des fonds marins constituait un patrimoine qui ne pouvait être considéré comme l'apanage d'une génération de pêcheurs, mais comme la propriété de toutes les générations successives qui devaient à leur tour contribuer à l'armement de nos bâtiments de combat. Il importait aussi de proportionner la production des pêches aux débouchés actuels de ces industries. Il fallait donc limiter, dans un but purement économique, l'usage des engins puissants et coûteux, dont l'action eût été de jeter sur les marchés, au profit d'un petit nombre de gens, des quantités importantes de poisson, empêchant les autres marins de vendre leurs produits.

Tous les règlements édictés par l'autorité maritime, depuis l'époque où l'État retira aux seigneurs riverains de la mer les droits et pouvoirs qu'ils s'étaient arrogés à l'égard des pêches, ont donc eu le double but de maintenir un peuplement convenable des fonds côtiers et de régler le travail des pêcheurs pour que le plus grand nombre de marins possible vécût de l'exploitation d'une surface de mer limitée.

Tous ces actes administratifs cependant tombèrent en désuétude avec le temps et les révolutions ou guerres qui bouleversèrent notre pays à diverses reprises. Ce ne fut que vers le milieu de ce siècle que l'autorité maritime put faire promulguer une loi, le 9 juillet 1852, réglementant la procédure et les pénalités relatives aux délits commis en matière de pêche maritime.

Des décrets ultérieurs dont les dispositions furent soigneusement étudiées par des commissions locales et par un comité central déterminèrent les diverses pêches. Pour les côtes océaniques, ces décrets étaient divisés de la façon suivante :

TITRE PREMIER. — Police de la pêche maritime côtière. Dispositions préliminaires.

TITRE 2. — Littoral de l'arrondissement. — Limites la pêche maritime et de la zone dans l'étendue de laquelle le règlement est applicable sur les fleuves, rivières et canaux.

TITRE 3. — Époque d'ouverture et de clôture des différentes pêches. Indication de celles qui sont libres pendant toute l'année. Heures pendant lesquelles certaines pêches sont interdites.

TITRE 4. — Rets, filets, engins, instruments de pêche, procédés et mode de pêche prohibés.

TITRE 5. — Mesures d'ordre et de police pour la pêche en flotte.

TITRE 6. — Dispositions spéciales propres à prévenir la destruction du frai et à assurer la conservation du poisson et du coquillage, notamment celles relatives à la récolte des herbes marines; classification du poisson réputé frai; dimensions au-dessous desquelles les diverses espèces de poissons et de coquillages ne pourront être pêchées et devront être rejetées à la mer, ou, pour les coquillages, déposées en des lieux déterminés.

TITRE 7. — Prohibitions relatives à la mise en vente, à l'achat, au transport et au colportage, ainsi qu'à l'emploi pour quelque usage que ce soit, du frai ou du poisson assimilé au frai, du poisson et du coquillage qui n'atteignent pas les dimensions prescrites.

TITRE 8. — Appâts défendus.

TITRE 9. — Conditions d'établissement des pêcheries, des parcs à Huîtres, à Moules, et des dépôts de coquillage. Conditions de leur exploitation. Rets, filets, engins, bateaux, instruments et matériaux qui peuvent y être employés.

TITRE 10. — Mesures de police touchant l'exercice de la pêche à pied.

TITRE 11. — Mesures d'ordre et de précaution propres à assurer la conservation de la pêche et à en régler l'exercice.

Mais, il faut le dire, toutes ces règles ne furent appliquées qu'en partie. Celles qui nous intéressent le plus directement ici, celles qui ont trait à la protection des espèces, dans le but d'en assurer la production pour les captures à venir, furent si vivement attaquées que, le 10 mai 1862, un nouveau décret applicable à toutes nos côtes adoucit singulièrement les dispositions assez dures des actes précédents.

Voici comment, en 1875, de Bon exposait dans ses grandes lignes la réglementation des pêches maritimes françaises — la même qui est encore en vigueur actuellement.

« Il n'y a plus de période régulière d'interdiction de pêche pour aucune espèce de poisson ou de coquillage, si ce n'est pour la Truite, le Saumon, l'Ombre-Chevalier et le Lavaret, d'une part; pour les Huîtres et les Moules, d'autre part.

« Sauf ces exceptions, il est donc permis, en règle générale, de prendre toute espèce de poisson toute l'année, de nuit comme de jour. Mais l'autorité a le droit de défendre temporairement certaines pêches sur une étendue déterminée du littoral, ou même en pleine mer, si l'interdiction est reconnue nécessaire pour sauvegarder, soit la reproduction des espèces, soit la conservation du frai ou du fretin.

« Tous les engins sont permis à la distance de 3 milles au large de la laisse de basse mer.

« En dedans de la limite de 3 milles, l'emploi des engins de pêche subit un certain nombre de restrictions générales ou locales. Les plus essentielles portent sur les filets traînants..... Ces filets sont considérés comme destructeurs, parce qu'ils bouleversent violemment les fonds et engloutissent sans distinction tout le poisson grand ou petit qu'ils rencontrent. Les plus usités sont le chalut dans l'Océan et le bœuf ou gangui en Méditerranée. Il est interdit d'en faire usage à moins de 3 milles de la côte. Cependant cette distance peut être réduite par un arrêté du Ministre de la Marine dans les localités où il n'en résulterait aucun inconvénient, soit à raison de la profondeur des eaux, soit pour toute autre cause. De plus, des tolérances fondées sur d'anciens usages particuliers ont été maintenues en quelques endroits. La maille des filets traînants doit avoir au minimum 25 millimètres en carré. Tous les filets, engins et instruments destinés à des pêches spéciales, telle que celle des Anguilles, du Nonnat, des Soclets, des Chevrettes, Lançons et poissons de petites espèces, ne sont assujettis à aucune condition de forme, de dimensions, de poids, de distance ou d'époque ; mais ils ne peuvent servir qu'aux genres de pêche auxquels ils sont appropriés ; employés autrement, ils sont considérés comme prohibés ».

« Il est défendu de pêcher, de transporter, de vendre et d'employer à un usage quelconque : 1° les poissons dont la longueur est inférieure à 10 centimètres, à moins qu'ils ne soient réputés poissons de passage ou qu'ils n'appartiennent à une espèce qui, à l'âge adulte, reste au-dessous de cette dimension ; 2° les Homards et Langoustes au-dessous de 20 centimètres ; 3° les Huîtres au-dessous de 5 centimètres et les Moules au-dessous de 3 centimètres. Les œufs de toutes espèces de poissons et de Crustacés sont compris sous la dénomination de frai, et comme tels doivent être absolument respectés (1). »

Comme on peut s'en rendre compte en lisant attentivement l'exposé qui précède, l'exercice des pêches maritimes est soumis en France à un minimum de restrictions, étant données les idées admises sur les causes de dépopulation des eaux à l'époque où a été promulguée la réglementation qui s'applique à ces industries.

Ces causes de dépopulation prenaient surtout leur origine dans la destruction du jeune poisson, destruction qui se pratiquait dans des proportions considérables aux abords des côtes. Aussi le règlement prévoit-il que les engins considérés comme principaux destructeurs ne pourront être employés sur les fonds littoraux ; il prévoit un minimum de mailles pour les filets, enfin il prescrit un minimum de taille pour la mise en vente des animaux comestibles. Toutes ces dispositions se complètent mutuellement. Toutes ont pour but unique d'empêcher la destruction du fretin, espoir des pêches à venir. Notre réglementation ne se préoccupe que de ce fretin. Elle abandonne les dispositions antérieurement consacrées par les décrets précédents qui interdisaient telles ou telles pêches à telles et telles époques de l'année, afin de protéger la fraye de diverses espèces. En fait, les époques de fraye varient avec ces espèces

____

(1) DE BON, *Exposé de la Législation sur la pêche côtière* (*Statistique des pêches maritimes pour l'année* 1875; Paris, Imprimerie Nationale, 1876, pp. 12-15).

elles-mêmes. Dans la pratique, il est impossible d'appliquer une réglementation en pareille matière.

De plus, le décret du 10 mai 1862 consacre le principe du droit pour la marine d'établir des cantonnements en dedans et au delà des eaux territoriales. Il se base évidemment alors sur cette déclaration de Coste : « La science est en mesure d'établir que les cantonnements des générations naissantes se forment près des rivages, au moins en ce qui concerne la plupart des espèces estimées et la plupart des espèces communes ; que ces cantonnements se forment toujours dans les mêmes lieux ; qu'ils occupent des emplacements définis ; qu'ils se dissolvent à une époque déterminée (1). »

L'autorité maritime s'est souciée alors de permettre aux marins de tirer tout le parti possible de l'exploitation de leurs eaux. Elle n'a pas voulu qu'un produit pût demeurer sans fournir de profit aux inscrits. Elle a surtout tenu, en somme, à ce que tous ceux des pêcheurs qui pouvaient travailler en haute mer ne demeurassent pas au voisinage de la côte. Mais elle n'a pas voulu, par contre, trop entraver les industries des malheureux petits pêcheurs littoraux.

Il faut reconnaître que l'application de cette législation tolérante a eu la plus heureuse influence pour le développement de nos pêches maritimes françaises. Aussi, le Comité consultatif des pêches maritimes s'est-il prononcé à plusieurs reprises, dans des circonstances récentes, pour le maintien des dispositions libérales de cette législation.

Il est utile, à ce sujet, de consulter les statistiques recueillies par le ministère de la marine sur l'industrie des pêches maritimes, depuis une trentaine d'années.

Malheureusement, les conditions mêmes dans lesquelles ont été réunis les éléments de cette statistique ne nous permettent guère de comparer que les rendements pécuniaires bruts des pêches françaises. Néanmoins, il peut être intéressant de les consulter pour nous rendre compte de l'évolution de nos industries marines. C'est dans ce but que j'ai dressé le tableau et le graphique suivants, pp. 77 et 79.

Au point de vue des pêches, nos côtes peuvent être divisées en quatre grandes régions. La première comprend la Manche,

(1) COSTE. *De la Liberté de la mer au point de vue de l'industrie des pêches* (*Compt. rend. Ac. d. Sc.*, t. LIV, avril 1862).

COMPARAISON par périodes de 10, 15 et 5 années des rendements bruts fournis par les pêches côtières françaises, autres que celles qui capturent les poissons réputés de passage : Hareng, Sprat, Anchois, Sardine, Maquereau, etc.

PÉRIODES COMPARÉES	DE LA FRONTIÈRE BELGE JUSQU'A LA POINTE DE LA HAGUE — BOULONNAIS ET NORMANDIE	DE LA POINTE de la HAGUE JUSQU'AUX ILES GLÉNANS — NORD DE LA BRETAGNE ET FINISTÈRE	DES ÎLES GLÉNANS à NOIRMOUTIER — DE NOIRMOUTIER à la BIDASSOA — GOLFE DE GASCOGNE	TOTAUX des RENDEMENTS décimaux pour les côtes ouest de la France	DE CERBÈRE à Vintimille et l'île de Corse — MÉDITERRANÉE
1865-1875	116.020.343 fr.	53.622.359 fr.	92.732.351 fr.	262.375.023 fr.	63.783.272 fr.
1875-1885	169.370.267	71.796.890	157.940.614	399.107.771	72.756.217
1885-1895	173.166.000	78.826.580	211.694.164	463.686.744	67.499.244
1865-1880	198.408.025 fr.	88.329.431 fr.	160.202.538 fr.	446.939.994 fr.	100.550.631 fr.
1880-1895	260.148.165	115.916.398	302.164.591	678.229.154	103.488.102
1865-1870	54.929.578 fr.	17.029.196 fr.	39.850.624 fr.	111.800.398 fr.	33.102.157 fr.
1870-1875	61.090.745	36.593.463	52.881.727	150.565.635	30.681.115
1875-1880	82.387.702	34.707.072	67.470.187	184.564.961	36.767.359
1880-1885	86.982.565	37.089.818	90.470.427	234.542.810	35.988.858
1885-1890	84.634.867	35.887.985	101.119.418	221.642.270	32.517.808
1890-1895	88.531.133	42.938.595	110.574.746	242.044.474	34.981.436

de Cherbourg à Dunkerque, la deuxième s'étend de Cherbourg aux îles Glénans ; la troisième comprend tout le golfe de Gascogne ; la quatrième est représentée par la Méditerranée française.

En éliminant des rendements bruts des pêches les valeurs fournies par la grande pêche (Terre-Neuve, Islande et mer du Nord), par les industries du Hareng, du Maquereau, de la Sardine, de l'Anchois et du Sprat, il nous reste les valeurs que représentent les rendements de la pêche fraîche, littorale ou de haute mer, pour les multiples espèces qu'elle exploite et dont la diminution est signalée.

Afin de faciliter les comparaisons, j'ai groupé par périodes de 10, de 15 et de 5 ans les valeurs annuelles fournies par les statistiques.

Ce groupement présente aussi l'avantage de corriger, dans une certaine mesure, les variations naturelles qui se produisent d'une année à l'autre, dans la production des diverses pêches. Ces variations tiennent non seulement, en effet, à des irrégularités de production des espèces, mais encore à des modifications dans les conditions de travail, amenées par les intempéries plus ou moins longues qui s'opposent inégalement, suivant les années, à l'exercice des métiers maritimes.

Si nous consultons ce tableau, nous voyons que, sauf en Méditerranée, où les rendements pécuniaires ne paraissent pas avoir sensiblement varié depuis trente ans, ces rendements ont crû dans des proportions considérables sur le reste de nos côtes.

Nous ne saurions entrer dans une discussion détaillée des données qui nous sont fournies par ce tableau. Son examen est toutefois suggestif, et nous remarquerons que le maximum d'accroissement des rendements des pêches est obtenu dans les seules régions où se sont développées les industries hauturières.

C'est en effet dans la Manche et le golfe de Gascogne que sont armés des bâtiments pour le travail suivi en haute mer. Or on peut voir que de 55 millions, que représentaient dans la période 1865-1870 les rendements de la pêche fraîche de nos ports du Nord, nous passons à 88 millions pour la période 1890-1895. Pendant les périodes correspondantes, les mêmes industries, dans le golfe de Gascogne, offraient respectivement des valeurs de 40 millions et de 110 millions.

Millions de Francs
Manche-Normandie et Boulonnais
Manche-Nord de Bretagne et Finistère
Golfe de Gascogne
Méditerranée Française
300
290
280
270
260
250
240
230
220
210
200
190
180
170
160
150
140
130
120
110
100
90
80
70
60
50
40
30
20
10
Millions de Francs
1865-1870
1870-1875
1875-1880
1880-1885
1885-1890
1890-1895
1865-1875
1875-1885
1885-1895
1865-1880
1880-1895
De la Frontière Belge à la Pointe de la Hague
De la Pointe de la Hague aux îles Glénans
Des Iles Glénans à la Bidassoa
Côtes Métropolitaines de la Méditerranée

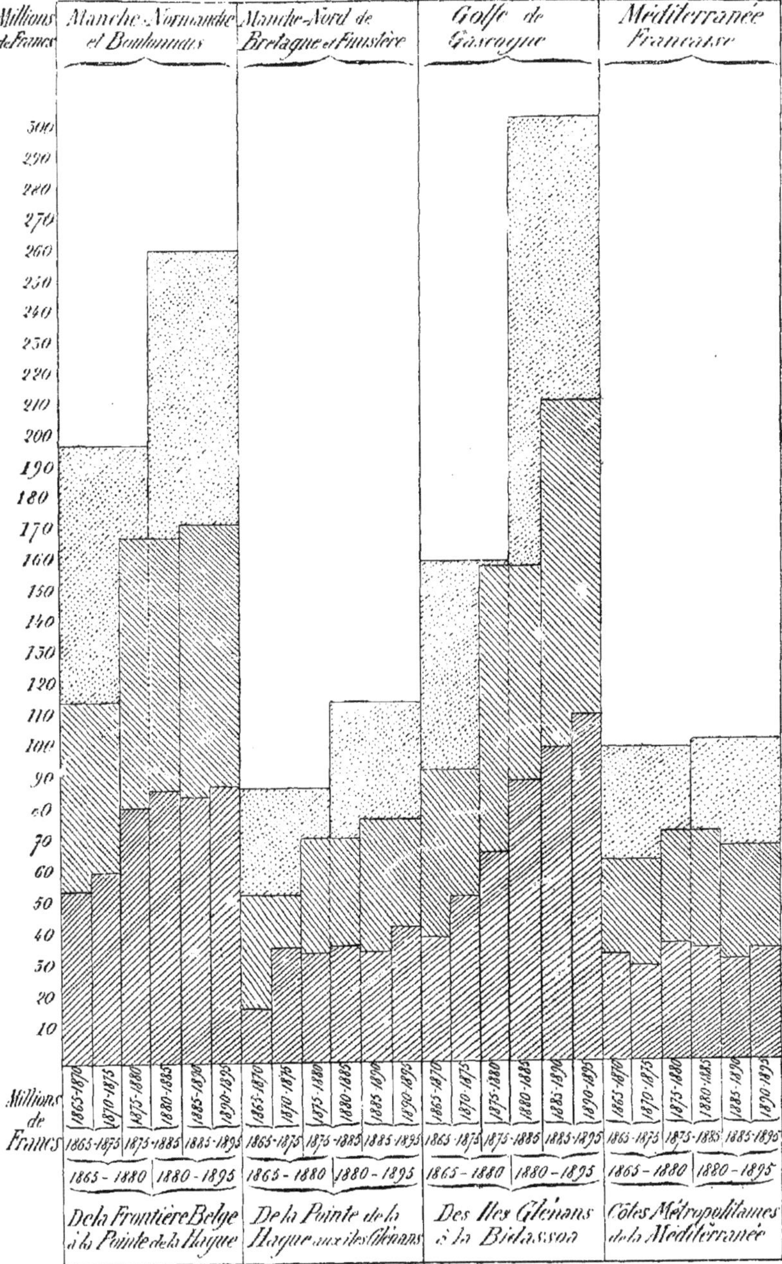

Fig. 31.

En Méditerranée, par contre, où les procédés de travail n'ont pas subi de modifications importantes depuis de nombreuses années, les rendements pécuniaires n'ont pas varié, si on les considère en bloc.

Aujourd'hui, nous le savons, comme par le passé les populations maritimes se plaignent de l'insuffisance de nos règlements pour la protection des fonds.

En France — et à l'étranger aussi, d'ailleurs — la protection du fretin parut, nous l'avons dit, être la seule mesure protectrice capable d'assurer la productivité des espèces comestibles sans entraver l'exercice du métier de pêcheur. « A une réglementation complexe et restrictive, disait Coste, doit succéder une législation simple, qui portera de préférence sur la pêche à pied au bénéfice de la pêche au large et qui conduira peu à peu à la liberté de la mer ;... à une police générale et universelle succédera la seule protection des champs de coquillage et des pépinières de repeuplement. »

De tous temps, on paraît avoir attribué aux engins traînants une action particulièrement nocive pour la conservation des espèces comestibles. Des mesures plus ou moins énergiques ont été édictées pour restreindre l'usage de ces engins. Mais les résultats donnés par ces mesures ont été le plus souvent contradictoires ou nuls (1). Or nous devons reconnaître que l'application des règlements qui concernent les pêches maritimes est faite d'une façon fort irrégulière et que dans le tissu serré des restrictions imposées à l'exercice des diverses pêches, il en est fort peu qui soient appliquées d'une façon suivie sur l'ensemble de nos côtes. Comment donc démêler l'influence exercée par ces règlements sur la production des pêches ? Comment apprécier les résultats fournis par des mesures légales qui répondaient à des conceptions purement théoriques sur les causes d'une stérilisation des fonds que l'on considérait comme une vérité démontrée ? Enfin et surtout comment apprécier, en l'absence de toute donnée statistique sérieuse, les avantages d'une réglementation pour une industrie dont les rendements sont naturellement des plus variables d'une année à l'autre et même d'un lustre à un autre ?

(1) Amédée Odin, *Recherches sur l'histoire de la Sardine en Vendée et sur les côtes voisines* (*Revue des Sciences naturelles de l'Ouest*. 1895).

L'obligation imposée en principe aux chalutiers de travailler en dehors des eaux territoriales, prend encore son origine dans ce fait très anciennement constaté que, dit de Bon, « c'est là que se tient le fretin qu'il importe de respecter en vue de l'avenir, tandis que la pêche dans les grands fonds recueille presque exclusivement des sujets parvenus à toute leur croissance... »

Nos prédécesseurs admettaient en outre que les poissons

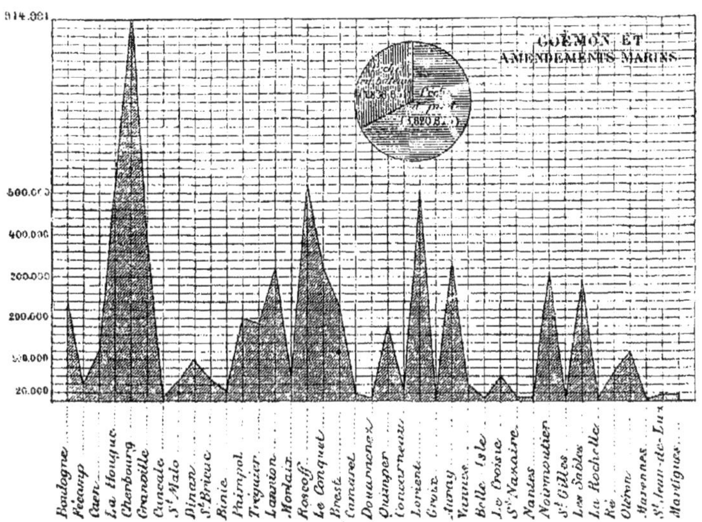

FIG. 32. — Valeurs comparées des rendements bruts de la récolte, en bateau et à pied, des herbes marines et des amendements marins.

comestibles marins venaient frayer au voisinage immédiat du littoral. Nous savons qu'il n'en est pas généralement ainsi, et l'on a renoncé depuis longtemps à interdire la coupe des goémons. On a reconnu en effet que les espèces qui déposaient leur frai dans les herbiers étaient de nulle valeur. On a pu ainsi permettre l'exploitation d'un produit marin qui représente une valeur importante, comme en témoigne le graphique ci-joint. Mais nos connaissances modernes n'ont pas modifié les données anciennes sur la stabulation des jeunes poissons au voisinage des rivages.

A l'embouchure des fleuves ou rivières, sur les terrains peu profonds littoraux, jusqu'à quelques brasses de profondeur, les Plies, les Soles, les Turbots, les Barbues, etc., les poissons plats surtout, abondent dans certaines régions en quantités inimaginables. Sur les fonds plus éloignés des côtes se trouvent des animaux de même espèces de tailles plus considérables. Au large et sur des terrains déterminés se rencontrent alors les individus adultes. C'est au printemps et en été que se trouvent surtout les jeunes poissons plats dans les régions littorales. Au fur et à mesure de leur accroissement ils s'éloignent donc des rivages pour gagner les eaux plus profondes de la haute mer.

Cette règle générale souffre des exceptions toutefois. Guidés par la recherche de leur nourriture, les animaux marins adultes accostent souvent les rivages. La conception qui tend à représenter les eaux côtières comme uniquement peuplées de fretin n'est certainement pas exacte. De même, on trouve des poissons immatures sur tous les fonds fréquentés par l'espèce à laquelle ils appartiennent. Ce que l'on peut dire, c'est que, en principe, les jeunes animaux sont trouvés en quantités infiniment plus nombreuses sur les fonds littoraux que sur les fonds de haute mer.

Pour ne rappeler que des travaux récents, je citerai à ce sujet J.-T. Cunningham : « M. Holt, dit-il, estime qu'une boite de Plies capturées au large, dans la mer du Nord, contient 30 o/o d'individus immatures. Mais la proportion de ceux-ci ayant moins de 325 millimètres est faible. Nous devons en conclure que sur les terrains de la haute mer se trouvent surtout des poissons immatures d'un an ou qui sont dans leur seconde année. La taille moyenne des animaux pêchés correspond à celle des animaux de deux ans et plus. En général, les poissons d'un an sont capturés dans les eaux moins profondes côtières, soit par des bateaux armés spécialement pour cette pêche, soit par les chalutiers à Crevettes. Les profondeurs auxquelles sont principalement effectuées ces captures sont celles de 2 à 15 brasses. Dans certaines régions où la chute du plateau continental est très lente, on trouve les petits poissons en quantités énormes... »

Étant donnés ces faits, étant données aussi les constatations des Français et des étrangers sur la destruction des jeunes poissons dans les eaux territoriales, il va de soi que l'autorité maritime ne peut que maintenir les prohibitions qui frappent les procédés de pêche destructeurs du fretin. Néanmoins, comme il paraît établi que les eaux territoriales ne sont pas uniformément fertiles en jeunes poissons, que ces derniers paraissent se rassembler, pour des raisons imparfaitement connues, dans des régions bien déterminées, l'administration a songé à créer des cantonnements, c'est-à-dire à interdire toute pêche dans ces régions pour laisser aux marins la libre exploitation des autres fonds.

C'est dans ce but qu'ont été créés en France plusieurs cantonnements, destinés à montrer les résultats que l'on peut attendre pour la production générale des eaux côtières d'une interdiction de travail frappant une partie de ces eaux.

En Écosse, où depuis plus de dix ans sont poursuivis des essais analogues, le service des pêches maritimes a formulé l'année dernière son opinion sur ceux des cantonnements qui sont destinés uniquement à protéger contre les pêches littorales les zones de stabulation des jeunes poissons.

En 1886, le gouvernement anglais réunit une commission sous la présidence de lord Dalhousie pour juger du bien fondé des récriminations des pêcheurs cordiers d'Écosse contre les pêcheurs chalutiers.

Les dépositions faites par les intéressés devant cette commission, les données scientifiques sur les conditions de la ponte et du développement des poissons marins comestibles, ne laissaient pas que de présenter certaines contradictions. Aussi les savants qui lui prêtaient l'appui de leurs lumières firent-ils adopter par la « Trawling Commission » la résolution de cantonner, — suivant les idées autrefois préconisées par Coste, — quelques régions côtières, pour les soustraire à l'influence du chalutage intensif dont elles étaient l'objet. On voulait déterminer ainsi l'influence exercée par ce chalutage sur la productivité des eaux avoisinant les régions cantonnées.

C'est ainsi que furent créées les réserves du Firth of Forth et de la baie de Saint Andrews. Dans ces réserves d'ailleurs, pour juger de l'efficacité de leur action, un petit vapeur attaché aux services scientifiques du « Fishery Board for Scotland » devait opérer des dragages méthodiques de contrôle, de même que dans les eaux libres proches des réserves.

Ces expériences durèrent dix ans. Pendant cette période, donc, la méthode suivie pour déterminer l'influence des cantonnements consista principalement dans l'examen périodique de certaines stations choisies, dans chacun d'eux, et à leur voisinage, dans le dénombrement et le mesurage des poissons pêchés et la comparaison des statistiques dressées au moyen de ces données, de mois en mois et d'année en année.

On peut se demander si la durée de ces expériences a été assez longue pour que l'on puisse en tirer des conclusions fermes. Il est évident que les causes naturelles de fluctuations dans la production des eaux peuvent être fortuites et très importantes et doivent rendre très difficile la détermination de la part d'influence exercée sur cette production par *un facteur relativement petit quoique constant, tel que la pêche au filet trainant* (W. Fulton).

Cette durée dépend donc, dans une large mesure, de la continuité des résultats de même nature (corrigés de leurs causes naturelles de variations) et des données résultant de la comparaison des rendements fournis par les eaux cantonnées dans la première et la deuxième moitié du temps pendant lequel le chalutage aura été interdit dans ces réserves.

Le problème que l'on se propose de résoudre est effectivement complexe. Les modifications atmosphériques agissent directement sur les poissons eux-mêmes à tous les stades de leur existence, de même que les modifications océanographiques, depuis l'œuf flottant jusqu'à l'état adulte ; elles agissent aussi sur les organismes dont ces poissons font leur nourriture. D'autre part, des causes d'ordre purement biologique influent encore sur la production des mers : telles sont les variations dans l'activité reproductive des espèces, leurs migrations des eaux du large vers les eaux cantonnées, et réciproquement enfin l'absence ou la présence dans ces eaux d'autres espèces qui servent à la nourriture des premières.

Par exemple, on s'aperçut, durant l'automne de *1889*, au moyen du chalut à petites mailles du « Garland », qu'un vaste banc de Merlans — évalué, après des observations soigneuses, à plus de 200.000.000 d'individus — se trouvait dans le Firth of Forth. Ces animaux étaient trop petits pour être capturés, cette année-là, au moyen du chalut ordinaire. Du reste la proportion des adultes pris avec ce dernier engin par le Garland était peu considérable. *Mais en 1890, cette proportion s'éleva, dans les eaux closes du Firth of Forth, de 13,6 à 56,9 et dans les eaux libres de 19,9 à 121,6; les pêcheurs de la région capturèrent en 1890 le double de la quantité de cette espèce qu'ils avaient prise en 1889. Cet accroissement de production demeura local et paraît dû à des causes complexes.*

Dans une autre circonstance, en 1893, on nota une soudaine et extraordinaire abondance de Lieus, sur toute la côte est d'Écosse. Dans le Firth of Forth, les proportions expérimentales s'élevèrent de 22,1 à 118,8, et, dans les eaux libres avoisinantes, de 42,4 à 176,3. Dans la réserve de Saint-Andrews, ces proportions s'élevèrent de 1,0 à 23,8, et, dans les eaux libres voisines, de 8,8 à 43,8.

Ces deux exemples suffisent à montrer que l'on ne saurait établir des comparaisons d'année à année pour juger de l'influence des cantonnements, mais qu'il faut recourir à des comparaisons de *groupes d'années consécutives.*

Les tableaux suivants, pages 86 et 87, résument les données recueillies par les spécialistes écossais, durant dix ans, en employant des dragages méthodiques pour s'assurer de la productivité relative des espèces marines : 1° dans le cantonnement du Forth ; 2° au large et aux abords de ce cantonnement ; 3° dans le cantonnement de la baie de Saint-Andrews ; 4° au large et aux abords de ce cantonnement.

Pour obtenir les nombres ci-dessous, on a divisé par les nombre de coups de chalut du « Garland » les quantités totales de poissons qu'il a capturés durant la période 1886-90, d'une part, et la période 1891-95, d'autre part.

Nous n'entrerons pas ici dans l'examen détaillé des chiffres contenus dans ces tableaux. Nous remarquerons, cependant, que ces deux cantonnements, au lieu d'amener une surproduction de poissons plats, ainsi qu'on l'espérait, ont montré une décroissance marquée de ceux-ci, durant la période de 1891-1895, comparée à la période 1886-1890 — si l'on prend comme terme de comparaison le coup de chalut moyen du *Garland.*

Nous ne pouvons cependant nous dispenser de faire ressortir aussi que, durant ce temps d'expérience, les Limandes ont plutôt augmenté dans les eaux examinées, tandis que les Plies

ESPÈCES	RÉGIONS MARINES	FIRTH OF FORTH				BAIE DE SAINT-ANDREWS			
		1886-90	1891-95	DIFFÉRENCES		1886-90	1891-95	DIFFÉRENCES	
				en plus	en moins			en plus	en moins
MORUES	Eaux cantonnées	15.1	15,8	0,7	»	0,6	1.5	0,9	»
	Eaux libres	8,2	4.9	1,7	»	1,2	2,3	1,1	»
LIEUX	Eaux cantonnées	56.1	67.8	11,7	»	19.6	9.7	»	9,9
	Eaux libres	49.7	85,9	36,2	»	23,3	31.9	8,6	»
MERLANS	Eaux cantonnées	24.2	20,2	»	4,0	4,4	4,0	»	0,4
	Eaux libres	38,4	14.2	»	24,2	10,8	6,8	»	4,0
GRONDINS GRIS	Eaux cantonnées	12,9	15.9	3,0	»	24,4	21.6	»	2,8
	Eaux libres	14,8	11.6	»	3,2	42.1	23,3	»	18,8
PLIES	Eaux cantonnées	54,0	45.3	»	8,7	142.6	67,7	»	74,9
	Eaux libres	3.3	2.7	»	0,6	42.9	19,8	»	23,1
SOLES-LIMANDES	Eaux cantonnées	23.2	14,8	»	8,4	0.32	0.20	»	0,12
	Eaux libres	3,8	2.5	»	0,8	6.7	1.2	»	5,5
LIMANDES	Eaux cantonnées	50,6	65,7	15,1	»	92,4	71.6	»	20,8
	Eaux libres	41.2	44,0	2,8	»	58,8	90,9	32,6	»
POISSONS RONDS pris dans leur ensemble	Eaux cantonnées	108.2	119.3	11,1	»	48.8	36.6	»	12,2
	Eaux libres	105.8	117.3	11,5	»	76.9	64.0	»	12,9
POISSONS PLATS pris dans leur ensemble	Eaux cantonnées	128.3	126.8	»	1,5	238.4	142.7	»	95,7
	Eaux libres	51.6	50.9	»	0,7	111.4	115.3	3,9	»
ESPÈCES prises dans leur ensemble	Eaux cantonnées	242.6	252.8	10,2	»	290.2	184.5	»	105,7
	Eaux libres	160.9	171.7	10,8	»	190.4	182.7	»	7,7

et les Soles-Limandes diminuaient d'une façon continue. Il s'est produit là une sorte de renversement dans les proportions relatives de ces espèces.

TABLEAU récapitulatif des rendements fournis par les diverses espèces comestibles et par coup de chalut moyen, **durant la période 1891-1895, comparée à la période 1886-1890,** *dans les cantonnements écossais et les régions marines, non cantonnées, voisines.*

RÉGIONS ÉTUDIÉES	POISSONS RONDS		POISSONS PLATS		ENSEMBLE DES ESPÈCES	
	Augmentation	Diminution	Augmentation	Diminution	Augmentation	Diminution
Région du Forth.	22,6	»	»	2,2	21	»
Région de Saint-Andrews.....	»	25,4	»	91,8	»	113,4

Or, les recherches du *Garland* ont montré que les Limandes sont aptes à se reproduire à une taille inférieure à celle des Plies et des Soles-Limandes. Les Plies n'arrivent, en effet, à maturité qu'à la taille de 325 à 350 millimètres, les Soles-Limandes ne sont reproductrices que lorsqu'elles ont 225 à 350 millimètres de longueur. Les Limandes, au contraire, sont susceptibles de pondre à la taille de 125 millimètres; les mâles même de cette espèce sont reproducteurs lorsque leur longueur est inférieure à cette dimension. En conséquence, le chalut ordinaire est moins destructeur pour les Limandes que pour les Plies et les Soles-Limandes; un grand nombre d'individus immatures de ces dernières espèces sont détruits inutilement par cet engin; tandis que les immatures de la première espèce peuvent parfaitement s'échapper au travers des mailles du filet traînant. De plus, on a pu déterminer les terrains de ponte de ces animaux, et l'on a acquis la certitude que les Limandes se reproduisaient dans les limites des eaux cantonnées aussi bien qu'en dehors, alors que les Plies et les Soles-Limandes frayaient toujours au delà de ces limites. La productivité des cantonnements, en ce qui concerne la Limande, est ainsi, dans une certaine mesure, indépendante des frayères du large.

La diminution des poissons plats importants au point de vue commercial dans les régions étudiées par le *Garland* doit être vraisemblablement attribuée, en conséquence, au chalutage exercé sur les terrains de ponte du large.

Si l'on étudie les chiffres des rendements annuels fournis par les dragages scientifiques depuis 1886, et d'année en année, on voit que, lorsque, en 1886, le chalutage fut prohibé dans les cantonnements du Forth et de Saint-Andrews, les pêcheurs concentrèrent naturellement tous leurs efforts dans les eaux libres au voisinage de ces cantonnements (cette industrie s'est, du reste, beaucoup développée dans ces zones depuis que fut promulguée cette interdiction).

« La conséquence immédiate de la cessation du dragage dans les cantonnements paraît avoir été un grand accroissement de leur production en poissons plats, durant l'année 1887. Le fait que, non seulement cet accroissement ne s'est pas maintenu, mais que l'on a constaté depuis lors une décrudescence progressive dans la production de la Plie et de la Sole-Limande, montre qu'une des causes de cette décrudescence est le chalutage intensif sur les terrains de ponte au large des réserves ; car la destruction des reproducteurs entraînait celle des œufs flottants et des larves servant au peuplement de ces réserves, et entraînait, par le fait même, la diminution des poissons adultes dans ces dernières. La protection des poissons immatures, qui a été si vigoureusement préconisée par beaucoup de spécialistes, ne saurait donc, pour les régions que nous venons d'étudier, suffire à maintenir fertiles les terrains de pêche. Ceci est clairement prouvé pour la Plie, qui est une des espèces ayant le plus nettement ses *nurseries* dans les régions littorales. La distribution de cette espèce montre, en effet, que les plus jeunes individus se trouvent au voisinage de la côte et qu'ils s'éloignent de celle-ci au fur et à mesure de leur accroissement. Or, dans le Firth of Forth et la baie de Saint-Andrews, les Plies immatures, qui ont cependant été protégées d'une façon toute spéciale, ont diminué de nombre (1). »

(1) W. FULTON, *Review of the Trawling Experiments of the « Garland » in the Firth of Forth and St-Andrews Bay in the years 1886-1895* (*14ᵗʰ Ann. Report.*, part. III, Fisher Board f. Scotland, pp. 128-150).

Les services techniques du Fishery Board écossais ont décidé de soumettre à l'expérience deux nouveaux cantonnements. L'un dans le Moray Firth et l'autre dans le Firth of Clyde. Ces deux régions contiennent, dans les limites des eaux réservées, d'importants terrains de fraye fréquentés par des troupes considérables de poissons à l'époque de la reproduction. Il y a le plus grand intérêt à juger des résultats fournis par la protection de ces frayères.

On peut tirer, en effet, des expériences jusqu'ici poursuivies deux conclusions principales présentant une grande importance pour asseoir logiquement la réglementation des pêches maritimes.

1° Il paraît démontré que le cantonnement de surfaces marines même considérables, dans les eaux territoriales, est sans influence sur la production des poissons plats, si ces régions sont dépourvues de terrains de ponte ;

2° Il est grandement probable, bien que ceci n'ait jamais été démontré, que la protection des terrains de ponte situés au large des eaux territoriales, durant la période de la fraye, est la meilleure méthode de maintenir la productivité des poissons dans ces mêmes eaux.

On conçoit quelle est l'importance de ces conclusions. Elles tendent rien moins qu'à faire considérer comme illusoires toutes les mesures réglementaires pour la protection des fonds basées sur la conservation du fretin.

Elles nous amènent à penser que l'interdiction de pêcher dans les eaux territoriales ne saurait avoir d'effet utile pour la productivité des eaux, si dans ces eaux territoriales ne se trouvent pas de frayères. En conséquence, elles nous feraient induire que la pêche de la Crevette au petit chalut, qui sur nos côtes détruit des quantités inappréciables de jeunes pleuronectes et de jeunes poissons ronds ne joue aucun rôle dans l'appauvrissement des fonds dont se plaignent nos pêcheurs.

Or, sur un certain nombre de points de notre littoral la pêche de la Crevette au chalut est pratiquée sur une très large échelle et contribue pour une grande part à assurer l'existence des inscrits. Le tableau ci-joint nous permet d'apprécier la valeur relative de cette industrie suivant les divers quartiers de notre littoral. Les protestations les plus vives contre cette pêche se manifestent constamment de la part des pê-

cheurs de haute mer, qui l'accusent de détruire sans profits
réels les jeunes poissons destinés à assurer le peuplement des
fonds du large, et l'autorité maritime française a voulu, pour
sa part, vérifier ce qu'il pouvait y avoir d'exact dans ces
plaintes.

Elle a donc décidé de créer à Saint-Gilles-sur-Vie, en Vendée, l'un des ports où s'exerce le plus activement la pêche de
la Crevette au chalut, une réserve analogue aux réserves écos-

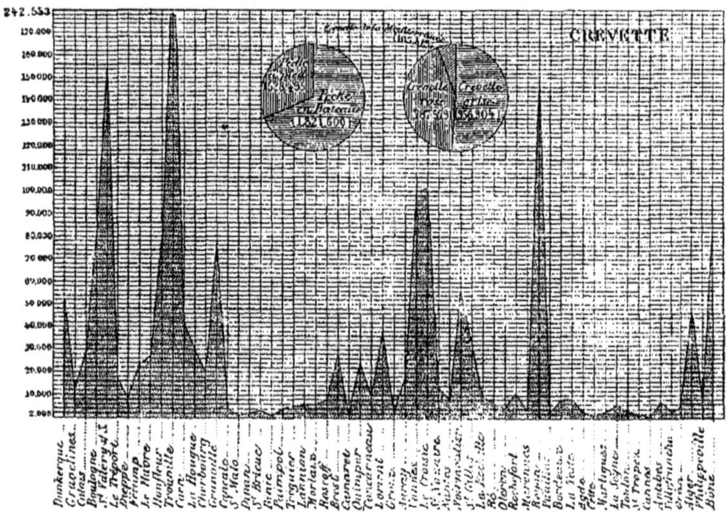

FIG. 33. — Valeurs comparées des rendements de la pêche des Crevettes, rose
et grise, en bateau et à pied, dans les divers quartiers de France.

saises. Elle fait contrôler ce cantonnement, d'une façon méthodique, par un naturaliste, M. Amédée Odin, directeur du
laboratoire maritime des Sables-d'Olonne, et note soigneusement toutes les observations relatives à la production des
eaux qui avoisinent la région de Saint-Gilles.

Quelles que soient les conclusions des rapports faits en
Écosse sur les réserves, on peut penser, en effet, qu'en pareille
matière il importe de varier la nature et le lieu des expériences.
En somme, les cantonnements constituent un moyen empirique de combattre un dépeuplement dont on se plaint généralement. Ils répondent à la conception théorique que ce
dépeuplement est attribuable à la destruction des jeunes pois-

sons par les pêches littorales. Il importe donc de contrôler consciencieusement et sans idée préconçue les résultats donnés par des réserves instituées dans des conditions diverses, théoriquement convenables et soigneusement surveillées.

Jusqu'ici, ce contrôle a donné des résultats négatifs. Les expériences écossaise sont été faites avec esprit de suite et méthode, et nous pouvons avoir toute confiance dans la rigueur du raisonnement et de la technique des savants qui les ont conduites. Néanmoins, un doute subsiste dans notre esprit, car il paraît bien difficile d'admettre que la destruction forcenée qui se fait du fretin sur bon nombre de points de nos côtes n'ait pas une influence nocive sur la productivité des espèces marines.

Il nous reste à examiner le dernier moyen de combattre le dépeuplement des fonds par l'application de mesures réglementaires : la fixation d'une taille minima pour la vente des espèces comestibles.

En France, les décrets du 4 juillet 1853 et du 19 novembre 1859 fixaient autrefois des dimensions minima pour l'écoulement des poissons de l'Océan et de la Méditerranée.

Sur nos côtes de l'Ouest ces dimensions étaient les suivantes :

POISSONS RONDS
Longueur de l'œil à la naissance de la queue :

Colin, Alose, Feinte, Saumon, Esturgeon, Morue . .	27^{cm}
Bar, Mulet, Lieu, Dorade	16
Merlan, Grondin, Surmulet, Maquereau, Truite saumonnée, Vive, Brème, Vieille.	12
Godes, Éperlans.	9

POISSONS PLATS
Même dimension

Turbot, Raie.	20^{cm}
Flet, Barbue, Limande, Sole, Carrelet	16

POISSONS LONGS
Même dimension

Anguille, Congre, Lingue	27^{cm}

En Méditerranée, le décret du 19 novembre 1859 prescrivait un minimum uniforme de taille de 12 centimètres pour la vente de toutes les espèces autres que celles dites de passage.

On voit, par l'examen de ce tableau, combien était empirique la méthode qui avait servi à fixer les dimensions de vente des poissons marins.

On paraît avoir voulu alors permettre la vente, seulement, des individus qui représentaient une valeur commerciale appréciable. Mais il ne semble pas que l'on ait voulu en principe protéger les animaux jusqu'au moment où ils sont susceptibles de s'être reproduits une fois.

D'ailleurs, l'application de ces dispositions fut impossible. Il est évident que, malgré le concours que pouvaient prêter aux agents de la marine les fonctionnaires civils des halles et marchés, il était bien difficile d'assurer l'observation d'un règlement aussi compliqué. Enfin, il faut bien dire que, à un ou deux centimètres près, la valeur commerciale des poissons marins varie peu et que les pêcheurs ne purent que difficilement comprendre la raison d'ordre général qui les obligeait à rejeter à la mer des animaux dont ils pouvaient tirer parti.

Au surplus, beaucoup de poissons pris dans les chaluts ou autres filets et n'ayant pas les dimensions réglementaires étaient morts quand ils étaient amenés à bord des bateaux. Or les pêcheurs encore ne purent admettre l'utilité qu'il y avait à les obliger de rejeter dans les eaux des animaux qui ne pouvaient en aucune façon contribuer à maintenir la vitalité des fonds. Au moment où ils obéissaient aux injonctions de la loi, ils se faisaient cette réflexion que les cétacés ou autres voraces détruisaient des quantités de poissons en présence desquelles ce qu'ils rejetaient eux-mêmes à la mer était insignifiant. Ils en concluaient donc que la mesure qui fixait des minimums de taille pour la vente de leurs produits était inutilement vexatoire.

Il faut bien dire cependant que toute réglementation de la maille des filets doit avoir nécessairement, comme mesure d'application, un complément relatif à la vente des poissons péchés. Rien n'est plus facile effectivement que de faire travailler un engin réglementaire dans des conditions telles, que son maillage ne signifie plus rien et qu'il capture du fretin.

L'obligation de ne vendre que des animaux d'une taille

déterminée a aussi pour but d'éloigner les pêcheurs des terrains sur lesquels les jeunes animaux sont réunis en quantités considérables. Mais, il faut bien le reconnaître, la réglementation ne peut s'asseoir sur des données scientifiques certaines à cet égard.

En présence des difficultés d'application des décrets dont nous venons de parler, le 10 mai 1862 leurs dispositions furent rapportées. A cette date on imposa seulement le minimum obligatoire de 10 centimètres de longueur pour tous les poissons non voyageurs, aussi bien sur les côtes de l'Océan que sur le littoral méditerranéen. Cette nouvelle mesure équivalait donc à la simple interdiction de capturer du poisson de quelques mois, pour la plupart des espèces qui ont une valeur réelle. Le décret du 10 mai 1862, en effet, prévoyait en outre que la vente des animaux qui n'atteignent pas 10 centimètres à l'âge adulte demeurait libre.

Là encore nous devons ajouter que sur un grand nombre de points de nos côtes, le minimum de taille de 10 centimètres imposé pour la vente des poissons comestibles n'est même pas observé. Mais on reconnaîtra volontiers qu'un pareil minimum est presque insignifiant en soi. Il ne saurait avoir pour but de protéger les individus directement. On a voulu simplement, c'est probable, en fixant cette dimension réglementaire, interdire la pêche à pied des jeunes sur les plages. On a voulu aussi obliger les pêcheurs en bateau à observer les conditions de maillage, imposées par ailleurs à leurs engins. En somme, par un moyen détourné on s'est efforcé d'assurer l'observation des règlements qui leur interdisaient de travailler en certaines régions et avec certains filets.

Comme le décret du 10 mai 1862, toutefois, laissait aux pêcheurs la faculté de travailler partout et dans n'importe quelles conditions alors qu'ils voulaient capturer des espèces dites de « petite taille », il paraît bien que son action devait être peu efficace pour la protection des jeunes poissons. Aussi, à l'heure actuelle, peut-on voir vendre dans certains marchés de la côte des soles de 10 centimètres par paniers. Les pêcheurs qui les détruisent gagnent des sommes peu élevées à ce métier, c'est vrai, mais ils n'ont besoin pour l'exercer que de faibles canots, d'engins peu coûteux, et ils préfèrent ce genre de travail aux professions du large.

En France, donc, la réglementation imposée aux pêches dans le but d'éviter la stérilisation des fonds a donc porté jusqu'ici uniquement, je le répète sur la protection du fretin. On a imaginé que le dépeuplement des eaux côtières et même des eaux du large tenait surtout à la destruction immodérée de ce fretin. On a pensé qu'il était du devoir de l'État de forcer les pêcheurs à laisser sur les fonds les animaux jeunes.

Sans croire assurément que tous ces êtres arriveraient à l'âge adulte si l'homme ne les capturait pas, on a pensé qu'une fraction importante des quantités détruites annuellement par les industries des inscrits, pouvait grandir en demeurant sur les fonds. On a pensé enfin qu'une partie notable de cette fraction pouvait être reprise ultérieurement sous la forme d'individus adultes par les pêcheurs, et l'on a calculé que ces derniers ne pouvaient avoir que des avantages à abandonner le bénéfice modique que leur procure la récolte des jeunes poissons pour recueillir plus tard ceux d'entre eux qui atteindraient une valeur réelle au point de vue commercial.

Comme nous l'avons vu plus haut, les travaux des spécialistes français et étrangers tendent à démontrer que la destruction des animaux grainés qui n'ont pas encore pondu, de même que la destruction des poissons non adultes, mais qui ne sont plus du fretin contribuent aussi pour une part importante, — la plus importante, peut-être — à l'appauvrissement des eaux salées.

Aussi, dans divers pays, en Angleterre notamment, s'est-on préoccupé de fixer pour la vente des espèces marines, et surtout pour les pleuronectes, des tailles minima, non plus seulement pour prohiber l'écoulement du fretin, mais encore pour protéger les individus jusqu'à l'âge où ils peuvent se reproduire.

Voici ce que dit sur ce sujet J.-T. Cunningham (1) :

« On dit que lorsque les pêcheurs ne pourront plus vendre le petit poisson, ils cesseront de travailler sur les fonds où il abonde. Si la limite de taille pour la vente était assez élevée,

(1) J.-T. Cunningham, *Market mar. Fishes.*

ce résultat serait atteint. M. Holt est convaincu qu'une limite inférieure de 32 centimètres de longueur, pour la Plie, rendrait complètement sans profit la pêche sur les fonds de l'est de la mer du Nord. Ceci est probablement exact en principe. Mais on doit se rappeler que dans le nord d'Helgoland, — et vraisemblablement ailleurs, — de grandes quantités de Soles, de Turbots, de Barbues de toutes tailles peuvent être capturées concurremment avec des Plies de 32 à 40 centimètres de longueur, en été. Aussi bien, en admettant qu'on adopte la longueur minima de 32 centimètres pour la vente des Plies, des voyages pourraient être effectués vers les fonds où elles se trouvent pour capturer les autres espèces de valeur. D'un autre côté, j'ai démontré que cette dimension minima, si elle était rendue réglementaire, ferait rejeter 80 à 90 pour 100 des Plies capturées par les bateaux de Lowestoft, sur les « Brown Ridges », de 30 à 35 milles au large des côtes hollandaises ; qu'une grande partie de ces poissons était capable sur ces fonds de se reproduire avant la taille de 32 centimètres et que l'adoption de cette mesure aurait pour résultat de cantonner une telle surface de mer aux smacks de Lowestoft qu'il est douteux qu'ils puissent continuer à travailler. Il a été prouvé antérieurement que, dans la Manche, des femelles de Plies sont aptes à se reproduire avant qu'elles atteignent 32 centimètres et que l'industrie de cette région ne pourrait supporter l'application d'une mesure restrictive semblable.

« Les limites minima préconisées par la *Sea Fisheries Protection Association* sont 30 centimètres pour le Turbot et la Barbue, 25 centimètres pour la Sole et la Plie et 275 millimètres pour la Sole-Limande. Comme les Limandières de petite taille ne se trouvent généralement pas régulièrement, en grandes masses sur des fonds bien déterminés et, sauf exceptions, ne se trouvent pas dans l'est de la mer du Nord, il n'y a aucune raison de leur imposer une limite de taille. Les autres dimensions minima proposées sont certainement raisonnables. Elles n'auront pas pour résultat de restreindre indûment la surface sur laquelle travaillent les chalutiers hauturiers. On peut cependant exprimer l'avis que la dimension de 30 centimètres pour le Turbot et la Barbue est insuffisante. Ces poissons ne sont pas plus petits sur les côtes méridionales qu'à l'ouest de l'Angleterre ; de plus, il sont très vigoureux et survivraient vraisemblablement si l'on prenait le soin de les rejeter par-dessus bord rapidement après leur capture. Leur valeur croît très vite avec leur augmentation de taille. Leurs jeunes sont cantonnés dans les eaux peu profondes du littoral. La limite de 25 centimètres pour la Plie et la Sole est certainement la plus grande que puissent permettre les besoins de l'industrie des pêches ; elle pourrait être élevée jusqu'à 275 millimètres, mais non plus haut. »

Après s'être livré à cette discussion des tailles minima qu'il conviendrait d'adopter pour empêcher les chalutiers de la mer du Nord d'appauvrir leurs fonds, Cunningham examine les dimensions proposées par une commission parlementaire anglaise, qui a demandé récemment de fixer à 20 centimètres pour la Plie et la Sole et à 30 centimètres pour le Turbot et la Barbue les tailles de vente. Pour cet auteur, le fait d'exiger ces mesures n'aurait aucune influence appréciable.

« Il est vrai, dit-il, que des Plies, au-dessous de 20 centimètres, et occasionnellement un Turbot ou une Barbue de 30 centimètres sont pris sur les fonds de l'Est. Mais la déduction de ces poissons des captures faites par les chalutiers ne changera en aucune façon leurs habitudes et ne procurera aucune protection aux poissons. Ces mesures auront cependant quelque influence pour le travail des petits chalutiers littoraux dans les régions où ils peuvent encore exercer leur industrie. »

Comme on le voit, il existe en Angleterre un courant d'idées favorables non seulement à la protection du fretin, mais encore favorable à la protection des animaux de deux ans.

On comprend bien que l'adoption de pareilles mesures restrictives devra entraver, quoi qu'on en dise, d'une manière assez sérieuse, l'exercice des pêches maritimes. De plus, il sera évidemment nécessaire que l'on étudie, pour les différentes régions de travail, les conditions de croissance des espèces. Il est certain que, suivant les parages exploités, les animaux arrivent plus ou moins tôt à la taille de reproduction et que cette taille est elle-même variable. Aussi a-t-on songé à abandonner toute mesure restrictive pour la vente des poissons et à immerger dans les eaux marines des alevins provenant de fécondations artificielles.

Dans ce cas, au lieu d'assurer la conservation des espèces en protégeant leurs individus jusqu'à l'âge de leur première fraye, on a voulu remplacer par des procédés artificiels cette fraye même.

C'est ainsi qu'est née la conception de piscifacturer certains poissons marins comestibles.

CHAPITRE IV

PISCIFACTURE MARINE

Essais de piscifacture marine aux États-Unis. — Stations de
piscifacture en Norvège, à Terre-Neuve, en Écosse. — Organisation de la piscifacture écossaise de Dunbar. — Développement artificiel des alevins dans les incubateurs. — Productions
d'alevins fournies par les diverses piscifactures. — Recherches
faites en Écosse pour pousser le développement des poissons
plats jusqu'au stade d'asymétrie. — Projet d'installation d'une
piscifacture à Boulogne. — Création d'une piscifacture à
Saint-Vaast-la-Hougue. — Les ensemencements d'alevins sont-
ils susceptibles d'augmenter la production des fonds? — Recherches faites au laboratoire de Concarneau. — Discussion
économique des avantages offerts par la propagation artificielle des espèces comestibles.

Aux États-Unis, on le sait, les recherches sur la propagation artificielle des espèces comestibles ont été accueillies
avec beaucoup de faveur. Aussi bien, les heureux résultats
fournis dans ce pays par la pisciculture des eaux douces ne
pouvaient manquer d'inciter les aquiculteurs à faire porter
leurs efforts sur la culture des espèces ichtyologiques vivant
dans les eaux salées (1).

(1) M. BAUDOUIN, la *Piscifacture marine, Rapport au Congrès international des pêches maritimes des Sables-d'Olonne* (septembre 1896).

A Gloucester, l'un des ports de pêche les plus importants — sinon le plus important — des États-Unis, furent effectués, en 1878, en utilisant une installation des plus primitives, des fécondations d'œufs de Morue. Mais, durant les deux années qui suivirent, des insuccès nombreux firent interrompre les expériences commencées. Celles-ci furent reprises en 1881 à la station zoologique marine de Wood's Holl. On fit alors éclore 25.000 œufs de Morue. De nouveaux insuccès durent être enregistrés, tant à Wood's Holl qu'à bord du *Fish Hawk*, navire de la marine des États-Unis, aménagé pour les recherches de zoologie marine pure et appliquée. Ce ne fut qu'à partir de l'année 1885 que les Américains furent suffisamment maîtres de leur technique et possédèrent des installations suffisantes pour obtenir plusieurs millions d'alevins annuellement.

Entrepris par Spencer Baird, poursuivis par Marshall Mac Donald, les travaux piscicoles des Américains ne paraissent pas avoir fourni dans les eaux salées les résultats que l'on en attendait. Toutefois, nous devons dire que les données nous manquent pour apprécier actuellement l'état de la piscifacture marine aux États-Unis.

Ce fut en 1883 que les Norvégiens tentèrent dans leurs eaux les applications des méthodes aquicoles. Une société privée d'Arendal fit les frais des premières recherches. Depuis cette époque, le capitaine G. M. Dannevig, qui tenta les premières expériences, continue à diriger les opérations de la piscifacture qu'il a fait fonder à Flödevig. Il se préoccupe surtout de la propagation artificielle de la Morue. Ses travaux ont porté cependant aussi sur la Plie et le Homard. Dans ces dernières années, son établissement, devenu depuis 1889 établissement d'État, a fourni jusqu'à 300 millions d'alevins de Morue.

En 1889, le gouvernement de Terre-Neuve résolut, à son tour, d'essayer la propagation artificielle de la Morue et du Homard. Il fit donc construire un établissement d'aquiculture dans ce but et en confia la direction au Dr Nielsen, superintendant des pêcheries terre-neuviennes. Ancien inspecteur des pêches à Finmark, le Dr Nielsen connaissait parfaitement bien les procédés de pisciculture norvégiens. Dès le début, il put donc éviter la plupart des mécomptes rencontrés avant lui

par les hommes qui s'étaient consacrés à ce genre de recherches pratiques. En fait, l'établissement de Dildo, qu'il a installé
et qu'il dirige, a donné, dès le début, d'excellents résultats.
Ceux-ci sont toujours satisfaisants, d'ailleurs, si l'on ne considère que la fabrication régulière des alevins ; mais, comme
nous le verrons plus tard, l'influence de l'établissement de
Dildo sur la densité d'empoissonnement des eaux terre-neuviennes est encore contestée à l'heure actuelle.

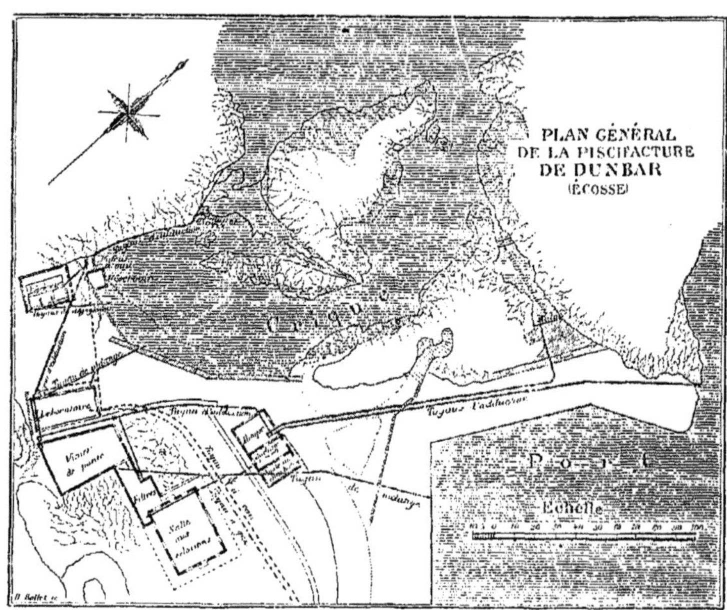

Fig. 34. — Plan d'ensemble de la piscifacture marine de Dunbar.

Le gouvernement canadien établit à son tour une usine
aquicole marine. En 1891, à Bay-View, dans la Nouvelle-
Écosse, fut installée une homarifacture, sous la haute direction de M. Wilmot, superintendant de pêcheries canadiennes.
Actuellement cet établissement est dirigé par M. Alf. Ogden,
et fonctionne régulièrement.

Après avoir étudié avec le plus grand soin les conditions
biologiques et la distribution des poissons marins comestibles
dans les eaux écossaises, le Fishery Board for Scotland décida

de créer une piscifacture pour restituer au milieu marin les millions d'alevins que lui fait perdre annuellement la capture — d'ailleurs inévitable — des animaux grainés qui n'ont pas encore pondu.

Connaissant d'une façon exacte les conditions physiques et biologiques des eaux marines avoisinant l'Écosse, il fut entendu que l'on choisirait Dunbar pour y mettre en œuvre les méthodes piscicoles. Dans cet endroit, en effet, la pureté et la densité des eaux comme la disposition topographique du terrain se prêtaient admirablement à l'installation et au fonctionnement d'une piscifacture. Comme dans cet établissement se trouvent réalisés tous les progrès successivement apportés aux procédés techniques de piscifacture, nous entrerons ici dans quelques détails au sujet de son installation.

Dans un réservoir — le vivier de ponte — sont réunis les animaux reproducteurs, mâles et femelles. Ce réservoir contient un volume d'eau de 270 mètres cubes. Ses dimensions sont les suivantes : longueur, 12^m,50 ; largeur, 8 mètres à l'une des extrémités et 5^m,5 à l'autre ; profondeur, 3^m,5. Placé sur le flanc d'un monticule, son fond bétonné est à un niveau plus élevé que les autres parties de l'usine. Une forte muraille en forme les parois. Enfin, il est recouvert par une toiture légère, en fer galvanisé, munie de huit châssis mobiles vitrés, permettant de faire à volonté l'obscurité dans le bâtiment.

L'eau est amenée dans le vivier de ponte par une pompe à vapeur. Le tuyau d'adduction se termine à la partie supérieure du vivier, mais un ajutage mobile permet de faire écouler le liquide à quelque niveau que ce soit. Un tuyau de vidange, partant du fond du réservoir, permet de vider complètement celui-ci quand le besoin s'en fait sentir ; mais normalement l'eau s'écoule à la partie supérieure du bassin au moyen d'un « trop-plein ».

C'est à cet endroit que se trouve placé l'appareil destiné à la récolte des œufs.

Dans le vivier, et à 45 centimètres du fond, existe un plancher en bois, à claire-voie. Sur ce sol artificiel, les animaux reproducteurs qui ont été rassemblés dans le bassin accomplissent normalement leur ponte, comme ils la feraient en mer. Les œufs sont donc fécondés dans les mêmes conditions qu'à l'état de liberté. Il est évident, d'ailleurs, qu'en un espace aussi restreint que celui-ci, l'accumulation des éléments sexuels est si considérable que beaucoup d'œufs qui, dans les conditions naturelles, fussent demeurés stériles, sont au contraire fécondés.

Entraînés par le courant continu du liquide, flottant dans ce courant, les œufs arrivent bientôt à l'appareil collecteur où ils sont retenus.

Le collecteur, ou filtre à œufs, est formé d'abord par une

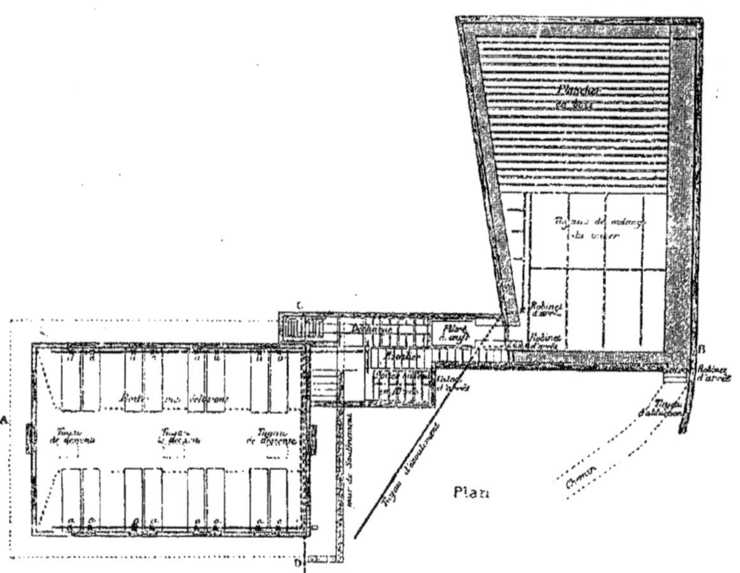

Fig. 35. — Plan : vivier de ponte, filtre à œufs et salle des incubateurs, à la piscifacture marine de Dunbar.

sorte de couloir en bois, encastré dans le mur du bassin et ayant 2 mètres de longueur, 2^m,40 de largeur et 0^m,30 de profondeur, dans sa première partie ; mais il se rétrécit et conduit dans une boîte, placée horizontalement en dehors du vivier. Cette boîte mesure 2 mètres de longueur, 1^m,30 de largeur et 0^m,45 de profondeur. C'est le collecteur proprement dit. L'eau qui y pénètre par le large couloir dont nous avons parlé, en sort par une rigole la conduisant au-dessus d'une roue à palettes dont nous verrons ultérieurement l'utilité.

A l'intérieur du collecteur est disposé un châssis mobile en bois faisant saillie au-dessus du niveau de l'eau. Un treillis en étamine ferme ce châssis sur le fond et sur les côtés, excepté sur la face tournée vers le vivier de ponte. Un espace demeure libre autour et au-dessous du châssis. Les œufs fécondés sont donc arrêtés par ce dispositif très simple, et ils ne sont en aucune façon détériorés.

Quand on veut récolter les éléments fécondés, on fait passer un courant plus rapide dans le bassin. Les œufs amenés ainsi au collecteur sont recueillis, nettoyés et comptés.

L'opération du nettoyage consiste à mettre les œufs dans un récipient qui contient de l'eau de mer et à additionner celle-ci d'eau douce jusqu'à ce que les corpuscules reproducteurs tombent au fond du vase. Le liquide qui les surmonte renferme la totalité des matières dont il convient de les débarrasser.

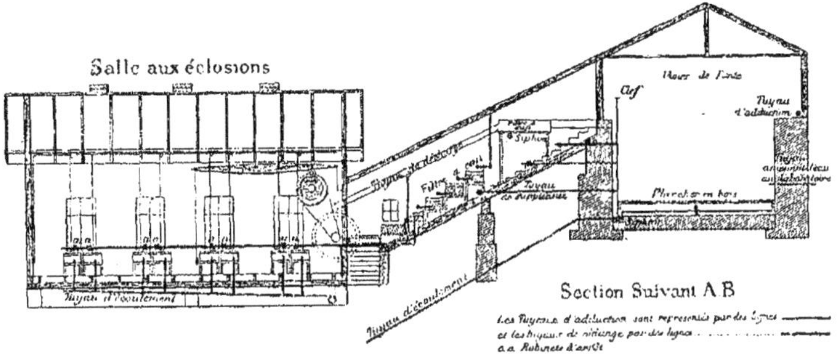

Fig. 36. — Élévation : vivier de ponte, filtre à œufs et salle des incubateurs, à la piscifacture marine de Dunbar.

Pour compter les œufs, on les met dans un récipient gradué dont on a préalablement établi la capacité relative par rapport aux éléments reproducteurs de l'espèce étudiée. Pour le Carrelet, par exemple, on compte environ 230,000 œufs par litre.

Les œufs étant nettoyés et comptés, on les porte dans la « salle des incubations ».

Celle-ci est formée par une construction solide à doubles parois de bois. Elle a 11 mètres de longueur, 7^m,50 de largeur et 5^m,50 de hauteur. Elle est munie de 12 larges fenêtres fournissant en abondance la lumière qui est nécessaire au développement des œufs.

Dans cette salle se trouvent disposés six appareils Dannevig. Chaque appareil incubateur consiste en une boîte rectangulaire, en bois ayant 2ᵐ,5o de longueur, 0ᵐ,65 de largeur et 0ᵐ,3o de profondeur. Chaque boîte est divisée en deux séries de sept compartiments étanches par une cloison longitudinale et dix cloisons transversales ; le premier et le dernier compartiment de chaque série — ceux des extrémités — sont étroits et n'ont que 0ᵐ,07 de largeur. C'est dans les autres compartiments que sont placées les boîtes à éclosion qui contiennent des œufs (1).

Ces récipients ont environ 0ᵐ,3o sur toutes leurs dimensions. Ils sont aussi en bois, l'épaisseur de leur paroi est de 0ᵐ,02, et leur fond est formé par un treillis de crin, assez fin pour empêcher les œufs de s'échapper, sans toutefois entraver le libre passage de l'eau. Ils sont attachés au sommet des cloisons transversales de l'appareil au moyen de charnières en cuir et par l'un de leurs côtés supérieurs. Le côté opposé à cette articulation flotte donc au-dessus du liquide. Les appareils, avec leurs dix boîtes, sont placés par paires de chaque côté de la salle des éclosions, et de façon qu'ils soient inclinés légèrement, du mur vers le milieu de la pièce (3 centimètres par mètre).

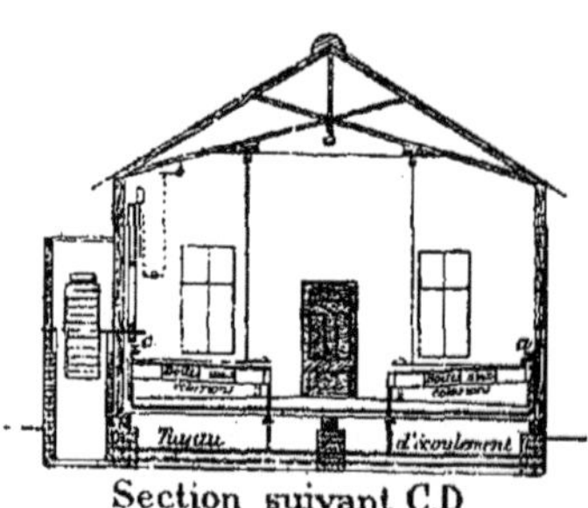

Fig. 35. — Coupe : Salle des incubateurs, à la pisciculture marine de Dunbar, montrant la disposition des appareils Dannevig, les leviers de transmission des agitateurs et le système de drainage.

L'eau, amenée par les pompes dans une série de filtres qui la dépouillent de toutes ses impuretés, arrive par un système de tuyaux, dans le détail desquels je ne saurais entrer, au niveau de chaque appareil. Là, un robinet permet de régler à volonté la force du courant. Le liquide tombe d'abord dans le compartiment étroit le plus proche du mur. De celui-ci il passe par une rigole dans la boîte la plus voisine qu'il traverse. Après avoir rempli le deuxième compartiment, il passe dans la deuxième boîte, etc. Enfin, il sort de l'appareil au moyen d'un tuyau de vidange adapté au dernier comparti-

<hr>

(1) C. RAVERET-WATTEL, l'Aquiculture marine en Norvège (Rev. des Sciences nat. appliq. Bull. d. l. Soc. nat. d'acclimatation, 20 février 1890).

ment. Les boîtes, n'étant fixées dans leurs cases que par un seul côté, sont légèrement inclinées, ainsi que nous l'avons dit. Il en résulte que le courant décrit une courbe à l'intérieur de chaque boîte à éclosion et brasse continuellement les œufs qu'elle contient. Mais ce brassage des œufs est assuré d'une façon plus active encore au moyen du dispositif suivant.

Une tige de fer galvanisé de 2ᵐ.20 de longueur passe sur la ligne médiane de chaque appareil. Elle est fixée par son

Fig. 38. — Vue perspective de la salle des incubateurs à la piscifacture marine de Flödevig.

extrémité proche du mur et mobile autour de son point de fixation. De plus, elle est munie de cinq pièces transversales, reposant chacune sur le bord libre d'une boîte à éclosion. L'ensemble est lesté de telle façon qu'il maintienne complètement les boîtes submergées. On conçoit que, si par un procédé quelconque, on arrive à soulever puis laisser retomber vivement la tige de fer médiane, les boîtes seront ainsi périodiquement enfoncées avec rapidité et que les œufs seront automatiquement et énergiquement brassés dans le courant.

Or nous avons vu plus haut que le trop-plein du vivier de ponte, après avoir abandonné ses œufs flottants dans le collecteur, vient tomber sur une roue à palettes. Au moyen d'une excentrique et d'un ingénieux système de poulies, le mouvement de cette roue est transmis aux tiges de fer mobiles des appareils d'éclosion. Ces tiges sont alternativement relevées et abaissées sept ou huit fois par minute. La répartition des œufs dans l'eau est donc parfaitement assurée. De plus, si des matières sédimentaires se trouvent en suspension dans le liquide, elles ne peuvent adhérer aux éléments reproducteurs, sur lesquels elles auraient, d'ailleurs, une influence des plus fâcheuses.

L'honneur d'avoir résolu le premier le problème de l'incubation des œufs de poissons marins flottants revient au capitaine Chester, des États-Unis.

Durant les premiers essais faits à Gloucester sur le développement artificiel de la Morue, on se servit effectivement de cônes incubateurs tels que ceux utilisés jusqu'alors pour la multiplication de l'Alose. Mais, si le courant d'eau était, quelque peu rapide, il entraînait les éléments reproducteurs au dehors de l'appareil ; s'il était lent au contraire, les sédiments qu'il contenait se déposaient sur les œufs et les asphyxiaient.

Actuellement, quelque quarante appareils environ ont été proposés pour l'éclosion des œufs flottants. Les plus usités sont ceux de Mac Donald et de Chester. Nous nous bornerons à donner ici, d'après le docteur Wemyss Fulton, la description de ce dernier incubateur :

« Il consiste en un bassin ayant 2^m,40 de longueur, 0^m,65 de largeur et 0^m,75 de profondeur. A 0^m,30 environ de chaque extrémité est placée une cloison verticale qui descend jusqu'à 10 centimètres du fond. Entre ces deux cloisons sont disposées sur des cadres six ou huit grandes jarres en verre ; chacune d'elles a 0^m,46 de hauteur et 0^m,25 de largeur, et peut contenir 500.000 à un million d'œufs de Morue. Ces jarres sont renversées, et leur ouverture est recouverte d'un morceau de toile à fromage, tandis qu'un trou est ménagé sur leur fond (qui se trouve alors à la partie supérieure). Ce trou permet l'entrée de l'air et l'introduction des œufs. L'eau tombe d'un robinet dans l'un des compartiments des extrémités et elle sort de l'appareil au moyen d'un siphon dont le diamètre est plus large que celui du tuyau d'arrivée. Quand l'eau s'élève dans le bassin jusqu'au sommet du siphon coudé, celui-ci commence à fonctionner, et le niveau du liquide s'abaisse graduellement dans le bassin sur une hauteur de 0^m,14 ; alors le siphon n'est plus amorcé. De nouveau l'eau monte, et le même phénomène se reproduit. Chaque élévation et abaissement de liquide exige environ dix minutes. L'expérience a démontré que ce « mouvement de marée », qui est celui auquel sont soumis les œufs dans leurs conditions naturelles de développement, est suffisant pour les maintenir en bon état ».

Au laboratoire de Plymouth, J.-T. Cunningham a reconnu qu'il était préférable d'abandonner l'usage du siphon « et d'introduire l'eau directement dans le jarre au moyen d'un tube passant par l'ouverture supérieure. Avec ce dispositif les œufs sont maintenus en perpétuel mouvement et dispersés dans la masse liquide (1). »

Comme on peut s'en rendre compte par ce qui précède, la dispersion des alevins dans le courant où ils doivent se développer artificiellement, aussi bien que leur préservation de tout dépôt sédimentaire à leur surface, sont assurées d'une façon parfaite par le fonctionnement de l'incubateur Dannevig.

Pendant l'année 1894, l'abondance des pontes recueillies à la piscifacture de Dildo fut telle que le Dr Nielsen dut songer à conserver par un nouveau procédé les œufs fécondés qu'il ne pouvait faire entrer dans les incubateurs de son établissement.

« Dans ce but, dit-il (2), je confectionnais de larges sacs en toile de lin, dont la trame était telle que les œufs et les alevins en développement pussent être retenus, tout en permettant à l'eau de se renouveler librement.

« Ces sacs furent placés dans les puits du wharf. Ils contenaient environ 30.000.000 d'œufs. Ce plan réussit parfaitement et une grande quantité d'alevins qui eussent été perdus autrement purent ainsi se développer. C'étaient cependant de fâcheuses conditions pour obtenir de jeunes poissons, et aussitôt que l'on put trouver une place dans la salle des éclosions, les œufs y furent transportés.

(1) W. Fulton, l'État actuel de la pisciculture marine (Revue génér. d. sc. pures et appliq., 15 mars 1896, p. 246).

(2) Ad. Nielsen, A New Mode of Hatching (Annual Report of the Newfoundland Department of Fisheries for 1894, p. 31).

« A la fin de la saison, quand les eaux devinrent plus chaudes et que l'on ne put que difficilement maintenir propre le vivier de ponte, ces puits rendirent de grands services pour nettoyer les œufs. Une grande quantité de pontes furent donc prises dans le vivier et placées là à cet effet. Après un ou deux jours de stabulation, elles furent transportées dans les incubateurs pour subir le traitement définitif. »

Durant leur éclosion, les éléments reproducteurs devant flotter, il est très important que le poids spécifique de l'eau soit sensiblement constant et supérieur, naturellement, à celui de ces éléments. En général, ce poids spécifique doit être voisin de 1.027.

L'influence de la température de l'eau sur la durée de l'éclosion varie évidemment suivant la nature des espèces ichtyologiques piscifacturées. Le débit du liquide est assez considérable pour que l'élévation de la température ambiante influe aussi peu que possible sur celle du courant. Il est à noter que, en ce qui concerne le Carrelet, l'incubation des premiers œufs avec un degré thermométrique moyen de 5°,34 C. a duré 21 jours; et que celle des œufs traités à une température de 8°,86 C. n'a duré que 14 jours.

Nous savons d'ailleurs que, pour une même espèce, et suivant les circonstances extérieures, dans lesquelles la température n'est qu'un facteur, la durée de l'incubation est des plus variables. Ainsi les larves ne sauraient être caractérisées par leur âge, mais par l'état de perfectionnement de leurs organes.

Quoi qu'il en soit, les larves issues des œufs fécondés sont, dans ces délais, parvenus à la phase du développement où la vésicule ombilicale est presque complètement résorbée. Durant tout le temps qui suit l'incubation intra-ovulaire, les alevins se tiennent dans le courant d'eau comme s'ils luttaient contre lui. Peu à peu la pigmentation qui caractérise leur énergie vitale s'accentue. Quand la vésicule ombilicale est résorbée, les jeunes Carrelets sont encore symétriques, bien entendu, mais, dans l'impossibilité où se trouvent les aquiculteurs de mener actuellement la grande majorité d'entre eux au delà de ce stade, c'est dans cet état que les alevins sont immergés dans les eaux marines.

La « plantation » est faite en tenant compte du poids spécifique de l'eau, de sa température, de sa transparence, de la nature des fonds sur les points d'immersion.

Deux pompes actionnées par une machine à vapeur de 8 chevaux, pouvant débiter chacune de 11 à 18 mètres cubes par heure, puisent l'eau dans le port de Dunbar pour l'envoyer, d'une part, dans le vivier de ponte, et d'autre part, dans la salle des éclosions. En outre, si la machine, pour une cause quelconque, doit cesser de fonctionner, un système de tuyaux permet d'entretenir un courant suffisant dans les boîtes. Le liquide est alors amené du vivier de ponte aux incubateurs par une canalisation bien établie.

Enfin, l'eau peut être puisée dans un réservoir aménagé sous l'ancien donjon du château de Dunbar, sur les ruines duquel est installée l'usine aquicole. Ce dernier réservoir sert aussi de vivier de stabulation pour les animaux destinés à la reproduction et qui ne sont pas encore susceptibles de remplir cet acte.

Une des plus grandes difficultés rencontrées par les piscifacteurs au cours de leurs travaux consiste à réunir des reproducteurs et à les conserver dans un état de santé qui leur permette de se livrer à l'acte de la génération. Il faut en effet recueillir ces reproducteurs avec les plus grands soins, les placer dans des conditions convenables de nutrition, etc., et ne conserver aucun individu blessé.

Le meilleur moyen de se procurer le stock d'animaux reproducteurs nécessaire au fonctionnement d'une piscifacture consiste à conserver d'une année à l'autre les individus habitués déjà à la vie en milieu clos. C'est ce qui est fait, paraît-il, en Norvège et ailleurs.

Quelques individus, du reste, se refusent à pondre dans un vivier et meurent, par suite du trouble organique que provoque chez eux la rétention des éléments sexuels.

Cependant, comme les œufs d'un même specimen ne sont pas tous mûrs en même temps, on ne saurait, dans la généralité des cas, appliquer aux poissons marins les procédés de fécondation artificielle qui sont mis en usage pour certains poissons d'eaux douces ou anadromes. On les laisse donc accomplir, comme nous l'avons dit, l'acte de la reproduction librement. Mais pour le Turbot, il semble que cette manière de procéder ne doive obtenir aucun succès. A Dunbar, des Turbots adultes se sont refusés à pondre en vivier. On a donc dû recourir pour ces animaux aux procédés de fécondation employés à l'égard de la Truite ou du Saumon. Les savants écossais pensent toutefois qu'en réunissant leurs reproducteurs à l'état jeune et en les laissant grandir dans leurs viviers, ils obtiendront de meilleurs résultats qu'en ne rassemblant que des Turbots déjà âgés.

Quels sont maintenant les résultats fournis par les diverses piscifactures qui fonctionnent actuellement ? Nous ne nous occuperons pas, bien entendu, pour le moment, de leur influence sur la densité d'empoisonnement des eaux, mais uniquement de leur production d'alevins, qui nous permet seulement de juger de la précision à laquelle sont parvenus les procédés techniques de cette fabrication.

Nous avons résumé dans le tableau suivant les productions d'alevins obtenus en Amérique et en Europe (p. 111).

En France, quelques savants ont suivi avec la plus grande attention les expériences de piscifacture faites à l'étranger.

Le Dr Eugène Canu, notamment, a, en 1893, proposé d'installer à Boulogne-sur-Mer un laboratoire d'alevinage pour les espèces marines les plus importantes. D'ailleurs, il a imprimé une allure nouvelle à la question en tenant compte, plus que tous les autres naturalistes qui s'étaient déjà occupés de ce sujet, des conditions de milieu et des nécessités de l'industrie des pêches.

C'est ainsi que, non seulement il préconise l'installation de laboratoires analogues à ceux de Dunbar et de Dildo, mais qu'il propose l'armement d'un bateau-laboratoire destiné à effectuer en mer des fécondations d'œufs mûrs. D'après ce naturaliste donc, un bâtiment aménagé pour l'usage auquel il serait destiné se rendrait sur les lieux de pêche fréquentés par les marins boulonnais. Là il détacherait des canots qui recueilleraient, à bord des embarcations pêcheuses, les animaux arrivés à maturité sexuelle et capturés au moment de la fraye. Ceux de ces animaux dont les éléments reproducteurs seraient parfaitement mûrs serviraient immédiatement à des opérations de fécondation artificielle, à bord même du bateau laboratoire. Les autres seraient conservés en viviers pour être déposés à terre, dans les piscines de pontes. Les œufs fécondés à bord seraient ramenés à terre, avec tous les soins désirables, placés dans les incubateurs, et, concurremment avec les alevins produits dans la piscifacture, reportés plus tard sur les terrains du large où ils fussent normalement éclos

ANNÉES	PISCIFACTURES	ESPÈCES	NOMBRE D'ALEVINS
1878	Gloucester	Morue	1.500.000
1889-90	—	—	15.000.000
1890-91	—	—	19.000.000
1880	Wood's Holl	—	25.000
1885	—	—	2.000.000
1886-87	—	—	22.000.000
1890-91	—	—	36.000.000
1884	Flödevig	—	7.000.000
1885	—	—	27.000.000
1886	—	—	32.500.000
1887	—	—	32.500.000
1888	—	—	
1889	—	—	
1890	—	—	200.000.000 douteux.
»	—	—	50.000.000
1891	—	—	193.500.000
1892	—	—	208.000.000
1893	—	—	240.000.000
1894	—	—	100.000.000
1895	—	—	85.000.000
1896	—	—	327.000.000
1890	Dildo	—	17.100.000
1891	—	—	39.650.000
1892	—	—	165.244.000
1893	—	—	201.435.000
1894	—	—	221.500.000
1895	—	—	188.000.000
1894	Dunbar	Plie	26.000.000
1895	—	—	38.615.000
1896	—	—	14.970.000
1895	—	Sole-Limande	4.145.000
1895	—	Turbot	3.800.000

si l'homme n'avait pas capturé leurs parents.

Le fait de reporter les jeunes dans les eaux mêmes où ils eussent dû naître — et que les recherches de M. Eugène Canu lui ont permis de connaître — constitue certainement un des moyens les meilleurs de venir en aide à la nature pour lutter contre l'action destructive des pêcheurs.

Je dois rappeler encore que le professeur Ed. Perrier a installé à Saint-Vaast-la-Hougue une station de piscifacture qui vient d'être terminée. Nous allons donc avoir là un laboratoire dans lequel pourront être étudiées toutes les questions relatives à la culture des eaux marines. Une pareille création, en effet, sans préjuger des résultats immédiatement pratiques qu'elle pourra fournir, ne peut manquer de nous aider à déterminer scientifiquement l'influence de l'alevinage sur la production des eaux côtières. Elle nous permettra aussi de connaître par les méthodes physiologiques les conditions dans lesquelles est assurée la conservation des espèces marines. Or la solution de tous les problèmes que pose à notre esprit la théorie de la propagation artificielle des espèces ressortit uniquement à l'heure actuelle à la science pure. C'est encore une question de Zoologie scientifique.

A la piscifacture de Flödevig, on a pu conserver vivantes pendant trois ans de jeunes Morues nées dans l'établissement et incubées artificiellement.

D'après une communication verbale faite au Congrès international des pêches maritimes des Sables-d'Olonne, par le Dr John Murray, les Écossais se sont préoccupés aussi très vivement de conduire leurs alevins au delà du stade post-larvaire où ils sont immergés actuellement dans les eaux marines.

En les nourrissant avec les organismes pélagiques du Plankton, recueillis au filet fin de surface, Harald Dannevig a pu conserver des alevins de Plie et les amener à l'état asymétrique. Cette expérience, toutefois, et on le conçoit, n'a pu être faite qu'avec un petit nombre d'animaux (1).

Elle est à rapprocher de l'élevage fait, il y a quelques années, dans les viviers de Plymouth, avec des alevins de Flets nés dans ces viviers.

Un point reste encore très obscur, en effet, en matière de piscifacture marine : quelle est l'action des ensemencements exécutés à grands frais, en somme, par les établissements où sont fabriqués les jeunes animaux ?

(1) Une intéressante description vient d'en être donnée par son auteur dans le dernier Rapport annuel du Bureau des pêcheries d'Écosse : *On the Rearing of the larval and post-larval Stages of the Plaice and other flat Fishes*, par HARALD DANNEVIG (*15th Ann. Rep. Fish. B. f. Scotland*, pp. 175-192), une planche.

Si, d'une part, on considère le nombre formidable des reproducteurs qui se trouvent normalement dans les eaux marines et leur prodigieuse fécondité, on est tenté de demeurer sceptique vis-à-vis des résultats que peuvent donner des plantations d'alevins, si considérables soient-elles en elles-mêmes. Cunningham a établi que, pour une femelle dont les œufs sont fécondés et développés à Dunbar, il est détruit plus de 18.000 femelles grainées par les seuls chalutiers du port de Grimsby. D'autre part, il ne faut pas comparer les frais occasionnés par le fonctionnement normal d'une piscifacture avec les rendements hypothétiques que peuvent donner, à l'âge adulte, les alevins qui en proviennent.

Un fait paraît certain pourtant, c'est que dans les conditions ordinaires où se fait la fertilisation chez les poissons marins osseux, les chances de fécondation des œufs sont beaucoup moins grandes que dans le milieu « saturé » d'éléments reproducteurs d'un vivier de ponte.

Mais, d'un autre côté, en admettant que tous les alevins immergés soient, au moment de leur « plantation », pourvus de tous les organes nécessaires pour se nourrir, combien d'entre eux arrivent-ils à la taille marchande ? Quelle proportion, enfin, d'entre eux est-elle capturée par les pêcheurs ?

Tous les calculs de ce genre sont dénués de base sérieuse. Il est clair que nous ignorons combien d'alevins produits artificiellement survivent aux infiniment nombreuses chances de destruction qu'ils rencontrent, au sortir des incubateurs qui ont abrité leur vie larvaire.

Les travaux des piscifactures sont de date trop récente pour que l'on puisse se faire une opinion, même approximative, à cet égard. L'expérimentation seule peut nous permettre d'apprécier avec connaissance de cause cette question. Aussi, c'est à l'expérimentation que les Écossais ont voulu recourir.

Après avoir étudié au point de vue zoologique, d'une façon complète, certains lochs de la côte ouest des Highlands, après s'être assurés que dans ces lochs, des alevins de Plies trouveraient des conditions convenables de nutrition, ils ont dû immerger dans leurs eaux des alevins provenant de la piscifacture. Dans les années qui vont suivre, ils s'assureront par des pêches méthodiques et répétées de l'influence exercée par ces ensemencements.

Il est certain que la quantité de nourriture que les alevins de poissons peuvent trouver dans les eaux océaniques est supérieure à la quantité qui est normalement consommée par ceux qui peuplent actuellement ces eaux. Nous n'avons donc pas de raisons de douter que les piscifactures doivent contribuer à augmenter le nombre des poissons qui vivent en mer. Mais il est utile qu'une expérience positive nous renseigne sur la proportion des animaux qui, sortis des incubateurs artificiels, arrivent à l'état adulte.

Il semble résulter des recherches de Fabre-Domergue et Biétrix que les alevins produits artificiellement ne sont pas, au moment de leur immersion, aptes à lutter, dans de bonnes conditions, pour l'existence. Ces auteurs ont constaté que toutes les larves élevées par eux en captivité, soit qu'elles proviennent d'éclosions artificielles, soit qu'elles aient été pêchées en mer et conservées en aquarium, sont atteintes au bout de quelques jours d'une sorte « d'anémie larvaire » qui les fait périr si elles continuent à être maintenues en milieu confiné.

De plus, ils ont observé également qu'avant même la résorption complète de la vésicule ombilicale, les larves qu'ils pêchaient en mer contenaient dans leur estomac des débris de nourriture. Ces larves s'alimentent donc aux dépens du milieu ambiant, avant même que leur réserve vitelline ait été épuisée. Par contre, il a été impossible à ces auteurs de faire prendre quelque nourriture que ce soit à des larves élevées en aquarium.

De tout ceci, il paraît donc découler que les alevins produits artificiellement ne sont guère aptes à vivre dans le milieu qu'ils doivent servir à repeupler. Néanmoins nous devons nous hâter d'ajouter que les travaux poursuivis à la station de Dunbar contredisent les travaux et observations de Fabre-Domergue et Biétrix, à Concarneau.

Sans doute, Harald Dannevig et Wemyss Fulton n'ont pu obtenir, sur une grande échelle, l'élevage des jeunes sortis de leurs incubateurs. Mais, Harald Dannevig a fait franchir, à quelques individus, la période critique, que les naturalistes de Concarneau n'ont pu faire subir victorieusement à leurs alevins,

Peut-être ces différences de résultats tiennent-elles à des conditions différentes d'expérimentation.

Il résulte des calculs de Dannevig, à l'établissement de Flödevig, que, dans des conditions normales de fonctionnement, une piscifacture qui produit des alevins sur une grande échelle peut actuellement fabriquer ceux-ci sans dépenser plus de 0,033 par mille, soit 3 fr. 30 par 100.000 et 33 francs par million.

Il paraît improbable à ce spécialiste que l'industrie des pêches ne récupère pas, et largement au delà, les dépenses faites pour les ensemencements d'alevins.

Or rien actuellement ne peut nous fixer à cet égard. Je ne puis cependant oublier de mentionner ici l'opinion de W. Fulton.

« Dans les rapports officiels concernant la pisciculture en Norvège, aux États-Unis et à Terre-Neuve, il est établi que de très nombreux essaims de jeunes Morues ont été observés dans des localités où il n'y en avait peu ou pas. Ce fait est attribué par les pêcheurs, et autres personnes expertes, à l'influence des piscifactures. Une autre preuve est fournie par les expériences de la U.-S. Fish Commission pour la propagation artificielle du *Clupea sapidissima* (espèce d'Alose) dont les alevins ont été immergés en énormes quantités, ce qui a beaucoup accru les rendements de la pêche de ce poisson.

« En 1880, quelques années après le commencement des opérations piscicoles, le nombre des captures sur la côte atlantique était de 4.140.900. L'année suivante, il était de 5.172.000, et ce nombre s'accrut progressivement dans la suite, atteignant le chiffre de 7.660.474, en 1888; soit une augmentation de 85 pour 100 sur les résultats de 1880. Cela représente une plus-value de 14.078.296 kilos de substance marchande, et environ 3.625.000 francs, à répartir entre les pêcheurs. Mais la Fish Commission fit plus. Elle transporta une grande quantité d'alevins de cette Alose, au moyen de wagons appropriés, à travers le continent et les transplanta à Sacramento River. Ainsi fut créée une nouvelle pêche pleine d'avenir sur la côte du Pacifique. De cette localité, en effet, ce poisson se répandit peu à peu tout le long du littoral, sur une étendue de plus de 2.000 milles dans des eaux où jusqu'alors il était inconnu, de Golden Gate, en Californie, à

Vancouver dans la Colombie britannique. Après de tels résultats, il n'est pas étonnant que le gouvernement américain considère comme bien employé l'argent qu'il consacre à la pisciculture (1). »

Cependant, si l'on suppose que l'industrie humaine n'exploite pas le domaine des mers, les espèces, malgré leur prodigieuse fécondité, ne sauraient avoir d'autre but que de maintenir intactes leurs proportions respectives, dans l'équilibre biologique du monde marin.

Pour maintenir cet équilibre, il suffit que, dans toute leur existence, deux individus donnent naissance à deux êtres, semblables à eux, qui parviennent à l'âge adulte et fournissent eux-mêmes deux rejetons. Nous savons, pour les Huîtres, par exemple, qui pondent des millions de larves, que sur mille reproducteurs, nous ne devons compter annuellement que 421 rejetons. En est-il autrement pour les poissons? la chose paraît peu probable. Et, si nous considérons l'immensité des mers qui bordent les côtes océaniques, nous devons croire que l'industrie humaine peut se répartir sur une telle surface qu'elle ne représente qu'un faible coefficient de destruction, en comparaison des causes naturelles qui empêchent l'immense majorité des alevins d'arriver à l'état adulte. D'ailleurs, toute capture de poisson augmente les chances de survie des jeunes, d'espèce différente ou de la même espèce, qui vivent dans les eaux océaniques. Beaucoup de gens pensent que la chasse que l'homme peut faire aux êtres qui intéressent son industrie est insignifiante, en effet, en comparaison des guerres qu'ils se livrent entre eux. Elle est insignifiante aussi en comparaison des causes de destruction que peuvent trouver les jeunes poissons dans les variations physiques du milieu dans lequel ils vivent et se reproduisent.

Dans ces conditions, toutes les évaluations qui ont été faites pour estimer le pourcentage des jeunes qui, sortis des piscifactures, arrivent à la taille marchande, ne sauraient avoir aucune valeur.

Si une Morue produite artificiellement, sur 1.000, arrive à la taille marchande — et est capturée par les pêcheurs — les

<hr>

(1) Dr WEMYSS FULTON, l'État actuel de la pisciculture marine (Revue générale des sciences pures et appliquées, t. VII, p. 248).

avantages de la pisciculture sont évidemment énormes. Mais rien ne nous dit que ce n'est pas le cent millième ou même le millionième de ces individus qui devient adulte et est capturé. Dans le premier cas, chaque Morue d'élevage coûterait 3 fr. 3o et dans le second 33 francs.

J'ai tenu à exposer ici les opinions contradictoires qui sont émises au sujet des résultats que l'on peut attendre de la piscifacture. Le public scientifique est indécis au milieu de toutes ces hypothèses, et le public maritime demeure incrédule. Des faits précis seulement (les résultats des expériences en cours, par exemple) sont susceptibles de nous éclairer sur ces sujets controversés. Jusqu'à ce que ces faits soient établis, il serait également vain de nier l'influence de la propagation artificielle sur l'empoissonnement de la mer libre ou d'accorder à la piscifacture une aveugle confiance.

S'il est difficile d'apprécier les résultats que peut donner la piscifacture marine quand elle immerge ses produits en pleine mer, il existe par contre une véritable industrie aquicole qui exploite certaines portions de la bordure littorale pour la production du poisson.

Dans les réservoirs à poissons dont nous allons nous occuper maintenant, l'industrie de l'homme soustrait les individus qu'il exploite à la chasse très déprédatrice des autres animaux. Elle diminue leurs chances de destruction beaucoup plus qu'elle n'augmente leur facilité d'alimentation. Sans doute, elle n'est pas arrivée à placer ses élèves dans des conditions telles qu'ils échappent complètement à l'influence des variations et des rigueurs des agents cosmiques ; mais le seul fait de les mettre à l'abri des poursuites des voraces accroît les chances de survie des poissons dans des proportions telles, qu'une industrie peut être basée sur ces chances et qu'elle fait fructifier des capitaux importants.

CHAPITRE V

Pisciculture marine proprement dite. — Culture naturelle dans
les réservoirs du bassin d'Arcachon. — Empoissonnement ou
alevinage de ceux-ci. — Élevage des jeunes animaux. — Hivernage. — Résultats économiques actuels de cette culture. —
Régions françaises où est pratiquée la pisciculture naturelle. —
Perfectionnements à apporter à la culture naturelle par l'emploi des méthodes de piscifacture. — Expériences faites à
Port-de-Bouc pour l'élevage domestique du Muge. — Culture
naturelle de Comacchio.

Les procédés de pisciculture des eaux salées paraissent avoir
été très anciennement mis en usage. On sait que les Romains
avaient organisé des viviers d'eau marine dans lesquels ils élevaient et engraissaient des poissons. Pline et Terentius Var-
ron ont donné des descriptions de ces établissements créés à
grands frais et qui rapportaient de considérables bénéfices à
leurs propriétaires.

Jusqu'ici la pisciculture des eaux salées n'a pas recouru aux
méthodes d'alevinage artificiel. Elle prend à la mer, par des
procédés divers, la graine animal produite sur les fonds libres
du large et que les courants amènent à la côte. Elle sème
cette graine dans des champs liquides et l'abandonne à elle-

même en la préservant toutefois, autant qu'elle le peut, des
des intempéries qui la pourraient faire périr.

Nous allons examiner ici les conditions dans lesquelles est
actuellement pratiquée la pisciculture marine en France et
dans l'Adriatique. Près de Venise existe depuis les premiers
siècles de notre ère une entreprise aquicole, à Comacchio,
qui est réellement admirable. Coste en a donné, en 1852, une
excellente description que nous résumerons plus loin.

Nous ne saurions considérer comme une culture l'exploitation des étangs salés de la Méditerranée, telle qu'elle est pratiquée depuis des siècles par les populations maritimes du
littoral languedocien (1).

Comme pour la pêche maritime proprement dite, il ne s'agit
là que de capturer la plus grande quantité du poisson qui se
trouve en stabulation sur les fonds. Le peuplement de ces
étangs toutefois est assuré par des canaux qui les mettent en
communication avec la mer. Quelques règlements édictés
par l'autorité maritime ont seulement pour but d'assurer une
entraison convenable pour le fretin des espèces et d'éviter la
destruction des poissons à l'état de fretin.

Sur notre littoral océanique, par contre, est mise en œuvre
une culture « naturelle » de surfaces d'eau, consacrées autrefois à la production du sel.

Telle est l'industrie qui utilise de nombreux « réservoirs »
autour du bassin d'Arcachon.

Dans ces réservoirs, on fait entrer par un procédé fort
simple les alevins et les jeunes de diverses espèces comestibles. Ces animaux grandissent là, pâturant la nourriture
qu'ils trouvent naturellement. De temps à autre, on permet à
l'eau de mer d'entrer dans les bassins, pour en renouveler le
milieu et y apporter de nouveaux éléments de nutrition.
Puis, quand les aquiculteurs le jugent convenable, des pêches
sont pratiquées au filet pour capturer les animaux qui ont
atteint une taille commerciale.

Les réservoirs sont formés par des surfaces d'eau que séparent des levées de terre que l'on appelle « bosses ». Ils communiquent tous entre eux, dans l'étendue d'une même propriété. Une seule de ces propriétés, celle de MM. Laroque frères,

(1) Paul Gourret, *les Étangs salés* : Marseille 1897.

à Audenge, a une superficie de 330 hectares, dont 168 d'eau salée et 172 en bosses, sur lesquelles pâturent des troupeaux.

Des écluses mettent en communication les viviers avec le bassin d'Arcachon. Elles sont construites dans la digue qui protège les réservoirs contre les coups de mer. Elles ont une longueur de 8 à 10 mètres et une largeur d'un mètre environ. Vers le tiers de la longueur de chaque écluse, en partant du vivier, est placée une vanne, glissant entre deux coulisses de bois et que fait mouvoir une clé à pas de vis. Du côté du bassin, l'écluse est terminée par un cadre de toile métallique. Du côté du réservoir existe un cadre semblable. Entre ce dernier et la vanne, sur deux coulisses, peut glisser l'armature quadrangulaire d'un long filet conique. Celui-ci, dont la longueur est de 7 mètres, possède des mailles de 15 à 17 millimètres sur les parties qui avoisinent l'armature, et des mailles de 10 à 11 millimètres dans sa moitié postérieure.

Le fond de chaque écluse est plan et incliné de la vanne vers l'écluse, d'une part, de la vanne vers le réservoir, d'autre part. Le radier se trouve à un mètre ou 1^{m},20 au-dessous du niveau moyen des eaux des viviers plats ou d'été, ou à 50 ou 60 centimètres au-dessus du fond des viviers d'hivernage.

Voyons maintenant quel est le fonctionnement de cet appareil.

A l'époque des mortes eaux, et presque durant tous les mois de l'année, au moment où la mer commence à descendre, on enlève les cadres de l'extrémité de l'écluse, placée vers le bassin. Puis on lève suffisamment la vanne pour créer un courant se dirigeant vers la mer. Les jeunes poissons qui se trouvent au voisinage de l'écluse, suivant leur instinct qui les porte invariablement à remonter les courants, se dirigent vers l'écluse et y pénètrent. Un homme surveille leur entrée. Quand il juge que le nombre des jeunes animaux ainsi entrés est suffisant, il replace le cadre du côté du bassin, ferme la vanne, recueille les jeunes et les met en liberté dans le réservoir, où désormais ils vont grandir et se développer, sans jamais plus en sortir.

Cet acte est celui de l'ensemencement du vivier. On l'appelle aussi entraison. Les jeunes animaux ainsi ensemencés sont surtout des Muges, des Anguilles, des Bars, quelques Carrelets, quelques Soles, quelques Dorades.

Suivant les espèces, la montée s'effectue à des mois différents. Le Muge blanc monte le premier, en février et mars. Les Bars arrivent en avril-mai, ayant, comme les jeunes Muges, un centimètre et demi de longueur environ à leur première apparition, mais offrant des dimensions de plus en plus considérables à mesure qu'avance la période de l'entraison. Les Muges noirs entrent en juin, juillet, août et septembre. Les Muges Céphales (ou Caborgnes) sont recueillis en octobre. Quant à l'Anguille, sa montée se fait à la fin de l'hiver et au commencement du printemps.

Les poissons entrent donc dans les réservoirs de février à octobre, depuis la taille de un centimètre et demi jusqu'à celles de 5, 6, 7, 8, 9, 10 centimètres qu'ils atteignent vers la fin de l'été ; mais les prises sont d'autant moins fortes que les sujets sont plus grands.

Dans les premières périodes de leur adaptation à leur nouveau milieu, les jeunes animaux emprisonnés se tiennent de préférence dans les parties peu profondes des réservoirs. Ils nagent en bandes épaisses dans les espaces ensoleillés. D'ailleurs, les réservoirs d'entrée sont plats et larges et pourvus d'une riche végétation de Conferves et de Rupelles. Ces réservoirs peuvent avoir 100 à 200 mètres de longueur sur 25 à 40 mètres de largeur et 30 à 40 centimètres de profondeur. Leurs bords sont plus creux. Tout le long des levées, en effet, un petit fossé permet aux jeunes de trouver une retraite quand se produisent de brusques variations atmosphériques.

Pour renouveler l'eau des viviers et apporter aux poissons qu'ils contiennent la pâture naturelle qui leur convient et qui se trouve dans les eaux marines avoisinantes, on se livre à deux opérations, auxquelles on a donné les appellations de : « faire boire » et « faire déboire ».

Voici en quoi consistent ces opérations :

Durant les grandes marées, quand la mer descend, on enlève les cadres des extrémités de l'écluse. On descend sur son armature, dans celle-ci, le filet conique ou manche ; ensuite on lève la vanne doucement d'abord, puis de 10 centimètres. Naturellement, l'eau du réservoir, se trouvant à un niveau supérieur à celle du bassin, s'écoule dans celui-ci. Ainsi l'on fait « déboire ».

A l'heure du flot, quand le niveau des eaux du bassin est

plus élevé que celui des eaux du vivier, on place le cadre de
toile métallique, du côté du bassin, on enlève celui du vivier,
on fait glisser sur ses coulisses l'armature du filet, dit
manche, dont on lie l'extrémité la plus étroite. On lève alors la
vanne.

Il s'établit un courant du bassin vers le vivier. Le filet in-
terposé entre la vanne et le réservoir a pour but d'empêcher les
poissons contenus dans ce dernier — et que ne manque pas
d'attirer le courant d'eau fraîche — de pénétrer dans l'écluse
et de s'échapper. L'entrée de l'eau est surveillée avec le plus
grand soin par l'ouvrier qui effectue l'opération de faire
« boire ». Le courant est réglé de manière que la manche soit
convenablement tendue, mais de manière toutefois que le
filet ne soit pas avarié par la trombe liquide qui pénètre dans
le vivier.

On fait boire et déboire à toutes les marées, deux jours,
avant et trois ou quatre jours après les pleines et les nouvelles
lunes, du 15 mars au 10 novembre. Mais il n'est pas de règle
fixe à cet égard. Les ouvriers font boire et déboire suivant les
circonstances, dont ils sont juges.

Néanmoins, on peut dire qu'en hiver ces opérations ne sont
pas pratiquées.

Durant toute la belle saison, avons-nous dit, les jeunes
poissons se tiennent dans les réservoirs plats. Les animaux
de forte taille, du reste, affectionnent aussi à cette époque
les régions chaudes et ensoleillées.

Quand arrivent les premiers froids, ils cherchent tous une
retraite dans les parties les plus profondes des bassins. Certaines installations sont comprises de telle façon que des trous
ou « jars » sont creusés dans les viviers. Pour d'autres, les
réservoirs profonds sont distincts des réservoirs plats. En automne donc, les ouvriers font passer les animaux dans ces
réservoirs profonds.

Comme nous l'avons dit, tous les compartiments d'une
même propriété communiquent entre eux. Ils sont séparés
cependant par des vannes. Or, pour amener les animaux à
passer d'un compartiment dans un autre, on recourt au même
procédé qui a permis de recueillir les jeunes à l'entraison.

On fait tout d'abord baisser le niveau de l'eau dans les réser-

voirs plats qui avoisinent les écluses du bassin, après avoir
baissé les vannes qui séparent ces réservoirs plats des compartiments voisins. Puis on ferme les écluses du bassin et,
ouvrant les vannes de séparation des compartiments, on crée
un courant dont on règle la force. Attirés vers ce courant, les
animaux passent du réservoir où ils se trouvent dans celui où
le courant les appelle. Cette opération est fort délicate à bien
conduire. Son succès repose tout entier sur l'expérience de
l'homme qui la dirige.

En renouvelant ainsi une semblable opération, on amène
successivement tous les poissons dans des bassins étroits,
longs et profonds, sortes de fosses ayant 1^m,50 à 2 mètres de
profondeur. C'est là que les poissons hivernent. Les réservoirs plats demeurent à sec durant tout l'hiver.

Les animaux élevés en vivier ne sont pas tous également
sensibles au froid. Les Muges et les Bars surtout craignent
des abaissements de température. C'est pour eux qu'ont été
construits les bassins d'hivernage. Mais les vents du nord au
sud en passant par l'est constituent aussi de dangereux ennemis pour l'industrie qui nous occupe. Les aquiculteurs
redoutent plus en effet les fortes brises de nord-est que, les
froids rigoureux. Les Muges sont particulièrement sensibles
à l'influence de ces vents. En une seule nuit de tempête
d'hiver, les viviers peuvent être ravagés et les soins de plusieurs années perdus.

Dans la propriété de MM. Laroque frères à Audenge, les
réservoirs d'hivernage ont de 6 à 10 mètres de large. Ils font
plusieurs kilomètres de longueur. Ils sont creusés dans les
parties les mieux abritées de la propriété. Leurs fonds sont
sablonneux, et des sources d'eau douce y pénètrent qui, en
hiver, tempèrent la froideur du liquide. On y casse d'ailleurs
la glace, le cas échéant, de distance en distance, pour ménager des bouches d'aération. Ce sont donc des sortes de
chenaux formant labyrinthes. On évite ainsi le refroidisse-
ment brusque et général par les grands vents du sud-est au
nord. En creusant ces viviers, on a eu le soin de rejeter les
déblais du côté où soufflent ces vents pour former des pa-
rapets-abris de 2 mètres de hauteur. Seuls, les bords du côté
des vents de sud et d'ouest (vents de dégel) sont entièrement
dégagés.

La pêche des animaux élevés en viviers est faite soit au filet dormant, tel que le tramail, soit à la foëne. Mais, pour la pêche des Anguilles, on utilise un autre procédé. En automne, et au commencement de l'hiver, au moment de l'étale de haute mer d'une marée de syzygie, on enlève le cadre de toile métallique placé dans l'écluse du côté du réservoir. On laisse en place celui qui se trouve du côté du bassin d'Arcachon et on lève la vanne.

Comme dans les opérations précédemment décrites, le courant qui s'établit de la mer vers le réservoir attire les poissons. Ceux-ci pénètrent dans l'écluse. Ils s'y accumulent, ne pouvant franchir le cadre qui la termine. Quand on juge que la quantité de poisson est suffisante, on replace le cadre du côté du réservoir, on ferme la vanne, et l'on recueille les animaux qui se sont engagés dans le piège.

Cette pêche est seulement fructueuse pendant les nuits obscures et tempétueuses. Elle ne donne aucun résultat pendant les nuits claires et à plus forte raison pendant le jour.

Il faut généralement trois années pour que les Bars et les Muges d'un réservoir atteignent une taille marchande, c'est-à-dire qu'ils pèsent de 250 à 500 grammes (1).

On a évalué qu'un hectare bien soigné, et dans les bonnes années, peut fournir 150 kilos de Muges et de Bars et 50 kilos d'Anguilles, produisant ainsi un revenu brut de 350 francs environ.

Mais, on le comprend facilement, le succès des opérations des aquiculteurs arcachonnais dépend de causes nombreuses. L'entraison se fait plus ou moins bien, le développement s'opère dans des conditions qui varient suivant les années. Ainsi, on a constaté que ce développement s'accomplit mieux pendant les étés de fortes chaleurs et de grand soleil que pendant les étés pluvieux.

(1) D'après Coste, à Comacchio la croissance du Muge peut être représentée pour la première année par le tableau suivant :

	1 mois	2 mois	3 mois	5 mois	6 mois	7 mois	9 mois	10 mois	12 mois
Longueur totale	30ᵐᵐ	50ᵐᵐ	85ᵐᵐ	138ᵐᵐ	165ᵐᵐ	190ᵐᵐ	210ᵐᵐ	240ᵐᵐ	265ᵐᵐ
Circonférence dans la plus grande épaisseur	13	20	42	70	80	95	110	120	135

D'autre part, les gelées et surtout les grands vents froids peuvent, en hiver, faire perdre de grosses quantités de poissons marchands en même temps que des jeunes.

Les tempêtes peuvent détruire des digues ; des raz de marée peuvent inonder les réservoirs et entraîner en mer libre des animaux auxquels on aura consacré de longs soins.

Il y a donc de nombreux aléas pour cette industrie si intéressante. Mais on peut dire, en somme, que ces aléas sont exceptionnels et que des réservoirs bien soignés donnent en moyenne les rendements que nous avons cités plus haut.

En hiver, quand les tempêtes empêchent les marins de travailler en mer et que les marchés sont dépourvus de poissons, les réservoirs permettent de fournir à la consommation, dans des conditions très avantageuses, les produits que ne fournit plus la mer.

Sans constituer des propriétés aussi considérables que celles du bassin d'Arcachon, diverses exploitations analogues sont mises en valeur en certains points de nos côtes de l'Ouest, où elles utilisent d'anciens marais salants abandonnés. C'est surtout aux environs de Marennes et des Sables-d'Olonne que nous rencontrons encore des réservoirs à poissons ayant une certaine importance.

En Vendée, les réservoirs sont longs et étroits, souvent ils sont situés à une assez longue distance de la côte, dans la bordure littorale. On les appelle là « fossés à poissons ». Ils servent, comme à Arcachon, à l'élevage des Muges, du Bar et des Anguilles. Lorsque les froids et les vents du nord ne font pas périr les poissons, ces exploitations sont considérées comme d'un rapport absolument excellent.

En Corse existe un étang, près de Bastia, l'étang de Biguglia, dans lequel l'entraison du fretin se fait sans l'intervention de l'homme. La montée s'effectue dans cet étang uniquement sous l'influence des courants qui se produisent naturellement à la fin de l'hiver, alors que les pluies augmentent le volume d'eau. La pêche est presque uniquement effectuée au moyen de bordigues. Dans une seule nuit, en décembre 1895, les bordigues de l'étang de Biguglia ont capturé 75.000 kilogrammes d'Anguilles. Quelques jours après, elles en capturaient de nouveau 25.000 kilogrammes.

En 1895, les données recueillies par l'administration de la marine nous fournissent sur l'industrie des réservoirs à poissons les renseignements suivants, pour nos côtes de l'Ouest :

Tableau de la Production des Viviers à Poissons (1895).

PORTS	QUANTIT.	VALEURS	PORTS	QUANTIT.	VALEURS
	Kilos	Fr.		Kilos	Fr.
Yport.	3.900	4.879	Rochefort	400	600
Concarneau. . . .	1.100	1.220	Marennes	3.500	4.000
Quiberon.	350	700	Le Chapus. . . .	8.400	8.400
Noirmoutier . . .	1.200	980	La Tremblade . .	8.960	11.200
Barre de Mont . .	250	300	L'Eguille.	90.000	110.000
Les Sables	30.300	30.300	Meschers	780	1.060
Saint-Martin-de-Ré	320	512	Le Verdon. . . .	1.460	1.460
Château-d'Oléron .	8.700	7.000	Arcachon	51.375	79.855
La Cotinière . . .	3.800	4.000			

Jusqu'ici il n'a pas été tenté en France d'accroître la production des viviers à poissons en les alevinant avec des larves produites artificiellement. Il nous paraît bien que l'on devrait instituer des expériences à ce sujet. La production artificielle des alevins de poissons marins est arrivée à l'heure actuelle, nous l'avons vu, à une précision assez grande *pour que l'on puisse tenter l'empoissonnement artificiel des réservoirs avec des larves de Soles, de Plies et de Turbots.*

Nous croyons même que c'est dans cette direction que doivent se diriger les efforts des pisciculteurs modernes. Le champ de travail qu'ils ont à défricher est illimité dans cet ordre d'idées, et les résultats qu'on en peut logiquement espérer sont assez beaux et assez importants pour que ces recherches tentent l'esprit d'initiative pratique des détenteurs de viviers.

Des expériences ont été faites autrefois par Lamiral dans l'étang de Berre, vers 1865, pour obtenir artificiellement des alevins de Mulets. Ces expériences n'ont pas réussi alors. Mais aujourd'hui, l'on peut penser que la piscifacture permettrait sûrement de régulariser l'alevinage des jeunes Muges dans les viviers.

D'autres essais pour rendre plus sûre la production de ces

établissements ont été entrepris jadis à Port-de-Bouc, par M. L. Vidal. Bien que leur auteur ait abandonné ses travaux à ce sujet, je ne crois pas inutile de les rappeler ici ; il peut y avoir intérêt, en effet, à les reprendre maintenant que nos connaissances sur les conditions biologiques des animaux marins sont plus étendues.

Les expériences de M. L. Vidal ont porté sur les Bars ou Loups et sur les Muges. Elles ont eu pour but principal de déterminer les conditions dans lesquelles il fallait se placer pour assurer, en milieu confiné, le développement et l'engraissement de ces poissons, de manière à obtenir, avec le minimum de frais, des produits commercialement exploitables.

M. L. Vidal, suivant ses propres expressions, a voulu, en effet, étudier les conditions dans lesquelles on devait se placer pour produire des animaux « domestiqués » ; ce dernier genre de culture étant, selon lui, en effet, de la « culture domestique », tandis que celle des viviers du bassin arcachonnais constitue de la « culture naturelle ».

« Qu'il nous soit permis, disait-il, d'insister sur les différences essentielles existant entre les « réservoirs » et les « viviers de stabulation ». Dans le premier cas, l'aquiculteur se borne à introduire dans ses champs aquatiques, convenablement creusés, abrités et renouvelés, une quantité de fretin suffisante pour les peupler ; puis il l'abandonne à lui-même, comptant seulement sur les ressources alimentaires et autres conditions de développement qu'il pourra rencontrer naturellement dans le milieu où il est enfermé.

« Le jeune poisson introduit à l'état de graine, pour ainsi dire semé dans un champ apte à le recevoir et à le développer, acquiert, dans un temps donné, une taille marchande. On le pêche alors pour le vendre, et une nouvelle semence vient chaque année combler les vides.

« ... Mais il est un autre mode de culture qu'il faut encourager aussi, c'est la culture du poisson en « basse-cour », c'est-à-dire en viviers à surface restreinte, où l'introduction d'une nourriture artificielle supplée au défaut d'espace : c'est l'éducation du poisson « en cage » comme la pratiquent les Chinois. C'est là, plus que les réservoirs, de la vraie pisciculture, puisque l'on arrive à la domestication des espèces élevées, puisque l'on peut en modifier, en améliorer les qualités comestibles par tel ou tel genre de nourriture, par une inaction forcée, par des soins, en un mot, plus directs, plus individuels et mieux en harmonie avec le but à atteindre : l'engraissement rapide des sujets.

« Si le Muge pris jeune, taille moyenne de 20 à 30 millimètres, est facilement domesticable, on arrive à un résultat identique avec les Muges bien plus forts et même adultes.

« Cette espèce aime beaucoup la chaleur.

« La profondeur du vivier doit être au moins de $1^m,30$, et l'établissement doit être dans son ensemble abrité contre les vents froids, exposé autant que possible aux rayons solaires, c'est-à-dire débarrassé de tout ombrage du côté du midi. »

On pourrait employer des abris flottants au lieu de creuser des fosses profondes pour abriter les Muges.

Il paraîtrait qu'un milieu saumâtre convient bien à l'engraissement de cette espèce. Vivant alternativement dans la mer et dans les eaux saumâtres, elle est maigre à l'entraison et grasse au bout d'un certain temps de séjour dans un milieu moins salé.

M. L. Vidal a mis des alevins (fretin) dans des viviers d'eau douce. Il les a nourris avec de la mie de pain et fort peu de matières animales. Ces sujets ont pris un accroissement fort rapide, plus rapide que celui des animaux élevés en même temps dans les viviers d'eau salée. A deux ans, ils avaient 25 centimètres.

Cette espèce mange toutes les proies animales et végétales. Du poisson salé convient aussi pour sa nourriture.

Le Muge ne fraie pas en réservoir. Il sort en juillet, août et septembre des étangs salés, avec ses ovaires œuvés pour se rendre à la mer et pondre.

« Les viviers à Loups de la ferme de Bouc, dans les conditions qui viennent d'être indiquées, peuvent contenir, en sujets variant de 15 à 50 centimètres de longueur, une population de 250 individus, soit en moyenne dix poissons faits par mètre carré superficiel. Quantité considérable et qu'il serait impossible de conserver dans d'autres conditions.

« Des essais ont démontré que le Loup pouvait, en été, rester de quatre à cinq mois sans recevoir de nourriture ; à plus forte raison peut-il supporter un jeûne prolongé en hiver ;

il a été constaté qu'il ne mange pas quand il fait un froid vif ;
la nourriture reste alors intacte ; mais elle est bientôt absorbée
si une élévation de température vient à se produire par suite
d'un changement de vent.

« Quand il est convenablement nourri, le Loup acquiert, au
bout de cinq années de stabulation, un poids de 1.500 à
2.000 grammes... (1).

« Nous évaluons que 6 à 800 Muges, de la taille de 25 à
40 centimètres, peuvent être conservés dans un vivier de 25 à
30 mètres cubes, pourvu toutefois que l'eau soit abondamment renouvelée et que la nourriture soit distribuée proportionnellement à la quantité des sujets (2).

« Des Muges acquièrent au bout de trois années une longueur d'environ 35 centimètres au minimum. Au bout de cinq
années, on a de superbes Muges de 45 à 50 centimètres.

Les installations piscicoles marines françaises ne sauraient
être comparées, toutefois, à la merveilleuse exploitation italienne de Comacchio, dont Coste, le premier, nous a donné
une excellente description.

« La population de Comacchio, dit Coste, au moment, sans
doute, où les Barbares chassaient devant eux les peuples
civilisés, vint, comme les fondateurs de Venise, se réfugier au
sein de l'immense marécage, que depuis des siècles elle est
occupée à transformer en un véritable instrument d'exploitation de la mer, et où son industrie attire le jeune poisson
éclos dans l'Adriatique, et le récolte, quand il est adulte, par
des procédés aussi rationnels que ceux des agriculteurs pour
ensemencer la terre et en recueillir les fruits.

« Moins favorisée que Venise, sa voisine, et ne pouvant, à
cause de l'infériorité de sa position, aspirer comme elle à la
souveraineté commerciale ni aux bénéfices des conquêtes,
elle appliqua son génie à combiner un admirable système de
digues formées avec la fange de ses lacs, affermies avec les
débris des coquillages qui en habitent les eaux, coupées par

(1) L. VIDAL, *Education et Conservation du Loup à l'état de stabulation
dans les viviers de la ferme aquicole de Port-de-Bouc* (*Bull. Acclimatation.* 2ᵉ série, t. III, 1866, pp. 636-643).

(2) L. VIDAL. *Education et Conservation du Muge à l'état de stabulation dans les viviers de la ferme aquicole de Port-de-Bouc* (*Bull. Acclim.*
2ᵉ série, t. IV, 1867, pp. 190-201).

de nombreuses écluses, reliées à des canaux bien ménagés, qui, en donnant accès aux flots de l'Adriatique et à ceux des rivières qui bordent des deux côtés la lagune, permettent d'opérer à volonté, sur cette lagune tout entière ou sur chacun de ses compartiments, avec autant de facilité que s'il s'agissait d'un simple appareil de laboratoire : travail gigantesque mais jusqu'ici sans gloire, modestement accompli par des hommes simples, résignés à la rude discipline du vaisseau, à la vie monotone et sobre de la caserne, au sacrifice de leur sommeil pendant ces nuits orageuses où la tempête tourmente la lagune et en soulève les flots ; satisfaits, pour prix de tant de labeur, d'un modique salaire et de la part de poisson qu'une administration tutélaire leur distribue chaque jour (1). »

Bien que les données que l'on possède sur la ville de Comacchio ne remontent pas plus haut que le vi^e siècle, il est certain que la fondation de cette cité est de date plus ancienne.

« Qu'on suppose, dit encore Coste (p. 17) une flotte sous le gouvernement absolu d'un amiral chargé de pourvoir à tous les besoins, ayant jeté l'ancre au milieu de l'Océan, condamnée à y vivre du produit de sa pêche, ne communiquant avec le reste du monde que pour transborder le poisson dans les barques qui viennent le chercher, et l'on aura l'image de cette colonie, dont les établissements sont disséminés sur les îles de son immense lac, comme les vaisseaux d'une escadre ».

La lagune a 140 milles de circonférence, 1 à 2 mètres de profondeur. Elle est séparée de la mer par une simple bande de terre et communique avec l'Adriatique par le port de Magnavacca. Elle est limitée par le Reno et le Volano, qui se jettent dans la mer, de part et d'autre de Magnavacca, à 20 kilomètres l'un de l'autre.

La ville de Comacchio est placée au cœur de la lagune, dans le Nord-Est. Elle est construite sur une île ayant 1.500 mètres de long et 200 mètres de large. La surface de la lagune elle-même est de plus de 30.000 hectares.

Les réservoirs à poissons italiens ont pour but d'attirer mécaniquement la semence animale dans des viviers de développement convenables, pour les diriger mécaniquement encore,

---

(1) Coste, *Voyage sur le littoral de la France et de l'Italie* ; Paris, Imprimerie nationale, 1852.

PLAN DE LA LAGUNE ET DES VALLI DE COMACCHIO.

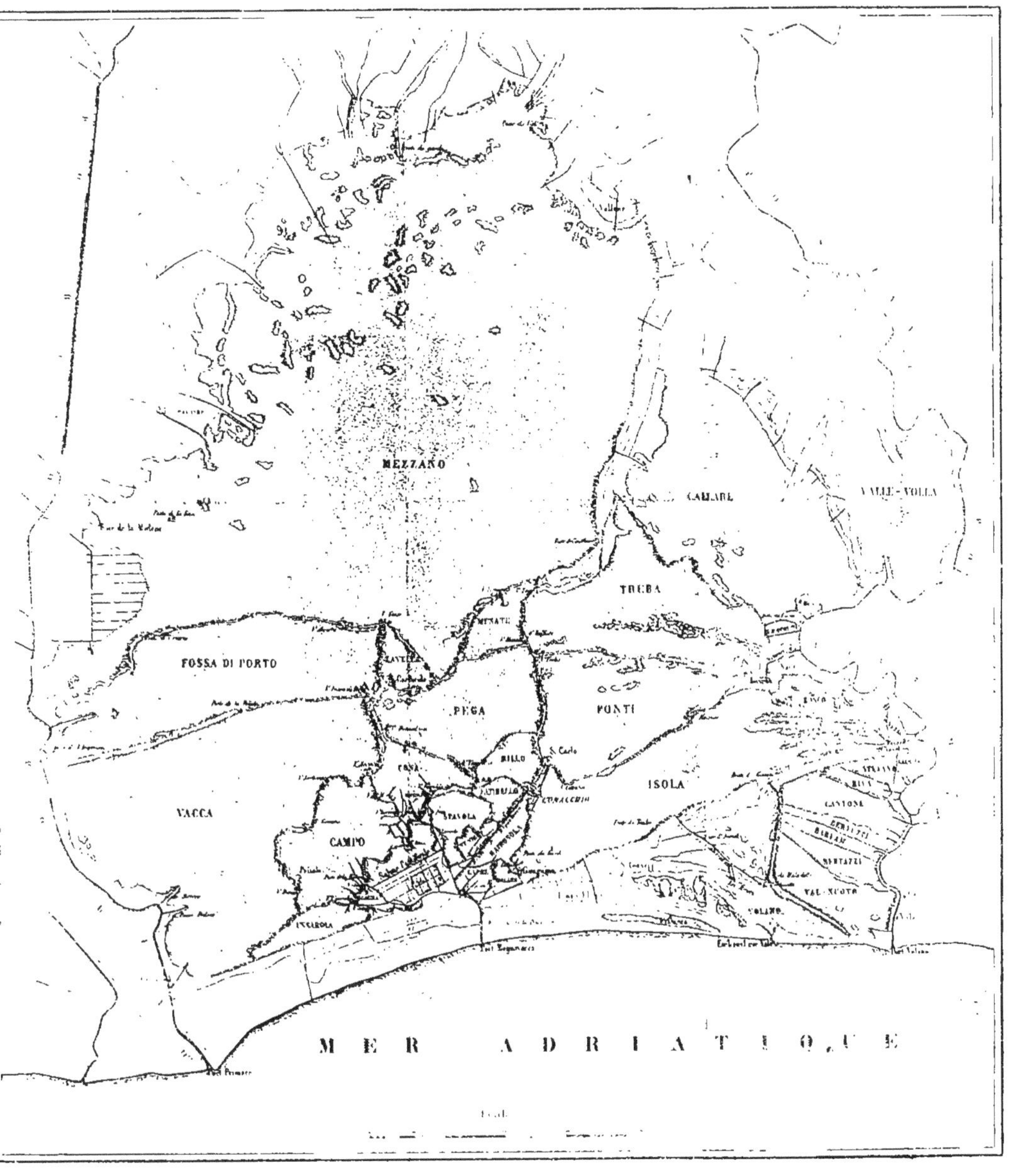

MEZZANO
CAMARL
VALLE-VOLTA
TREBA
FOSSA DI PORTO
PEGA
PONTI
VACCA
ISOLA
CAMPO
VOLANO
VAL-NUOVA
MER ADRIATIQUE

Fig. 40. — Plan schématique de la lagune de Comacchio, d'après Coste.

Roché. — P. 131.

quand cette semence est devenue une matière commercialement exploitable, dans des appareils de pêche adaptés au rôle
qu'ils doivent remplir. Voici comment fut atteint ce double
but.

A Comacchio, les habitants ménagèrent des ouvertures
dans les digues séparant la lagune des canaux. Ces ouvertures en forme de ponts à double arcade furent munies de
fortes écluses. Ces travaux furent faits avec les subsides
fournis par la cour des papes. Les écluses sont espacées sur
16 kilomètres du côté du Volano et de 20 kilomètres du côté
du Reno (fig. 39).

Mais à l'est de la lagune existait encore avant le xviie siècle
un immense étang d'eau douce : le Mezzano. D'autre part,
l'accès de l'île de Comacchio était difficile pour les bâtiments de mer. Le Cardinal Palotta, gouverneur de Ferrare,
de 1631 à 1634, fit creuser un canal qui porte son nom et qui,
partant de Magnavacca et passant à Comacchio, s'étend sur
une longueur de 10 kilomètres et une largeur de 6 à 7 mètres,
jusqu'au Mezzano. Cet étang s'est trouvé ainsi incorporé dans le
vaste appareil de pisciculture marine par le mélange de ses
eaux avec celles de l'Adriatique.

D'ailleurs, du canal Palotta partent des ramifications ayant la
même largeur et qui se divisent en une infinité de branches
aboutissant toutes à l'extrémité d'une île dont elles embrassent la pointe (fig. 40).

Ces îles ont été reliées entre elles par des levées faites de
main d'homme de la façon suivante : entre les parois d'une
double haie de claies en roseaux fut coulée de la vase mélangée de coquilles. Ces levées en durcissant ont constitué
des murs suffisamment solides pour que l'on puisse s'en servir
comme moyens de communication. D'autres part, elles ont
divisé la lagune entière en 40 parcelles ou champs, dont la
plus grande partie appartient à l'État et le reste à la commune
ou à des particuliers. Chacun des champs liquides est muni
d'écluses pour l'entrée des eaux douces, sur le Reno et le Vo_
lano, et des eaux marines, sur le canal Palotta.

« En présence de cette merveille anonyme, dit Coste
(page 31), c'est moins la grandeur de l'œuvre qui étonne que
la raison supérieure et pratique qui en a réglé les travaux. Il
n'y a pas un seul détail dans ce singulier organisme qui ne

réponde à quelque susceptibilité de l'instinct des êtres qu'il s'agit d'inciter à se rendre, peu de temps après leur naissance, dans un lieu déterminé, de contraindre à y rester jusqu'à l'âge adulte, de les solliciter à en sortir à des époques fixes pour les diriger vers des embûches où ils viennent se livrer à la main de l'homme.

« La manœuvre qui met à la fois en communication par toutes les écluses ouvertes les eaux de la lagune avec celles du canal Palotta et des deux rivières limitrophes, satisfait à la première de ces deux conditions : c'est l'opération de l'ensemencement.

« Celle qui abaisse toutes ces écluses après l'entrée de la semence, ferme hermétiquement toutes les issues et retient la montée prisonnière, satisfait à la deuxième condition : c'est l'opération préparatoire à l'élève du poisson.

« Celle qui ouvre seulement les portes du canal Palotta et livre passage aux courants salés qui attirent le poisson adulte vers les embouchures béantes des branches du canal où se trouvent les labyrinthes répond à la troisième indication : c'est l'opération de la récolte. »

L'organisation de Comacchio est identique à celle d'une grande administration publique. Les employés sont divisés en brigades d'exploitation, de police et d'administration.

L'exploitation comprend elle-même des quartiers généraux formés par un certain nombre de circonscriptions de la lagune. Ces circonscriptions à leur tour sont dirigées par un employé d'un grade plus élevé que les autres. A tous les degrés de la hiérarchie, l'obéissance est passive. Le travail exécuté par les individus de situation inférieure, sous la surveillance des gradés, n'a d'interruption que tous les quinze jours où, du samedi au lundi, la moitié des employés de chaque circonscription, ou valle, peut venir passer une journée dans sa famille à Comacchio.

Le fermier général, chef suprême de l'exploitation de la lagune, s'entoure, pour améliorer celle-ci, des avis que lui donnent les fattori, chefs des quartiers généraux, qui se réunissent à époques fixes sous sa présidence et en conseil.

Du 2 février à la fin d'avril, on laisse ouvertes les écluses du Reno, du Volano et du canal Palotta. A ce moment se

produit la montée. Pour ne pas entraver celle-ci, le gouvernement prohibe rigoureusement toute pêche aux engins traînants à une longue distance au large de la lagune. Des vallanti surveillent avec soin l'introduction des espèces dans les
compartiments de la lagune.

Après la fermeture des écluses, on recueille encore avec
des filets fins des jeunes de Muges dans les eaux littorales de
l'Adriatique. On dépose cette semence dite « artificielle » dans
des viviers spéciaux.

Coste évalue à 1.800 le nombre des jeunes Anguilles de
7 millimètres, contenues dans un kilo de montée. Il dit qu'il
faut quatre ou cinq ans à une jeune Anguille de montée pour
atteindre un poids de 2 kilos à 2 kilos et demi. On peut juger
des bénéfices que procure une exploitation semblable.

Les Anguilles se plaisent beaucoup dans ces viviers, qu'elles
ne quittent même pas quand des crues considérables mettent en communication les eaux de l'Adriatique avec celles
de la lagune. Elles consomment là de jeunes Athérines,
dites acquadelles, dont la production est si importante que,
indépendamment de celles qui sont consommées par les vallanti, de celles qui servent à la pâture des autres poissons,
on peut encore en enlever des quantités considérables pour
fumer les terres de la province de Ferrare.

Les seules causes de mortalité du poisson dans les champs
de la lagune sont la rigueur excessive du froid ou l'excessive
chaleur. En 1850, une gelée très forte a détruit près de
1.500.000 kilos de poissons de toutes espèces. Au siècle dernier (1789) et aux siècles précédents, des périodes très longues
et très précoces de sécheresse ont pu faire mourir 250.000 kilos de ces animaux. Un accident analogue survenu en 1825
fit périr 300.000 kilos de poissons.

Au moment où l'on doit faire la pêche en grand, on ouvre,
comme nous l'avons dit, les écluses du canal Palotta, et l'on
met en communication la lagune avec l'Adriatique. Les poissons, tentés de remonter le courant, désireux aussi de chercher des eaux plus fraîches et moins salées que celles dans
lesquelles ils se trouvent et qui se sont sursaturées durant les
chaleurs de l'été, se dirigent alors vers la mer par les ramifi-

cations de ce canal. Mais, en s'engageant dans les bouches lagunaires, bouches qui sont toutes situées au voisinage d'une île, ils rencontrent sur leur passage des appareils de pêche spéciaux, dans lesquels ils s'engagent et dont ils ne peuvent sortir.

Voici la description donnée par Coste de ces appareils appelés *lavorieri*, sortes de bordigues très perfectionnées auxquelles Coste donne le nom de *labyrinthes :*

Quand arrive le moment de placer ceux-ci... « une activité nouvelle se déploie sur tous les points de la lagune, et chaque valle s'y transforme en un double atelier de vannerie et de charpenterie. Tous les employés y sont occupés, les uns à tresser des nattes ou des claies d'*Arundo phragmites*, destinées à former les parois des labyrinthes, où le jeu des eaux salées doit attirer le poisson, les autres à dresser les piquets qui doivent soutenir ces cloisons perméables.

« Chacune de ces claies a environ 4 pieds de long et 7 pieds de haut; mais en les ajustant et en les reliant étroitement entre elles, on peut en faire des bandes aussi étendues qu'on le désire; en les superposant comme les feuillets d'un livre, on les rend aussi épaisses que l'exige le but que l'on se propose. Elles sont toutes garnies, sur l'une de leurs faces, de deux traverses en bois parallèles, qui s'étendent d'une extrémité à l'autre, et, verticalement, de deux forts piquets qui dépassent leur bord inférieur, de façon à pouvoir être fichés en terre.

« Quand on a fabriqué un nombre suffisant de ces pièces, on commence alors à les mettre en œuvre, c'est-à-dire à organiser les labyrinthes, dont la construction, quoique fort simple, exige cependant assez de soin pour qu'elle soit confiée aux vallanti les plus expérimentés et quelquefois même à un architecte. L'on ajuste donc bout à bout plusieurs de ces claies, et on forme ainsi des bandes ou des palissades plus ou moins longues suivant les besoins. Puis, prenant deux de ces palissades, on les descend verticalement dans chacune des tranchées rectilignes où se débouchent les ramifications du canal Palotta. On applique ensuite l'extrémité antérieure de l'une de ces palissades contre la rive gauche, et celle de l'autre contre la rive droite de la tranchée.

« Ces deux cloisons étant ainsi appuyées en avant — c'est-à-dire du côté de la lagune — et écartées l'une de l'autre au-

Fig. 41. — Vue perspective d'un labyrinthe à Comacchio, d'après Coste.

tant que le permet la largeur du canal, on ramène leurs extrémités postérieures — c'est-à-dire celles qui sont tournées du côté de la mer — dans l'axe de ce même canal, où on les met en contact sans les appliquer fortement l'une contre l'autre. En sorte que ces deux palissades ainsi disposées forment un angle rentrant dont l'ouverture regarde le champ d'exploitation et dont le sommet est dirigé vers le courant qui vient de l'Adriatique.

« Les choses se trouvant dans cet état, et sans rien changer à la disposition dont je viens de parler, on enfonce dans le sol les piquets dont les palissades sont armées, jusqu'à ce que le bord inférieur de ces cloisons appuie assez fortement sur la vase pour que rien ne puisse passer au-dessous. Or, comme les embouchures des canaux où l'on organise ces appareils sont ménagées de façon à n'avoir pas plus de 3 ou 4 pieds de profondeur, il s'ensuit que les claies implantées, qui en ont 6 ou 7 de hauteur, dépassent le niveau de 2 pieds au moins et quelquefois de 3.

« Si donc maintenant un poisson parti d'un bassin quelconque de la lagune s'engageait dans une des embouchures du canal Palotta pour se diriger vers l'Adriatique, il serait forcément conduit à l'extrémité de l'angle aigu où les deux cloisons se touchent sans être adhérentes l'une à l'autre. Là, s'il faisait un effort pour passer outre, ces deux cloisons, cédant légèrement à son impulsion, s'écarteraient pour se rapprocher ensuite, dès qu'il aurait franchi l'espace qu'elles circonscrivent, refermant ainsi l'issue à travers laquelle il lui serait impossible de revenir. Mais il serait libre de gagner la mer s'il ne se trouvait déjà dans un second compartiment du labyrinthe, dont il est désormais l'irrévocable prisonnier.

« Il rencontre en effet derrière l'angle entre-bâillé qu'il vient de franchir une chambre en forme de cœur, adaptée par sa base à cet angle aigu qui fait saillie dans sa cavité, chambre dont la pointe entre-bâillée aussi permet bien au prisonnier de s'avancer vers des compartiments plus éloignés, mais ne lui laisse aucune chance d'évasion (fig. 41).

« Derrière cette chambre, dont la paroi, formée également de roseaux, est soutenue extérieurement par des piquets comme celles du labyrinthe tout entier, se trouvent deux autres palissades, disposées en un angle, dont la base comprend, à la manière de celles dont j'ai parlé, toute la largeur du canal, et dont le sommet, dirigé contre le courant, reste entre-bâillé et s'ouvre dans une seconde chambre où le poisson peut se rendre après avoir traversé l'espace que ces secondes palissades circonscrivent.

« Parvenu dans cette seconde chambre, non seulement il ne peut plus rebrousser chemin, mais, n'y trouvant pas d'extrémité entre-bâillée, puisque les parois en sont continues, il y reste définitivement captif si c'est un Muge, une Sole, un Loup, une Dorade ; car ces animaux ne sauraient écarter les mailles du tissu pour le traverser : si, au contraire, c'est une Anguille, elle insinue la tête ou la queue entre les roseaux, et, à l'aide des efforts vigoureux dont elle est capable, elle glisse à travers les parois de l'enceinte, laissant derrière elle tous ceux de ses compagnons qui ne sont pas conformés pour se livrer à un pareil exercice. Mais ce tour de force ou d'adresse ne lui vaut pas pour cela la liberté. Elle tombe dans un espace triangulaire, vestibule de sa prison définitive où après avoir erré plus ou moins longtemps, sans jamais réussir à traverser des parois dont l'épaisseur et la consistance ont été calculées ici pour résister à toutes ses entreprises, elle ne trouve plus que trois issues, semblables à celles qui ont été ménagées ailleurs, et qui sont au sommet de l'espace triangulaire où toutes ses tentatives d'évasion échouent. Ne rencontrant pas d'autre voie praticable, elle finit, de guerre lasse, par prendre les seules qui soient ouvertes. Mais derrière chacune de ces trois issues, une dernière chambre, à parois aussi infranchissables que celles de l'espace triangulaire qu'elle quitte, la livre sans retour aux mains de l'industrie.

« Ces ingénieux rouages, que les courants de l'Adriatique doivent mettre seuls en action ne se bornent donc plus à attirer les poissons de la lagune dans leurs défilés, ils opèrent encore le triage des espèces, comme les mécanismes de certaines manufactures la séparation des matières qui sont l'objet de leur exploitation. L'art de la pêche s'élève donc ici jusqu'à la hauteur d'une industrie qui repose sur des principes dont l'application conduit à des résultats prévus d'avance et toujours identiques. Cette industrie marque la place où la récolte doit se rendre, et chaque espèce arrive au compartiment du magasin qu'elle lui assigne. Elle n'a qu'à ouvrir une écluse pour opérer cette merveille, qui, trois mois durant, lui apporte, chaque année, les fruits mûrs de la lagune. »

Il est à noter que la pêche, comme à Arcachon, est peu ou pas fructueuse lorsque les nuits sont claires. Elle est au contraire extrêmement abondante par les nuits sombres et orageuses. Il peut même arriver que le poisson remplisse tellement les pièges qu'il ne reste plus d'eau pour ainsi dire dans ceux-ci.

Lorsque l'agglomération du poisson qui gagne la mer est trop grande, les vallanti allument des brasiers sur la bordure des chenaux, La migration des Anguilles s'arrête aussitôt. Elle reprend son cours quand, les pêcheurs ayant débarrassé les bordigues, éteignent les feux.

Bonaveri raconte que dans une nuit (4 octobre 1697), par un orage des plus impétueux, on pêcha dans la lagune 322.520 kilos de poissons, dont 64.504 dans une seule valle.

Cette récolte dure depuis le mois d'août jusqu'au mois de décembre. Sans compter le poisson qui est dérobé, Coste évalue à plus d'un million de kilogrammes le produit annuel de la lagune. Le Dr. P. Brocchi estime que le produit total de cette pêche atteint 900.000 kilos sur lesquels se trouvent au moins 700.000 kilos d'Anguilles.

Les produits de la lagune de Comacchio sont vendus soit à l'état frais, soit à l'état de conserves. Le poisson dans ce dernier cas est salé, mariné ou fumé. On peut dire, d'ailleurs, que l'industrie qui met en œuvre les produits tirés de la lagune complète parfaitement les procédés de culture et de pêche qui font de celle-ci un merveilleux champ d'exploitation. Aucun déchet n'est perdu, et l'on tire entièrement parti de tous les poissons fournis par cette culture naturelle.

CHAPITRE VI

REPRODUCTION DU HOMARD ET DE LA LANGOUSTE. — ESSAIS DE
PROPAGATION ARTIFICIELLE DU HOMARD

Organes reproducteurs des Langoustes et des Homards. —
Fécondation et ponte de ces animaux. — Embryogénie du
Homard. — Larve de la Langouste. — Croissance et mues des
Homards. — Travaux des laboratoires d'Helgoland, de
Concarneau, de Flödevig, de Saint-Andrews. — Fécondité des
Homards. — Travaux des Américains sur le développement du
Homard. — Essais de propagation artificielle du Homard en
Norvège, aux États-Unis, à Terre-Neuve, au Canada, en Écosse.
— Influence des viviers à Langoustes et à Homards français
sur la conservation de ces espèces.

L'histoire embryologique des crustacés ne date guère de
plus d'un demi-siècle. Jusqu'en 183o, les zoologistes admettaient que ces animaux naissaient sous une forme, qui, aux
dimensions près, se rapprochait très sensiblement de celle des
adultes. Aussi fut-on très surpris quand J.-V. Thomson
déclara que les crustacés subissaient, avant d'acquérir leur
constitution définitive, une série de métamorphoses comparables à celles que l'on observe chez les insectes.

Cette opinion rencontra tout d'abord une vive opposition
de la part des savants les plus éminents. Mais les objections
théoriques durent céder devant les observations positives.
Bientôt H. Milne-Edwards reconnut la réalité des faits décou-

verts par le naturaliste anglais et posa le principe de l'existence des métamorphoses chez les crustacés.

Si quelques-uns de ces arthropodes, en effet, ressemblent déjà, au moment de leur naissance, à ce qu'ils seront à l'état adulte, en revanche, on constate le plus souvent que les jeunes crustacés « diffèrent tellement des adultes qu'on pourrait les croire appartenir à une autre race (1). »

Depuis les recherches de H. Milne-Edwards, ses prévisions ont largement été confirmées, et, grâce aux efforts incessants des zoologistes, le développement de la plupart des crustacés a révélé une richesse de formes embryonnaires vraiment surprenante. La Langouste et le Homard, notamment, présentent des larves dont la constitution diffère tellement de celle des adultes, qu'on a longtemps considéré ces larves comme formant des types zoologiques distincts.

Chez ces deux animaux, ainsi que chez d'ailleurs la plupart des crustacés, les sexes sont séparés, et la forme extérieure du corps permet de reconnaître en général les mâles et les femelles.

Dans les deux sexes, les organes génitaux internes sont représentés par des glandes paires, placées dans le céphalothorax.

Les testicules de la Langouste (2) sont disposés symétriquement de chaque côté de la région thoracique ; ils sont reliés entre eux par une commissure transversale située en arrière de l'estomac. Chaque testicule est nettement divisé en deux lobes ; le lobe anté-

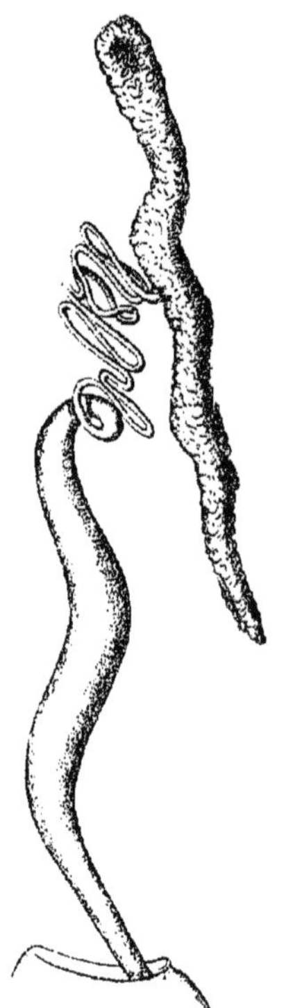

Fig. 42. — Appareil génital mâle de la langouste, comprenant le testicule, le canal déférent, la verge et l'article basilaire d'une patte de la cinquième paire; d'après P. Brocchi.

(1) H. MILNE-EDWARDS, *Histoire naturelle des crustacés*, t. I, p. 196.
(2) P. BROCCHI, *Recherches sur les organes génitaux mâles des crustacés décapodes (Annales des sciences naturelles : Zoologie; 6ᵉ série ; t. II, 1875, pp. 325-343).*

rieur est de beaucoup le moins développé, il se dirige sur les côtés de l'estomac et va se terminer en avant de cet organe ; le lobe postérieur s'étend jusqu'au deuxième anneau abdominal. Chaque glande sexuelle mâle est formée par un tube très mince enroulé un grand nombre de fois sur lui-même et se continuant directement avec les canaux déférents. Ces derniers ont une couleur blanc de lait et, après avoir décrit beaucoup de circonvolutions, se dilatent progressivement pour constituer les verges. Celles-ci se dirigent en dehors, s'enfoncent entre les parois de la carapace et les muscles et vont gagner l'article basilaire de la cinquième paire de pattes. Là, ils s'insèrent au pourtour d'un tubercule conique taillé en biseau et portant un orifice que ferme une soupape.

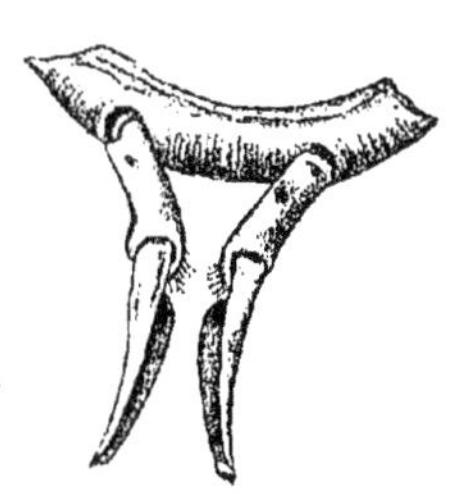

Fig. 43. — Appendices génitaux mâles du « Homard européen », d'après P. Brocchi.

Chez le Homard, on observe des dispositions extrêmement voisines de celles que nous venons de décrire, mais cet animal possède en outre des appareils de copulation qui font défaut chez la Langouste.

Les organes copulateurs du Homard sont constitués par une paire de fausses pattes abdominales modifiées. Chacune de ces dernières se compose de deux articles : le segment basilaire est prismatique, le segment terminal a une forme de sabre à tranchant extérieur et à pointe émoussée. Ce tranchant est reporté vers le milieu du corps de façon que le segment forme une sorte de gouttière peu profonde le long de la face interne de l'article.

Les deux appendices peuvent se rapprocher sous l'action des muscles spéciaux et s'incliner en avant, ensemble ou séparément.

Il est difficile de se prononcer sur le rôle de ces organes. Rappelons toutefois que pour certains naturalistes ces appendices ont pour but de saisir et d'emboîter les verges lors de leur déroulement, et de les diriger pour la copulation (1).

Les spermatozoïdes ont une forme irrégulière très remar-

(1) DUVERNOY, *les Organes externes de la génération chez les crustacés décapodes* (*Revue et Magasin de Zoologie*, 2ᵉ série, t. II, 1850, pp. 552-560).

quable. Ils sont contenus à l'intérieur des verges dans des tubes blancs — spermatophores — enroulés sur eux-mêmes et qui, lors du rapprochement sexuel, sont déposés par le mâle dans une poche spéciale que possède la femelle.

Cet organe, dont la forme est identique chez les Homards américain et européen, se trouve dans la pièce sternale située entre les membres thoraciques de la cinquième paire de pattes. Dans cette plaque sternale, et au milieu, se trouve une fente dont les bords sont élastiques. Si l'on écarte les bords, on trouve fréquemment du sperme dans la poche sous-jacente.

La ponte a lieu après la copulation (1). A ce moment la femelle replie en avant l'extrémité de son abdomen sur le céphalothorax et forme ainsi une chambre dans laquelle s'ouvrent les oviductes (2). Les œufs passent dans cette chambre et les spermatozoïdes, sortant des spermatophores vermiculaires, sont mis en relation immédiate avec les éléments femelles.

Peu de temps après la ponte (3), les œufs sont fixés aux pattes abdominales au moyen de tractus qui les soudent à la membrane ovulaire externe. Ces liens relient étroitement les produits sexuels soit à l'abdomen de la mère soit à d'autres œufs. En tous cas, ces œufs sont assez solidement attachés pour demeurer sous l'abdomen de la mère une dizaine de mois.

Dans sa forme la plus simple, l'œuf des crustacés décapodes est constitué par une petite masse protoplasmique que limite une double enveloppe. Comme celui de tous les animaux, il est, après la fécondation, le siège de modifications profondes. Mais, comme il renferme

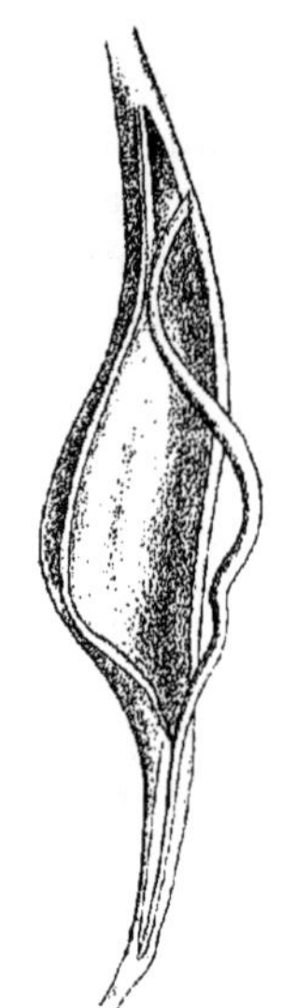

Fig. 44. — Spermatophore du « Homard européen » : la verge est fendue pour montrer le spermatophore : d'après B. Brocchi.

(1) 10 à 45 jours chez l'Ecrevisse.

(2) Le fait n'a pas été observé directement chez la Langouste et le Homard, mais il est vraisemblable qu'il en va de même chez ces animaux que chez l'Ecrevisse.

(3) J.-H. FULLARTON, *The European Lobster ; Breeding and Development* (14th *Report of the Fishery Board for Scotland*, 1896, pp. 186-222).

des substances nutritives (vitellus de nutrition), disposées en masses coniques rayonnant vers la périphérie autour d'une masse sphéroïdale centrale, la segmentation est limitée aux couches superficielles.

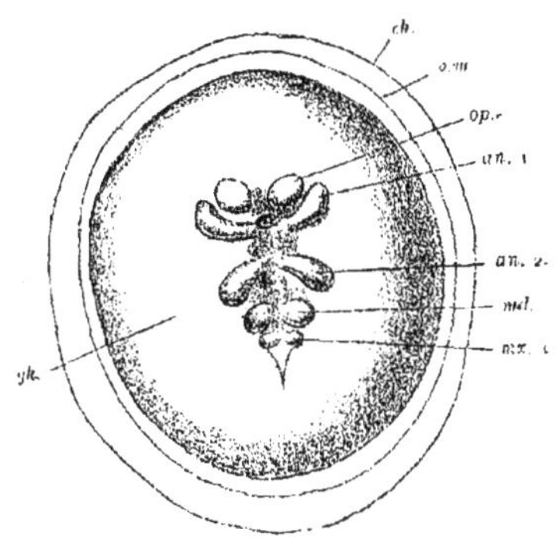

Fig. 45. — OEuf de Homard européen en cours de développement, d'après J. H. Fullarton : *ch.*, chorion ; *v.m.*, membrane vitelline ; *yk*, vitellus nutritif.

Ainsi, à un certain moment, le corps du Homard, en voie de développement, n'est autre chose qu'un sac sphérique dont les parois sont constituées par une assise de cellules. La première modification qui s'effectue dans la suite se manifeste vers la face tournée du côté du pédoncule de l'œuf. En cet endroit, la couche cellulaire s'épaissit et comprend plusieurs assises qui font saillie dans la masse vitelline de nutrition. Lorsque l'on examine cette région, on voit une tache blanchâtre que l'on désigne sous le nom d'aire germinative, dont le grand axe correspond à celui de l'animal futur et sur laquelle on voit apparaître successivement les organes ventraux. Ce sont la première paire d'antennes et de mandibules qui se forment tout d'abord ; bientôt après les yeux se dessinent sous l'apparence de renflements volumineux en avant de la première paire d'appendices. Puis, au centre de l'aire circonscrite par ces organes, la bouche apparaît sous la forme d'une dépression que limite en avant le labre.

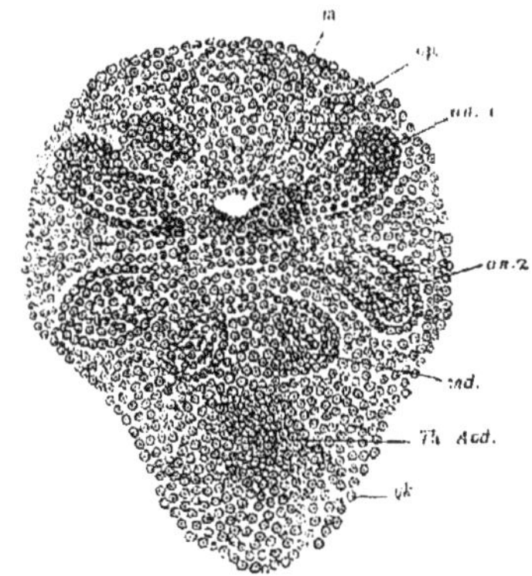

Fig. 46. — Stade nauplien, montrant les protubérances optiques, antennaires et mandibulaires, d'après J.-H. Fullarton : *m*, bouche ; *md*, mandibule ; *op*, œil ; *an.1,an.2*, antennes.

Au stade suivant les yeux sont beaucoup plus apparents, et il se forme une quatrième paire d'appendices. A ce moment le vitellus nutritif forme encore au centre de l'embryon une masse volumineuse. L'accroissement de ces organes et appendices a pour résultat de modifier sensiblement l'aspect de l'œuf. Les lobes optiques acquièrent un relief considérable et se présentent comme des masses triangulaires aplaties au contact d'un gros tubercule médian qui n'est autre que le rudiment du ganglion susœsophagien. Les deux paires d'antennes, qui étaient dirigées en avant, affectent maintenant une disposition inverse ; en outre, celles de la seconde

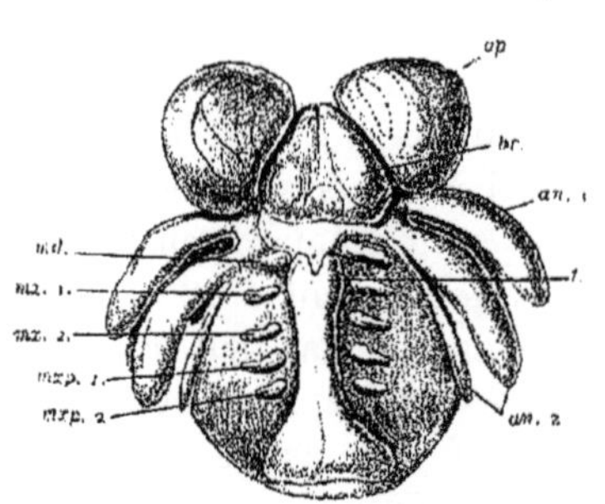

Fig. 47. — Embryon de Homard européen, montrant cinq paires d'appendices buccaux et le cerveau, d'après J.-H. Fullarton : *br.*, cerveau ; *md, mx. 1, mx. 2,* mandibules et mâchoires : *mxp. 1, xmp. 2,* maxillipèdes.

paire présentent un commencement de bifurcation. Les mandibules et les mâchoires se sont accrues, et l'appareil buccal s'est enrichi de deux paires de maxillipèdes. Enfin, la segmentation du corps commence à se manifester et un anus donnant accès dans l'intestin se creuse à l'extrémité postérieure du corps.

Pendant les jours qui suivent, l'embryon ne change pas sensiblement d'aspect ; sa taille seule continue à s'accroître. Une troisième paire de maxillipèdes vient toutefois compléter l'armature buccale. Plus tard,

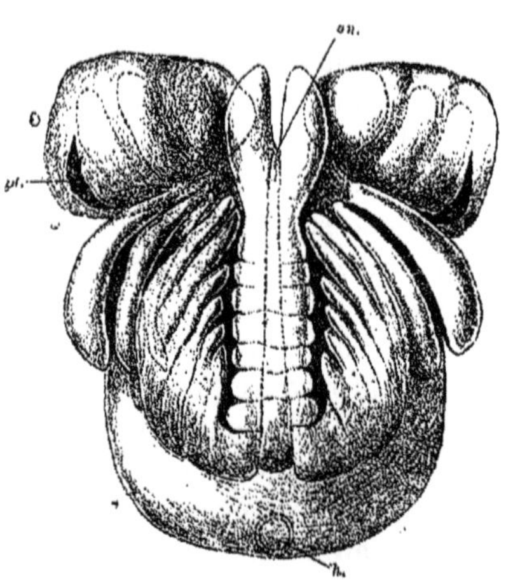

Fig. 48. — Stade plus avancé, où le telson est formé et où la pigmentation se développe.

les diverses paires de pattes font successivement leur apparition, et l'abdomen, rabattu sur la face ventrale, remonte jusqu'à la hauteur du ganglion susœsophagien.

Dès lors, l'embryon possède, à l'état rudimentaire tout au moins, la plupart des organes de l'adulte. Les yeux commencent à se pigmenter en noir et offrent une structure complexe ; les antennes et les pièces buccales prennent un accroissement plus grand ; les pattes ambulatoires, — au nombre de 10, — acquièrent une importance qu'elles conserveront désormais. La bouche, l'intestin et l'anus sont nettement déli-

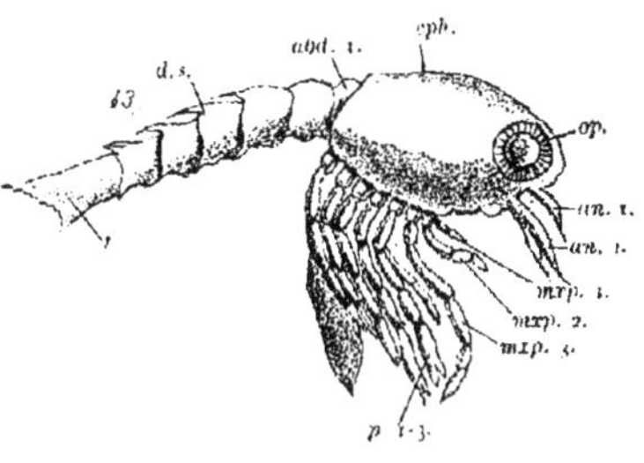

Fig. 50. — Vue de profil de la larve de Homard européen, au moment de sa sortie de l'œuf, d'après J.-H. Fullarton ; gross., 6/1.

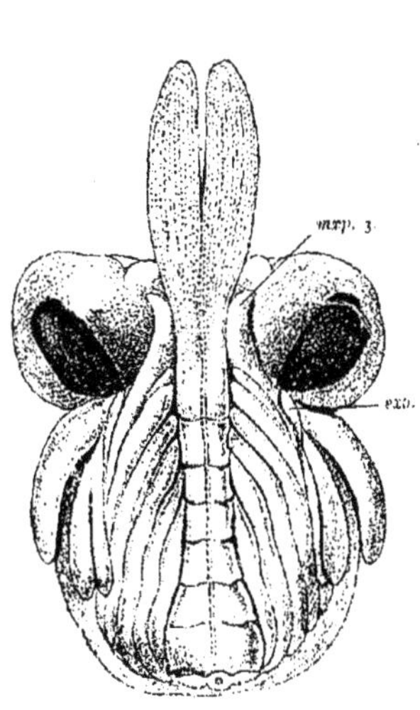

Fig. 49. — Stade plus avancé, où la base de la troisième paire de maxillipèdes couvre la base de l'appendice oculaire, d'après J.-H. Fullarton : exo, exognathites.

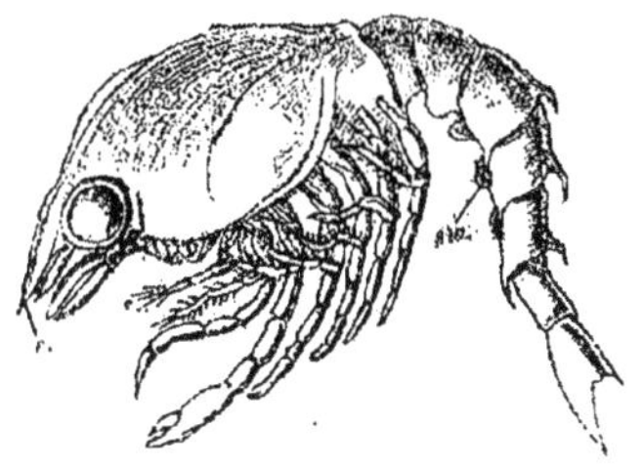

Fig. 51. — Vue de profil de la larve après la première mue, d'après J.-H. Fullarton ; gross., 6/1.

mités, et un rudiment de carapace protège une portion étendue du corps ; l'abdomen, enfin, toujours recourbé sur lui-même et encore indivis, atteint les lobes optiques ; il ne tardera pas, du reste, à se segmenter en anneaux.

Parvenu à ce degré de développement, l'embryon est assez bien armé pour abandonner l'abri que lui offre l'enveloppe ovulaire. Il est capable de mener une vie libre. C'est un petit être dont le corps mesure 8 millimètres de longueur environ. Il est constitué par un céphalothorax, que termine antérieurement un rostre, et par un abdomen effilé et segmenté (fig. 50). Sur la

portion antérieure se trouvent placés les yeux, les appareils
de mastication et les organes de locomotion. A l'exception
des appendices abdominaux, qui n'apparaîtront que plus tard,
la larve possède tous les appendices de l'adulte. Elle a donc
tous les organes qui lui sont nécessaires pour mener une

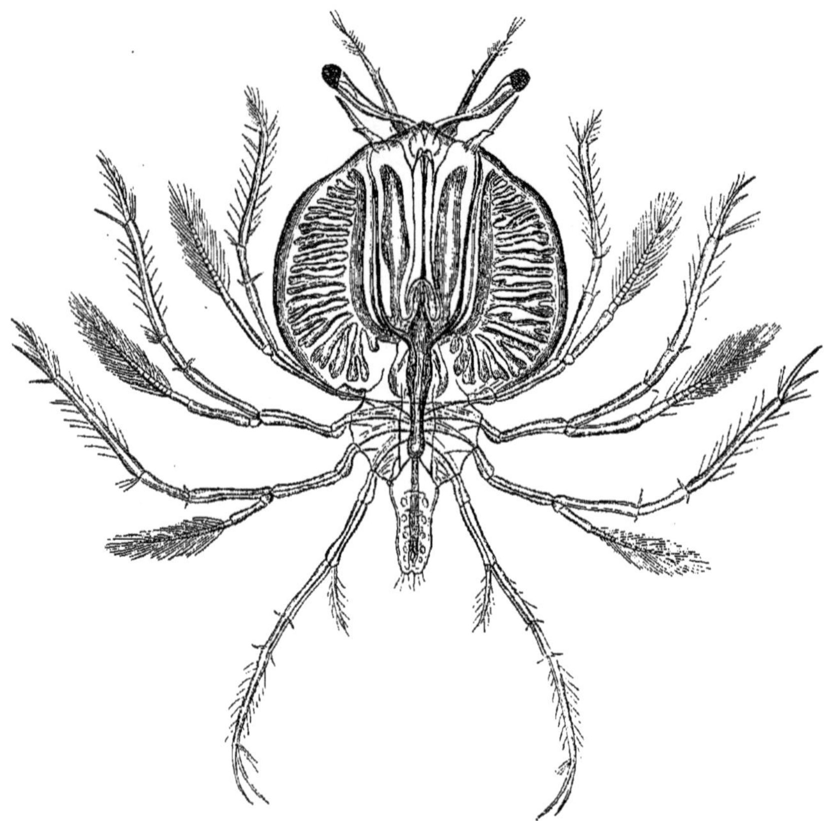

Fig. 52. — Larve, dite Phyllosome, de la Langouste commune.

existence pélagique durant laquelle elle subira des transformations successives qui l'amèneront à la constitution du
Homard, tel qu'il est vendu sur nos marchés.

Quant à la Langouste, ses larves sont connues depuis fort
longtemps. Mais, durant de longues années, elles ont été considérées comme constituant, sous le nom de Phyllosomes, un

Roché.   10 genre distinct, que l'on plaçait tantôt parmi les stomatopodes, tantôt parmi les décapodes. C'est à Couch que revient le mérite d'avoir démontré que cette forme n'est autre chose qu'un stade évolutif de la Langouste. Presque simultanément, d'ailleurs, Coste et Gerbe démontrèrent le même fait au laboratoire de Concarneau (1, 2).

Dohrn, quelques années plus tard, arrivait aux mêmes conclusions (3). Enfin, Claus (4) et Richters (5) ont fixé d'une façon définitive la plupart des détails du développement de la Langouste.

Au moment où les Phyllosomes quittent l'œuf, leur corps se présente sous la forme d'une mince feuille transparente. Il ne comprend qu'un céphalothorax et un segment abdominal que termine un telson. Les antennes antérieures sont encore inarticulées, mais la seconde paire atteint une certaine longueur ; les premières mâchoires ont trois articles, et les secondes en ont deux ; enfin les pattes ambulatoires sont grêles et extrêmement longues. L'organisation interne de la larve est assez complexe. Le tube digestif comprend une bouche, un œsophage, un estomac, un intestin et une glande spéciale annexée à ce dernier. Il est à remarquer que ces diverses parties n'affectent pas ici les mêmes dispositions que chez l'adulte. La bouche, située vers le tiers postérieur et inférieur du bouclier céphalique, est circonscrite par une languette et un labre bifide ; elle ne tarde pas à être armée d'une paire de mandibules, de deux paires de mâchoires et de trois paires de maxillipèdes. L'estomac, comme chez les adultes de l'espèce, touche par sa face antérieure aux pédoncules oculaires, mais les glandes digestives ne sont, là, représentées uniquement que par le foie. Chez les individus dont l'évolution n'est pas

(1) Korschelt und Heider, *Lehrbuch der Vergl. Entwickl. Geschichte;* 1890-1893, pp. 464-469.

(2) Coste, *Note sur la Larve de Langouste,* dans *Comptes rendus de l'Académie des sciences,* t. XXXVI, 1858, p. 547.

Gerbe, *Métamorphoses des Crustacés marins,* dans *Comptes rendus de l'Académie des sciences,* t. XL, 1865, p. 74.

(3) Ant. Dohrn, *Untersuchungen über der Bau und Entwickl. der Arthropoden, 6, Zur Entwicklungeschichte der Panzerkrebse, Entwickl. des Palinurus vulgaris,* dans *Zeitschr. fur Wissensch. Zool.,* t. XX, 1870, pp. 260-271.

(4) C. Claus, *Ueber einige Schizopoden und niedere Malakostraken, Messina's,* dans *Zeitschr, fur Wissensch, Zool.,* t. XIII, 1863, pp. 422-455.

(5) Richters, *Die Phyllosomen,* dans *Zeitschr. fur Wissensch. Zool.,* t. XXIII, 1873.

très avancée, cet organe consiste en deux cœcums simples et courts émanant de la région pylorique de l'intestin. Par les progrès du développement, ils ne tardent pas à se bifurquer en émettant des cœcums secondaires. En même temps, le système appendiculaire se complète par l'apparition des derniers membres ; le corps se divise en trois parties, et l'abdomen se segmente en anneaux.

La larve présente alors de nombreux traits d'organisation qui lui sont communs avec l'adulte ; son système circulatoire notamment est définitivement constitué. Néanmoins, comme on n'a pu encore observer directement la transformation de la larve en animal parfait, certains détails du développement sont mal connus. Chez la Langouste, en effet, on ne connaît que des spécimens relativement âgés.

Ehrenbaum, qui, à l'Institut biologique d'Helgoland, s'est spécialement occupé du Homard (1), dit n'avoir jamais observé d'animaux mesurant moins de $4^{cm},1$. Moquin-Tandon et Soubeiran en ont vu qui n'avaient que 17 millimètres.

Il n'est pas besoin de rappeler que c'est seulement sous sa forme définitive que le Homard est susceptible de se reproduire ; mais il faut qu'il ait acquis une certaine taille avant de parvenir à la maturité sexuelle. La croissance s'effectue rapidement et suivant un mode assez spécial. La carapace abritant l'animal est incapable de se distendre, elle ne peut non plus s'accroître par intussusception interstitielle. L'accroissement du corps exige donc, à certains moments, le rejet de son exosquelette. Ce rejet s'accomplit périodiquement. L'animal, d'un seul coup, se dépouille brusquement de la totalité de sa carapace et demeure, pendant un certain temps, dépourvu de revêtement. Pendant cette période, il s'accroît rapidement. Cette sorte de mue est désignée sous le nom « d'exuviation ». Durant les premières années de la vie, pareil phénomène se répète fréquemment chez le Homard et la Langouste.

D'après Ehrenbaum,

pendant la 1re année, le Homard mue	. . .	8 à 10 fois		

pendant la 1re année, le Homard mue . . . 8 à 10 fois
— 2e — — . . . 5 7
— 3e — — . . . 3 4
— 4e — — . . . 2 3

(1) EHRENBAUM, *Der Helgolander Hummer*, dans *Wissensch. Meeresuntersuchungen... in Kiel. N. Folg. Erster Band.*, Heft I, 1894, p. 277-303.

A la 8e mue, le Homard mesure . . . . 50^{mm}
 — 9e —   —   —   62
 — 10e —   —   —   68
 — 11e —   —   —   75
 — 12e —   —   —   87
 — 13e —   —   —   100
 — 14e —   —   —   112

Il me paraît intéressant de rapprocher des observations d'Ehrenbaum celles qui ont été faites au laboratoire de Concarneau en 1865 par O. Moquin-Tandon et J.-L. Soubeiran.

« De jeunes Homards de l'année éclos dans les viviers, disent ces naturalistes, nous ont donné pour les différentes mues existant alors dans les bassins :

Nᵒˢ DES MUES	LONGUEUR	POIDS
4^e	17^{mm}	0^{gr},101
8^e	50	3 00
9^e	60 . . .	5 00
10^e	65	6 25
11^e	75	10 50
12^e	90	17 00
13^e	100 . . .	19 50
14^e	117	37 00

« La facilité avec laquelle se reproduisent et se développent les jeunes Homards dans les bassins de Concarneau est un sûr garant que sur nos côtes on trouverait facilement des localités propices pour former des viviers semblables où l'on pourrait obtenir des myriades de petits qu'on ne laisserait gagner la mer libre que lorsqu'ils seraient assez avancés en âge pour résister à la plupart des causes de destruction qui les menacent incessamment. Ce que nous avons vu depuis notre première visite à Concarneau (juillet 1865), c'est-à-dire des bassins littéralement noirs de petits Homards éclos dans le vivier, et ce que nous savons de l'habitude qu'ont un grand nombre de poissons de venir en immense quantité aleviner le long des côtes dans des régions spéciales, nous fait espérer que l'on pourrait régénérer la pêche sur certains de nos

(1) O. Moquin-Tandon et J.-L. Soubeiran, *Établissements de Pisciculture de Concarneau et de Port-de-Bouc* (*Bull. Acclimatation*, 2e série t. II, p. 539).

rivages ; par des réservoirs-pépinières, on arriverait à créer une source abondante de nourriture. »

D'après le capitaine Dannevig, « peu de temps après la sortie de l'œuf, les jeunes Homards, dont la physionomie est très différente de celle des adultes, mesurent environ 9 millimètres de longueur. Ils passent très promptement à la forme Mysis. Ils sont extrêmement voraces et cherchent à s'entre-dévorer, principalement dans les premiers jours qui suivent l'éclosion. On peut les nourrir avec de la chair de Crabe pilée.

« Au bout de huit jours, après la deuxième mue, ils atteignent 12 millimètres de longueur et après le seizième jour, quand la troisième mue s'est effectuée, ils ont environ 15 millimètres.

« A l'âge de quatre ou cinq semaines, ils subissent une quatrième mue dans laquelle ils perdent leurs organes de natation, c'est-à-dire les appendices flabellés des membres, et ils entrent dans ce que Sars appelle leur cinquième âge. De nageurs, ils deviennent marcheurs jusqu'à la fin de leur existence.

« Une nouvelle mue survient avant la neuvième semaine. Ils mesurent alors 21 millimètres de longueur et de 3 à 4 millimètres de largeur dans la partie la plus grosse du corps. De couleur gris verdâtre, d'allures très vives, doués d'un appétit insatiable, ces jeunes crustacés paraissent très robustes. »

L'accroissement du corps se fait, du reste, dans les conditions suivantes :

Un homard qui mesure avant la mue		mesure après		Il s'est accru de	
20^{cm},3			25^{cm},4		5^{cm},1
25	4		30	5	5 1
26	7		32	4	5 7
26	7		30	5	3 8

Contrairement à ce qui avait été annoncé par divers auteurs, par Sars entre autres, il semble acquis qu'un même animal est incapable de donner chaque année des œufs. Fullarton, comme Ehrenbaum, démontre aussi que la période annuelle de ponte n'est pas espacée sur toute l'année, mais

(1) RAVERET-WATTEL, *l'Aquiculture marine en Norvège* (*Bull. Soc. d'Acclim.*, février 1890).

qu'elle est assez exactement comprise entre la mi-juillet et la mi-septembre.

Fullarton estime que, pour un même animal, la ponte, sur les côtes d'Europe, se produit tous les deux ans. Ehrenbaum, au contraire, pense que cette ponte ne s'effectue que tous les quatre ans. Ce dernier auteur est arrivé à cette conclusion en établissant le pourcentage des femelles œuvées contenues dans les viviers des mareyeurs d'Helgoland. La proportion de femelles reproductrices qu'il a ainsi dénombrées est de 23 à 25,4 pour 100. Mais, comme le fait remarquer justement Allen (1), « il n'est pas improbable qu'une femelle grainée entrera plus irrégulièrement dans une nasse de fond qu'une autre qui ne serait pas encombrée d'œufs, particulièrement si le casier contient déjà d'autres Homards parmi lesquels se trouvent des femelles non grainées... Au cas même où aucun instinct maternel, en quelque sorte, n'existerait dans cette espèce, une femelle grainée est placée dans un état d'infériorité physique pour lutter avec d'autres animaux. Il n'est donc pas impossible qu'elle soit moins hardie pour entrer dans un espace restreint avec d'autres Homards. »

Les études statistiques faites par Ehrenbaum portant sur des animaux amenés aux viviers des mareyeurs et provenant de la pêche au casier, il est certain que l'on ne peut les accueillir qu'avec réserves. Elles ont porté, en effet, sur des animaux ayant fait l'objet d'une sélection particulière et ne sauraient nous donner une idée exacte de la fécondité des femelles de Homards en mer.

Les résultats obtenus par les auteurs américains concordent d'ailleurs avec ceux qu'a obtenus Fullarton (2).

---

(1) E.-J. ALLEN, *Reproduction of the Lobster*, dans *Journal of the Marine Biological Association of the United Kingdom*, t. IV, n° 1, septembre 1895.

(2) F.-H. HERRICK, *Habits and Development of the American Lobster, and their Bearing upon artificial Propagation*, dans *Bull. of the U.-S Fish Commission*, t. XIII, 1894, pp. 75-86.

BUMPUS, H.-C., *The Embryology of the American Lobster*, dans *Journ. Morph. Boston*, t. V, pp. 215-262, 1891.

H. GARMAN, *Report on the Lobster*, dans *Report of the Massachussets Commissionners of Inland Fisheries*, 1892.

Fréd. MATHER, *What we know about the Lobster*, dans *Bull. of the U.-S. Fish Commission*, t. XIII, 1894, pp. 281-286.

F.-H. HERRICK. *The American Lobster ; a study of its habits and development*, dans *Bull. of the U.-S. Fish Commission...*, t. XV, 1895.

Quant à l'âge auquel les Homards parviennent à maturité sexuelle, il est fort difficile de donner des indications précises. Fullarton fixe à 20 centimètres la taille minima d'une femelle susceptible de se reproduire. Cette dimension correspond, d'après Herrick, à un animal âgé de 4 à 5 ans et d'après Coste à un animal de 5 ans au moins.

Les œufs pondus par une femelle de Homard augmentent beaucoup de nombre avec l'âge de l'animal. Ceci semble être également vrai pour les espèces américaines et européennes.

D'après Herrick,

Une femelle de 20ᶜᵐ de long produit . . . . . .   5.000 œufs.
                25   —   — . . . . . .   10.000   —
                30   —   — . . . . . .   20.000   —
                35   —   — . . . . . .   40.000   —
                40   —   — . . . . . .   80.000   —

Cet auteur admet que : le nombre d'œufs produits par une femelle de Homard à chaque période de reproduction varie suivant les termes d'une progression géométrique, tandis que les longueurs des animaux reproducteurs varient suivant les termes d'une progression arithmétique.

Ehrenbaum arrive à un résultat semblable pour le Homard d'Helgoland, encore que le nombre moyen des œufs, pour des individus de même longueur, paraissent être moins grand dans l'espèce européenne que dans l'espèce américaine.

LONGUEUR de la femelle	POIDS du corps	POIDS TOTAL des œufs	NOMBRE des œufs
Centimètres	Grammes (1)	Grammes	Nombres
25,4	(477)	31	7.026
28,1	(550)	32	7.375
29,1	528	41	8.420
29,5	876	68	13.532
29,2	865	50	10.330
31,0	(885)	82	16.800
31,1	(805)	55	10.307
35,5	1.482	120	20.016
37,3	1.832	116	29 000

(1) Les chiffres entre parenthèses se rapportent à des Homards dont une pince manquait.

La table ci-dessus donne les résultats obtenus sur ce point par Ehrenbaum. Je crois bon de rappeler à ce sujet que les chiffres donnés par Herrick sont le résultat de l'examen par cet auteur de 1.000 individus et que ceux donnés par Ehrenbaum se rapportent au dénombrement des œufs d'un seul animal de chaque taille.

Il résulte de ces observations que le nombre des œufs produits par une femelle durant toute son existence — même si l'opinion d'Ehrenbaum en ce qui concerne la ponte quadrisannuelle est exacte — doit être considérable. On peut se demander immédiatement quelle est la proportion de ce nombre d'œufs qui arrive à donner des individus adultes.

Nous aurons l'occasion d'examiner cette question en étudiant les méthodes actuellement employées en divers endroits pour combattre par la propagation artificielle la diminution du nombre des Homards capturés par les pêcheurs.

En 1879, Mr. S.-H. Ditten, pharmacien de la cour à Christiania, dans un mémoire intitulé *de la Protection et de la Reproduction du Homard et des Huîtres*, proposait de réunir des femelles grainées de Homard dans un grand vivier flottant et de les y conserver jusqu'à ce que toutes les larves provenant de leur portée fussent mises en liberté naturellement (1).

Ce fut encore en Norvège que, en 1885, le capitaine Dannevig fit éclore pour la première fois des jeunes larves de Homards, dans le milieu artificiel d'un établissement aquicole. C'est en utilisant ses incubateurs qu'il parvint à ce résultat.

Il est incontestable que la méthode artificielle d'éclosion est plus économique que celle qui recourt à la séquestration des femelles grainées. D'autre part, dans les conditions ordinaires où sont exercées les pêches maritimes, il est matériellement impossible de compter que les pêcheurs rejetteront à la mer les femelles grainées qui seront prises par les engins. Aussi s'est-on borné, à Terre-Neuve et au Canada, à demander aux industriels de fournir aux piscifacteurs les œufs qui sont portés sous l'abdomen des femelles grainées.

(1) L. VAILLANT, *Rapport du Jury international de l'Exposition universelle de 1878*, groupe VIII, classe 84 : Poissons, Crustacés et Mollusques, p. 6.

Aux États-Unis des essais ont été faits également sur la propagation artificielle du Homard. Nous ignorons d'une façon à peu près complète les résultats obtenus par la U. S. Fish Commission ; mais en revanche nous possédons des données assez précises sur les travaux du même genre poursuivis par les gouvernements terre-neuvien et canadien.

Primitivement, à Terre-Neuve, la propagation artificielle du Homard employait des procédés analogues à ceux de la piscifacture proprement dite. Des œufs de Homards, enlevés aux femelles grainées qui étaient capturées par les pêcheurs étaient placés dans des jarres où circulait un courant d'eau pure continu. Mais, depuis 1893, cette méthode a cessé d'être employée par le Dr Nielsen. Tous les œufs en incubation enlevés aux femelles sont actuellement placés dans un incubateur spécial, inventé par ce savant, et qui, flottant à la surface des eaux dans des localités déterminées, permet de faire développer un nombre d'alevins considérable.

« L'Incubateur flottant de Nielsen se compose d'une *caisse en bois blanc*, oblongue, de 1^m,25 de long sur 0^m,30 de large et 0^m,20 de profondeur environ. Le fond en est courbe. La caisse est munie en dehors, sur chaque face latérale, *de deux ailerons*, non absolument horizontaux, mais légèrement courbés en hélice ; ils sont aussi en bois blancs. En donnant à la mer prise sur les incubateurs, les ailerons facilitent aux flots le moyen de les bercer d'une manière continuelle. *Une corde*, fixée sur le fond à l'extérieur, et s'enroulant à l'autre extrémité sur une pierre lourde, permet de maintenir lâchement l'appareil dans une région déterminée de la côte. *Un tube en caoutchouc* vulcanisé de 0^m,23 de longueur fait communiquer l'eau de la mer avec l'intérieur de la caisse. Dans les angles, les montants sont parcourus de haut en bas par un canal étroit qui assure la circulation de l'air.

« Une *toile métallique* (acier zingué), à fines mailles, est tendue horizontalement à quelques centimètres au-dessus du fond. Elle soutient les œufs qui, déposés là, après la fécondation, vont donner naissance aux Homards. Sur l'une des petites faces de la caisse, à l'extrémité gauche, *une lumière rectangulaire* est également tendue d'une fine toile métallique.

« L'incubateur est fermé par un *couvercle*, comme un cercueil, et le tout est *peint en noir*.

« La température de l'eau de la caisse est celle de l'eau de mer. Les œufs de Homards ont besoin d'obscurité. L'appareil place donc l'œuf dans les conditions habituelles de sa vie ordinaire ; deux *poignées en corde*, placées à chaque extrémité, permettent le déplacement de la caisse.

« Ainsi muni de tous ses agrès, *l'incubateur vaut 3 dollars*. Il en existe actuellement 600 en pleine activité : c'est peu. Il y a dans toute la contrée 50 stations où ils figurent. C'est un appareil facile à confectionner, peu coûteux, et, nous venons de le voir, très ingénieux (1).

L'industrie très active de la fabrication des conserves de Homards détruit tous les ans à Terre-Neuve et au Canada des quantités considérables de femelles grainées de ces animaux.

« Supposons, dit M. A.-W. Harvey, commissaire des pêcheries terre-neuviennes, que sur les 8 millions de Homards capturés en 1895, il y ait seulement un dixième de femelles grainées. Nous aurons ainsi 800.000 femelles portant des œufs en incubation, à raison de 12.000 à 30.000 œufs suivant la taille et l'âge des individus. En admettant que le chiffre moyen de ces éléments reproducteurs soit par femelle de 20.000, nous voyons que nos 800.000 femelles portent 60 milliards d'œufs en incubation. Si nous ne recourions pas à la propagation artificielle, ce nombre énorme de germes vivants serait détruit par l'industrie actuelle des homarderies. Or, même dans les conditions restreintes où nous pouvons actuellement poursuivre des expériences de propagation artificielle du Homard, il nous est possible de faire développer et de « planter » dans les eaux 400 à 500 millions de larves de ce crustacé annuellement. L'importance est évidente que doit avoir l'addition de ce stock de larves à celles qui se trouvent dans nos régions pour contrebalancer les effets de la pêche intensive. L'expérience nous a montré combien la capture intensive et autres méthodes de destruction, telle que la capture des animaux immatures, peuvent agir sur le stock des animaux reproducteurs et comment elles peuvent diminuer ou même abolir une pêche. De là, la nécessité d'employer des

(1) GÉRAUD et KERILLIS, *le Laboratoire de Dildo* (*Bull. des pêches maritimes*, t. III, fasc. 7, juill. 1895, p. 366).

procédés artificiels pour sauver de la destruction et maintenir vivants le plus grand nombre possible de germes, tandis que, d'autre part, nous devons renforcer nos judicieuses mesures de protection des pêches. »

Grâce à l'emploi des incubateurs flottants, de nombreux œufs furent recueillis, tant par les soins du superintendant des pêcheries terre-neuviennes que par les directeurs de homarderies eux-mêmes, et purent être conduits jusqu'au stade d'éclosion.

Il ne faudrait pas croire cependant que les opérations nécessitées par l'emploi de l'incubateur flottant n'exigent aucune précaution. Il faut que ces derniers soient placés dans des endroits où l'eau est aussi pure que possible, qu'ils soient convenablement lestés et pourvus d'œufs absolument sains. Il faut encore que les appareils soient tenus rigoureusement propres et qu'ils soient fréquemment visités pour débarrasser les œufs des particules vaseuses qui les peuvent souiller. Enfin, il faut retirer des incubateurs les germes qui meurent en cours de développement. Sans ces précautions, il est à craindre que les pores comme le micropyle de la membrane vitelline des éléments en cours de développement viennent à s'obstruer et que l'arrêt de l'oxygénation entraîne celui du développement de l'embryon.

Le tableau suivant (p. 156) nous renseigne d'une façon complète sur la marche des opérations effectuées à Dildo Island, pour la propagation artificielle du Homard américain (*H. Americanus*).

Au Canada, on continue, à l'établissement de Bay View, à employer le mode d'incubation utilisé tout d'abord à Dildo et qui consistait à faire développer les œufs fécondés dans des jarres de Mac Donald.

Il résulterait des renseignements contenus dans le 28e rapport annuel du département des pêcheries canadiennes que les usiniers des fabriques de conserves de Homards apprécient déjà l'influence des immersions d'alevins effectués par les soins de la Homarifacture de Bay View.

Le directeur de cet établissement, au moment de la pêche du Homard, visite à bord d'un petit steamer amenagé pour ce service les fabriques de la côte. Il se fait remettre par

	ANNÉES	NOMBRES de Stations	NOMBRES de Homards dont les œufs ont été incubés	TAILLE de ces Homards	NOMBRES des OEufs	POURCENTAGE de perte	NOMBRES d'Alevins « plantés »
				Centimètres			
Alevins fournis par les incubateurs flottants entretenus aux frais de l'établissement de Dildo.	1890	14	20.559	31 à 43	482.556.000	18	390.934.000
	1891	19	28.639	30 à 35	678.012.000	20,2	541.195.000
	1892	21	20.870	27 à 43	484.286.000	11.8	427.385.000
	1893	23	26.060	27 à 43	602.244.000	14,1	577.333.000
	1894	21	25.044	24 à 46	577.414.000	19,25	463.890.000
	1895	17	10.141	24 à 43	228.830.000	23,7	174.840.000
	TOTAUX		131.313		3.050.342.000		2.515.497.000
Alevins fournis par les procédés d'éclosion en jarres à Dildo.	1889				7.944.000	49,5	4.089.000
	1890				20.927.000	28	15.070.000
	1891				18.505.000	40	10.277.000
	1892				3.422.000	27	2.500.000
	1893				1.340.000	25	1.095.000
	TOTAUX				52.189.400		32.978.000

RÉCAPITULATION

Alevins provenant des incubateurs flottants entretenus aux frais de l'établissement de Dildo	2.515.497.000
Alevins provenant de l'établissement lui-même	32.978.000
Nombre approché des alevins provenant des incubateurs flottants entretenus par des directeurs de homarderies.	62.000.000
TOTAL GÉNÉRAL	2.610.475.000

les usiniers les œufs pris sous la queue des femelles grainées qu'ont capturées les pêcheurs. Ces œufs, placés à bord du bateau dans des jarres où circule un courant d'eau, sont apportés à l'établissement de Bay View. Là, ils sont définitivement « traités » et amenés à éclosion. Le tableau suivant (p. 158) nous permet de suivre les opérations de l'année 1895 et de juger des résultats qu'elles ont donnés.

Sur les 168.200.000 œufs fécondés, recueillis par les soins du directeur de l'établissement de Bay View, 165.000.000 furent amenés à l'éclosion et transplantés dans les eaux canadiennes (1).

En Ecosse, le Fishery Board a institué, sous la direction du Dʳ J.-H. Fullarton, des essais de propagation artificielle du Homard. Là cependant, au lieu d'employer les modes d'incubation utilisés à Terre-Neuve ou au Canada, au lieu de se servir d'incubateurs flottants, d'incubateurs Dannevig ou de jarres américaines, on a conservé simplement des femelles grainées dans un vivier analogue aux réservoirs à crustacés de nos côtes françaises. On en a aussi maintenu dans des viviers flottants tels que ceux qui sont encore employés à Quiberon, Belle-Isle, Camaral, le Conquet, Lampaul, Ouessant, l'Aberwrach et en bien d'autres points de notre littoral.

Ces expériences furent faites à Brodick Bay, sur la côte ouest d'Écosse, où la pêche des Homards est particulièrement active. Elles ont permis non seulement d'étudier complètement le développement larvaire du Homard européen, mais encore de suivre l'évolution des larves pendant quatre semaines après leur mise en liberté.

A ce propos, il n'est pas inutile de rappeler que le capitaine Dannevig a fait éclore dans ses appareils, en 1892, des œufs de Homards européens et qu'il a pu les conserver vivants pendant deux mois après l'éclosion des larves.

M. Dannevig ne pense pas qu'il puisse être avantageux de se borner à faire éclore des œufs pour mettre les jeunes immédiatement en liberté. Il fait également des réserves sur la possibilité d'élever des jeunes en captivité à cause de leur humeur batailleuse... Mais il pense qu'en gardant ces jeunes jusqu'à

_____

(1) *28th Annual Report of the Department of Marine and Fisheries,* p. 225; 1895, Bay View Hatchery.

DATES	POINTS OU ONT ÉTÉ RECUEILLIS LES OEUFS								TOTAL
	BAY-VIEW	BAY-VIEW	CARIBOO	GULL-ROCK	PICTON (Ouest)	PICTON (Nord)	PICTON (Nord)	PICTON (Est)	
Mai 15	1.000.000	»	»	»	»	»	»	»	1.000.000
16	1.000.000	»	»	»	»	»	»	»	1.000.000
17	1.000.000	»	»	»	»	»	»	»	1.000.000
18	1.000.000	»	»	»	»	»	»	»	1.000.000
20	1.500.000	»	»	»	»	»	»	»	1.500.000
21	1.500.000	»	»	»	»	»	»	»	1.500.000
22	1.500.000	»	»	»	»	»	»	»	1.500.000
23	1.000.000	»	»	2.000.000	8.000.000	»	»	»	11.000.000
24	1.500.000	»	»	3.000.000	9.000.000	3.000.000	»	»	15.000.000
25	1.000.000	»	2.000.000	3.000.000	8.000.000	3.000.000	»	»	17.000.000
27	500.000	1.000.000	1.000.000	4.000.000	6.000.000	2.000.000	1.000.000	»	15.500.000
28	500.000	1.000.000	1.000.000	2.000.000	4.000.000	2.000.000	1.500.000	»	12.000.000
29	200.000	1.000.000	1.000.000	2.000.000	6.000.000	4.000.000	»	»	14.200.000
30	500.000	1.000.000	2.000.000	2.000.000	4.000.000	2.000.000	»	»	11.500.000
31	500.000	1.000.000	1.000.000	1.000.000	3.000.000	2.000.000	1.000.000	500.000	10.000.000
Juin 1	500.000	500.000	1.000.000	2.000.000	3.000.000	2.000.000	1.000.000	»	10.000.000
3	500.000	500.000	500.000	1.500.000	2.000.000	1.000.000	1.000.000	»	7.000.000
4	1.000.000	2.000.000	2.000.000	1.500.000	2.000.000	2.500.000	500.000	500.000	12.000.000
5	500.000	500.000	»	1.000.000	3.000.000	2.500.000	500.000	500.000	8.500.000
7	500.000	200.000	300.000	1.000.000	2.000.000	1.000.000	500.000	500.000	6.000.000
10	500.000	500.000	500.000	1.500.000	2.000.000	2.000.000	1.500.000	500.000	9.000.000
11	500.000	500.000	»	»	»	»	»	»	1.000.000
TOTAL GÉNÉRAL.									168.200.000

l'âge de six semaines, il y aurait un réel avantage à faire cet élevage; car, si la perte est relativement grande dans les appareils, elle l'est encore beaucoup plus dans les conditions naturelles (1).

Le procédé de propagation écossais ne saurait, à proprement parler, être considéré comme artificiel. En tout cas, d'après J.-H. Fullarton, plus de 700.000 jeunes Homards ont été produits en 1895, dans les viviers de Brodick-Bay.

Dans ces conditions, les viviers à crustacés, qui sont répandus sur nos côtes de Bretagne, ne sauraient manquer d'exercer une influence heureuse sur la production des Homards de nos côtes.

La pêche des grands crustacés, Homards et Langoustes, est surtout développée chez nous, comme le montre le graphique ci-joint (p. 160) dans les parages bretons. Là, les marins qui se livrent à la capture de ces animaux vendent leurs produits à des mareyeurs qui en conservent une partie en viviers afin d'en régulariser l'écoulement sur les marchés de l'intérieur.

Production des Viviers à Crustacés en 1895

PORTS	SORTIES		PORTS	SORTIES	
	Quantités	Valeurs		Quantités	Valeurs
	Kilos	Francs		Kilos	Francs
Fécamp . . .	460	380	Camaret. . .	493.000	458.000
Yport	4.000	2.000	Quimper. . .	56.200	72.200
St-Vaast-la-Hougue.	800	1.200	Concarneau .	95.558	129.600
Cherbourg. . .	45.800	91.600	Larmor . . .	43.500	59.850
Blainville . .	2.260	7.232	Doelan . . .	7.396	19.524
Granville . .	22.000	90.200	Groix	9.580	48.202
Saint-Malo. .	40.010	60.015	Etel.	590	944
Paimpol. . .	432	1.296	Quiberon . .	6.170	13.882
Roscoff . . .	45.297	27.668	Trinité-s-Mer	450	900
Aberwrach. .	62.000	77.500	Le Croisic. .	136.000	300.000
Argenton . .	70.000	140.000			
Brest	95.000	285.000	Total.. . .	906.503	1.857.193

Ces viviers ont donné lieu en 1895 au mouvement commercial résumé dans le tableau ci-dessus; je dois dire cependant que, en dehors des animaux achetés à nos pêcheurs et pris

(1) C. RAVERET-WATTEL, *l'Aquiculture marine en Norvège, Bull. Soc. d'Acclimat.*, février 1890.

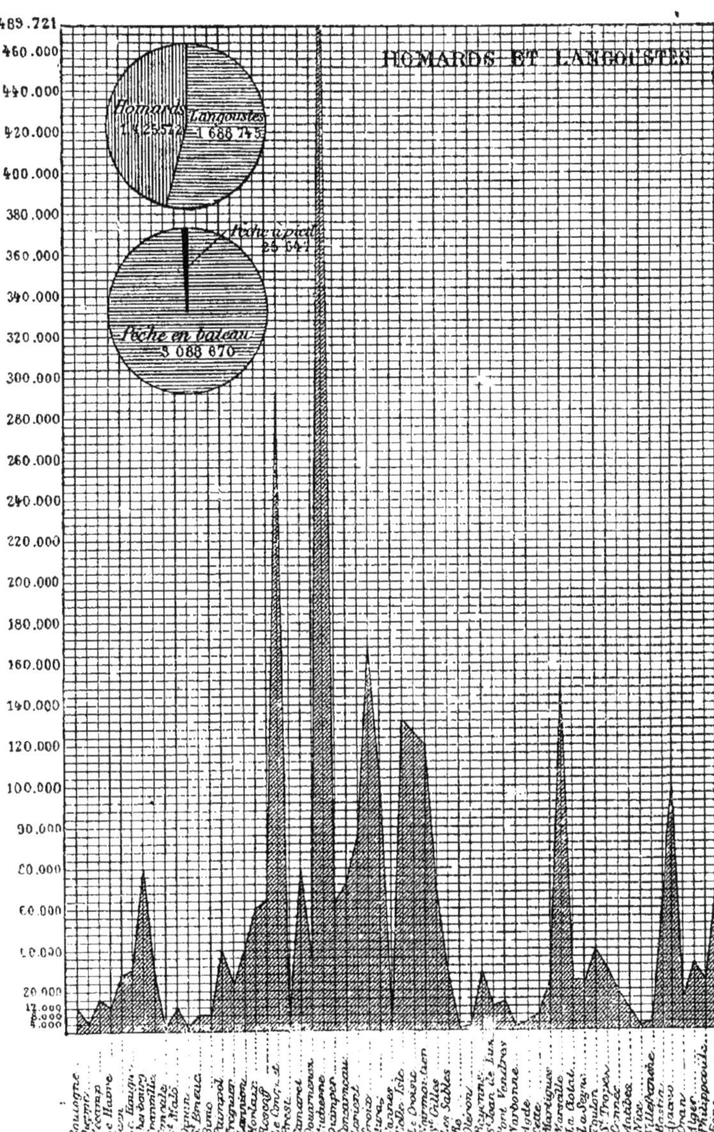

Fig. 53. — Valeur des rendements bruts de la pêche des Homards et des Langoustes, dans les divers quartiers de France.

sur les côtes françaises, les détenteurs des réservoirs à crustacés en Bretagne conservent encore dans ceux-ci des Langoustes et des Homards qu'ils font venir des rivages espagnols et portugais dans des bateaux-citernes.

S'il faut en croire les pêcheurs, du reste, la baie de Quiberon ne présentait depuis de longues années que de très petits nombres de Homards. Or, depuis que des mareyeurs ont installé dans le port de Port-Maria de Quiberon des viviers flottants en bois, il paraîtrait que l'on rencontre fréquemment de jeunes Homards dans les eaux littorales.

Cette assertion ne saurait nous étonner beaucoup étant donné ce que nous savons sur le développement de cet animal. Il n'est pas douteux, en effet, que, si les femelles sont conservées dans de bonnes conditions, leurs larves ne peuvent manquer d'éclore et de se disperser dans les eaux qui avoisinent leurs points d'éclosion.

En France, des expériences ont été tentées, au Croisic, en 1890, pour appliquer à la Langouste et au Homard les procédés terre-neuviens de propagation artificielle en incubateurs flottants.

Ces expériences n'ont donné aucun résultat, c'est-à-dire que les œufs mis en incubation sont morts et n'ont donné naissance par conséquent à aucune larve. Sans préjuger de l'utilité qu'il peut y avoir à appliquer dans nos eaux les méthodes de propagation utilisées en Amérique, nous pouvons dire cependant que les essais de développement faits en France n'ont été entourés d'aucune des précautions qui sont indispensables pour assurer l'éclosion des œufs.

On ne saurait donc dire que ces procédés ne sont pas susceptibles de réussir dans nos régions. Nous devons admettre plutôt que chez nous, comme partout ailleurs, il importe que des expériences de ce genre soient surveillées avec soin et conduites par des agents suffisamment au courant des opérations délicates que nécessite le développement des animaux marins.

CHAPITRE VII

Organisation générale des Huîtres indigène et portugaise. —
Byssus de la Moule. — Organes reproducteurs de ces animaux. — Ovogénèse et Spermatogénèse chez l'Huître indigène.
— Fécondité de cette espèce. — Époques annuelles et âge de
reproduction des Huîtres cultivées et sauvages. — Embryogénie de l'Huître indigène. — Opinions anciennes sur le
métissage de l'Huître indigène par l'Huître portugaise. —
Concurrence vitale des Huîtres et des Moules. — Verdissement
physiologique de l'Huître. — Recherches sur les causes de ce
phénomène. — Mécanisme biologique du verdissement. —
Recherches sur la nature de la Marennine. — Recherches du
fer et du cuivre dans les Huîtres vertes. — Verdissement
accidentel et pathologique. — Maladies diverses qui peuvent
affecter les Huîtres. — Ennemis de ces Mollusques.

L'Huître indigène (*Ostrea edulis*) et l'Huître portugaise
(*Gryphea angulata*) sont des mollusques acéphales lamellibranches, monomyaires.

Suivant une vieille comparaison, on peut se faire une idée
générale du lamellibranche typique, et de l'Huître en particulier, en supposant placé devant soi un livre relié, posé sur sa
longue tranche, et en se figurant que l'extrémité céphalique de
l'animal qu'il représente soit située en avant et le dos en haut.
Les deux couvertures, de droite et de gauche, de ce livre repré-

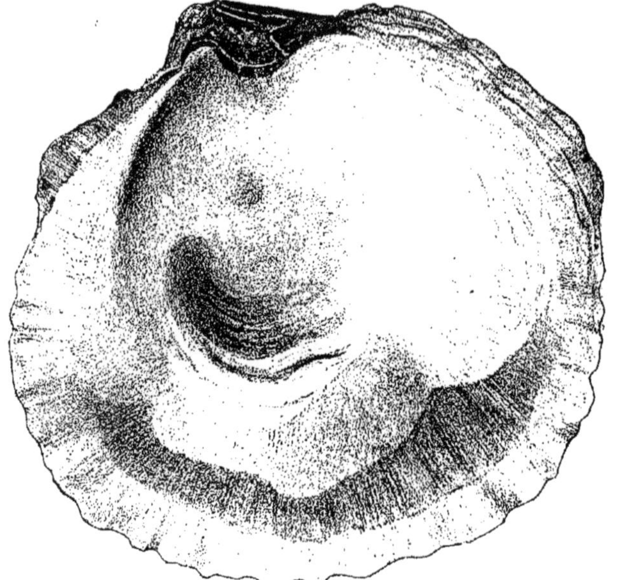

Fig. 54. — Valve inférieure de l'Huître indigène (*Ostrea edulis*).

Fig. 55. — Valve supérieure de l'Huître indigène.

senteraient les deux valves de la coquille du Mollusque, le premier et le dernier feuillet représenteraient l'enveloppe proprement dite de l'animal, ou le manteau, les deux feuillets suivants constitueraient de part et d'autre les lames bran-

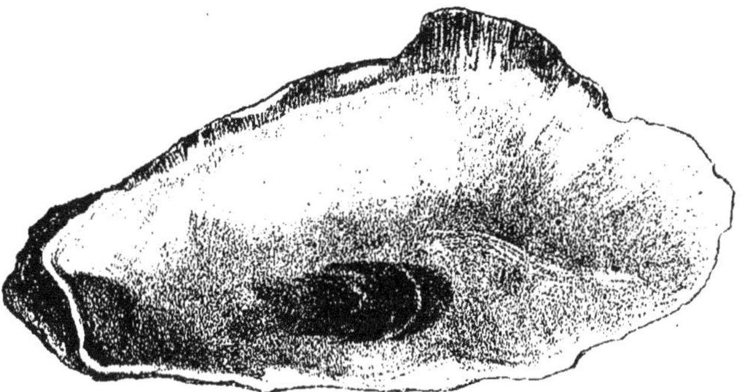

Fig. 56. — Valve inférieure de l'Huître portugaise (*Gryphea angulata*).

chiales, enfin le corps occuperait les parties intermédiaires.

La coquille d'une Huître est essentiellement constituée par du phosphate et du carbonate de chaux. Sa face externe est tapissée par une membrane résistante de nature chitineuse ; elle est dans toutes ses parties uniquement due à la sécrétion

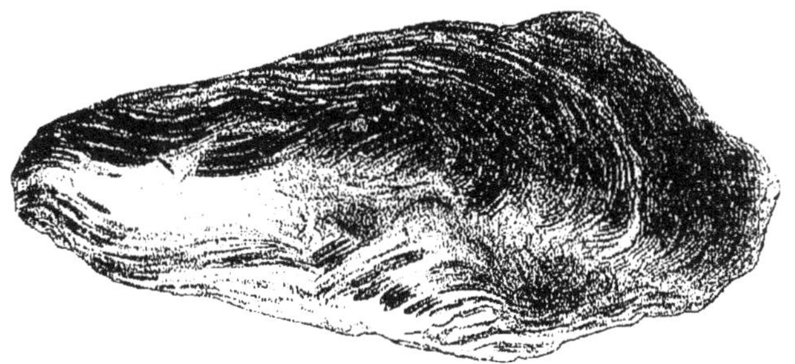

Fig. 57. — Valve supérieure de l'Huître portugaise.

des cellules du manteau. Rien n'autorise à lui accorder la moindre vitalité et à la considérer comme susceptible de s'accroître par elle-même (1).

(1) MOYNIER de VILLEPOIX, *Recherches sur la formation et l'accroissement de la coquille des mollusques* (Journal de l'Anatomie et de la Physiologie, 1893).

La face interne de la coquille possède souvent une couche nacrée dont l'aspect irrisé est dû aux nombreuses stries dont elle est ornée. Les perles qui peuvent se montrer chez tous les lamellibranches sont formées par une succession de couches de sels calcaires déposés autour d'un corps étranger.

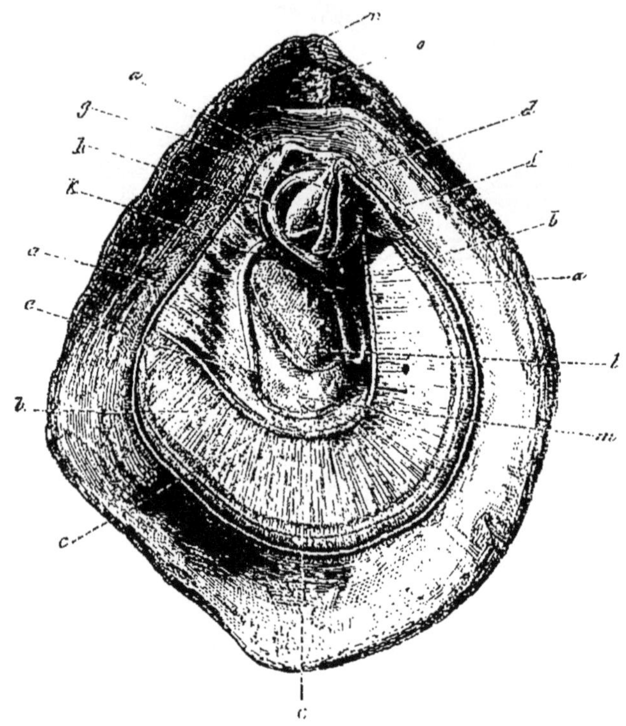

Fig. 58. — Anatomie de l'Huître indigène : *a*, bord du manteau ; *b*, branchie ; *c*, coquille ; *d*, palpes labiaux ; *e*, anus ; *f*, bouche ; *g*, foie ; *h*, intestin ; *k*, cœur ; *l*, organe de Bojanus ; *m*, muscle adducteur des valves ; *n*, ligament élastique ; *o*, crochet.

Les valves sont réunies, sur le bord cardinal, par un ligament élastique beaucoup plus expansible du côté interne que du côté extrême qui tend sans cesse à les écarter. La fermeture de la coquille au contraire est assurée par la contraction d'un muscle adducteur inséré sur la face interne de chaque valve.

La bouche de l'Huître est placée à la partie la plus étroite du corps ; c'est un simple trou dépourvu d'armature buccale, muni seulement de quatre palpes en forme de follicules. Elle donne accès dans un œsophage extrêmement court. L'estomac qui fait suite à l'œsophage est formé par une sorte de sac dans lequel se déversent les sécrétions de la glande digestive, connue communément sous le nom de « foie ». L'intestin, après avoir décrit un trajet en 8, demeurant empâté dans le foie sur la plus grande partie de son parcours, se dégage de la masse viscérale, se prolonge en arrière au-dessus du muscle adducteur des valves et se termine par un anus contractile en un point diamétralement opposé à la bouche.

La respiration s'effectue au moyen des lames branchiales. Celles-ci, au nombre de deux de chaque côté du corps, sont libres par leurs bords périphériques, mais réunies entre elles par la partie supérieure et en continuité là avec le manteau. L'espace compris entre les lames de ce manteau se trouve ainsi divisé en deux chambres : l'une inférieure renferme l'appareil respiratoire, la bouche et les palpes labiaux ; l'autre supérieure et postérieure loge la portion terminale de l'intestin et forme une chambre cloacale.

L'épithélium des branchies, celui du manteau et celui des palpes labiaux sont tapissés de cils vibratils. Chacune des branchies est formée par un tissu de canaux capillaires, parallèlement disposés « comme les tuyaux d'une flûte de Pan », débouchant à leur partie supérieure dans la chambre cloacale et percés latéralement d'une rangée de petits orifices qui s'ouvrent dans la chambre respiratoire. L'eau destinée à la respiration passe donc par ces orifices et s'échappe par la cavité cloacale.

C'est sur le jeu des courants qui traversent perpétuellement les cavités de l'animal que sont basées la respiration et la nutrition de l'Huître. Ces courants en effet déposent sur les branchies les particules alimentaires qu'ils tiennent en suspension. Les cils vibratils poussent ces particules vers la région buccale, où les palpes les font pénétrer par un processus identique dans la partie antérieure du tube digestif.

A l'intérieur de celui-ci, on trouve de nombreuses coques de diatomées, de radiolaires, de foraminifères, des carapaces de copépodes, d'ostracodes, des bactéries, etc. On y trouve encore des parasites (1).

(1) CERTES, *Comp. rend. Ac. d. Sc.*, 4 septembre 1882.

L'organe centrale de la circulation est formé par un cœur artériel situé entre le muscle adducteur des valves et la masse viscérale. Il est essentiellement constitué par une oreillette et un ventricule. Le sang qui s'est oxygéné dans les branchies est lancé par le cœur dans trois artères principales, se rendant au foie, à l'estomac, à la bouche et à la partie postérieure du corps. De là il est ramené aux branchies par des lacunes veineuses.

Chez l'Huître, comme chez les autres Lamellibranches, l'excrétion urinaire est assurée par un organe appelé « organe de Bojanus » et qui est chez elle l'analogue physiologique du rein des vertébrés.

On ne connaît pas à l'Huître d'autres appareils sensitifs que ceux du tact. Le siège de celui-ci est uniquement le bord du manteau. Le système nerveux de cet animal est très rudimentaire. Il est constitué par deux paires de masses glanglionnaires réunies par des connectifs. La première paire est située de part et d'autre de la bouche, la deuxième est placée sous le muscle adducteur des valves. De ces ganglions partent des nerfs qui se rendent aux diverses parties du corps.

Chez les mollusques lamellibranches, les organes de locomotion sont fort peu développés. Si dans les premiers stades du développement, en effet, la larve mène une existence assez active, l'animal adulte, par contre, est astreint à une vie sédentaire. Les animaux nageurs de ce groupe sont fort rares, et c'est tout au plus si quelques bivalves progressent en rampant. La majorité des lamellibranches se fixent sur les rochers et autres corps sous-marins de bonne heure, soit par leur byssus, soit par l'une de leurs valves ; la plupart vivent et meurent là où les conduisent les hasards de leur vie embryonnaire.

Les Moules et les Huîtres sont condamnées à attendre passivement que l'eau dans laquelle ils baignent dépose, sur le crible formé par leurs branchies, les corps organisés et les animalcules qui peuvent constituer leur nourriture.

Dans ces traits essentiels, la description sommaire que nous venons de donner pour l'Huître est applicable à la Moule commune de nos côtes. Cependant, en dehors des différences de forme et de structure que ces deux animaux

présentent, et sur lesquels je crois inutile de m'appesantir ici,
— car elles se trouvent dans tous les livres d'Histoire naturelle — je dois mentionner la présence chez la Moule de
deux organes spéciaux. Ce sont le pied et la glande
byssogène.

Le pied de la Moule est un petit organe linguiforme, noirâtre,
placé vers le milieu de la face inférieure du corps de l'animal.
Il est marqué, sur sa partie tournée vers la bouche, d'un
sillon longitudinal. Celui-ci, vers l'extrémité libre de l'organe,
se termine par une cavité transversale, en forme de demi-lune.
Du côté du corps même de la Moule, ce sillon se continue
avec le canal excréteur d'une glande spéciale, logée dans l'épaisseur des tissus, entre la racine du pied et le foie et qui n'est autre que la glande du byssus ou glande byssogène.

On sait que la Moule est fixée aux corps marins par une sorte de touffe de filaments de nature chitineuse. On sait aussi qu'elle peut rompre son adhérence avec les objets auxquels elle s'est attachée et se déplacer pour chercher un autre point de fixation. Il n'y a que peu de temps que l'on connaît d'une manière à peu près exacte les conditions dans lesquelles s'effectue la sécrétion des filaments chitineux et que l'on connaît le mécanisme de la fixation elle-même.

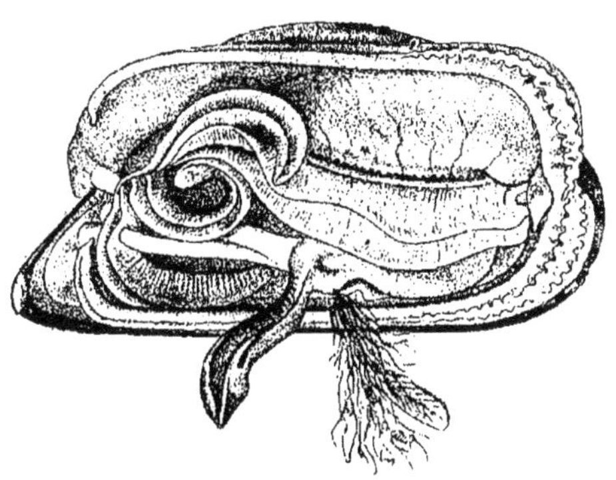

Fig. 59. — Moule ouverte, montrant les rapports généraux des organes.

Sans insister sur les observations de Réaumur, de de Blainville et de Muller (1), nous devons nous arrêter un peu aux

(1) RÉAUMUR, *Des Différentes Manières dont plusieurs animaux de mer s'attachent* (*Hist. de l'Acad. roy. d. sc.* Année 1711, Paris, 1738, IV, p. 114).

DE BLAINVILE, *Manuel de Malacologie* (Paris, 1825, p. 115.)

A. MULLER, *Ueber die Byssus der Acephalen, etc.* (*Arch. fur Naturgeschichte*, 1837, pp. 1-40, pl. 1 et 2).

travaux récents qui ont notablement précisé nos connaissances sur cette question.

Tycho Tullberg a étudié, au moyen de coupes en séries, le
byssus de la Moule, ainsi que les organes qui le produisent.
Dans le pied, il décrit minutieusement deux sortes de glandes :
d'abord une glande blanche, située de part et d'autre du
du sillon médian, constituée par des acinis qui s'ouvrent entre
les cellules épithéliales vibratiles de ce sillon ; en second
lieu, une glande brun verdâtre, dont la plus grande partie
est située profondément autour du vaisseau médian du pied.
Une portion de cette glande brune contourne le sillon semi-
lunaire distal de ce pied et se relie à une deuxième portion
glandulaire placée de chaque côté du sillon longitudinal.
Tycho Tullberg a observé dans l'intérieur de cette glande
des canaux tapissés d'épithélium, entre les cellules duquel
semblent sourdre, dans la lumière des conduits, les produits
de sécrétion, sous la forme de larmes bataviques. Cet auteur
a décrit aussi la glande byssale proprement dite. Il insiste
sur la présence d'épithélium vibratile dans tous les organes
glandulaires byssaux (1).

La glande du byssus est un organe dont on retrouve au
moins des traces chez tous les lamellibranches (2).

Récemment, M. Boutan s'est attaché à étudier la sécrétion du byssus et à déterminer le rôle que joue le pied dans
la forme définitive de cet appareil de fixation (3).

Lorsque, suivant cet auteur, on arrache brusquement le
byssus d'une Moule au moment où elle est ouverte, on
remarque que la partie profonde offre l'aspect de lamelles
verticales très serrées et parallèles, composant une sorte de
bulbe aplati sagittalement, et se continuant par une tige sur
laquelle sont insérés les filaments adhérents aux corps de
fixation. L'extrémité de cette tige n'est pas adhésive par sa
pointe. Des coupes transversales faites au niveau d'émergence

(1) TYCHO TULLBERG, *Die Byssus der Mytilus edulis* (*Nov. Act. reg.
Soc. Upsal. Vol du Jubilé*, 1877, pp. 1-9).
(2) TH. BARROIS, *les Glandes du pied et les pores aquifères des Lamellibranches*, Lille, 1895.
CARRIÈRE, *Die Drüsen im Fuss der Lamellibranchiaten* (*Arbeit. aus
dem Zool. Instit. Wursburg*, t. V, 1879.
(3) BOUTAN (*Arch. Zool. experim.*, 3e série, t. III, 1895, pp. 297-338,
pl. 13 et 14).

de la tige montrent que dans sa partie centrale se trouvent des lamelles molles, chiffonnées ; son écorce est dure au contraire et forme une gaine très résistante. Les filaments s'insèrent sur cette tige, suivant deux lignes opposées, situées dans le plan sagittal. Ils sont plus nombreux, toutefois, du côté du pied. Ces filaments sont terminés par une petite surface ovale, qui semble une sorte de palette de fixation.

Si maintenant on examine les organes centraux, après arrachement du byssus, on voit que le fond de la glande byssale est occupé par un grand nombre de lames verticales, entre lesquelles venaient s'insérer les lamelles correspondantes que nous avons trouvées dans le bulbe. Ces lames sont tapissées par un épithélium cylindrique, entre les cellules duquel s'ouvrent des glandes en grappes, creusées dans l'épaisseur du tissu conjonctif de soutien. Les produits de sécrétion affectent à leur exsudation l'aspect de petites baguettes, ce qui a donné à croire que l'épithélium était muni de cellules vibratiles.

La partie de la glande byssale qui avoisine l'ouverture est dépourvue de ces lames sécrétrices. C'est donc une cavité dans laquelle se déversent les produits de sécrétion et qui s'ouvrent au dehors par un col marqué, pourvu d'un muscle rétracteur puissant.

Voici maintenant, d'après M. Boutan, comment la Moule utilise sa sécrétion byssale. Lorsqu'elle veut se déplacer, elle allonge le pied aussi loin que possible, et au point qu'il atteint, elle fixe un filament. Elle brise ensuite son adhérence avec la surface où elle se trouve, et se hisse au moyen du filament qu'elle vient de poser, vers le point qu'elle veut gagner.

La fixation se fait au moyen du sillon transversal du pied. De ce sillon sort un mucus que l'animal étale à la manière dont on s'y prend pour étaler de la cire à cacheter sur une enveloppe (Boutan). Il se forme alors la petite palette que l'on remarque à l'extrémité des filaments. Si l'animal retire son pied, on voit qu'il demeure suspendu par un fil ténu, relié à l'axe du byssus. La sécrétion vient de la glande byssale proprement dite, puis elle suit le sillon du pied, dans lequel elle se moule. On ignore encore le rôle exact que jouent dans ce phénomène les glandes proprement décrites par Tycho Tullberg.

Cette opération est répétée autant de fois qu'il y a de fils byssaux. Or on en compte toujours plusieurs milliers. Il est à remarquer enfin que la sécrétion peut sortir à l'opposé du pied et que celui-ci peut accomplir une révolution de 180 pour fixer les filaments.

Les organes génitaux des lamellibranches se font remarquer par leur extrême simplicité. Il n'existe, effectivement, chez la Moule et l'Huître ni glandes accessoires ni appareil de copulation ; tout est réduit chez ces animaux à une glande séminale plus ou moins ramifiée.

Dans la très grande majorité des lamellibranches, les sexes sont séparés. La Moule, l'Huître américaine (*Ostrea Virginiana*), l'Huître portugaise (*Gryphea angulata*), sont dans ce cas. L'Huître indigène de nos côtes, au contraire, est hermaphrodite, c'est-à-dire que dans cette espèce, un même individu est susceptible de produire des éléments reproducteurs mâles (spermatozoïdes) et femelles (œufs).

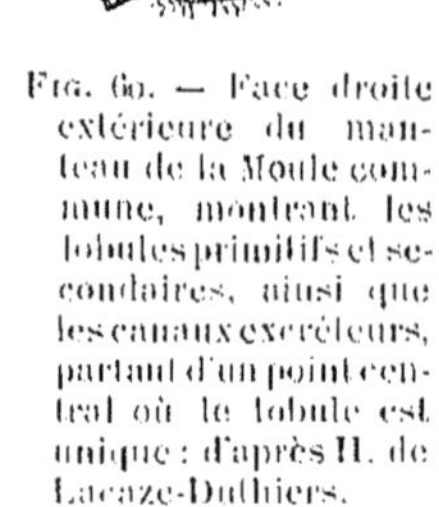

Fig. 60. — Face droite extérieure du manteau de la Moule commune, montrant les lobules primitifs et secondaires, ainsi que les canaux excréteurs, partant d'un point central où le lobule est unique : d'après H. de Lacaze-Duthiers.

L'appareil génital de la Moule est constitué par une paire de glandes en grappes, symétriquement disposées sur les côtés du foie et autour des replis de l'intestin ; il s'étend jusqu'à la base du pied et est contenu en grande partie dans le manteau. Ces glandes ont la même structure dans les deux sexes, et leur forme est identique, mais à l'époque de la reproduction, elles prennent une couleur rouge chez la femelle et un aspect blanchâtre laiteux chez le mâle.

Fig. 61. — Spermatozoïdes de la Moule commune, d'après H. de Lacaze-Duthiers.

Les produits sexuels (spermatozoïdes ou œufs) élaborés par ces organes tombent directement dans la cavité du corps de Bojanus. De là, ils passent dans la cavité palléale, où s'effectue la fécondation.

Chez l'Huître indigène (*Ostrea edulis*), l'organe de la génération se compose de la glande génitale proprement dite et du canal excréteur (1).

La glande génitale est, comme chez la Moule, constituée par deux lobes ramifiés s'étendant autour de la partie du corps qui est située en avant du cœur. Chaque lobe est à son tour constitué par un ensemble de canaux réunis en faisceaux. Ces canaux enfin émettent, en un grand nombre de points de leur paroi, des culs-de-sac disposés verticalement par rapport à la surface du corps.

Les canaux excréteurs des deux lobes principaux s'anastomosent entre eux et aboutissent à un canal collecteur pour chaque lobe, s'ouvrant de chaque côté du corps, au voisinage de l'orifice du conduit spécial à l'Organe de Bojanus.

La surface interne des conduits, dont l'ensemble forme la glande génitale, est tapissée par des cellules épithéliales. Celles-ci, après avoir subi des transformations

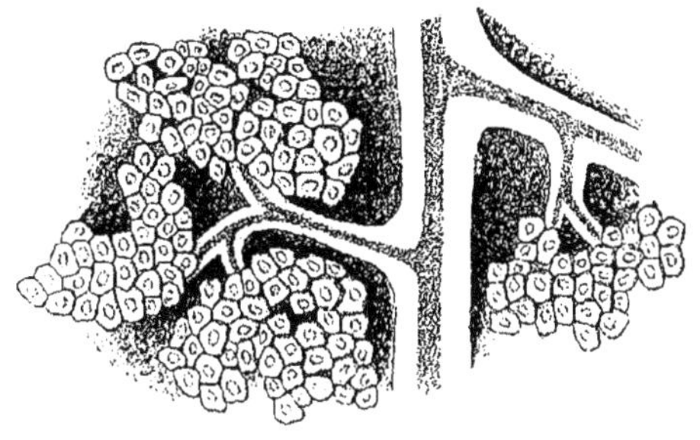

Fig. 62. — Fragment de la glande femelle du *Pecten varius*, montrant les acini groupés en lobules primitifs ; d'après H. de Lacaze-Duthiers.

particulières, donnent les produits sexuels. Mais, comme l'Huître de nos côtes est un animal hermaphrodite, ces éléments peuvent se transformer, suivant le cas, soit en œufs, soit en spermatozoïdes.

A son plus jeune stade, l'œuf de l'Huître se présente comme une petite cellule de 20 à 24 millièmes de millimètre de diamètre. Il est aplati du côté de la paroi du cul-de-sac et bombé sur l'autre face. A ce moment, il se compose d'un corps cellulaire granuleux et d'un noyau clair assez volumineux pourvu d'un nucléole. En même temps que cet ovule s'accroît, les granulations qu'il renferme s'accentuent de plus en plus ; ses parties superficielles se condensent en une couche mince, homogène et anhiste qui caractérise l'œuf en voie de développe-

(1) HOEK, *les Organes de la génération de l'Huître*, dans *Rapport concernant l'Huître et l'Ostréiculture* ; Leyde, 1883-1884, pp. 113-255.

ment. Celui-ci est, en général, incolore ; parfois, cependant, il présente une teinte brune. Les spermatozoïdes, qui dérivent également des cellules tapissant la glande génitale, subissent une évolution fort compliquée et encore imparfaitement éluci-dée ; en tout cas, l'exis-tence de ces corps n'est plus contestable actuellement.

En 1871, le professeur Mœbius établit, d'une façon irréfuta-ble, la présence de spermatozoïdes chez des Huîtres œuvées. Bien que cette obser-vation soit rigoureu-sement exacte, et que les deux éléments sexuels puissent co-exister chez le même individu dans la même

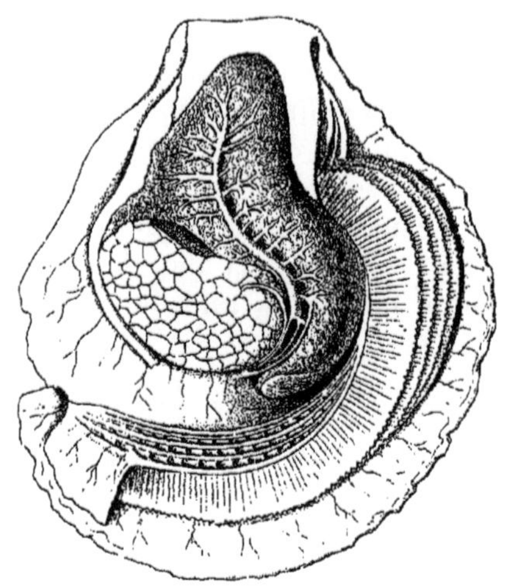

Fig. 63. — Appareil génital de l'Huître indigène : entre deux connectifs nerveux on aperçoit l'orifice intentionnellement élargi du canal ex-créteur ; d'après H. de Lacaze-Duthiers.

glande génitale, il ne faudrait cependant pas en conclure que l'Huître est un animal hermaphrodite au sens strict du terme. En effet, si ce Mollusque est hermaphrodite anatomiquement, il n'en va pas de même au point de vue physiologique. Jamais les œufs et les spermatozoïdes ne par-viennent simultanément à maturité dans le même individu. Ainsi que le professeur Lacaze-Duthiers l'a prouvé, l'Huître indigène est un hermaphrodite remplissant tour à tour — mais non simultanément — les fonctions propres à chaque sexe (1).

Fig. 64. — OEuf d'Huître indi-gène, enve-loppé dans sa capsule ; d'a-près H. de La-caze-Duthier. Gross. 170/1.

Hoek, qui a étudié aussi avec beaucoup de soin l'appareil reproducteur et la fécondation chez l'Huître,

(1) Henri de LACAZE-DUTHIERS, *Recherches sur les organes génitaux des acéphales lamellibranches* (*Annales des Sciences naturelles*, Zoolo-gie, 1854).

répartit en cinq groupes les cas qui peuvent se présenter pour la coexistence des éléments mâles et femelles dans une même glande génitale :

1. Spermatozoïdes mûrs, abondants et presque pas d'ovules ;

2. Spermatozoïdes mûrs et spermatozoïdes en voie de développement, ovules jeunes assez nombreux ;

3. Spermatozoïdes en voie de développement ; quelques rares ovules appliqués contre la paroi canaliculaire ;

4. Abondance d'œufs mûrs ou presque mûrs, pas de spermatozoïdes ;

5. Abondance d'œufs mûrs, quelques spermatozoïdes dans les conduits efférents.

Il est donc à remarquer que dans aucun cas l'animal n'est en état de se féconder lui-même.

Il résulte de ces faits qu'au point de vue de la fécondation, l'Huître indigène se comporte comme l'Huître américaine, l'Huître portugaise et comme la Moule. Chez tous ces lamellibranches — monoïques ou dioïques — la fécondation exige deux individus reproducteurs.

Au moment de la fraye, le sperme est expulsé dans l'eau où vivent les mollusques. Les éléments sexuels mâles jouissent d'une vitalité remarquable. Les œufs au contraire ne peuvent vivre que dans le milieu spécial renfermé entre les deux feuillets du manteau de l'Huître mère. Les spermatozoïdes sont assez résistants pour se maintenir vivaces jusqu'au moment où ils sont attirés par le courant de l'eau respiratoire dans la cavité palléale d'une femelle. Là, ils rencontrent des œufs, et la fécondation peut s'accomplir.

La fécondité des mollusques lamellibranches est considérable. Mœbius évalue à 1.000.000 le nombre d'œufs produits à chaque ponte par un individu (1) ; Bouchon-Brandely estime que ce nombre n'est pas inférieur à 1.200.000 ou 1.500.000 par individus (2) ; Eyton l'évalue à 1.800.000 (3).

Toutefois, il convient de faire observer que, d'après les recherches effectuées dans la Baltique par le Profr. Mœbius,

<hr>

(1) Karl Mœbius, *Die Auster und die Austernwirthschaft*: Berlin, 1877.

(2) Bouchon-Brandely, *Rapport sur la fécondation artificielle et la génération des Huîtres* ; Paris, 1884.

(3) Cité d'après Philpots (*Oysters and all about them*, 2 vol. ; Londres, Richardson and Co, 1891).

une faible proportion d'Huîtres seulement est en état de se reproduire à chaque période de fraye. Cette proportion n'excéderait pas, suivant cet auteur, 44,4 o/o, ainsi qu'il résulte du tableau suivant :

DATES DES OBSERVATIONS	NOMBRE d'Huîtres examinées	Nombre d'Huîtres présentant des éléments reproducteurs mûrs	POUR CENT
16 juin 1873	112	9	8
6 juillet 1873.	63	13	20.6
12-17 août 1869	480	72	13,8
		Total.	44,4

La fraye se produit à des époques variables suivant les années et les latitudes. Parfois, dans les pays situés au Nord de la France, elle commence en août et se termine en septembre. Mais, en général, chez nous, notamment, elle a lieu de juin à septembre. On ne saurait à cet égard fixer de dates précises. On a en effet trouvé dans certains cas des embryons jusqu'en décembre. D'autre part, on a pu observer des produits sexuels arrivés à maturité dès le mois d'avril.

Le Dr Hoek a résumé, dans son excellent travail sur les organes de la génération de l'Huître, les conditions physiologiques de la fécondation de cet animal de la façon suivante :

1° Une Huître qui a du frai dans les branchies est la mère de ce frai ;

2° Au moment d'être pondus, les œufs ne sont pas seulement fécondés, mais ils ont déjà passé par les premiers stades du fractionnement ;

3° Le sperme nécessaire pour la fécondation ne provient pas de l'Huître mère elle-même ;

4° L'eau qui passe sur les Huîtres amène le sperme qu'ont fait échapper d'autres Huîtres. Une partie arrive dans la cavité du manteau, pénètre jusqu'à l'ouverture génitale, la franchit et se répand non seulement dans le conduit principal de l'ouverture génitale, mais aussi dans les branches les plus considérables qui s'en séparent ;

5° Les Huîtres de l'Escaut oriental peuvent avoir du frai dans les branchies quand elles ont deux ans. D'ordinaire, les

Huîtres à frai sont plus âgées. Les Huîtres de quatre ou de cinq ans produisent le plus de frai ;

6° ....

7° Le nombre des Huîtres qui produisent du sperme est, dans l'Escaut oriental, plus grand que celui des Huîtres qui produisent des œufs ;

8° Les œufs d'une Huître mère sont pondus tous à la fois, sauf quelques-uns qui sont mal développés. La production de sperme se continue probablement pendant un temps plus long ;

9° Dans chaque Huître examinée à ce point de vue, à la production et à la ponte des œufs faisait suite une période dans laquelle il ne se formait que du sperme ;

10° Une grande partie du frai que l'on observe fixé aux bancs de l'Escaut oriental, ne provient probablement pas des Huîtres qui se trouvent sur les terrains en exploitation ;

11° On peut avancer que la culture exerce une influence peu favorable sur la faculté procréatrice des Huîtres ;

12° Chez les Huîtres âgées, le foie s'est développé beaucoup plus que chez celles qui sont plus jeunes. Ce développement coïncide avec la marche rétrograde des organes de la génération.

En France, il paraît bien établi par les recherches de Gerbe, faites à Arcachon et à Concarneau, que les Huîtres peuvent se reproduire dès la première année de leur existence. Sur 425 Huîtres d'un an examinées par cet auteur, 35 avaient du frai dans leur cavité palléale, 127 avaient les ovaires pleins d'œufs et 189 étaient pourvues de spermatozoïdes (1).

Dans les pays situés plus au Nord, les Huîtres sont certainement capables de donner des jeunes dans le cours de leur seconde année. Elles atteignent leur maximum de fécondité entre cinq et six ans.

La durée de leur vie est longue. Elles ne sont adultes qu'entre leur sixième et dixième année. Mœbius admet que beaucoup d'entre elles arrivent à vingt ans, voire même 25 et 30 ans.

Lorsque l'œuf a été fécondé par l'un des spermatozoïdes

(1) Gerbe, *Aptitude qu'ont les Huîtres de se reproduire dès la première année* (*Revue et Magasin de Zoologie*, 3ᵉ série, vol. IV, 1876).

qui ont pénétré dans la cavité palléale de la femelle, il est le siège de modifications importantes aboutissant à la constitution de la larve. Tout d'abord, il se segmente en deux sphères faciles à distinguer et d'inégal volume (1).

La plus petite se divise bientôt en quatre autres sphérules et forme ainsi une agglomération cellulaire qui coiffe le pôle supérieur de la grosse sphère provenant de la première division. Cette dernière se divise à son tour en un certain nombre d'éléments constituant le tissu désigné sous le nom d'entoderme par les embryologistes. Les petites cellules donnent naissance, par un processus semblable, à l'ectoderme. En même temps l'embryon perd son aspect sphérique et devient réniforme, par suite de l'invagination des cellules entodermiques.

La dépression ainsi formée s'accentue de plus en plus, et l'on se trouve bientôt en présence d'une masse cellulaire limitant une cavité centrale tapissée par l'endoderme et communiquant avec l'extérieur par une ouverture. Cette cavité est le premier rudiment du tube digestif. A ce moment, la larve est désignée sous le nom de Gastrula.

Peu de temps après, une seconde dépression ectodermique se forme au pôle opposé à la première. C'est l'origine d'une glande que l'on nomme glande préconchylienne. La petite cavité interne formée par les cellules entodermiques s'est alors transformée en une vaste poche ou protogastre.

Parvenue à ce stade, la Gastrula subit des transformations profondes. La glande préconchylienne s'évagine à l'extérieur et se présente comme un plateau recouvert par une mince membrane cuticulaire; celle-ci est secrétée par les cellules ectodermiques et doit être considérée comme le premier indice de la coquille qui abritera ultérieurement l'animal. En même temps, une couronne de cils vibratils se développe autour de la bouche qui vient de se former et donne accès dans une vaste cavité stomacale.

Durant le jour qui suit ces transformations, la coquille a atteint un développement assez considérable pour recouvrir une grande partie du corps de la larve. A ce stade, elle contient déjà du carbonate de chaux.

(1) HORST, *Embryogénie de l'Huître*, dans *Rapport concernant l'Huître et l'Ostreiculture* ; Leyde, 1883-1884, pp. 255-319.

Jusqu'à ce moment, les œufs sont demeurés en incubation dans la cavité palléale de l'animal mère et entre ses lames branchiales. Ils y sont plongés dans une matière muqueuse, nécessaire à leur développement, et dont la consistance comme la couleur fait désigner les animaux contenant du frai sous le nom « d'Huîtres laiteuses ». Mais la teinte blanchâtre de cette masse d'embryons et de la matière muqueuse disparaît au fur et à mesure que se développent les jeunes. Au moment où ceux-ci vont se répandre à l'extérieur, la cavité palléale de l'animal mère prend une teinte gris brun qui passe au gris violet puis au gris ardoisé.

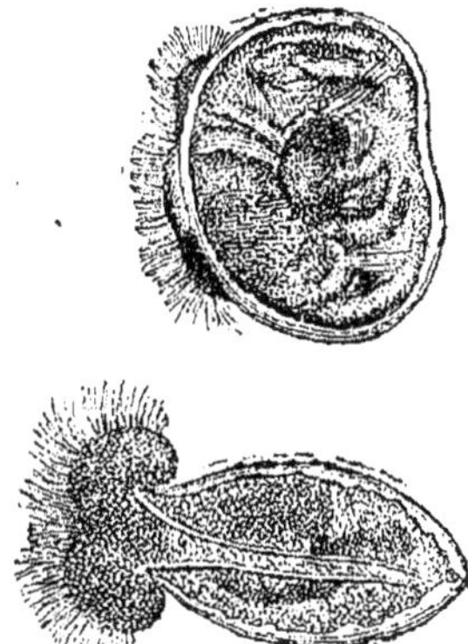

Fig. 65. — Larve mobile d'Huître.

Quand la jeune larve est capable de se suffire à elle-même, elle abandonne donc la cavité palléale de la mère, et, au moyen de sa couronne de cils vibratiles, — qu'on appelle son « voile », — elle nage à son gré au sein des eaux. Elle possède alors un œsophage en forme d'entonnoir qui conduit les aliments dans un estomac fusiforme, que continue un intestin contourné. La larve prend de la nourriture aux dépens des particules organiques qu'elle rencontre sur son passage. Sa croissance s'effectue très rapidement ; les divers appareils anatomiques, que nous avons vu apparaître déjà, se développent ; le foie prend naissance ; des taches de pigment brunâtres apparaissent en divers points du corps et sur les parois du tube digestif en particulier. Pendant toute la période où elle mène une vie libre, la jeune Huître est très délicate, et le moindre abaissement de température peut la tuer.

Lorsque la larve a atteint ce degré de développement, le jeune mollusque est arrivé au stade libre le plus avancé. Il ne lui reste plus alors qu'à se fixer.

Chez la Moule, le processus de la fixation est facile à comprendre. Cet animal possède, en effet, une glande spéciale destinée à secréter des filaments au moyen desquels il s'attache aux corps étrangers.

Mais pour l'Huître, qui semble dépourvue — à l'état adulte tout au moins — d'organes destinés à assurer sa fixation, la question ne laisse pas que d'être encore fort obscure. Il convient de rappeler, toutefois, que Horst, en étudiant au microscope de jeunes Huîtres qui venaient de s'attacher à des plaques de verre convenablement disposées, a observé les faits suivants : le long du bord de la coquille il se dépose une bande étroite de nouvelle matière coquillière, large de 12 millièmes de millimètre, présentant la structure de la coquille adulte et secrétée par le manteau. Le savant hollandais n'ose cependant pas affirmer que cette substance a servi à faire adhérer la coquille à son substratum. Il ajoute qu'il croit avoir constaté la présence d'un petit byssus.

Quoi qu'il en soit, l'animal fixé diffère sensiblement de la larve libre. La coquille mesure 24 centièmes de millimètre, le voile a disparu, et les branchies apparaissent sous forme de filaments détachés.

Aux dimensions près, le jeune Mollusque est alors l'image exacte d'une Huître adulte.

La question qui fut si vivement controversée du métissage de l'Huître indigène par l'Huître portugaise ne présente guère aujourd'hui qu'un intérêt purement historique. Je ne crois pas cependant devoir la passer sous silence.

En 1878, le Dr Henri Leroux, de Nantes, l'un des hommes qui ont le plus sérieusement contribué par leurs expériences à implanter en Bretagne l'industrie ostréicole, accueillit, d'abord avec incrédulité puis avec confiance, une opinion émise devant lui par des parqueurs de Marennes, tendant à considérer certaines Huîtres d'Arcachon comme métissées par l'Huître portugaise. Croyant, d'autre part, que les Huîtres indigènes étaient des hermaphrodites incomplets, il en conclut que le métissage était une vérité absolument démontrée. D'ailleurs, imbu de sa conviction, il trouva dans les formes extérieures des coquilles des signes qui lui parurent évidents d'hybridation. C'étaient, selon lui, les suivants : 1° forme ovalaire des valves chez les sujets métissés ; 2° concavité profonde et plus ou moins digitée de la valve inférieure au-dessous de la charnière ; 3° taches violacées dans la partie intérieure des valves et même à l'extérieur ; 4° goût plus ou moins

prononcé d'huile de poisson ; 5° enfin, gaufrure assez rare de
la valve inférieure. L'auteur ajoute que tous ces signes ne se
trouvent pas réunis sur le même sujet.

Aussi, le Dr H. Leroux demanda-t-il que l'État prohibât
rigoureusement l'importation en France des Huîtres portugaises. « Opposons une barrière énergique à ce flot immonde,
dit-il, déclarons une guerre d'extermination à l'Huître de
Portugal ; laissons piller les bancs qu'elle a envahis, que partout elle soit traquée sans relâche jusqu'à la dernière » (1)...

Le Dr Gressy, de Carnac, soutint vivement l'opinion émise
par le Dr Leroux, dont il partageait du reste les travaux (2).

Mais la question prit une tournure grave lorsque le major
Hayes, inspecteur des pêches irlandaises, crut devoir engager
ses compatriotes à ne plus pratique l'élevage et l'engraissement des Huîtres en provenance du bassin d'Arcachon, sous
prétexte qu'elles étaient métissées (3).

Cependant, dans une lettre adressée à MM. de Montaugé,
d'Arcachon, qui se consacraient avec M. Bouchon-Brandely à
l'étude des conditions dans lesquelles s'effectuait la fécondation des Huîtres portugaises, le Dr Paul Fischer combattait
victorieusement l'opinion du métissage de nos Huîtres indigènes par ces mollusques, basée sur l'existence de formes pré-
tendues hybrides, déterminées par les coquilles.

« Il m'a été impossible, disait-il, jusqu'à présent, de trouver
des Huîtres ayant des caractères mixtes entre l'*Ostrea edulis*
et l'*Ostrea angulata*. Les spécimens considérés comme des
hybrides sont des *Ostrea edulis*, dont les valves sont ornées
de rayons violets. En cet état, ces Huîtres ont été nommées,
il y a fort longtemps, *Ostrea parasitica* par les auteurs anglais,
et *Ostrea bicolor* par Hanley (d'après des spécimens des côtes
de Bretagne) et par moi. Ces noms ont été créés bien avant
que l'Huître de Portugal ait été importée sur le littoral français. Mais cette variété prend, à l'âge adulte, exactement
l'apparence de l'*Ostrea edulis* typique.

« L'*Ostrea angulata* a toujours sur la grosse valve de 5 à
8 gros plis flexueux. L'*Ostrea edulis* en a de 20 à 30.

<hr>

(1) Dr H. Leroux, *Hybridation de l'Huître* ; Nantes, 1878.
(2) Dr Gressy, *les Huîtres métisses* ; Vannes, 1880.
(3) *Report on the principal Oysters Fisheries of France* ; Dublin. 1878,
pp. 22-24.

« L'*Ostrea angulata* a toujours l'impression musculaire violette. L'*Ostrea edulis* ne présente une légère teinte rosée que très exceptionnellement dans nos régions. La teinte rosée est plus marquée sur les Huîtres de Bergen.

« L'*Ostrea angulata* a les papilles du bord du manteau noires et très longues. L'*Ostrea edulis* les a tantôt foncées, mais bien plus souvent à peine colorées et toujours plus courtes.

« L'*Ostrea angulata* vit normalement dans la zone littorale (entre les limites des marées) et découvre donc tous les jours. L'*Ostrea edulis* vit normalement dans la zone des laminaires, au-dessous des basses mers, et ne découvre qu'aux grandes marées.

« L'*Ostrea edulis* rayonnée de violet se trouve subfossile à Arcachon.

« Les Anglais ont décrit depuis fort longtemps deux variétés d'*Ostrea edulis*, l'une appelée *deformis* qui, gênée par les Huîtres voisines, prend une forme un peu gryphoïde, mais qui, dans les conditions normales, reprend la forme typique ; l'autre appelée *tincta* qui est entièrement colorée de jaune et de violet à l'intérieur ; je ne l'ai jamais vue en France. Mais ces deux variétés sont pour tous les auteurs anglais des *edulis*. En somme, les deux espèces *angulata* et *edulis* ne présentent aucun passage et se maintiennent avec leurs caractères.

« ... L'hybridation des deux espèces est une pure hypothèse, qui n'est établie sur aucun fait et que, pour ma part, je repousse absolument. (1). »

Les travaux anatomiques et embryologiques de M. Bouchon-Brandely ont confirmé, du reste, les recherches purement zoologiques de M. P. Fischer.

Cet auteur a montré en effet, que, comme l'Huître américaine (*Ostrea virginiana*) l'Huître portugaise est unisexuée et que la fécondation de ses œufs, au lieu de s'opérer, comme pour l'*edulis*, entre les valves du manteau de la mère, s'opérait dans les eaux du milieu ambiant (2).

Il n'en est pas moins vrai que l'Huître portugaise constitue un concurrent, sinon un ennemi, redoutable pour l'Huître indi-

---

(1) P. Fischer, dans *Mémoire sur l'Hybridation et la Fécondation artificielle des Huîtres*, par MM. de Montaugé ; Bordeaux. 1880, pp. 46-48.

(2) Bouchon-Brandely, *Comptes rendus de l'Ac. d. sciences*, 31 juillet 1882.

gène. Douée d'une fécondité et d'une rusticité très grandes, l'Huître portugaise, si les parqueurs ne prenaient pas à son égard de sages mesures de précaution, envahiraient rapidement toutes nos installations ostréicoles. La facilité avec laquelle elle croît dans les régions littorales, comme l'avait reconnu P. Fischer, la rend aussi bien très apte à concurrencer l'Huître indigène sur les plages basses où on la cultive (1).

Bien que l'on ne fût pas encore définitivement fixé sur la sexualité de l'*Ostrea angulata*, au moment où le Dr P. Brocchi écrivait son traité d'ostréiculture, ce naturaliste pensait que l'Huître portugaise pouvait devenir un danger pour notre ostréiculture, non pas tant par crainte de son métissage avec l'Huître française — crainte qu'il considérait comme chimérique — que par la vigueur avec laquelle elle pouvait se multiplier et se développer dans nos régions d'élevage (2).

Les travaux de Viallanes ont montré enfin que la généralisation de l'élevage des Huîtres portugaises dans les parcs français était susceptible d'affamer les Huîtres indigènes et d'en rendre la production difficile ou même impossible.

Les conditions dans lesquelles s'effectue la nutrition des Huîtres ont été parfaitement mises en évidence par ce regretté savant, dans ses recherches sur la filtration de l'eau par les mollusques (3).

Henri Viallanes a constaté que les Huîtres et les Moules, ainsi que les animaux fixés sur le substratum marin, établissant un courant rapide entre les valves de leur coquille, agglutinaient en volumineux grumeaux certaines des particules en suspension dans le liquide. Ces particules étaient le plus souvent dirigées vers la bouche du mollusque et servaient à sa nutrition ; d'autres formaient des grumeaux fins enveloppés dans un mucus secrété par le manteau et étaient rejetés en

(1) Bouchon-Brandely évalue à près de 4.000.000 le nombre des œufs que peut produire une seule femelle d'*Ostrea angulata* dans une saison de ponte, dans *Rapport au Ministre de la Marine sur la génération et la fécondation artificielle des Huîtres portugaises* (*Journal officiel*, 16 et 17 décembre 1882 ; tirage à part, p. 30).

(2) P. Brocchi, *Traité d'ostréiculture* (Paris, Librairie agricole de la Maison rustique, 1883), pp. 84, 90.

(3) Henri Viallanes, *Recherches sur la filtration de l'eau par les Mollusques et applications à l'ostréiculture et à l'océanographie* (*Comptes rendus de l'Académie des sciences*, 1892).

dehors de la coquille. Les excréments solides des Huîtres et des Moules et les grumeaux provenant des agglutinations palléales formaient donc la vase organique que l'on voit se déposer au voisinage de tous les bancs de mollusques fixés.

Henri Viallanes a déterminé aussi « l'activité filtrante » de ces mollusques. Sur le fond d'un bac où circulait un courant d'eau continu, il plaça des cristallisoirs contenant respectivement : des Huîtres indigènes, des Huîtres portugaises et des Moules. D'autres cristallisoirs servaient de témoins, de manière à déterminer la quantité exacte des matières en suspension dans l'eau qui se déposaient sous la seule action de la pesanteur.

Au bout d'un certain nombre de jours, il recueillit, sécha et pesa les matières déposées dans les divers cristallisoirs. En déduisant du poids de celles qui provenaient des récipients contenant les mollusques le poids des éléments déposés d'une façon purement mécanique dans les cristallisoirs témoins, il constata que les quantités précipitées par les mollusques étaient proportionnelles aux volumes d'eau filtrés. D'autre part, il arriva à ce résultat qu'une Huître portugaise a une activité filtrante valant 5 fois et demie celle d'une Huître indigène, et que la Moule a une activité analogue équivalant à 3 fois celle de la même Huître indigène.

Si, de plus, on s'adresse à des animaux plus âgés, on voit s'accuser encore cette disproportion entre les pouvoirs de filtration des Huîtres indigènes, des Huîtres portugaises et des Moules.

Comme le fait remarquer l'auteur de ces recherches, ces constatations méritent d'attirer l'attention des Ostréiculteurs. Il n'est pas douteux que le pouvoir de filtration des mollusques est proportionnel à la quantité de nourriture qu'ils sont aptes à se procurer dans le milieu liquide qui les entoure. Dans ces conditions, on conçoit combien doit être vive la concurrence vitale que les Moules et les Huîtres portugaises font à nos Huîtres indigènes dans tous les endroits où ces Mollusques occupent des terrains rapprochés.

C'est ainsi que dans le bassin d'Arcachon, Henri Viallanes évaluait à 3 milliards le nombre des moules qui dépouillaient l'eau marine des matières nutritives qui pourraient servir à la nutrition des Huîtres.

Un banc d'Huîtres doit donc être considéré comme un puissant appareil de filtration. Non seulement, du reste, les Huîtres mêmes qui le composent dépouillent l'eau des matières qu'elle tient en suspension, mais les ascidies et autres animaux qui vivent sur ces bancs jouent un rôle identique, avec une énergie plus grande que celle de l'Huître elle-même.

Ayant délayé dans de l'eau de mer de l'argile sèche ($0^{gr},0546$ par litre, proportion qui se présente fréquemment dans la nature), Henri Viallanes observa qu'en 24 heures une Huître française en avait déposé $0^{gr},199$, une Huître portugaise $1^{gr},075$, et une Moule du même âge $1^{gr},768$. Il estime que la matière organique agglutinante ne dépasse pas le centième du poids de l'argile déposée.

Cette constatation nous permet de comprendre comment les Huîtres portugaises et les Moules peuvent vivre dans des eaux relativement vaseuses, où l'Huître indigène est condamnée à périr rapidement.

Ces réserves faites, il n'est pas contestable que la production, l'élevage et l'engraissement de l'Huître de Portugal, en raison même de la rusticité de ce mollusque, constituent une industrie très lucrative et moins soumise aux aléas que l'élevage de l'Huître indigène.

On ne peut donc qu'approuver la ligne de conduite adoptée par l'administration de la marine qui, malgré les nombreuses demandes qu'elle a reçues sur ce sujet, s'est toujours refusée à prohiber l'élevage du Naissain portugais, fortuitement acclimaté chez nous.

On sait que sur nos côtes — de même que sur quelques points des côtes anglaises — les Huîtres sont susceptibles d'acquérir une coloration verte très prononcée, localisée sur les branchies et les palpes labiaux des Mollusques.

Chez nous, l'Huître verte constitue un aliment particulièrement recherché ; aussi une industrie spéciale s'est-elle créée depuis de nombreuses années pour sa production. Au moment où Coste parcourait le littoral de la France, dans le but de rechercher les moyens d'améliorer par l'aquiculture la situation des pêcheurs, il trouvait florissante, sur les bords de la Seudre, l'industrie de l'engraissement et du verdissement des Huîtres. Nous aurons plus tard l'occasion d'étudier les conditions dans lesquelles fonctionne actuellement cette industrie ; pour le moment nous devons nous arrêter sur le phénomène biologique qui produit le verdissement et qui a été longtemps discuté.

D'ailleurs, on a confondu volontairement ou involontairement, par pur esprit de concurrence commerciale ou par ignorance simple, le verdissement physiologique qui va nous occuper maintenant avec la viridité pathologique que présentent occasionnellement certaines Huîtres, et que nous examinerons plus loin.

Suivant les gens de mer, le verdissement de l'Huître, dans les régions où l'on produit ce phénomène, tient à la salure des eaux, à l'influence plus ou moins prolongée de certains vents ou à la nature du sol.

Coste, après avoir cherché à déterminer, par la voie chimique, avec l'aide de M. Berthelot, les causes réelles ou immédiates du verdissement, n'avait pu trouver la solution satisfaisante. Il concluait, en effet, en reconnaissant que l'influence de la nature du sol paraissait évidente sur la production constante du phénomène.

Cependant, en 1820, Gaillon avait remarqué qu'il existait une relation entre le verdissement et la présence sur les terrains d'engraissement des Huîtres de Diatomées spéciales, auxquelles il se contenta de donner le nom de *Vibrio ostrearius*, sans pousser plus loin ses recherches (1).

Plus tard, on prétendit que les Huîtres vertes étaient produites en immergeant ces mollusques pendant quelque temps dans une solution légère de sulfate de cuivre.

Mais en 1878, M. Paul Petit renouvela, sur des Huîtres de Courseulles, les observations de Gaillon, et, en 1880, M. Puységur donna une explication du verdissement physiologique qui fut longtemps considérée comme absolument exacte (2).

Tout d'abord cet auteur établit que : 1° des huîtres placées dans une solution de sulfate de cuivre ne se coloraient pas du tout, et que 2° elles mouraient rapidement si on les mainte-

---

(1) B. GAILLON, *Des Huîtres vertes et des causes de cette coloration* (*Journal de Physique*, t. XCI, septembre 1820).

(2) PUYSÉGUR, *Notice sur la cause du verdissement des Huîtres* (*Revue maritime et coloniale*, 1880).

naît dans cette solution. Puis ayant installé au Croisic des parcs d'engraissement, il constata que les Huîtres qu'il y avait mises verdissaient et que le fond de leurs claires était tapissé d'une sorte de poussière colorée en vert, formée par des frustules innombrables d'une diatomée. Avec l'aide de M. Bornet, M. Puységur étudia cette diatomée. Ils constatèrent que s'était une navicule. Dans les navicules ordinaires, on trouve, à l'intérieur de la capsule siliceuse, un liquide incolore que coupent deux bandes longitudinales de granules jaunes bruns. Dans celles qu'examinèrent ces auteurs, ces deux bandes existent encore, mais le liquide qui les baigne est d'un magnifique bleu d'azur. Cette teinte est du reste plus prononcée aux extrémités qu'au milieu des frustules, où quelquefois elle est totalement absente. Cette substance est soluble dans l'eau douce, tandis que la chlorophylle et la diatomine y sont insolubles. La dessiccation la fait disparaître, et on la dissout dans de l'eau acidulée.

Consulté par MM. Bornet et Puységur, le botaniste autrichien Grünow détermina la diatomée recueillie au Croisic et lui donna le nom de *Navicula fusiformis*, variété *ostrearia* (1).

Ayant recueilli avec beaucoup de soin des diatomées dans une claire, M. Puységur plaça dans des assiettes plates le liquide qui les contenait. Dans d'autres assiettes, il mit de l'eau de mer ordinaire. Dans tous ces récipients, il plaça alors des Huîtres blanches. Il constata que les mollusques se teintaient en vert dans les premiers vases et demeuraient blancs dans les seconds. Cette expérience fut renouvelée par son auteur un certain nombre de fois. Puis il expédia à M. Decaisne, au Muséum d'histoire naturelle, des Huîtres blanches d'une part, et d'autre part un flacon contenant des Diatomées bleues en suspension dans de l'eau de mer. A Paris, M. Decaisne renouvela et vérifia dans son laboratoire les expériences faites par M. Puységur au Croisic.

Cet auteur, en découvrant la cause immédiate du verdissement, admit que, absorbée par l'Huître, la diatomée était digérée et que son pigment bleu passait directement dans le sang de l'animal. Aussi, disait-il, les parties les plus colorées

---

(1) GRÜNOW, *New Diatoms from Honduras* (*Miscrosc. Month Journal*, 1877. p. 178).

de l'Huître sont-elles les plus vascularisées, les branchies et les palpes labiaux notamment.

Il ajoute que l'on peut expliquer les opinions des pêcheurs sur les causes qu'ils attribuent au verdissement. En effet, les pluies persistantes font disparaître la coloration verte, le pigment bleu étant soluble dans l'eau douce. Les temps secs au contraire sont favorables au développement de la viridité. Comme la sécheresse ou l'humidité sont sur nos côtes en relations étroites avec certains vents, on comprend que les pêcheurs aient à attribué à ces vents d'être les causes du verdissement. Ils en étaient bien à la vérité des facteurs.

Mais, si importante que fut la découverte de Puységur, en raison surtout des bruits fâcheux que l'on faisait courir sur la nature de la coloration verte de nos Huîtres de Marennes et autres lieux, elle laissait encore dans l'obscurité bien des points curieux du phénomène du verdissement. Elle n'en expliquait que très incomplètement le mécanisme physiologique.

Le pigment de la *Navicula ostrearia*, ainsi que Bornet l'a établi en 1877, est bleu et non vert. Ray Lankester nomme « marennine » ce pigment, dont l'analyse n'a jamais été faite qu'incomplètement à notre connaissance. Berthelot a reconnu que « la matière colorante des Huîtres de Marennes ne ressemble ni à celle du sang, ni à celle de la bile, ni à la plupart des matières colorantes animales ou végétales ». Il a été parfaitement établi par ce savant que cette matière colorante n'a aucun rapport avec la chlorophylle. Ray Lankester, lui, démontra, par l'analyse spectrale que la substance qui teinte les Huîtres de Marennes fournit des réactions identiques à la Marennine de la *Navicula ostrearia*.

Ce naturaliste poussa plus loin ses investigations ; il établit que dans l'Huître verte le pigment est localisé dans certaines cellules épithéliales superficielles des branchies et des palpes labiaux. Il considère ces cellules comme sécrétrices. On les retrouve d'ailleurs dans les Huîtres non vertes, mais elles sont alors colorées en jaune brun et cette teinte fait place à la coloration verte chez les Huîtres de Marennes (1).

Mais comment les granules pigmentaires arrivent-ils à se

____

(1) RAY LANKESTER, *On the Greeness of Oysters* (*Quarterly Journal of microscopical Science*. 3e série, t. XXVI, 1886, pp. 71-94).

localiser dans les cellules décrites comme glandulaires par Ray Lankester?

Ryder pense que la matière colorante est charriée par les corpuscules sanguins. Il dit que l'on peut trouver des cellules amœboïdes pigmentées dans le cœur, dans les vaisseaux et que l'on en trouve, réunies sous forme de kystes, dans les cellules sous-jacentes à l'épithélium du manteau.

Pour Pelseneer, les granulations pigmentaires sont insolubles et forment un produit nocif dont le sang doit être débarrassé. Les corpuscules sanguins, dans ce cas, jouent le rôle de phagocytes et empêchent l'accumulation de ces granules pigmentaires dans le liquide nourricier. Les palpes labiaux et les branchies constituent, d'autre part, des lacunes vasculaires qui ne sont séparées du milieu ambiant que par l'épaisseur de leur épithélium. Quand, entraînés par le courant circulatoire, ces globules sanguins pénètrent dans ces organes, ils s'insinuent entre les cellules de l'épithélium, détruisent certaines d'entre elles, de manière à gagner la surface externe de l'organe, puis sont mis en liberté au dehors.

Pelseneer croit que c'est au moment de leur passage dans les couches épithéliales que ces phagocytes présentent l'aspect de cellules glandulaires, comme ils ont été décrits par Ray Lankester. Cet auteur explique ainsi facilement comment se fait la décoloration des Huîtres vertes en dehors de leur milieu d'élevage et d'engraissement. D'après lui, les corpuscules pigmentaires sont, en effet, éliminés au bout de trente-six heures au maximum, par la surface libre des branchies et des palpes. Il attribue aux mêmes influences les colorations de branchies en violet ou en brun comme le cas se présente pour les Huîtres de divers parcs français (1).

En France, le profr. Johannès Chatin s'est occupé depuis plusieurs années de l'étude du phénomène du verdissement des Huîtres, envisagé au point de vue purement biologique.

Il a constaté d'abord que la coloration des Huîtres vertes était surtout développée dans les régions branchiales. Là, elle est localisée au sommet des papilles branchiales. Dans ces papilles il a trouvé, au-dessous des cellules vibratiles,

(1) P. PELSENEER, la *Phagocytose défensive chez les Huîtres vertes*, dans *Bull. de la Soc. Malacol. Belg.*, t. XXVII, 1892.

d'autres cellules arrondies et volumineuses (diamètre 250 μ), auxquelles il a donné le nom de macroblastes. Ces macroblastes formées par un paraplasma granuleux sont entourées d'une couche de hyaloplasma qui, au premier abord, peut passer pour une cuticule. Dans les paraplasma on trouve de nombreuses granulations distinctes du noyau, colorées en vert bleuâtre et en diverses autres teintes (1).

M. J. Chatin a observé de plus que, dans certaines Huîtres, ces macroblastes pouvaient être le siège d'une coloration brune. au lieu de la coloration verte qui existe chez les Huîtres de Marennes. Il suggère l'idée que cette coloration brune est peut-être due à l'ingestion, par les Mollusques cultivés, d'une diatomée spéciale (2).

Cet auteur a, plus tard, établi que ces macroblastes sont des cellules d'origine conjonctive et non pas épithéliale (3).

Contrairement à l'opinion de Ryder, enfin, M. J. Chatin attribue à des cellules conjonctives spéciales, à des macroblastes et non aux globules sanguins, le pouvoir de jouer le rôle de phagocytes chez les Huîtres. Ces cellules, dit-il, ont jusqu'à 300 μ de diamètre, tandis que les globules sanguins ont de 10 à 12 μ et sont possesseurs d'un noyau énorme. Il a vu des cellules conjonctives s'emparer des matières de dénutrition, les charrier vers les régions palléales et se désagréger à la surface du manteau en mettant leur contenu en liberté.

D'après de Bruyne, enfin, le pigment provenant de l'ingestion des navicules bleues par l'Huître est incorporé par les leucocytes et expulsé par ceux-ci au niveau des épithéliums branchiaux et palpaires (4).

En somme, pour tous les auteurs dont nous venons de parler, absorbé par le mollusque, le pigment bleu ou marennine, de *Navicula ostrearia*, paraît devoir être considéré comme une matière inutile à la nutrition de l'Huître. Celle-ci

(1) J Chatin *Du Siège de la coloration des Huîtres vertes* (Comp. rend. Ac. d. sc., t. CXVI, 1893, pp. 264-266).

(2) J. Chatin, *Du Siège de la coloration chez les Huîtres brunes* (Comp. rend. Ac. d. sc., t. CXX, pp. 884-887).

(3) J. Chatin, *Sur les Macroblastes des Huîtres, leur origine et leur localisation* (Comp. rend. Ac. d. sc., t. CXXI, pp. 796-799).

(4) De Bruyne, *Contribution à l'étude de la Phagocytose,* dans *Archives de Biologie,* t. XIV, 1895.

s'en débarrasse donc par un processus de phagocytose. Le siège anatomique de ce phénomène est localisé dans les branchies et les palpes labiaux de l'animal.

Mais le naturaliste italien Dav. Carazzi nie absolument que le phénomène du verdissement soit dû à l'ingestion de la navicule bleue de Grünow. Il pense que la pigmentation verte de l'Huître et la pigmentation bleue de la *Navicula fusiformis* sont deux phénomènes indépendants l'un de l'autre et tenant à ce que ces deux êtres vivent sur un sol et dans un milieux où ils peuvent prendre des éléments nécessaires à leur pigmentation propre. Il qualifie de *storiella* l'explication donnée par Puységur au phénomène du verdissement, et, par conséquent, il considère comme absolument erronées toutes les recherches faites par les savants dont nous avons résumé les travaux. Suivant Dav. Carazzi, la coloration des Huîtres blanches obtenue par Puységur tenait seulement à ce fait que les navicules bleues se précipitaient dans les organes palléaux et branchiaux et non pas à un phénomène de nutrition ou de post-digestion.

Bien que cet auteur tire des déductions physiologiques de ses travaux, il est bon de rappeler que ceux-ci sont d'ordre purement histologique. Selon lui, les cellules épithéliales de diverses régions du corps de l'Huître ont la propriété de prendre au milieu ambiant les éléments nécessaires à l'élaboration du pigment vert ou marennine. Celui-ci n'est pas préformé toutefois dans ce milieu, et les épithéliums le fabriquent de toutes pièces par l'action de leur biologie propre.

Carazzi fait remarquer d'ailleurs très justement que la pigmentation spéciale des Huîtres de Marennes n'est pas absolument localisée dans les branchies et les palpes. Elle existe aussi sur toute l'étendue de la muqueuse digestive, la région stomacale exceptée. De plus, il insiste sur ce fait que la décoloration des Huîtres de Marennes est loin d'être aussi rapide que l'ont admis Pelseneer et autres. Le pigment vert, à son sens, est soit un pigment respiratoire, soit plus probablement un véritable aliment. Élaboré par les épithéliums, il est drainé dans la partie profonde de ces tissus par les amœbocites (plaquettes hématiques) qui, après s'en être chargés, le transportent au foie. Là, il est absorbé.

En octobre, les Huîtres vertes ont déjà l'épithélium des

palpes, des branchies et de l'intestin colorés en vert. Le foie, par contre, ne présente pas cette couleur ; c'est tout au plus si l'on y voit quelques amœbocites offrant des granulations vertes et seulement dans le tissu conjonctif interlobulaire. A ce moment, en effet, on ne voit point ou très rarement de ces amœbocites pigmentés dans les lobules hépatiques eux-mêmes.

Un peu plus tard, les amœbocites pigmentés sont plus abondants dans le foie, aussi bien dans le tissu conjonctif interlobulaire que dans les canaux lobulaires : en outre, on voit des amœbocites qui pénètrent dans les cellules hépatiques. Plus tard encore, quand le verdissement commence à pâlir, mais est encore visible dans les épithéliums où il se trouve normalement, il n'est pas rare de trouver des amœbocites colorés à l'intérieur des lobules ; ils sont alors très abondants dans les cellules hépatiques ; leur couleur est moins accentuée toutefois, elle est en effet presque jaunâtre. Enfin, quand les animaux sont retirés depuis longtemps des claires à verdir et que les épithéliums sont complètement décolorés, le foie ne présente plus d'amœbocites verts, mais on trouve des granulations jaunâtres dans les cellules hépatiques.

Ainsi, pour Carazzi, le phénomène du verdissement s'accomplirait à l'inverse, à peu près, de ce qui a été dit par tous les auteurs qui se sont occupés de cette question. Aussi je crois devoir donner ici, *in extenso*, les conclusions de son travail :

« Les recherches histologique faites jusqu'ici sur les Huîtres de Marennes ont abouti à des conclusions erronées de la part des naturalistes qui les ont effectuées.

« Lankester et J. Chatin commettent une erreur quand ils croient que les cellules sécrétrices ou macroblastes contiennent du pigment vert. Ces cellules sont certainement et toujours colorées ; elles jouent le rôle de cellules muqueuses et produisent une substance qui a l'apparence physique, mais non les propriétées chimiques du mucus.

« Ces auteurs se trompent également quand ils attribuent à ces cellules la faculté de se mouvoir (d'émigrer).

« L'opinion de P. Pelseneer, de de Bruyne et de Lankester, à savoir que la coloration verte des palpes et des branchies de l'Huître de Marenne est due au transport — de l'appareil digestif vers le milieu extérieur — de matières inutiles ou nuisibles dans le sang, par l'intermédiaire d'amœbocites, jouant le rôle de véhicules excrétoires et traversant par diapédèse les épithéliums, en les détruisant sur une plus ou moins grande épaisseur, est complètement erronée.

« Une diapédèse excrétoire et une phagocytose, c'est-à-dire une destruction de l'épithélium, telles que les a observées de Bruyne, sont des manifestations pathologiques et non physiologiques.

« La cause du verdissement de l'Huître de Marennes, attribuée par l'absorption de ce mollusque d'une diatomée verte, comme le croient Puységur, Lankester, J. Chatin, Pelseneer, de Bruyne, Herdmann, est également controuvée. La présence ou l'absence de cette navicule n'influe aucunement sur le phénomène du verdissement.

« On ne doit tenir aucun compte de l'opinion de Ryder et de celle d'Herdmann, au sujet de l'attribution du verdissement à une maladie du foie ou à une leucocytose.

« Le phénomène du verdissement est dû à une véritable fonction d'assimilation du protoplasma de la partie apicale des cellules cylindriques épithéliales de toutes les muqueuses, tant externes qu'internes, excepté celles de l'estomac et de la région occupée par la tige cristalline. L'épithélium du manteau, toutes ses cellules sensorielles, pigmentaires et sécrétrices ont la propriété de fabriquer de la substance verte. L'épithélium des branchies, hormis ses cellules sécrétrices, possède cette propriété à un degré plus élevé. Il en est de même de la muqueuse des palpes, de l'œsophage, de l'intestin moyen et terminal jusqu'à l'anus, à l'exception des cellules à mucus et des cellules claviformes.

« La substance colorante ou marennine n'existe pas toute formée dans le milieu ambiant, mais elle est fabriquée au moyen des éléments pris dans ce milieu, par l'activité biologique propre du protoplosma des épithéliums, à la manière dont les cellules de l'intestin moyen des vertébrés fabriquent des substances grasses, — telle que l'on décrite Gruenhagen, Nicolas et autres.

« *A l'intérieur de l'épithélium, dans la région où se forme la marennine (partie apicale des cellules cylindriques) celle-ci a une apparence diffuse, tout au plus finement granuleuse. En se rapprochant de la partie basale* de cet l'épithélium, on voit le *pigment se rassembler en grumeaux* ayant un diamètre de 1 à 2 μ.

« Un des principaux éléments constitutifs de la marennine est le fer, mais non exclusivement ; ce métal ne suffit pas pour qu'il se produise du pigment vert ; il entre dans la composition d'autres pigments de couleurs différentes, jaune, brune, etc. La marennine est un composé organique différent de tous ceux qui sont actuellement connus.

« Les amœbocites du sang se chargent de granulations vertes à l'intérieur de l'épithélium, et, se frayant un chemin au travers du tissu conjonctif de soutien, les transportent au foie.

« Pendant l'absorption des amœbocites par le foie, les granulations vertes sont profondément modifiées.

« En dehors des épithéliums dont nous avons parlé, des amœbocites et du parenchyme hépatique, aucun autre organe ou tissu ne contient de marennine.

« Si l'on peut admettre que la marennine est un pigment respiratoire, il est encore plus vraisemblable que c'est un véritable aliment.

« Si les Huîtres de provenances diverses (telles que la Spezzia) sont maintenues sur un fond contenant de l'argile ocracée, *elles présentent une pigmentation* (jaune, brune, etc.) *analogue à la marennine par son mode de formation, sa distribution et par ses réactions sous l'influence des agents histologiques* (fixateurs, durcisseurs, colorants).

« La décoloration a lieu dans une période de temps variable, suivant la durée même du verdissement. Ordinairement, celui-ci persiste visiblement pendant un, deux et même trois mois. La partie apicale des cellules cylindriques épithéliales se décolore d'abord, puis c'est le tour des autres parties du tissu épithélial ; mais dans le foie on trouve des granulations de marennine partiellement décomposée longtemps encore après que les épithéliums sont complètement décolorés.

« Les amœbocites des Huîtres, bien que d'une seule espèce, anatomiquement parlant, se présentent sous deux aspects différents qui doivent correspondre à divers états fonctionnels (respiratoires ?) La fragmentation nucléaire précède l'associa-

tion de la marennine à l'amœbocite. Cette fragmentation
nucléaire ou division directe du noyau ne représente donc pas
une dégénérescence de l'amœbocite, comme cela a été
affirmé.

« Si les amœbocites charrient vers le foie les granulations de
Marennine ou autres pigments, le plasma sanguin seul n'est
donc pas chargé de véhiculer les matières assimilées par le
protoplasma des cellules épithéliales.

« Le foie de l'Huître joue certainement un rôle d'absorption (1). »

Comme on le voit, les conclusions du savant italien tendent à modifier profondément notre manière de voir, non
seulement au sujet des causes immédiates du verdissement
de l'Huître, mais encore à l'égard d'un certain nombre de
questions de biologie générale. Des figures colorées très
claires qui accompagnent son mémoire permettent de bien
suivre les développements de l'auteur. Ici, je ne puis m'empêcher cependant de remarquer que, si Carazzi met bien
en lumière les défauts d'argumentation des savants qui ont
étudié cette question avant lui, il ne nous explique qu'insuf-
fisamment la genèse du pigment vert, qu'il se refuse à admettre comme provenant de l'ingestion de la Navicule bleue
de Grünow.

De Brébisson, cité par Carazzi, dit : « On a cru que cette
espèce (la *Navicule*) communiquait sa couleur aux Huîtres
vertes, tandis qu'il paraît qu'elle prend cette couleur quand
elle croît dans un parc ayant la tendance à verdir les Huîtres. » Comme on le voit, cette opinion de Brébisson est du-
bitative. Malgré tout l'intérêt et toute la valeur des recherches du naturaliste italien, il nous paraît difficile de tenir
pour nulle l'observation de Puységur. Or, s'il est incontestable que celui-ci a fait verdir des Huîtres en les mettant
simplement dans un milieu contenant des navicules bleues,
alors que, dans des récipients témoins contenant une eau
identique, mais dépourvue de ces diatomées, les Huîtres
demeuraient blanches, il nous paraît impossible de croire que
Bornet et Decaisne, qui ont contrôlé ses travaux, n'aient point

(1) Dav. Carazzi, *Contributo all'istologia e alla fisiologia dei Lamel-
libranchi. Ricerche sulle Ostriche verdi*, dans *Mittheilungen aus der Zoolo-
gischen Station zu Neapel*, t. XII, part. 3, 1896, pp. 381-421, une planche.

vérifié l'existence des navicules *précipitées* sur les lames
branchiales. De plus, si dans les circonstances ordinaires, il
faut longtemps aux Huîtres de Marennes pour se décolorer, il
est incontestable aussi que des Huîtres vertes d'autre provenance se décolorent beaucoup plus rapidement et que les expériences de P. Pelseneer sont exactes sur ce point. Enfin, suivant les localités ostréicoles, le verdissement n'évolue pas de
la même manière, sa durée et son intensité sont variables.
On voit donc qu'il reste encore bien des points obscurs dans
l'étude de cette question si importante. Toutefois nous devons
reconnaître que, dès maintenant, sans être fixés sur l'origine
exacte du verdissement, les ostréiculteurs sont arrivés empiriquement à une précision technique très grande pour provoquer ce phénomène.

Mais il va de soi que les études anatomiques et physiologiques ne nous permettent d'envisager qu'un côté de la question du verdissement. Il faut recourir aux études chimiques
pour nous fixer sur la nature du pigment et l'influence qu'exercent sur la viridité la culture des mollusques et leur milieu
d'élevage.

C'est là le problème qu'ont voulu résoudre MM. Adolphe
Chatin et Müntz.

Nous avons rappelé déjà les travaux sur ce sujet de M. Berthelot qui établissent que la marennine ne présentait pas
d'analogie de composition avec les autres pigments végétaux
ou animaux. Ce savant, en outre, avait montré que les Huîtres
vertes contiennent du fer et que les vases des parcs de Marennes en contenaient également à l'état de sulfure. C'est ce
qui avait amené Coste à penser, — mais il n'avait pas fait de
recherches biologiques sur ce point, — que la nature du
sol était en relation étroite avec le phénomène du verdissement (1).

MM. Adolphe Chatin et Müntz ont cherché à établir quelle
est la proportion de fer contenue dans les branchies, siège de
la coloration verte, et dans le corps, qui ne présente, lui, aucune viridité. Ils ont soumis à l'analyse quantitative des Huîtres

____

(1) COSTE, *Voyage d'exploration sur le littoral de la France et de l'Italie*, p. 134.

de provenances différentes et ont obtenu les résultats suivants :

PROVENANCE DES HUITRES	FER POUR CENT	
	Branchies	Corps
	gr.	gr.
Marennes (février)	0,0702	0,0318
Cancale (février)	0,0379	0,0241
Cancale (mai)	0,0804	0,0476
Arcachon (mai)	0,0625	0,0357
Sables (avril)	0,0833	0,0436

On voit, en examinant ce tableau, que les quantités de fer à l'état métallique emmagasinées dans les branchies sont généralement le double de celles qui se trouvent dans tout le reste du corps.

Si, d'autre part, on a soin de séparer du reste incolore du corps les palpes labiaux, toujours aussi colorés que les branchies et l'estomac, dans lequel se trouvent des débris organiques et des particules terreuses assez riches en fer, on arrive à des résultats plus concluants encore :

PROVENANCE DES HUITRES	FER POUR CENT	
	dans les branchies	dans la chair blanche du corps
	gr.	gr.
Sables d'Olonne (avril)	0,0833	0,0351
Cancale (mai)	0,0804	0,0365

Le fer est donc réparti d'une façon très inégale dans le corps de l'Huître, les branchies en contenant au moins deux fois plus pour un poids donné que la masse incolore du corps.

Enfin, MM. Ad. Chatin et A. Müntz ont complété leur étude en analysant les quantités de fer que recèlent les branchies présentant des intensités différentes de coloration :

PROVENANCE DES HUITRES	FER POUR CENT de branchies
	gr.
Marennes très vertes	0,0702
Arcachon, faible verdissement	0,0625
Cancale, très blanches (février)	0,0379
Cancale, brun verdâtre (mai)	0,0804
Sables-d'Olonne, vert brun assez foncé	0,0833

Ces résultats montrent clairement, pour MM. Ad. Chatin et Müntz, les relations du fer avec la coloration des branchies ; ils prouvent aussi que la proportion du fer dans les Huîtres brunes est au moins aussi considérable que dans les Huîtres vertes. L'hygiène alimentaire, d'après ces savants, ne peut que grandement profiter de ces recherches, qui démontrent la richesse en fer du pigment coloré et la fixation de ce pigment sur des granules très azotées.

MM. Adolphe Chatin et Müntz ont ensuite procédé à l'examen chimique de la vase des claires de verdissement. Ils donnent dans le tableau qui suit la composition des vases de couleur plus ou moins noire, au moment de la période d'engraissement des Huîtres, c'est-à-dire de septembre à mai. Les chiffres se rapportent à 1000 de vase sèche (p. 198).

Les auteurs appellent surtout l'attention sur la proportion élevée d'azote contenue dans les boues du vivier de Roscoff, et, au contraire, sur le chiffre faible (1,43 au lieu de 7,55) attribué aux boues du parc voisin, qui est recouvert à toutes marées. « La raison de cette anomalie, disent-ils a été
« donnée par l'observation micrographique qui avait ap-
« pris que des milliers de petits animaux (infusoires, etc.)
« grouillent dans la vase, extraite par lévigation du *moussin*
« (algues). Cette observation rapprochée du fait constaté par
« M. Lacaze-Duthiers, que les Huîtres prennent un dévelop-
« pement beaucoup plus rapide dans le vivier que dans le
« parc de Roscoff, indique, ce que confirme d'ailleurs l'obser-
« vation micrographique du tube intestinal, *que l'Huître, con-*
« *trairement à la croyance commune, croît et engraisse*
« *principalement sous l'influence d'une nourriture animale*. A
« noter aussi, ce qui n'est pas indifférent, que la salure du
« vivier, où sont retenues les eaux pluviales, est un peu infé-
« rieure à celle du parc (28ᵍʳ,5 de chlorure de sodium par litre
« au lieu de 29ᵍʳ,3). »

Pour MM. Adolphe Chatin et Müntz, donc, la pigmentation verte des branchies et des palpes des Huîtres vertes, due à l'ingestion de navicules spéciales et au fonctionnement d'un mécanisme d'excrétion particulier à ces mollusques, est placée sous l'influence de la nature plus ou moins ferrugineuse des terrains d'engraissement.

Mais récemment le Dʳ Ch. Kohn a étudié au point de vue

	MARENNES		SABLES-D'OLONNE		
	Marennes février 1893 huîtres vertes	Chantressac-les-Marennes février 1893 huîtres vertes	Vase superficielle 6 février	Sous-vase 6 février	Vase 20 février
Azote	1,76	1,86	1,19	1,09	1,92
Acide phosphorique	1,39	1,82	0,98	0,92	1,16
Acide sulfurique	10,13	13,20	7,38	6,33	7,89
Chlore	23,12	23,71	6,15	3,44	12,05
Iode	0,002	0,002	0,001	0,001	0,001
Chaux	15,08	49,28	93,24	87,92	110,60
Sexquioxyde de fer	67,14	77,79	48,98	36,25	29,74

	CANCALE		ARCACHON	ROSCOFF		LE CROISIC	ST-JEAN-DE-LUZ
	Vase 27 février	Vase 8 mai	Vase, 14 mars extraite par lévigation des paquets d'algues du parc	Vase du vivier après lévigation	Vase du parc	Janvier Parcs à huîtres vertes	Décembre Parcs à huîtres vertes
Azote	1,56	1,68	6,22	7,55	1,43	0,79	1,56
Acide phosphorique	2,10	1,32	1,13	1,55	1,18	0,43	0,75
Acide sulfurique	15,19	16,63	33,12	12,02	34,18	27,64	15,87
Chlore	16,24	6,79	8,61	11,98	23,71	15,25	15,99
Iode	0,001	0,002	0,001	0,0005	0,0005	0,001	0,001
Chaux	219,80	213,36	11,20	58,52	39,76	5,60	9,52
Sexquioxyde de fer	53,27	76,05	33,15	17,04	20,25	31,96	36,25

chimique la coloration des Huîtres vertes, non pas pour savoir si les organes verts contenaient du fer ou n'en contenaient pas, mais uniquement pour déterminer si ce fer était chez eux en excès tel, que l'on pût lui attribuer d'être l'origine de cette coloration. Il ne paraît pas en être ainsi. De plus, ce savant a essayé des dosages de cuivre, métal auquel on a attribué les empoisonnements causés par les Huîtres, encore que des travaux récents ont montré que du cuivre se trouvait normalement dans le sang de ces mollusques.

M. Ch. Kohn a employé une méthode très délicate et très précise de dosage : la méthode électrolytique.

Pour six Huîtres, il a obtenu les résultats suivants :

DÉTERMINATION DU FER

Six Huîtres.	Marennes.	Hollandaises.	Américaines.
Branchies seules	$0^{mg},6$	$0^{mg},4$	$2^{mg},3$
Corps moins les branchies.	$1^{mg},2$	$1^{mg},5$	$1^{mg},7$

Ces expériences sont plus précises que celles de MM. Adolphe Chatin et Müntz, qui ont établi leurs calculs d'après les quantités de matières sèches qu'ils ont analysées. Il est évident que l'on ne peut avoir la certitude absolue, dans ce cas, que l'on opère dans des conditions rigoureusement comparables. Comme on le voit, les recherches du Dr Kohn tendent à montrer que l'on ne saurait attribuer au fer la cause du verdissement des Huîtres françaises : 1° parce que les branchies des Huîtres vertes contiennent moins de fer que le reste du corps; 2° parce que la proportion du fer contenue dans les branchies comparée à celle qui est contenue dans le reste du corps de l'Huître américaine, qui est blanche, est plus grande que celle de l'Huître de Marennes qui est verte.

On doit observer, cependant, que le Dr Kohn n'a pas, comme les savants français, calculé le pourcentage du fer suivant les organes. Il n'établit que des rapports bruts. Ce qui est insuffisant pour asseoir notre jugement.

DÉTERMINATION DU CUIVRE :

Six Huîtres.	Marennes.	Hollandaises.	Américaines.
Branchies seules	Traces	$0^{mg},8$	$1^{mg},7$
Corps moins les branchies.	$2^{mg},4$	$1^{mg},4$	$3^{mg},3$

Ces résultats montrent que le cuivre se trouve normalement dans les Huîtres blanches et vertes, mais que la colora-

tion verte des branchies des Huîtres de Marennes ne saurait
être attribuée à ce métal. En fait, ces mollusques contiennent
moins de cuivre que les Huîtres blanches de Zélande ou
d'Amérique (1).

Les travaux dont nous venons de parler sur le verdissement
physiologique des Huîtres nous amènent à examiner les phénomènes de viridité qui ont été confondus avec lui et qui ne
sont cependant que des manifestations d'états pathologiques
divers de ces animaux.

Et, puisque nous venons d'examiner les recherches du
D^r Ch. Kohn au sujet du cuivre que contiennent normalement ces mollusques, je suis amené immédiatement à parler
des cas où ils en contiennent accidentellement des quantités
anormales.

C'est ainsi qu'en Angleterre, le Dr Bulstrode fut frappé
de la coloration verte que prenaient certaines Huîtres américaines où portugaises, à Falmouth et à Truro. Cette coloration différait de celles des Huîtres de Marennes et de Roach-
River, — centre ostréicole anglais où l'on obtient normalement le verdissement physiologique des mollusques cultivés.

A Falmouth, en effet, la viridité affectait quelquefois les
branchies, mais elle se portait aussi bien, et indifféremment,
sur le manteau, ou sur la masse viscérale, ou sur toutes les
parties du corps à la fois. D'ailleurs, la couleur verte n'était
pas identique à celle des Huîtres normalement colorées. De
plus, le verdissement physiologique ne s'obtient, on le sait,
que pendant une saison déterminée, de septembre à mai. Or,
à Falmouth et à Truro, la viridité persiste toute l'année.

Au goût, elles donnent, là, une saveur métallique analogue à
celle que l'on peut avoir en suçant un sou. Cette saveur per-
sista chez le Dr Bulstrode pendant trois heures. Mais il n'en
fut pas autrement incommodé. Ces Huîtres contenaient d'ailleurs une quantité notable de cuivre, ainsi qu'il fut établi par
les analyses chimiques de M. Thorpe. Toutes contenaient ce
métal, mais les plus vertes en contenaient plus que les autres.
Des analyse d'eau faites par M. W. Burgess montrent que, à

(1) Recherches de Charles Kohn (W. A. HERDMANN), dans *The green
Colouration and « green Disease » in Oysters* (*Report for* 1896, *on the Lancashire Sea-Fisheries Laboratory*, pp. 22 et 33).

marée basse, l'eau des parcs contient 0,22 de cuivre en solution et 0,03 en suspension pour 100.000 parties d'eau. Dans les régions où les Huîtres sont physiologiquement vertes, l'eau ne contient normalement que des traces de cuivre. Les vases de fond présentent les mêmes différences (1).

Cette coloration verte ou verdâtre se retrouve chez quelques Huîtres conservées pour la vente sur les côtes du Lancashire. Herdmann et Scott disent que les marchands attribuaient cette coloration à la présence du cuivre. Mais Herdmann (*Report of the Lancashire Sea Fisheries Laboratory for 1895*) attribue cette coloration à une leucocytose. Il a trouvé effectivement des quantités énormes de leucocytes dans le manteau de ces Huîtres.

D'après les travaux publiés jusqu'ici, aussi bien que d'après l'opinion des pêcheurs, ces Huîtres sont considérées comme aussi dégustables que les véritables Huîtres vertes. Ceci ne saurait être admis pour les mollusque de Falmouth et de Truro.

La leucocytose étudiée par Herdmann et Scott a reçu le nom de *pale greeness*, que lui ont donné les Anglais. M. Johannès Chatin, qui l'a également étudiée, établit, comme les auteurs précédents, qu'elle a été indûment, à l'étranger, confondue avec la viridité normale des Huîtres de Marennes. Il a constaté que la glande appelée « foie » dans les Huîtres était, chez les animaux atteints de cette maladie, très différente de ce qu'elle est chez les individus bien portants. Les cellules pigmentifères notamment passent de la teinte jaune-brunâtre qu'elles ont normalement à une teinte gris-verdâtre plus ou moins foncée. Elles se dissocient. Les phagocytes, les emportant alors dans le courant circulatoire, les disséminent dans toute l'économie de l'individu, qui prend une coloration diffuse, plus ou moins accentuée. D'ailleurs, les mollusques qui présentent ces troubles pathologiques sont émaciés et n'offrent aucun des caractères des mollusques en bonne santé (2).

(1) H. TIMBRELL BULSTRODE, *Report on an Inquiry into the Conditions under which Oysters, and certain other Edible Molluscs, are cultivated and stored along the Coasts of England and Wales*, dans *Report and Papers on the Cultivation and Storage of Oysters and certain other Molluscs in Relation to the Occurrence of Disease in Man*. (*24th annual Report of the local Government Board*, 1894-95 ; Londres 1896, pp. 99-109).

(2) J. CHATIN, *Sur une Coloration d'origine hépatique chez l'Huître*. C. R. t. CXXII, 1896, pp. 1556-1559.

Par une pente naturelle, nous sommes amenés, à la suite de cet examen des causes accidentelles ou pathologiques de viridité pour l'Huître, à examiner les autres affections qui peuvent frapper cet animal.

Ces affections ne paraissent pas être très nombreuses. Peu sont bien connues, tant dans leurs manifestations ou leur évolution que dans leurs causes.

L'une d'entre elles, toutefois, a été parfaitement étudiée par M. Alfred Giard ; elle est connue sous le nom de maladie du pied. Elle n'influe en aucune façon sur la salubrité de l'Huître, mais entrave sa nutrition, provoque son amaigrissement et, par conséquent, rend impossible son élevage en diminuant, en même temps, sa valeur commerciale.

Elle porte sur le muscle adducteur des valves, et c'est aux points d'union de ce muscle et de la coquille, dans l'épithélium modifié qui existe en ces régions, que se manifestent les premières lésions.

Au début de l'infection, la surface du muscle est couverte de petites aspérités noirâtres, visibles seulement lorsque ce muscle est isolé des autres organes. « Ces aspérités vont en croissant, dissociant le muscle et parfois même formant des tumeurs irrégulières à la face interne de la valve dans le voisinage du muscle, surtout du côté de la portion ligamentaire, qui est toujours fortement attaquée. A l'intérieur du muscle, elles constituent des sortes de stalagmites s'intercalant entre les fibres, qu'elles compriment et finissent par atrophier complètement. »

D'abord de consistance cornée et élastique, ces productions pathologiques, quand elles font saillie hors du muscle, sont recouvertes par l'animal d'une couche de nacre.

M. A. Giard attribue l'origine de ce mal à un champignon Schizomycète, auquel il donne le nom de *Myolomus ostrearum*. Il a trouvé ce parasite en masses zoogléiques entourées de conchyoline, offrant une teinte vert bouteille. La colonie est formée de microcoques le plus souvent, mais elle montre aussi quelquefois des bacilles. Sa couleur propre est d'un jaune verdâtre (si elle est débarrassée de la conchyoline).

Sur les Huîtres de trois ou quatre ans atteintes de ce mal depuis un certain temps, d'autres parasites viennent se développer dans le milieu déjà affaibli par le *Myolomus ostrearum*.

Mais il paraît bien établi par M. Giard que ces parasites ne sont pas les facteurs déterminants de la maladie du pied.

Cette maladie évolue très lentement. Les animaux qui en sont atteints ne peuvent nécessairement fermer leurs valves qu'avec difficulté. Quand la partie externe, ou active, du muscle est atteinte, il leur devient même impossible de rapprocher ces valves ; le bâillement continuel de celles-ci expose le mollusque aux attaques de nombreux ennemis, d'une part ; d'autre part, il lui est impossible de conserver son eau pendant le transport ; enfin ses tissus émaciés diminuent beaucoup sa valeur. La maladie du pied est donc un réel fléau pour les parcs dans lesquels elle sévit. En 1893, M. Giard dit que, pour certaines localités du golfe de Gascogne, il a trouvé une huître atteinte de ce mal sur douze. Il rappelle que MM. de Montaugé ont signalé, comme ayant été générale dans le bassin d'Arcachon, une maladie présentant les mêmes symptômes, durant l'année 1877 (1).

Deux autres affections pathologiques de l'Huître cultivée, dont les causes réelles ne sont pas encore connues, occasionnent fréquemment des pertes considérables aux éleveurs. Ce sont le typhus et le chambrage. Toutes deux se produisent lorsqu'on accumule des quantités d'Huîtres trop considérables sur un terrain donné, eu égard à la masse d'eau qui les baigne. Les difficultés rencontrées par les mollusques pour leur nutrition les prédisposent évidemment à l'invasion des deux maladies qui nous occupent.

C'est à la surface externe de la coquille que se manifestent les premiers symptômes du typhus. La pousse, ou l'accroissement, en largeur et en épaisseur des valves s'arrête ; en même temps, les lames calcaires déjà formées semblent se cliver. Elles deviennent ternes, d'une couleur jaunâtre et s'effritent sous le contact du doigt. La surface interne des valves, qui est nacrée sur les animaux bien portants, prend une teinte d'abord bleu clair, puis noir-bleuâtre. Le corps de l'animal, bien que conservant une couleur blanche, est amaigri, plus ou moins gélatineux, diaphane et, au goût, il offre une saveur nauséeuse très prononcée.

A. GIARD, *Sur une Affection parasitaire de l'Huître connue sous le nom de « Maladie du pied »* (*Comptes rendus de la Société de biologie*, 19 mai 1894 ; et *Bull. des pêches maritimes*, t. II, 1894, pp. 459-462).

Cette maladie est très anciennement connue. Les vases des terrains sur lesquels se trouvent les mollusques qui en sont atteints dégagent une odeur d'hydrogène sulfuré très accentuée (1).

Le chambrage de l'Huître, lui, est caractérisé par le fait que l'animal qui en est atteint présente, au-dessous du crochet et à l'intérieur de la valve creuse, une petite poche contenue dans l'épaisseur de cette valve et limitée seulement du côté de la cavité de la coquille par une mince couche de nacre. Lorsque, en ouvrant le mollusque, on crève cette poche, un liquide fétide en sort; l'animal est immangeable. On a toujours, jusqu'ici, expliqué l'origine de cette maladie de la manière suivante. On pense qu'accidentellement, une certaine quantité de vase étant introduite dans la cavité de la coquille, le mollusque, qui ne peut s'en débarrasser, l'isole par une couche calcaire et forme ainsi la poche où s'est localisé le liquide vaseux. Cette explication ne saurait être considérée comme satisfaisante. Il est vrai que l'on trouve des Huîtres isolées, dans un parc ou sur un banc, atteintes de chambrage; mais, en règle générale, cette maladie se propage rapidement à tous les mollusques qui vivent sur le même sol. L'hypothèse actuelle sur l'origine du chambrage n'explique pas en somme la nature et l'évolution de ce phénomène morbide.

L'introduction d'éléments étrangers dans l'intérieur de la coquille d'une Huître peut provoquer une maladie particulière quand celle-ci ne peut arriver à les expulser. C'est ainsi que l'on connaît sous le nom de maladie du sable une affection, peu grave, provoquée par l'isolement, sous une couche de nacre, de grains de sable accidentellement entrés dans les coquilles. C'est à la suite des gros temps que les Huîtres présentent cette particularité.

Indépendamment des maladies dont nous venons de parler, les Huîtres sont encore exposées à être détruites par une affection parasitaire, provoquée par une éponge perforante, la *Clione celata* qui, en se développant aux dépens de la coquille de ces mollusques, produit la maladie dite « du pain d'épice », en raison de l'aspect qu'elle donne alors aux animaux qui en sont atteints.

(1) D' L. KEMMERER, *Journal de l'Agriculture*, n° 634, p. 387.

Ceux-ci ont les valves perforées de nombreux petits trous, d'où émergent des tubes cylindriques d'un jaune sale. La coquille est ramollie, les lames calcaires sont comme boursouflées. Leur odeur est phosphorée. On les écrase facilement. Comme la *Clione celata* recherche les fragments calcaires pour se développer, M. Giard a proposé d'immerger sur les terrains où elle cause des ravages des blocs de pierres calcaires. Le Dr P. Brocchi, lui, tenant compte de ce fait que les Huîtres qui vivent sous une faible épaisseur d'eau ne sont jamais atteintes par ce parasite, conseille de draguer à blanc les bancs sur lesquelles il vit et de placer les mollusques qu'il a commencé à infester dans la bordure littorale à une très petite profondeur.

Sans occasionner de maladie spéciale aux Huîtres, mais simplement par la concurrence vitale qu'ils lui font, certains animaux arrivent à faire disparaître les bancs naturels de ces mollusques. K. Mœbius a jadis soutenu la théorie à laquelle il a donné le nom de biocœnose et d'après laquelle il expliquait les raisons pour lesquelles les bancs naturels ne sont pas susceptibles d'un accroissement illimité. Il disait que l'ensemble d'un banc d'Huîtres et des animaux d'autres groupes zoologiques qui y vivent constitue une colonie dont tous les êtres doivent demeurer en proportions sensiblement définies. Il y a là un équilibre biologique qui ne peut être détruit que par des circonstances fortuites. Vraie dans son ensemble, la théorie de la biocœnose ne saurait être toujours applicable. C'est ainsi que les ascidies, dans nos régions, frayant à une époque plus hâtive que les Huîtres elles-mêmes ne tardent pas à envahir les bancs, qu'elles contribuent très activement à envaser sous l'influence de leur biologie propre. Nous avons déjà vu que les Moules jouaient un rôle analogue.

Les vers marins envahissent aussi les bancs huîtriers. Leur concurrence vitale est telle, que des couches ostréifères peuvent être détruites en un ou deux ans par l'invasion des annélides. Audouin et H. Milne-Edwards racontent que dans la baie de Cancale, au nord-ouest du mont Saint-Michel, sur le banc de la Rage, une invasion d'Hermelles a entièrement arrêté la reproduction des Huîtres. En fait, ces annélides se trouvaient en telles quantités sur ce fond, que le service hydrographique lui a donné le nom de « bancs des Hermelles ». Nous aurons plus loin l'occasion de nous arrêter à l'examen des mesures propres à combattre ces fléaux quand nous nous occuperons de l'exploitation des bancs huîtriers.

Les Étoiles de mer constituent un dangereux ennemi pour l'Huître. Elle s'attaquent directement au mollusque, qu'elles étreignent entre leurs bras, dont elles râpent les valves et qu'elles absorbent ensuite. Nous arrivons ainsi à examiner les ennemis nombreux que l'Huître rencontre au cours de son développement et de son existence.

Un des ennemis les plus sérieux de l'Huître est un gastéropode, le *Murex tarentinus*, connu vulgairement sous l'appellation de Bigorneau perceur. On peut dire que les ravages causés par cet animal ont longtemps causés les plus graves déboires aux ostréiculteurs.

Le Bigorneau perceur s'attaque aux Huîtres à tous les âges. Avec sa trompe et sa langue ou râpe armée d'épines dures, il perce la coquille des Huîtres et suce leur substance. On a proposé beaucoup de moyens de détruire ces dangereux animaux. On a inventé des pièges pour les capturer. Le seul moyen qui paraisse réellement efficace pour s'en débarrasser consiste à les récolter sur les bancs ou sur les parcs et à détruire leurs pontes. Celles-ci sont constituées par des œufs au nombre de 100 à 500 ressemblant à des grains de blé aplatis et disposés verticalement sur des coquilles mortes ou des pierres. Grâce à la chasse active faite à ces mollusques, on a pu régénérer certains bancs d'Huître qu'ils avaient presque complètement détruits : ceux de la baie de Bourgneuf, par exemple.

Le *Murex erinaceus* et la *Nassa reticulata*, gastéropodes moins prolifiques ou moins vivaces que le *Murex tarentinus*, sont aussi des ennemis de l'Huître, mais on ne saurait comparer les ravages qu'ils occasionnent à ceux du « perceur ».

Les Crabes — le Crabe enragé, surtout — constituent également des ennemis de l'Huître assez dangereux pour que, de tous temps, les ostréiculteurs aient cherché à mettre les mollusques cultivés à l'abri de leurs atteintes. On a, pour cela, voulu griller les claires. On a employé aussi des pièges à Crabes. Comme pour les Bigorneaux, on lutte contre ces ennemis en les chassant à marée basse.

La Crevette est donnée aussi comme un ennemi de l'Huître, mais on ne saurait admettre qu'elle occasionne de bien sérieux dégâts.

Il en est autrement de divers poissons : l'Anguille, à tous ses âges, notamment, puis les Labres, divers Pagels, les grands Squales et surtout la Pastenague commune, désignée par les Arcachonnais sous le nom de Tère. Cet animal, appartenant à un genre voisin des Raies, est très redouté des parqueurs. Pour le combattre, ils entourent leurs concessions de longues branches de tamaris ou de pin, fichées dans le sol. Ces branches dépassent normalement le niveau des hautes eaux. Elles sont, d'autre, part assez rapprochées pour opposer une barrière infranchissable au corps large et aplati des Tères.

Certaines plantes marines peuvent aussi constituer, par leur développement dans les parcs ou sur les bancs, des dégâts à l'industrie huîtrière. Certaines, telles que les ulves, se fixent et se développent sur les coquilles des Huîtres. Indépendamment de ce que les touffes de ces algues, accidentellement entraînées par les flots, peuvent faire perdre les Huîtres sur lesquelles elles se sont attachées, elles ont encore l'inconvénient d'amener une précipitation des vases, en suspension dans l'eau, sur les mollusques qu'elles recouvrent. Elles s'opposent de plus à ce que les courants de marées débarrassent les Huîtres de la vase organique qu'elles ont excrétée autour d'elles par leur fonction filtrante propre.

Les conferves forment souvent dans les parcs et claires des couches assez touffues pour entraver l'industrie ostréicole. C'est ainsi que ces algues tapissent d'un léger duvet vert les coquilles des Huîtres parquées. Puis leurs filaments s'accroissent, et, en s'enchevêtrant les uns les autres, finissent par former bientôt des touffes auxquelles on a donné le nom de « matelas ». De même que les ulves, ou « choux verts », comme les pêcheurs les appellent, entraînent avec elles les Huîtres, quand les flots les emportent, de même le matelas des conferves enlève dans le réseau inextricable de ses filaments les mollusques sur lesquels il a poussé. A un moment, en effet, le matelas brunit, et l'on dit de lui qu'il est mûr. Il se fragmente alors par paquets et le flot ou le jusant entraîne ces paquets avec les Huîtres qui y sont intriquées.

Dans un certain nombre de régions françaises d'élevage, on lutte contre les conferves en répandant dans les parcs des Vignots ou Bigorneaux ordinaires. Ce sont des gastéropodes, les *Littorina littoralis*. Ceux-ci pâturent le limon vert et l'empêchent à la fois de se développer et d'opposer un obstacle à l'enlèvement des vases organiques par les courants. Ce procédé très économique et très efficace a été introduit en Bretagne et en Vendée par le Dr Leroux. Il a l'avantage de permettre une sorte d'engraissement spécial ou de parcage des Vignots, qui trouvent un écoulement facile dans la consommation littorale. Mais, à Arcachon, notre plus grand centre ostréicole, il semble que l'on préfère encore recourir aux nettoyages fréquents des Mollusques à la main, dans les parcs ou dans les claires, pour les préserver contre l'invasion du limon vert.

CHAPITRE VIII

GISEMENTS HUITRIERS NATURELS

Bancs huîtriers naturels. — Gisements anglais et leurs rendements. — Gisements du Holstein. - - Huîtrières de Cancale. —
Étude historique sur un gisement naturel: l'huîtrière de Tréguier. — Rendement des bancs d'Huîtres français depuis
vingt ans. — Méthodes adoptées en France pour la conservation et l'entretien des huîtrières. — Coupe réglée. — Discussion
du principe et de l'application de la coupe réglée en matière
d'exploitation des bancs naturels

A l'embouchure des rivières et au large des côtes, les Huîtres
se trouvent souvent, vivant en agglomérations, en bancs. L'exploitation de ces bancs a été, jusqu'en 1860 environ, la seule
industrie huîtrière. Les pêcheurs, soit avec des dragues, soit
à pied, recueillaient les mollusques arrivés à une dimension
marchande. L'État réglementait cette pêche pour conserver
aux bancs leur vitalité, mais il ne cherchait que dans la limita-
tion de la récolte le moyen de maintenir aux gisements leur
productivité.

Aujourd'hui, l'ostréiculture proprement dite a relégué au
second plan l'intérêt que présentait autrefois la pêche des
Huîtres marchandes sur les bancs. Néanmoins, celle-ci
offre encore une certaine valeur dans quelques régions françaises et étrangères pour les populations maritimes. D'autre

part, dans plusieurs localités où l'ostréiculture recueille le naissain destiné à alimenter les parcs d'élevage, ce naissain est précisément produit par des bancs naturels. C'est le cas, notamment, de la production du bassin d'Auray et de l'Escaut oriental.

Dans ces conditions, nous devons nous arrêter à l'examen des procédés actuellement préconisés ou employés pour maintenir aux bancs une productivité qui intéresse directement l'industrie ostréicole elle-même.

Il a été établi que les côtes continentales d'Europe, depuis le Danemark jusqu'à la pointe du Finistère, étaient bordées jadis d'un cordon, pour ainsi dire ininterrompu, de bancs huîtriers. A l'heure actuelle, il n'en subsiste que des vestiges. Les gisements les plus importants sont ceux du Watten Meer, dans les eaux allemandes, et ceux de la baie de Cancale.

Sur les côtes anglaises, dans les estuaires et dans les parties maritimes des rivières, existent encore de nombreux bancs plus ou moins soigneusement entretenus. Les bancs huîtriers anglais paraissent avoir été autrefois remarquablement riches. En Écosse, les gisements ostréifères sont actuellement ruinés (1).

Dans le Royaume-Uni, les localités où l'on se livre à l'ostréiculture sont toutes au voisinage de gisements. Une variété de l'Huître anglaise, connue dans le commerce sous le nom de « native » est particulièrement estimée. F. Buckland, dans sa déposition devant la chambre des communes, en 1876, admet comme « natives » les Huîtres nées et développées dans l'estuaire de la Tamise, en deçà d'une ligne reliant Harwich au nord et Margate au sud. En fait, on désigne sous le nom de « native » toute Huître pêchée dans le voisinage de l'estuaire de la Tamise sans s'inquiéter de l'origine de son naissain. Dans un sens plus large, le terme « native » est appliqué, avec un qualificatif, aux Huîtres provenant des localités les plus justement réputées d'Angleterre.

Les terrains de reproduction les plus importants de ce

En 1868, les pêcheurs de Newhaven (Écosse) recueillaient à l'embouchure du Forth 8.000.000 d'Huîtres qui valaient 275.000 francs par an. Mais, en 1882-83, les bancs étaient complètement épuisés. En 1894, on en pêcha incidemment 23.760 qui furent vendues 3.750 francs. D'après les observations du *Garland*, les fonds sont actuellement dénudés. Le Fishery Board se propose de régénérer ces bancs.

pays se trouvent sur la côte est (comtés de Suffolk, Kent et Essex).

LOCALITÉS HUÎTRIÈRES ANGLAISES

Essex : Southend, Leigh, rivières Crouche et Roach, Blackwater, Colne, Hamfordwater.

Suffolk : The Orwell, The Deben, Orford River, Butley Creek.

Norfolk : Blakeney, Wells, Burnham, Lynn.

Lincolnshire : Cleethorpes, Grimsby.

Northumberland : Budle Bay.

Cumberland : Skinburness, Whitehaven.

Lancashire : Fleetwood.

Carnavon-Anglesey : Beaumaris, Bangor, Menai Bridge.

Pembrokeshire : River Dancleddau, Milford Haven, Tenby.

Glamorganshire : The Mumbles.

Cornwall : Helford River, Falmouth, Truro, Fowey, Saltash.

Devonshire : Dartmouth, Brixham, Torquay, the Teign, the Exe.

Dorset : Wyke Regis, Poole.

Hampshire (et Wight. I.) : Beaulieu River, Hamble River, Newtown River, Medina River, Wooton Creek, Emsworth Creek, Hayling Island.

Sussex : Bosham, Shoreham, Southwick.

Kent : Whitstable, Faversham, the Swale, the Medway.

La pêche proprement dite des Huîtres sur les bancs des côtes d'Écosse, d'Angleterre et d'Irlande, et sur les quelques bancs situés en mer commune entre la France et l'Angleterre, a produit, de 1893 à 1895, les résultats suivants :

	QUANTITÉS			VALEURS		
	1893	1894	1895	1893	1894	1895
	Nombres	Nombres	Nombres	Francs	Francs	Francs
Irlande.	1.896.765	1.315.625	547.056	72.250	57.800	31.975
Écosse.	315.700	291.800	239.406	37.025	31.025	27.675
Angleterre . . .	32.455.000	27.717.000	25.276.000	2.486.875	2.106.775	1.941.775
Totaux				2.596.150	2.495.600	2.001.425

En Allemagne, comme nous l'avons dit, des gisements huîtriers importants existent dans le Wattenmeer, sur les côtes du Holstein. Ce sont les plus considérables sinon les plus productifs de l'Europe. Ils forment 50 bancs dont la longueur varie de 150 à 2.500 mètres sur une largeur de plusieurs dizaines à plusieurs centaines de mètres. Ces gisements soigneusement entretenus et surveillés ont, paraît-il, à peu près la même configuration de nos jours qu'en l'année 1652, où le plan huîtrier du Wattemeer fut levé. Ils sont délimités nettement et balisés.

Le Wattemeer — ou mer de bas fonds et de bancs de sable — offre une surface de 50 milles de longueur sur 15 milles de largeur. Elle est protégée contre les grosses houles par une digue que forment les îles de Röm, Sylt et Amrum. Le substratum en est comme raviné et présente de nombreux chenaux. La hauteur des marées, dans les conditions ordinaires, y varie de 3^m,04 à 6^m,08. Cette dernière hauteur est atteinte aux syzygies.

D'après K. Mœbius, les bancs se trouvent situés sur la pente douce ou le rebord des chenaux, mais Bashford Dean, plus récemmment, a constaté qu'il existait des couches de mollusques sur le fond même de ceux-ci. Leur production a été depuis 1891 de 2.250.000 Huîtres par année.

Les bancs huîtriers des côtes de France sont pour la plupart très appauvris. Ceux qui se trouvent dans la Manche et qui sont exploités aussi bien par les Anglais que par les Français sont à l'heure actuelle presque complètement ruinés.

Les premiers gisements importants que nous trouvions aujourd'hui sur nos côtes sont ceux de Cancale. Là, nous trouvons quelques bancs qui fournissent encore des rendements non négligeables pour la population maritime. Jadis ces gisements eurent une valeur considérable. Suivant tous les renseignements que l'on a pu recueillir à leur sujet, une exploitation intensive et imprévoyante est la seule cause de leur appauvrissement. Néanmoins, il faut le dire, ces gisements, formés de bancs distincts, ont eu à souffrir de la concurrence vitale faite aux Huîtres par d'autres animaux. C'est ainsi que nous avons rappelé plus haut l'invasion d'Hermelles qui détruisit le « banc de la Rage ». Le maintien des couches ostréifères en bon état de production implique en effet, et nous reviendrons sur ce sujet, des soins spéciaux à donner aux mollusques.

Les rendements des huîtrières de Cancale proprement dites depuis le commencement de ce siècle sont résumés dans le tableau suivant :

PÉRIODES COMPARÉES.	NOMBRES de mollusques pêchés.
1799 à 1811.	13.520.000
1811 à 1823.	65.500.000
1823 à 1835.	400.000.000
1835 à 1847.	674.000.000
1847 à 1859.	395.000.000
1859 à 1871.	35.445.000
1871 à 1883.	117.306.000
1883 à 1895.	61.199.000

Comme on le voit, les rendements des bancs huîtriers de Cancale furent très irréguliers. Des alternatives de disette et de surproduction caractérisent leur exploitation. En fait, celle-ci ne fut jamais soumise qu'à une réglementation empirique, faute de données exactes sur les conditions d'élevage des Mollusques dont elle restreignait ou permettait la récolte.

Les difficultés, du reste, d'assurer une police efficace des régions huîtrières rendaient toujours aléatoire l'application de cette réglementation. En sorte que l'on peut voir que les Huîtrières semblent s'être régénérées par le seul repos que leur laissaient les pêcheurs quand ils les avaient momentanément épuisées.

Je ne saurais entrer ici dans l'examen détaillé de tous les gisements huîtriers des côtes de France. D'ailleurs, l'histoire de l'un d'eux peut sensiblement s'appliquer à tous les autres. Tous furent, à l'époque de création des voies ferrées plus ou moins complètement pillés. Il fallut que l'autorité maritime intervînt pour les régénérer, soit en les protégeant rigoureusement et à grands frais contre les maraudeurs, soit en joignant à cette surveillance la pratique de méthodes ostréicoles destinées à réensemencer les couches appauvries ou stérilisées.

Je crois utile cependant, avant de passer à l'examen des procédés employés pour régénérer les bancs et pour leur assurer une production aussi régulière que possible, de retracer ici l'histoire de l'huîtrière de Tréguier, que j'ai étudiée plus spécialement, avec M. J. Kerbrat et qui donnera une idée des conditions dans lesquelles étaient exploités les gisements naturels jusqu'à ces dernières années (1).

L'huîtrière de Tréguier est située à 12 kilomètres de l'em-

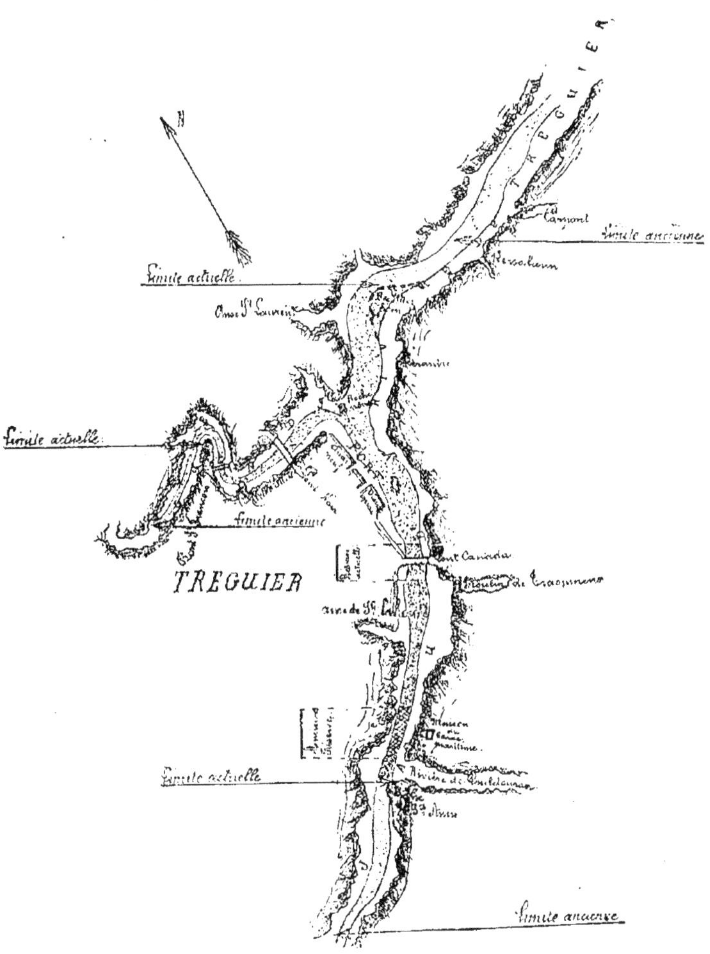

Fig. 66. — Plan général de l'huîtrière de Tréguier.

bouchure de la rivière qui porte le nom de cette ville; elle commence à la pointe de Bec-Mez-Even (ou banc d'Even).

(1) Georges Roché et J. Kerbrat, *l'Huîtrière de Tréguier*, dans *Bull. de la Société centrale d'aquiculture et de pêche*, 1895, t. VII, 1ʳ partie, pp. 132-147.

Son étendue totale est donc d'environ 3.300 mètres, dont 800 mètres dans la rivière de Tréguier, 2.100 mètres dans le Jaudy et 400 mètres dans le Guendy.

De Bec-Mez-Even à la jonction des rivières le Jaudy et le Guendy, elle se dirige du nord au sud, sa largeur étant de 100 à 150 mètres.

Dans le Jaudy, elle va du nord au sud pendant 1.000 mètres et du nord-est au sud-ouest sur 1.100 mètres ; sa largeur moyenne est de 75 à 100 mètres. Dans le Guendy, elle s'étend de l'est à l'ouest, et sa largeur n'est que de 20 mètres. Par grande basse mer d'équinoxe, le Jaudy et le Guendy assèchent, laissant un chenal dans lequel il reste 1^{m},50 d'eau ; en aval du point de jonction de ces deux rivières, la profondeur est de 4^{m},50.

Au siècle dernier, plusieurs « arrêts » furent rendus par le parlement de Bretagne dans le but de ménager, par une exploitation modérée de l'huîtrière de Tréguier, un rendement régulier de ses produits.

Le premier de ces actes date de 1755. Il portait défense de draguer des Huîtres pendant six ans, hors le temps de carême, et d'en exporter par voie d'embarquement sous quelque prétexte que ce fût. Cependant, trois ans plus tard, cette interdiction fut levée par un arrêt du 18 décembre 1758, rendu à l'occasion de l'assemblée des états à Saint-Brieuc et motivé par « la nécessité d'approvisionner cette place ».

Une exploitation abusive ayant épuisé le banc de Tréguier, la municipalité renouvela, en 1764, les plaintes qui avaient motivé l'arrêt de 1755. Le 10 octobre de cette année, donc, la cour réitéra la défense de pêcher des Huîtres dans cette localité, pour une nouvelle période de six années. A l'expiration de ce délai, en 1770, la pêche recommença sur tous les bancs et en tout temps. Des bâtiments prenaient à Tréguier des cargaisons d'Huîtres, qu'ils exportaient hors de la province et même à l'étranger.

En 1775, les bancs se trouvaient de nouveau presque entièrement épuisés, et un arrêté, en date du 17 octobre, renouvelait certaines défenses contenues dans ceux de 1755 et 1764 : interdisant d'écailler les Huîtres en d'autres endroits que ceux désignés par les juges de Tréguier ; interdisant aussi toute pêche à la drague ou à la main sur les bancs, du 1ᵉʳ mai au 1ᵉʳ février de chaque année et ordonnant le dépôt à l'hôtel de ville de Tréguier, pendant cette période d'interdiction, des dragues appartenant aux habitants de la ville et à ceux des paroisses avoisinantes. De plus, ce même arrêté défendait de faire des amas d'Huîtres sur la grève à partir de La Roche-Derrien, Pouldouran et le moulin de l'Évêque, sur le Jaudy et le Guendy, jusqu'à l'île d'Er.

Jusqu'en 1808, l'exploitation de l'huîtrière de Tréguier ne paraît pas avoir préoccupé l'autorité, car ce ne fut qu'en cette dernière année que l'administration municipale, en raison d'un nouvel épuisement des fonds, fit encore défense de draguer sur les bancs de Tréguier. En 1813, cependant, l'appauvrissement du gisement était tel, que le mille d'Huîtres se payait 6 francs, — prix fabuleux pour l'époque.

C'est vers cette époque que paraissent avoir fonctionné des dépôts de coquillages qui, aménagés sur les rives de l'huîtrière, permettaient, en régularisant l'écoulement des produits, d'assurer à ceux-ci un maintien convenable de leurs prix de vente. L'emplacement de ces dépôts ou parcs était concédé à des particuliers, à titre précaire, par l'autorité municipale qui, depuis 70 ans, exerçait la police sur l'huîtrière. Mais, en 1826, à la suite du rejet d'une demande de parc, le ministre de l'intérieur, saisi de la protestation de l'intéressé, déclara (30 septembre) que la municipalité exerçait à tort une surveillance qui ressortissait à l'administration de la marine.

Le nombre de bateaux utilisés à cette date pour la drague des Huîtres était de trois ou quatre; la plus grande quantité de ces mollusques était recueillie, à la main, sur les berges mêmes de l'huîtrière par les habitants de Tréguier, qui les vendaient en ville.

Aucune exportation ne se faisait par mer, et les négociants qui venaient acheter sur place des Huîtres destinées aux marchés de Guingamp, de Lannion, de Saint-Brieuc ou de Morlaix, ne payaient que 10 à 15 centimes le cent d'animaux choisis.

Cependant, vers 1830, des embarquements furent autorisés.

Or, en 1841, la municipalité protesta énergiquement contre la décision ministérielle qui lui avait antérieurement enlevé la police de l'huîtrière. L'administration de la marine, représentée à Tréguier par un commis du commissariat, M. Geslin, homme d'une grande intelligence — ainsi qu'on peut le voir par sa correspondance à ce sujet — voulait favoriser l'exploitation de l'huîtrière et, en facilitant l'exportation des produits, essayait de faire hausser le cours des ventes dont bénéficiaient les pêcheurs. La municipalité, encore qu'elle parût prendre le plus vif intérêt à ces derniers, voulait à tout prix empêcher que les Huîtres sortissent de la région trécoroise, disant qu'au marché on les payait « 5o, 6o centimes et même jusqu'à 1 franc le cent, tandis qu'autrefois celui-ci ne valait que 10 et 15 centimes ». De plus, pour faciliter l'exportation vers les grands centres de l'intérieur, la pêche se faisait le lundi et le mardi afin que les Huîtres pussent parvenir aux lieux de consommation les mercredi, vendredi et samedi ; la municipalité, soucieuse d'avoir ces Huîtres à bon marché et en abondance pour ses jours d'abstinence, voulait que la pêche se fît le jeudi et le vendredi. Enfin, elle prétendait que les dépôts ou parcs constituaient des privilèges pour leurs détenteurs et que l'on s'acheminait vers l'allotissement de l'huîtrière — appartenant à tout le monde — entre un certain nombre de privilégiés. Cependant nous devons reconnaître que, lorsque l'autorité municipale fut chargée d'assurer la police de la pêche sur l'huîtrière, il fallait tous' les six ans interdire pour une même période l'exercice de cette pêche, alors que sous la surveillance, indépendante des préoccupations particularistes, de la Marine, cette pêche avait pu être pratiquée durant quatorze années sans interruption et sans décroissance du banc.

A cette même époque (1841), le préfet maritime à Brest délégua à Tréguier, pour y faire une enquête sur les nombreux griefs formulés par la municipalité, le sous-commissaire Révelière, qui porta particulièrement son attention sur les procédés considérés par celle-ci comme devant faire cesser les abus dans l'exploitation de l'huîtrière. Les demandes de la municipalité pouvaient être ainsi classées :

1° Intervention de l'autorité royale pour obtenir que la police de la pêche des Huîtres fût remise à l'autorité municipale ou que celle-ci, du moins, pût réglementairement participer à cette police avec la Marine ;

2° Ouverture de la pêche le 1er décembre au plus tôt, — pêche faite au maximum deux jours par semaine, — exportation formellement interdite ;

3° Suppression des parcs.

Pour l'étude de chacune de ces questions, le commissaire enquêteur recueillit les dépositions des pêcheurs qui, en fin de comptes, devaient être fort lésés dans leurs intérêts immédiats par les mesures que préconisait la municipalité ; cet officier put constater, d'ailleurs, que, si la Marine pouvait accepter l'adjonction de deux conseillers municipaux à la commission de visite, sa gestion d'un bien public n'avait en aucune façon laissé à désirer, et que, si elle n'avait pu empêcher les abus signalés dans l'exploitation de l'huîtrière, « c'est que, par leur nature, il n'était donné à personne de le faire avec les mêmes moyens de répression », ce que démontraient « jusqu'à l'évidence, les stériles mesures itérativement prises depuis un siècle ».

La municipalité jugea que le rapport du sous-commissaire Révelière ne méritait *que pitié et mépris* (28 février 1842), mais elle accepta le *modus vivendi* (11 juin 1842) proposé par un deuxième délégué, le sous-commissaire Chesnel, par lequel, d'ailleurs, étaient conciliés autant que possible les desiderata suivants : Assurer par l'huîtrière de Tréguier l'approvisionnement de la ville ; assurer celui des villes avoisinantes ; n'envoyer aux parcs que les produits non nécessaires aux besoins de ces villes.

L'époque d'ouverture de la pêche fut avancée de deux mois ; la clôture eut lieu, par contre, un mois plus tôt. De plus, le nombre de jours de pêche fut fixé à quatre par semaine pendant le carême, et à un pendant les autres mois ; l'huîtrière était, en outre, divisée en deux lots, dont l'un seulement était exploité chaque année ; enfin, il fut proposé à cette époque — mais nous ignorons si cette proposition fut suivie d'effet — d'interdire rigoureusement la pêche à pied.

Comme on le voit par cet exposé historique, qui n'offre d'ailleurs que cet intérêt, c'est une réglementation étroite de la pêche et son application énergique, — par quelques agents que ce fussent, du reste, — qui étaient considérées comme seules susceptibles d'assurer une vitalité convenable à l'huitrière. En fait, à plusieurs reprises, celle-ci fut presque complètement dévastée et se régénéra par le repos absolu laissé aux mollusques. Nous trouvons enfin, et nous aurons occasion de nous servir plus loin de tous ces éléments d'informations, que les Trécorois considéraient qu'il était utile de remuer les Huîtres, de temps à autre, pour faciliter leur développement. Dans sa délibération du 11 juin 1842, en effet, la municipalité proposa, dans ce but, d'autoriser un dragage en décembre et un autre en février sur la partie de l'huîtrière non exploitée durant l'année.

Depuis 1842 jusqu'en 1857, le commerce d'exportation des Huîtres de Tréguier s'accentua sensiblement ; mais en 1857, encore, le prix du mille de ces mollusques n'excédait pas 1 franc.

Depuis cette époque jusqu'à nos jours, le prix moyen du mille de mollusques, étant de 10^{fr},60 pour la période 1857-1895, s'élève à 17 francs pour la période 1870-1895.

D'autre part, malgré des périodes d'interdiction de pêche de plus en plus fréquentes, dans ces dernières années, la production de l'huîtrère est de plus en plus faible. De 3.100.000 mollusques, rendement moyen pour la période 1857-1895, cette quantité tombe à 1.300.000, si l'on envisage la période 1870-1895.

L'accroissement d'abord, le maintien ensuite, des prix de vente explique seul que la valeur moyenne des Huîtres pêchées, étant annuellement de 33.000 francs pour la périope 1857-1895, ne s'est abaissée qu'à 23.000 francs durant la période 1870-1895, — encore que, pendant ce laps de temps, nous comptions neuf années où la pêche fut absolument interdite.

Au nombre de 40, en 1857 — montés par 120 hommes — les bateaux dragueurs atteignirent progressivement le chiffre de 533 en 1872 avec 1.600 hommes d'équipage. Depuis lors, ce nombre a diminué jusqu'à 215 bateaux — montés par 800 hommes — en 1895.

D'ailleurs, comme on l'a vu précédemment, la pêche fut fréquemment interdite, et, depuis 15 ans, on peut compter que la drague n'a guère fonctionné, en moyenne, qu'une année sur deux. Au surplus, la durée des pêches même fut progressivement ramenée à ne plus excéder la durée d'une heure, chaque année, quand la pêche était permise.

Enfin, le nombre des pêcheurs à pied, étant de 5.000 en 1871, oscilla longtemps entre 2 et 3.000 jusqu'en 1891. A partir de cette époque, la récolte à pied de l'Huître fut absolument interdite.

Pour en finir avec ces considérations économiques sur l'huîtrière de Tréguier, il nous reste à parler des gains annuels réalisés par chacun des pêcheurs, en bateau ou à pied, prenant part à l'exploitation des bancs.

A cet égard nous voyons que, si l'on exclut les années d'interdiction de pêche dans le calcul du gain moyen depuis 1870, on trouve que celui-ci s'élève à 29 francs pour les dragueurs et à 3^{fr},50 pour les pêcheurs à pied. Mais le bénéfice des pêcheurs doit être réparti sur toutes les années si l'on veut avoir une idée approchée des ressources que fournit, à leur existence, l'huîtrière. Le gain moyen annuel qui leur est procuré par celle-ci s'est donc élevé annuellement à 20 francs seulement pour les dragueurs et à 2^{fr},30 pour les autres pêcheurs dans les 25 dernières années.

Or, si l'on établit maintenant le coût annuel du service de surveillance institué pour que la population riveraine ne détruise par des prélèvements abusifs et inopportuns un bien public qui lui rapporte 23.000 francs par an, nous voyons que, tant par les agents dépendant de l'administration maritime locale que par la surveillance militaire permanente, exercée au moyen de matelots de la flotte, ce service de police coûtait annuellement 12.000 francs à l'État jusqu'au 1er janvier 1896.

Cependant l'huîtrière de Tréguier a été, à plusieurs reprises, considérée comme susceptible de fournir de sérieux éléments à l'industrie ostréicole elle-même.

Nous ne voulons pas rappeler les prélèvements de mollusques qui furent faits, à différentes dates, pour être transplantés sur plusieurs bancs épuisés des côtes de Bretagne. Mais à Tréguier même furent placés des collecteurs destinés à recueillir le naissain dans des conditions analogues à celles de la rivière d'Auray. Malheureusement, depuis 1859, les expériences faites dans ce but n'ont pas donné les résultats attendus. Aujourd'hui un certain nombre de parcs d'engraissement existant dans la rivière s'approvisionnent d'Huîtres de demi-élevage dans le bassin d'Arcachon.

Il nous paraît intéressant, toutefois, de retracer ici l'histoire de ces expériences.

Avant 1859, du reste, l'administration avait engagé les parqueurs (ou détenteurs de dépôts) à recueillir le naissain. Ses démarches furent vaines. En 1859, M. Mineur plaça dans ses parcs dits de la *Roche Jaune* des fascines ; mais, n'ayant recueilli que des quantités insignifiantes de jeunes mollusques, il abandonna sa tentative.

Nous résumerons dans le tableau suivant les essais subséquents faits dans le même but.

DATES des EXPÉRIENCES	APPAREILS employés	NOMBRE	LIEUX d'expérience	RÉSULTATS OBTENUS
Avril 1859 — Système Coste.	Fascines ou fagots formés de branches de chêne ou de saule de 4 à 5 mètres de long, liés ensemble par une corde, retenus au fond par un lest de pierres et élevés de $1^m,20$ à $1^m,30$ au-dessus du sol.	100 composant 6 chapelets.	Dans le chenal de la rivière de Kersalaun à la baie d'Enfer.	Ces fascines immergées en avril furent pour la plupart rejetées à la côte par la force du courant et par suite de la rupture des amarres qui les retenaient au fond ; certaines avaient aussi été relevées par les navires qui mouillèrent dans les parages où elles avaient été placées. Mais celles recueillies après la saison étaient couvertes d'une quantité considérable de naissains, et on acquit la preuve de la prodigieuse fécondité du fond sur lequel elles avaient été mises.
1er juin 1869 (Autorisée par dépêches ministérielles des 10 mars et 21 avril 1869). — Appareil Chauvin.	Pyramide tronquée d'un mètre de haut, composée de lattes de sapin de $0^m,06$ à $0^m,07$ de largeur sur $0^m,01$ d'épaisseur, liées les unes aux autres par des vis en cuivre (le rectangle de la base avait 2^m sur $1^m,67$, celui de la partie supérieure $1^m,15$ sur $0^m,84$). L'appareil avait six étages de lattes disposées horizontalement.	Une.	Rivière du Jaudy, sur l'ancienne réserve, à quelques mètres en amont de la maison du garde maritime.	Cet appareil immergé le 1er juin 1869, a été relevé le 12 août suivant. La Commission qui a procédé à sa visite a constaté l'insuccès complet de l'expérience tentée. Bien que retiré en bon état de conservation, l'appareil n'avait recueilli aucun naissain ; il était entièrement couvert de végétations marines et de zoophytes. Le mastic plaqué contre les lattes n'avait pas tenu.

DATES des EXPÉRIENCES	APPAREILS employés	NOMBRE	LIEUX d'expérience	RÉSULTATS OBTENUS
Fin mai, fin juin, 1re marée de juillet 1874 (Autorisée par dépêche ministérielle du 6 mai 1874). Crédit alloué 500 francs.	Tuiles disposées en ruches.	5.000	Banc de Sainte-Anne (rive droite du Jaudy). Ancienne réserve (rive gauche du Jaudy). Anse du moulin Canada (nouvelle réserve). Pointe aval du pont St-François (rive gauche du Guendy).	Ces collecteurs ont été relevés le 29 septembre suivant; la visite permit de constater une moyenne de 60 naissains sur chacun d'eux. Dans le Guendy, le résultat était supérieur; certaines tuiles avaient retenu plus de 100 petites Huîtres.
	Plateaux collecteurs en planches de sapin de 1m de long sur 0m,50 de large, superposés, au nombre de trois.	100		
	Tuiles disposées en ruches et en toits collecteurs.	650	Dans cinq parcs approvisionnés d'Huîtres distants de 1 à 2 kilomètres de l'huîtrière	Le résultat fut satisfaisant; les tuiles recueillirent une certaine quantité de naissains.
Août 1875 (Autorisée par dépêche ministérielle du 26 juillet 1875). — MM. Julon et Salpin.	Tuiles superposées les unes sur les autres reposant sur des tringles, et le tout retenu au fond par des piquets élevés de 0m20 au-dessus du sol.	5.000	Rivière du Guendy, en amont de la passerelle St François.	Une moyenne de 5 à 10 naissains par tuile. Ces expériences tentées pendant deux années consécutives ne furent pas continuées, les résultats obtenus n'ayant pas été en rapport avec les dépenses effectuées.

En 1889, cependant, de nouvelles expériences furent instituées, non plus dans le but de fournir du naissain à l'industrie ostréicole, mais pour augmenter la surface de fixation des larves isssues de l'huîtrière et permettre de recueillir les jeunes animaux au moment où ils passent de la vie libre à la vie sédentaire. La décroissance de l'huîtrière paraissait aussi être due, en effet, à ce que le naissain était entraîné en mer ou mourait sans trouver de points convenables pour se localiser. C'est là une application des méthodes ostréicoles (tentée d'ailleurs en beaucoup d'autres endroits), pour la conservation des bancs naturels. Le but de cette expérience diffère autant de celui des précédentes que l'empoissonnement des rivières diffère de celui des étangs ou réservoirs particuliers.

A la suite de la visite de l'huîtrière faite en février par M. Bouchon-Brandely, inspecteur général des pêches, une décision ministérielle du 10 mars suivant allouait un crédit de 150 francs destiné à l'achat de coquilles et de débris de tuiles pour servir de collecteurs dans la rivière de Tréguier.

Les coquilles et débris de tuiles préalablement chaulés, qui représentaient environ sept tonnes d'encombrement, furent submergés aux dates ci-après et comme suit :

Le 12 juillet : sur la limite amont de la Réserve, deux battelées contenant trois tonnes. Le 13 juillet : sur la limite aval de la Réserve, deux battelées contenant trois tonnes ; sur et autour des rochers situés vis-à-vis du vieux quai, une battelée d'une tonne. Ces tentatives n'eurent aucun succès.

Enfin, en 1895, M. J. Kerbrat reprit ces expériences d'ensemencement sur l'huîtrière en se servant d'un collecteur de son invention. Ces expériences n'ont pas encore donné de résultats intéressants.

Comme on le voit, à Tréguier, c'est par un repos absolu des bancs combiné avec des ensemencements de mollusques sur ces mêmes bancs que l'on a toujours basé leur entretien. Depuis de nombreuses années, cette méthode a été appliquée à toutes nos autres huîtrières naturelles d'estuaires ou de baies.

Celles-ci se trouvaient dans la Rance, dans le Trieux (quartier de Paimpol), dans la rade de Brest, à l'embouchure de la rivière de Pont-l'Abbé, dans la baie de la Forêt (quartier de Concarneau), dans le Blavet, dans les rivières de Saint-Philibert, d'Auray, du Bono, dans le golfe du Morbihan, dans le havre de Penerff, à l'embouchure de la Vilaine, dans la baie de Bourgneuf, dans les coureaux charentais, dans le bassin d'Arcachon.

Dans toutes ces régions, les bancs naturels sont plus ou moins en voie de destruction. Nous devons faire une exception toutefois pour toutes les huîtrières du bassin d'Auray qui sont toujours en état à peu près satisfaisant et qui sont l'objet de soins particuliers de la part de l'autorité maritime en raison de leur importance pour l'industrie ostréicole elle-même.

Dans la période 1874-1895, la pêche des Huîtres sur l'ensemble des bancs naturels a fourni les résultats suivants :

Résultats fournis par la pêche des Huîtres sur l'ensemble des bancs naturels français de 1874 à 1895.

ANNÉES	NOMBRE DE MOLLUSQUES	VALEUR
1874	54.637.481	1.857.204
1875	97.226.592	2.379.709
1876	160.267.396	2.592.707
1877	104.354.081	1.502.951
1878	169.397.046	1.854.564
1879	157.579.968	1.553.147
1880	144.552.625	1.309.791
1881	374.985.770	2.061.753
1882	155.761.399	2.318.727
1883	157.666.246	2.266.578
1884	119.277.795	1.744.935
1885	126.579.817	1.674.826
1886	151.242.737	1.186.730
1887	155.646.278	1.317.996
1888	86.665.489	914.813
1889	129.837.752	538.664
1890	116.812.035	607.667
1891	73.559.697	511.890
1892	135.377.230	578.535
1893	179.840.950	810.636
1894	121.993.000	646.609
1895	24.467.192	424.573

Comparaison de la première moitié à la seconde moitié de cette période.

PÉRIODES COMPARÉES	QUANTITÉ DE MOLLUSQUES	VALEUR
1873-1884	1.692.706.369	21.442.066
1884-1895	1.302.021.877	9.242.939

Comme nous l'avons vu, quelque importante que soit la fécondité des Huîtres, il en est fort peu, parmi les larves qu'elles produisent, qui arrivent à se fixer et à se développer jusqu'à l'âge adulte.

Pour entretenir la vitalité des bancs, l'on doit tout d'abord augmenter la surface de fixation des mollusques et faire en sorte qu'un plus grand nombre de larves rencontrent un corps solide sur lequel elles se puissent attacher, au lieu de tomber dans les vases et d'y périr immédiatement. D'autre part, on doit régler la récolte des animaux adultes de telle manière que les couches ostréifères soient continuellement pourvues de reproducteurs en proportion suffisante pour assurer le peuplement des bancs, en tenant compte du coefficient énorme de destruction rencontré par les larves au sortir du manteau de leur mère. Enfin, il faut veiller à débarrasser les bancs de tous les animaux qui, soit par la simple action de leur concurrence vitale, soit parce qu'ils dévorent les Huîtres, à tous leurs stades, peuvent contribuer à un appauvrissement des bancs.

L'autorité maritime a essayé depuis de nombreuses années de répondre à tous ces besoins. Elle a fait semer sur toutes les huîtrières naturelles des coquilles mortes, des débris de tuiles, etc., pour augmenter la surface de fixation du « naissain »; elle a restreint l'usage de la drague sur tous les bancs et limité la pêche à quelques jours de l'année; enfin, jusqu'en 1890, elle faisait examiner par des commissions spéciales, dites « commissions de visite » les gisements huîtriers et faisait draguer les bancs qu'envahissaient les ascidies, les bryozoaires, les polypiers ou les algues. Aujourd'hui, ces commissions de visite fonctionnent encore, mais elles n'ont d'autre rôle que de déterminer la durée des dragages sur les bancs qui doivent être pêchés.

Depuis 1890, en effet, la Marine a décidé d'exploiter les huîtrières suivant le système dit de « la coupe réglée », pour faciliter l'action de sa surveillance sur les bancs, et sur la proposition de diverses personnalités et après avis favorable de M. Bouchon-Brandely.

« Ne conviendrait-il pas, disait celui-ci, dans un rapport au ministre, de procéder pour l'exploitation des bancs, comme on procède pour l'exploitation des forêts? »

« Le principe étant admis, je proposerais de le consacrer par la disposition suivante : Diviser en cinq zones ou sections, par exemple, l'ensemble des gisements du quartier d'Auray, de façon que chacune des sections ou zones soit exploitée à tour de rôle et une fois tous les cinq ans seulement. Cinq années suffisent généralement à un banc pour se repeupler, se reconstituer, et si, d'ailleurs, on reconnaissait que ce laps de temps est trop court, on aurait toujours la faculté d'en augmenter la durée.

« Ce système si rationnel serait facilement compris de nos marins. Ils sauraient ainsi à quoi s'en tenir sur les époques précises où tel et tel gisement leur sera livré (1)..... »

Or l'application du système de la « coupe réglée », combattu vigoureusement par le commissaire de la marine Senné-Desjardins, ne paraît pas avoir répondu aux espérances des hommes éminents qui l'ont préconisé. Il faut bien dire, en effet, qu'il a le grave inconvénient de ne pas tenir compte de ce fait qu'un banc d'huîtres sert de terrains d'élevage à de nombreux animaux autres que les mollusques qui nous intéressent. Et, s'il faut cinq ans pour produire une Huître ayant une réelle valeur marchande, il faut beaucoup moins de temps pour qu'un banc soit envahi par divers animaux fixés et vasogènes qui ne tardent pas à le détruire complètement.

Cette question est de la plus haute importance. Dans le bassin d'Auray, par exemple, l'entretien des bancs est évidemment fonction du régime des courants qui charrient les larves d'Huîtres et les transportent sur des points où elles se peuvent fixer. Toute modification apportée au régime topographique des fonds modifie la nature et la force de ces courants et a pour action immédiate de transporter les larves en d'autres points que ceux où elles sont normalement dirigées. Dans ces conditions, il importe de maintenir aux bancs leur configuration. La prospérité des banc du Holstein tient peut-être surtout à ce que l'on s'est attaché là à maintenir aux gisements leur distribution exacte.

Sans doute, il importe de limiter la pêche des Huîtres sur les gisements et d'interdire la vente des animaux trop jeunes. Mais cette mesure ne saurait suffire pour conserver aux couches ostréifères leur constitution. Il n'existe que des analogies entre l'exploitation des huîtrières et celle des forêts. Il est presque aussi aléatoire de compter sur l'efficacité de la coupe réglée en matière de pêche des Huîtres sur les bancs, qu'il serait hasardeux de supposer que la récolte d'un champ

(1) Bouchon-Brandely, *Rapport sur l'ostréiculture et l'état des bancs naturels d'Huîtres en Bretagne* (*Journal officiel* du 10 juillet 1889).

de blé sera fructueuse par le seul fait qu'on aura abandonné la semence à elle-même, quand on l'aura terrée dans les sillons.

Les bancs huîtriers ont, comme les champs, besoin d'un sarclage intelligent qui les débarrasse de leurs parasites. Ceux-ci ont non seulement, en effet, pour action de limiter la nourriture des Huîtres, mais ils ont encore et surtout l'inconvénient de rejeter leurs excrétions sur les bancs et d'enfouir les animaux comestibles sous la vase organique que forment les déchets de leur nutrition.

En fait, pour avoir méconnu ceci, les protagonistes de la coupe réglée ont amené la destruction de plusieurs gisements dans le bassin d'Auray. Tels sont le banc de l'Ours et le banc de Loquellas, qui sont actuellement perdus.

A notre sens, il est nécessaire que, suivant les circonstances, on puisse draguer sur les bancs qui présentent un parasitisme trop abondant. De plus, il peut être nécessaire de râcler complètement le sol de certaines couches pour le débarrasser de la vase qui a pu s'y concréter et former là une surface molle dans laquelle les larves de mollusques ne peuvent trouver à se fixer.

Comme tous ceux qui se sont occupés de l'exploitation des bancs huîtriers, je pense d'ailleurs que l'on doit entretenir ceux-ci par des apports de mollusques étrangers si le besoin s'en fait sentir; mais il ne saurait être trouvé de meilleur semence pour ces bancs que celle qu'ils produisent eux-mêmes. On doit donc s'ingénier à recueillir par tous les moyens possibles le naissain produit par les huîtrières pour rejeter sur les bancs eux-mêmes les jeunes animaux qui en sont émanés.

Enfin, le fait de nettoyer les bancs pour éviter qu'ils ne soient détruits par des parasites n'implique pas que l'on doive les draguer inutilement. On doit certainement, comme nous l'avons dit plus haut, tenir compte que les Huîtres croissent lentement et ne donnent à l'état sauvage que 421 rejetons environ, annuellement, pour 1.000 individus. Nous pensons donc que l'on doit surveiller les conditions dans lesquelles s'effectue l'accroissement des mollusques sur leurs couches.

A l'appui de cette manière de voir, nous pouvons citer la reconstitution des huîtrières de la baie de Bourgneuf — stérilisées, il y a dix ans — qui se sont régénérées sous l'influence d'une interdiction absolue de pêche, *combinée avec une destruction des ennemis de l'Huître*, destruction pour laquelle la Marine a consenti des dépenses particulières. On peut considérer que le rétablissement du placer huîtrier de Noirmoutier est dû à l'initiative du commissaire général de la marine Le Beau et de M. Bouchon-Brandely.

Par contre, nous pouvons comparer ces résultats avec ceux obtenus sur les Huîtrières naturelles du bassin d'Arcachon qui ont été abandonnées à elles-mêmes et n'ont été l'objet d'aucune exploitation. Or elles ont aujourd'hui complètement disparu. La protection de ces gisements, au lieu de leur profiter, a donc abouti à leur destruction sans avantage d'aucune sorte pour la population maritime. Cet exemple nous montre combien il est difficile de compter, en matière de pêches maritimes, sur l'efficacité absolue des règlements restrictifs qui sont appliqués à ces industries. En ce qui concerne ces Huîtrières, les interdictions de pêche n'ont eu pour résultat que de priver les marins arcachonnais d'un bénéfice sur lequel ils étaient en droit de compter. Elles ont eu pour unique effet de faire disparaître, sans qu'on en tire profit, un produit commercial, d'une valeur réelle au moment où l'on en interdisait l'exploitation.

CHAPITRE IX

Origine ancienne de l'ostréiculture. — Pratiques ostréicoles des
Romains conservées par les Italiens. — Idées préconisées pour
la régénération des bancs naturels par la propagation artificielle de l'Huître. — Travaux de Coste et de de Bon. — Renaissance de l'Ostréiculture proprement dite. — Échecs subis par
Coste au début de ses travaux. — Succès définitifs. — Tentatives d'Ostréiculture en Méditerranée française. — Implanta-
tion fortuite de l'Huître portugaise sur nos côtes de l'Ouest.
— Tentatives d'ostréiculture faites en Angleterre. — Création
de l'industrie ostréicole hollandaise.

L'industrie ostréicole, telle qu'on la pratique de nos jours
en France, est de date récente, puisqu'elle ne remonte pas au
delà de 1852 ou 1855. Encore n'est-ce que depuis 1870 que
les efforts de Coste et de la Marine ont eu pour résultat de
créer sur nos côtes les nombreux parcs qui y sont installés.

Mais le fait de recueillir le naissain des Huîtres par un
moyen artificiel quelconque et de l'élever, dans des régions
littorales déterminées et choisies, à l'abri de leurs nombreux
ennemis, remonte à une époque très reculée.

Il paraît que les Huîtres sont cultivées en Chine depuis un

temps immémorial (1) Actuellement, on utilise encore dans ce pays les procédés anciennement employés par les ancêtres de ses habitants.

Des bambous entaillés pour qu'ils puissent recevoir des coquilles d'Huîtres, et préparés pour demeurer immergés sans se décomposer, sont enfoncés dans le sol marin au voisinage des huîtrières naturelles. Les coquilles sont destinées à servir de collecteurs pour le naissain. Quand celui-ci a grandi sur ces collecteurs, il en est détaché, et les jeunes animaux sont mis en étalages. Au bout de deux ans, les mollusques sont livrés à la consommation. Ils sont plus gras et plus appréciés que ceux qui croissent naturellement et librement sur les rochers (2).

En Europe, des méthodes rudimentaires d'ostréiculture paraissent aussi avoir été très anciennement mises en œuvre. Coste figure dans son *Voyage sur le littoral de la France et de l'Italie* deux vases funéraires trouvés dans la Pouille et dans la Campagne romaine, sur lesquels sont représentés des collecteurs avec l'indication d'une région ostréicole : la baie de Baïa.

Depuis un temps très reculé également, il paraît que sur la côte autrichienne, aux environs de Trieste on a l'habitude de jeter des fascines de bois au-dessus des huîtrières naturelles. On retire ces fascines au bout de trois ans. Elles sont alors couvertes de grosses Huîtres que l'on livre au commerce (Bistrina près Raguse).

En Italie se sont conservés, à travers les siècles, les méthodes anciennes d'ostréiculture dont les auteurs latins parlent fréquemment et que Pline attribue à l'initiative d'un habile et riche Romain, Sergius Orata. Celui-ci utilisa le lac Lucrin pour l'engraissement d'Huîtres qu'il faisait venir à grands frais des rivages de Brindes et même des Gaules. L'idée de recueillir le naissain pour l'élever date d'une époque indéterminée. Toujours est-il que Coste eut l'occasion, il y a près de 50 ans, de voir, dans le lac Fusaro, où elle existait depuis le siècle dernier, fonctionner une industrie, d'ailleurs modeste, qui captait le naissain des Huîtres et l'élevait.

(1) C. RAVERET-WATTEL, *Rapport sur la situation de la pisciculture à l'étranger* (*Bull. d. l. Soc. d'acclim.* Tirage à part, p. 141).

(2) P. GIQUEL, *Note sur l'ostréiculture en Chine* (*Bull. d. l. Soc. d'Acclim.*, 3ᵉ série, t. V, 1878, p. 152).

En France, jusqu'à 1852, on se bornait uniquement à l'exploitation des bancs naturels. Les produits de la pêche étaient, soit livrés directement à la consommation, soit placés dans des parcs ou étalages, sur les plages du littoral au voisinage des terrains huîtriers. C'est encore, du reste, l'industrie cancalaise.

Le dépérissement des huîtrières naturelles n'était pas sans inquiéter les pouvoirs publics. Les gens de science se préoccupaient aussi de cette question. En 1849, de Quatrefages suggéra l'idée d'effectuer des fécondations artificielles d'Huîtres et d'ensemencer les fonds appauvris avec les larves provenant de ces fécondations, en se servant de pompes qui les déposeraient sur le substratum (1).

D'autre part, certains auteurs songaient à améliorer les conditions du parcage des Huîtres, Carbonnel, entre autres, qui, en 1845, avait remarqué l'influence heureuse d'un certain mélange d'eau douce avec l'eau salée pour l'engraissement de ces animaux (2).

Cet auteur étudia du reste les conditions comparatives d'accroissement des Huîtres dans le bassin d'Arcachon et dans les eaux de la région de Marennes (3).

Toutes les conceptions administratives et scientifiques n'avaient pour objectif alors que la régénération des bancs naturels. On était loin certes d'imaginer que la culture des Huîtres pût se faire en dehors des bancs où elles vivent à l'état sauvage et le mérite revient à Coste et à de Bon d'avoir créé, pour ainsi dire de toutes pièces, l'industrie ostréicole moderne.

Comme tous ceux qui s'occupaient alors de ces questions, Coste n'eut tout d'abord pour objectif que la régénération et l'entretien des huîtrières. Ce ne fut que plus tard qu'il en arriva à imaginer l'exploitation aquicole si précise que nous lui devons en grande partie : l'ostréiculture elle-même.

(1) DE QUATREFAGES, *Note sur la propagation des Huîtres par des fécondations artificielles* (*Compt. rend. Ac. d. sc.*, t. XXVIII, 1849, pp. 291-293).
(2) CARBONNEL, *Sur l'Huître des côtes de France, sur l'amélioration des parcs où on l'élève et sur la certitude d'en établir d'autres à volonté.* (*Compt. rend. Ac. d. sc.*, t. XXI, 1845, p. 377).
(3) CARBONNEL, *Note sur l'Huître du bassin d'Arcachon, sa disparition, la possibilité et la nécessité de l'en repeupler* (*Compt. rend. Ac. d. sc*, t. XXX, 1850, pp. 447-449).

Mais un autre homme joua vers 1850 à 1855 un rôle des plus importants dans la genèse de l'ostréiculture moderne. On peut même croire — bien que nous n'ayons pas de preuves formelles à ce sujet — que cet homme ignorait les travaux de Coste au moment où il poursuivait ses recherches. Ce fut le commissaire de la marine de Bon. Chef du service de la marine à Saint-Servan, très compétent dans toutes les questions ressortissant aux pêches maritimes, de Bon entreprit vers 1852 la régénération des huîtrières de sa circonscription administrative, tenta et réussit à en créer de nouvelles sur les terrains émergents, — entreprise considérée alors comme absolument impraticable.

Pour bien faire juger de l'importance du rôle joué par cet officier dans la création de l'ostréiculture française, je ne puis mieux faire que de reproduire ici les pièces officielles suivantes. Ce sont des lettres de de Bon au ministre de la marine.

<table>
<tr><td>

DIRECTION
DE
L'ADMINISTRATION
—
BUREAU
DE
L'INSCRIPTION MARITIME
ET DES PÊCHES
—
N° 252

</td><td>

MARINE IMPÉRIALE

———

Saint-Servan, 10 octobre 1859.

</td></tr>
</table>

MONSIEUR LE MINISTRE,

J'ai eu l'honneur d'informer Votre Excellence, le 19 avril dernier (n° 106), qu'un certain nombre de parqueurs d'Huîtres du quartier de Cancale, après avoir pu apprécier par eux-mêmes les reproductions d'Huîtres obtenues dans le port Solidor au moyen de l'appareil collecteur dont j'ai fait l'expérience l'année dernière, ont voulu se livrer à des essais semblables sur leurs parcs et étalages.

J'ai prévenu, en outre, Votre Excellence que je me rendrais à Cancale pour y présider personnellement à l'installation de mon système, que je simplifierai encore afin de le rendre plus économique et le plus efficace possible.

Je vous ai enfin donné l'assurance que les expériences auxquelles il allait être procédé à Cancale obtiendraient un succès décisif qui ne permettrait plus de douter de la haute importance d'une découverte qui a tout d'abord fixé votre attention d'une manière particulière.

Tous les nouveaux appareils collecteurs placés au printemps dernier sur les parcs et étalages de Cancale, la Landriais et de Solidor, ont été visités cette semaine, et j'ai la satisfaction d'informer Votre Excellence que je ne m'étais pas trop avancé en lui annonçant que la réussite la plus complète couronnerait mes efforts.

Afin que Votre Excellence puisse juger par elle-même des résultats obtenus, il m'a paru nécessaire de lui envoyer comme spécimens quelques planches détachées des appareils collecteurs employés dans les localités sus-mentionnées.

... J'appelle tout particulièrement votre attention sur l'échantillon n° 5 provenant de l'appareil établi en Solidor dans le courant de mai 1858. J'ai écrit à Votre Excellence, le 11 août dernier, que le coquillage qui couvre la partie interne de cet appareil atteindrait l'année prochaine les dimensions réglementaires. Mes prévisions sont dépassées par la réalité, car, en jetant les yeux sur l'échantillon précité, vous remarquerez que certaines Huîtres ont acquis déjà six centimètres de diamètre, ce qui ne permet pas de douter qu'elles compléteront le diamètre réglementaire d'ici à un mois environ. Ce fait est considérable, car il prouve que le naissain recueilli artificiellement dans les parcs se développe, en quinze à seize mois, autant que le coquillage placé sur les bancs le fait en trois ans.

Aussi suis-je plus que jamais convaincu que l'application de mon système à tous les étalages de Cancale produira annuellement aux parqueurs 1.500.000 francs environ. Ce résultat sera proportionnellement le même dans toutes les localités où il existe des parcs et étalages à Huîtres. Il s'agit donc pour les populations du littoral d'une véritable fortune.

... Depuis mon arrivée à Saint-Servant, je n'ai cessé de rechercher les moyens d'améliorer le sort de nos populations maritimes en développant sur nos côtes l'ostréiculture. Votre Excellence sait que dès 1855, c'est-à-dire en moins de deux ans, j'étais parvenu à créer aux pêcheurs de la Rance un revenu annuel de 35 à 40.000 francs par la formation d'huîtrières, qui sont toutes aujourd'hui en état de reproduction après avoir été exploitées plusieurs fois déjà. Je suis profondément heureux à la pensée que grâce au système que j'ai eu l'idée d'appliquer dans les parcs, il dépendra désormais de Votre Excellence d'enrichir les gens de mer « sans grever le budget d'aucune dépense » et par la seule multiplication de ces établissements...

Le Chef du service de la Marine,

Signé: DE BON.

Dans un *état* indiquant les expériences d'ostréiculture effectuées dans le sous-arrondissement de Saint-Servan, ainsi que les parcs et étalages qui y ont été établis, nous trouvons la note suivante : Quartier de Saint-Malo ; expériences de reproduction dans deux parcs établis au port de Solidor, en 1854. Dépenses auxquelles ont donné lieu ces expériences : néant. Résultats obtenus : ces expériences ont démontré la possibilité d'obtenir des reproductions en grand nombre sur un point quelconque du littoral, au moyen d'appareils collecteurs, aussi simples que peu dispendieux.

Dans une lettre adressée au ministre de la marine, le 11 août 1859, M. de Bon écrivait :

Conformément aux prescriptions contenues dans votre dépêche du 15 avril, j'ai facilité à M. Coste toutes les investigations auxquelles il a jugé à propos de se livrer... et je lui ai donné les explications les plus explicites sur le système dont il voulait faire l'étude.

J'ajouterai d'ailleurs qu'en présence des résultats vivants et innombrables placés par moi sous ses yeux, M. Coste a reconnu toute la portée d'une pareille découverte, sur laquelle il a bien voulu me complimenter. Il est parti le même jour pour Saint-Brieuc.

Dans une lettre adressée au ministre de la marine, le 28 décembre 1858, M. de Bon écrivait :

Je vous ai rendu compte qu'au moyen d'expériences faites avec soin dans le port Solidor, j'avais acquis la certitude que l'Huître déposée sur des fonds où il n'en avait jamais existé s'y reproduisait, alors même que ces fonds découvraient à toutes les marées.

Dès le mois d'août 1857, ainsi que j'en ai informé M. le Préfet maritime à Brest, M. Coste, alors en mission sur les côtes de la Manche, avait pu constater la réussite des essais tentés, sous ce double point de vue, d'après les ordres de Votre Excellence, et ils ne lui ont pas été inutiles en ce qui touche le repeuplement de la baie de Saint-Brieuc.

« Après avoir acquis la certitude que les Huîtres se reproduisaient sur les parcs tout comme sur les bancs naturels, j'ai pensé qu'il y aurait dans ce phénomène si longtemps contesté une source de richesse pour les populations du littoral, si l'on parvenait à préserver de la destruction les naissains élevés dans ces conditions. A la suite de diverses expériences qui, toutes, m'avaient montré la possibilité d'y parvenir, sans toutefois me donner des résultats complètement satisfaisants, j'ai constaté que pour atteindre le but auquel je visais, il suffit de couvrir le dépôt d'Huîtres sur lequel on opère d'une grille composée de lattes de cercle ou d'un bois mince quelconque percée de trous en forme de mailles de 50 à 60 millimètres en carré. Cette grille, placée à 15 ou 20 centimètres au-dessus du coquillage vers la fin de mai, se couvre bientôt de naissains, qui, en décembre, atteignent un à deux centimètres de diamètre.

Je ne doute pas qu'en appliquant ce système aux étalages à Huîtres existant à Cancale, on n'obtienne une reproduction suffisante pour assurer le repeuplement incessant de ces vastes établissements, sans jamais recourir aux huîtrières naturelles dont les produits seraient alors exclusivement livrés au commerce forain.

Cependant Coste, songeant à reconstituer les huîtrières naturelles, parcourait le littoral français et cherchait les emplacements sur lesquels pourraient être appliquées les conceptions théoriques et pratiques qui s'étaient dégagées pour lui de ses études en Italie.

A Marennes, où, depuis des temps très anciens, on pratiquait l'élevage, l'engraissement et le verdissement des Huîtres, prises sur les bancs des coureaux charentais, il conçut l'idée de retenir le naissain produit dans les claires pour l'élever.

C'est dans la relation de son voyage qu'il consigne l'observation suivante :

« En 1820, un saunier de Marennes ayant parqué 6.000 Huîtres dans une de ses claires, un froid intense les fit toutes périr, à l'exception d'une douzaine, qui survécurent à ce désastre. Mais, quand on vida le réservoir pour le nettoyer, au lieu d'en trouver le sol à peu près désert, ce ne fut pas sans une agréable surprise que l'on découvrit sur toutes les écailles des Huîtres mortes, de jeunes Huîtres déjà grandes qui repeuplaient tout l'établissement. Il avait suffi de la présence de ces écailles pour déterminer la génération nouvelle à s'y fixer, et à y prospérer. L'industrie n'aura donc qu'à imiter l'exemple que la nature lui offre dans cette curieuse circonstance, et il ne lui sera plus nécessaire d'emprunter à des contrées plus ou moins lointaines le « renouvellain » qu'elle est obligée maintenant de se procurer à grand frais. »

Un peu plus loin, Coste suggère aux parqueurs de Marennes l'idée de rehausser les levées de leurs claires, de manière à retenir l'eau à chaque marée et à éviter que le jusant n'entraîne les jeunes produits hors de leurs concessions. Il leur conseille aussi de poser des collecteurs sur ces concessions mêmes.

Enfin, il propose d'immerger sur les bancs huîtriers des collecteurs dont les parqueurs s'approprieraient le naissain pour l'élever et le cultiver dans leurs claires. Il estimait ainsi que les bancs, sans être épuisés jamais, pourraient fournir une abondante source de richesse.

Or, il faut bien le dire, ses idées ne furent pas accueillies partout avec une grande confiance.

C'est ainsi que le préfet maritime à Rochefort, consulté par le ministre sur ce sujet, répondait, le 16 août 1855, en émettant les appréciations suivantes :

« Ce procédé ne paraît point admissible. Les fascines descendues sur les bancs, où elles y seraient maintenues par des ancres ou des saumons, y éprouveraient une oscillation constante qui empêcherait le frai de s'attacher aux « mères »; le goémon viendrait sur les fascines plus vite que le frai, à moins que l'on ne guettât le moment où il conviendrait d'immerger l'appareil; enfin « et surtout » cette pêche des jeunes Huîtres sur les bancs, serait contraire à toutes les règles de police établies jusqu'à ce jour. La loi veut que les jeunes Huîtres restent sur les bancs jusqu'à ce qu'elles aient atteint 5 à 6 centimètres de diamètre. M. Coste, au contraire, voudrait que l'industrie s'emparât du frai et en disposât immédiatement. »

Diverses entreprises partielles de récoltes du naissain sur les bancs naturels furent cependant conduites avec succès sur les côtes de Bretagne, sous la direction de Coste, par le sous-commissaire Ackermann et par le commandant Mallet.

Puis, Coste voulut reconstituer dans la baie de Saint-Brieuc des bancs qui, suivant la tradition, avait été prospères jusqu'en 1842, époque à laquelle ils furent détruits par des dragueurs anglais.

Pour créer une huîtrière dans la baie de Saint-Brieuc, trois millions de mollusques, achetés à Cancale et à Tréguier, furent transportés dans cette baie par les soins de l'administration de la marine. Sur les bancs improvisés, formés ainsi en avril 1858, on répandit des écailles sèches, et l'on plaça à 30 ou 40 centimètres du fond des fascines destinées à jouer le rôle de collecteurs. La surveillance de ces gisements artificiels fut assurée avec énergie.

Après la saison du frai, tous les collecteurs furent retirés couverts de naissain.

Dès lors, un véritable engouement se manifesta pour les idées de Coste. En 1860, outre de nouvelles plantations d'Huîtres effectuées dans la baie de Saint-Brieuc, on fait venir des Huîtres d'Angleterre et on les place dans l'étang de Thau et la rade de Toulon. D'autres envois d'Angleterre sont répartis entre la rade de Brest et la baie de la Forêt. *Enfin, sur les crassats de Cès et de Crastorbe, dans le bassin d'Arcachon, on établit deux parcs modèles destinés à l'essai des divers appareils collecteurs.*

L'industrie privée, stimulée par l'exemple que lui donnait l'État, mettait en valeur à ce moment un grand nombre de plages sur la côte ouest. Des parcs se créaient à l'île de Ré, à la Rochelle, dans le bassin d'Arcachon ; les demandes de concessions affluaient au ministère de la marine.

Malheureusement, aux premiers succès firent place de véritables désastres, et l'on put croire un moment que l'industrie ostréicole n'y survivrait pas.

L'ignorance de la plupart des ostréiculteurs improvisés, l'insuffisance des connaissances que l'on possédait sur les conditions que devaient remplir les parcs de production ou l'élevage, l'oubli des lois naturelles qui président à la création et à la conservation des bancs d'Huîtres, se firent cruellement sentir.

« Les bancs artificiels de Saint-Brieuc furent détruits par le mauvais temps, les Huîtres dispersées, les fascines brisées et jetées à la côte ; ils ne se relevèrent pas de ce désastre. La rade de Brest s'appauvrit de nouveau par l'insuffisance de reproduction des Huîtres qu'on y avait semées et par le maraudage des pêcheurs. Les essais dans la Méditerranée échouèrent définitivement. Les parcs de l'île de Ré, de l'île d'Oléron, de la Rochelle, après quelques années de prospérité, déclinèrent rapidement et furent presque tous abandonnés.

De même, à Cancale et dans la Rance, les tentatives d'ostréiculture, dont M. de Bon avait été le promoteur, ne donnèrent pas longtemps des résultats satisfaisants ; la plupart des parqueurs y renoncèrent. Enfin, dans le bassin d'Arcachon, les rapports des autorités maritimes constataient, à la fin de 1865, *que les parcs de l'État étaient prospères*, mais que les gisements naturels étaient appauvris et que l'industrie privée languissait par suite du peu de succès de ses efforts pour recueillir le naissain. » (De Bon.)

Si, dans le public, l'enthousiasme primitif avait fait place, sur la plupart des points de nos côtes, au scepticisme et même au découragement, Coste et l'administration de la marine continuèrent à étudier avec soin et esprit de suite les conditions pratiques dans lesquelles devaient être tentées les entreprises ostréicoles pour réussir.

L'Administration s'attacha surtout à régénérer les bancs épuisés et à sauvegarder de la destruction les gisements huîtriers qui existaient encore sur les côtes de France. Elle savait par expérience que la reconstitution de ces gisements est excessivement lente ; aussi n'accepta-t-elle jamais qu'avec réserve, nous devons le dire, les espérances de Coste sur la création d'une vaste huîtrière bordant toute l'étendue de notre littoral. L'insuccès des tentatives de ce savant ne la découragea donc pas. Elle s'appliqua seulement à protéger contre les déprédations des maraudeurs — et avec plus d'énergie que jamais, — les bancs naturels, pour l'exploitation desquels elle avait prescrit des mesures spéciales.

Il faut dire encore que si, à l'heure actuelle, dans certaines régions ostréicoles, le naissain peut être recueilli facilement aux dépens des seules Huîtres cultivées, il ne pouvait en être de même il y a trente-cinq ans. Les insuccès de l'ostréiculture tenaient donc surtout à la pauvreté de nos huîtrières, seules sources de production du naissain qui pouvait alors alimenter l'industrie.

Sous l'influence d'une réglementation bien appropriée aux besoins de l'époque, la reconstitution des bancs manifesta bientôt ses effets. « D'un autre côté, dit de Bon, les ostréiculteurs, instruits par leurs propres observations et par les exemples que l'État leur donnait sur ses parcs d'expérimentation, sont devenus plus sûrs d'eux-mêmes. Ils ont amélioré leurs méthodes et leurs instruments. Les bénéfices notoires réalisés depuis quelques années ont ramené les esprits vers l'ostréiculture et ont déterminé en ce sens un courant de travail et de capitaux beaucoup plus considérable que celui qui s'y était porté à la suite de la publication des premiers rapports de Coste. » Sans doute, en 1870, l'industrie n'était pas encore complètement sortie de la période des tâtonnements ; mais, du moins, nous pouvons dire qu'à partir de cette époque, elle fut définitivement créée. A Arcachon, une décision ministérielle avait réservé à la pêche commune en 1860 une zone étendue, sur laquelle il était interdit de créer des parcs. On réclama la suppression de cette zone dans l'intérêt même de l'ostréiculture. Mais l'opinion contraire avait aussi ses partisans, d'après lesquels il fallait, non seulement maintenir les zones existantes, mais encore se refuser à toute nouvelle concession, sous prétexte que la multiplication des parcs nuirait à la prospérité générale du bassin.

Mais de Bon, envoyé à Arcachon pour juger la question sur place, fit adopter par le ministre d'alors que la plus grande partie de la zone réservée pouvait être livrée à l'activité des ostréiculteurs sans nuire aux intérêts généraux. Par décision du 28 janvier 1874, tous les terrains disponibles du bassin d'Arcachon furent mis à la disposition de l'industrie privée, à part un certain nombre d'huîtrières naturelles que l'on voulut sauvegarder comme étant des foyers de reproduction (1).

L'élan donné à l'ostréiculture ne se confina pas au bassin girondin. « Dans le Morbihan, dit encore de Bon, l'industrie et les capitaux se portent vers elle avec un empressement presque égal. Là aussi les ostréiculteurs, trouvant des conditions propices dans le sol et le climat, dans la disposition des lieux, ont peu à peu perfectionné leurs méthodes et obtenu des rendements remarquables. De ces deux centres d'activité, l'ostréiculture rayonne en quelque sorte de tous les côtés. Elle s'établit d'une manière sérieuse dans la baie du mont Saint-Michel, sur les grèves du Vivier. Elle paraît en voie de se reconstituer sur les côtes de l'île de Noirmoutier et de l'île de Ré, où elle avait déjà donné de grandes espé-

(1) DE BON, *Rapport au ministre de la marine sur la situation de l'ostréiculture en 1874* (*Revue maritime et coloniale*, 1874).

rances à ses débuts. Enfin, elle est en beaucoup d'endroits l'objet de tentatives qui réussiront sans doute en partie. »

Les expériences d'ostréiculture tentées par Coste en Méditerranée furent surtout importantes dans la baie de la Seyne et dans l'étang de Thau.

Dans la baie de la Seyne, on créa un parc d'expérimentation près du rivage de la Chapelle-des-Morts.

Ce parc « était situé à 150 mètres de la partie du rivage comprise entre cette chapelle, aujourd'hui disparue, et la pyramide qui existe encore au lieu dit « le Pin-de-Prune ». De forme à peu près rectangulaire, il occupait une surface de mer de 8.400 mètres. Sa hauteur d'eau était de 4 mètres en moyenne, et les fonds consistaient en vase dure, avec quelques herbes par place. On l'entoura de pannes flottantes, reliées par des chaînes et maintenues par de fort grappins. Un bugalet servait de logement à un garde maritime et fut mouillé au centre même du dépôt ».

« L'ensemencement s'opéra, dans la nuit du 2 au 3 juillet 1860, au moyen de 200.000 Huîtres anglaises, de petite taille. Dans le courant du même mois, on ajouta 1.000 Huîtres du pays. La distribution se fit à la pelle... et l'on disposa divers collecteurs maintenus par des cordes à une certaine distance du fond. Ces collecteurs étaient des paniers, fascines, tuiles, flotteurs goudronnés, etc.

« La première année, les résultats obtenus furent très encourageants. Tous les collecteurs se couvrirent de naissain.

« La deuxième année, pensant être dans de meilleures conditions, et afin d'abréger la durée du trajet, M. Trotabas, — enseigne de vaisseau, chargé de la direction et de l'exécution de ces expériences, — avait fait immerger dans l'étang de Thau une nouvelle provision d'Huîtres. Mais ce deuxième essai fut presque nul, sans qu'il ait été possible de s'expliquer les causes de son insuccès (1). »

Mais dans la baie de la Seyne comme dans l'étang de Thau, on fut amené à constater que, si les Huîtres engraissaient bien dans ces eaux, elles ne s'y reproduisaient pas. Du moins les

(1) VINSON, la Culture des Huîtres dans la Méditerranée (Bull. des Pêch. mar., t. II, 1894. pp. 513-525).

collecteurs ne recueillaient pas le naissain. A la fin de 1864, ces expériences, qui, sans compter les frais de déplacement de l'officier qui en était chargé, avaient coûté près de 45.000 francs, furent abandonnées.

Aujourd'hui, la production du naissain est de nouveau tentée en Méditerranée par un industriel, M. de Jouette, près de Toulon, à Balaguier. Cet ostréiculteur, depuis plusieurs années, a d'ailleurs réussi en grand la production, à Bonifacio.

Pour favoriser la création et le développement de l'ostréiculture, l'administration permit en 1857 l'importation des Huîtres étrangères dans les régions huîtrières françaises.

En vue du repeuplement des bancs, dont on se proposait la reconstitution d'après les méthodes préconisées par Coste, nous savons que l'on importa, du reste, un grand nombre d'Huîtres des côtes anglaises.

Mais, en 1866, un industriel songea à faire venir des côtes de Portugal, pour les parquer en France et les livrer à la consommation, des Huîtres d'un aspect et d'un goût différents des nôtres. C'étaient des *Ostrea angulata* ou *Gryphea angulata*.

Un bateau à vapeur, chargé, pour le compte de cet industriel, d'Huîtres portugaises, destinées à être placées sur le crassat des Gralindes, à Arcachon, fut forcé par le mauvais temps de chercher « un refuge dans la Gironde, qu'il remonta jusqu'à Bordeaux. Son chargement s'échauffa ; l'infection qu'il répandit fut telle, que l'administration locale, craignant pour la santé publique, dut intervenir et inviter le capitaine à reprendre immédiatement la mer. Celui-ci n'attendit pas qu'il fût au large pour se débarrasser de sa cargaison, il la fit jeter dans le lit du fleuve, par le travers de Richard, de Talais et du Verdon ; c'est à cette circonstance que l'on doit l'immense gisement huîtrier qui s'étend aujourd'hui sur la rive gauche de la Gironde, dans la direction du sud jusqu'à By et Saint-Christoly, et dans celle du nord, jusqu'à la pointe de Grave et bien au delà, puisque le frai s'est répandu jusqu'aux îles d'Oléron et de Ré... (1) »

(1) Léon Vaillant, *Rapport du Jury international de l'Exposition universelle de 1878, pour les Poissons, Mollusques et Crustacés*, pp. 11-12.

Tandis que, grâce à l'initiative de Coste et de de Bon, secondés par l'administration de la marine, l'ostréiculture se développait sur nos côtes, divers pays étrangers en suivaient attentivement l'évolution et se préoccupaient de la créer chez eux.

C'est ainsi qu'en Angleterre, à diverses reprises, des inspecteurs des pêches vinrent visiter nos installations. En 1863, deux essais d'ostréiculture furent faits à Southend (Essex) et à Herne-Bay (Kent).

Dans la première localité, on utilisa comme collecteurs les tuiles qui venaient d'être adoptées en France pour cet usage. Dans la deuxième, pour tempérer l'eau des bassins de ponte, que l'on supposait devoir être trop froide, on alla jusqu'à réchauffer celle-ci au moyen de tuyaux d'eau chaude.

En 1865, à la suite d'un rapport de M. G.-W. Hart, on rechercha sur les côtes anglaises une région marine où les eaux fussent claires, avec une température sensiblement constante et ayant déjà été le siège d'une colonie huîtrière. Ces conditions parurent être réunies à Hayling, petite île intermédiaire aux havres de Chichester et de Langston et présentant une baie considérée comme une réduction du bassin d'Arcachon.

Un hectare et demi de terrain fut nettoyé et aménagé, et en avril 1866 l'on y déposa sur des claies horizontales 50.000 Huîtres. La profondeur de l'eau ne dépassait pas un mètre sur toute l'étendue de la concession. Le 14 juin suivant, les collecteurs étaient couverts de naissains.

Une compagnie acquit alors 20 hectares dans le havre de Langston et les aménagea pour y cultiver les Huîtres. Mais on n'en était encore, en France comme en Angleterre, qu'à la période des tâtonnements pour déterminer les collecteurs qui convenaient le mieux et pour savoir les soins dont devaient être entourés les mollusques à tous les stades de leur élevage.

Ainsi en 1867, 40.000 Huîtres déposées sur 4 hectares de terrain, du côté de l'ouest d'Hayling, ne fournirent que quelques douzaines de jeunes. Dans 7 autres hectares, 600.000 Huîtres donnèrent 100 millions de naissains. Mais un désastre se produisit, et l'on ne mena jusqu'à la taille marchande que 3 millions d'Huîtres seulement. Celles-ci furent vendues

150.000 francs, — « produit qui n'est pas trop mauvais pour un terrain vaseux improductif jusqu'alors (1). »

Néanmoins, les difficultés pratiques de toute nature que rencontrèrent les Anglais pour obtenir artificiellement du naissain, dans des conditions économiques, qui permissent d'en faire surgir une industrie, les amenèrent à abandonner les essais qu'ils avaient entrepris à ce sujet. Ce ne fut qu'après de sérieuses expériences qu'ils se décidèrent d'ailleurs à renoncer à une lutte contre les éléments, dans laquelle ils avaient déployé toutes les qualités d'intelligente initiative et de persévérante énergie qui caractérisent leur race (2).

Aujourd'hui, en Angleterre, on se borne presque exclusivement à recueillir les jeunes Huîtres sur les bancs naturels et à les parquer. On y élève aussi et y engraisse les Huîtres de demi-élevage produites en France et en Hollande.

En Hollande, pays où le gouvernement se borne à seconder l'initiative des particuliers, ce fut une pétition de parqueurs qui en 1870 appela l'attention de l'État sur les bénéfices que pouvait retirer le pays des pratiques ostréicoles. A cette époque, en Hollande, comme en Allemagne et en Angleterre, on se bornait à conserver ou à élever dans des parcs les animaux qui provenaient de la pêche sur les huîtrières de l'Escaut oriental et du Zuyderzée.

Les parqueurs de l'Escaut, inquiets de l'appauvrissement des bancs, demandaient que l'on prît des mesures pour arrêter cet appauvrissement, qu'on leur accordât des concessions sur les terrains domaniaux et que l'on entreprît l'étude biologique complète de l'Huître. L'État fit alors lever le plan des gisements et les concéda, aux enchères et par parcelles, aux ostréiculteurs. Depuis cette époque, l'industrie ostréicole, eu égard à la petite surface sur laquelle elle s'étend, est devenue très prospère en Zélande. Mais il ne paraît pas qu'elle ait pu, faute d'éléments, s'implanter dans le Zuyderzée.

---

(1) *Rapport sur l'ostréiculture à Arcachon, à Hayling et à Trieste*, par J.-L Soubeiran (*Bull. de la Soc. accl.*, t. VI, 1869, pp. 100-118).

(2) A Londres, le 4 mai 1876. M. Blake, inspecteur des pêches, émit cette opinion, devant la commission chargée d'étudier les questions d'ostréiculture : qu'une Huître élevée par les procédés artificiels à Reculvers, près de l'embouchure de la Tamise, revenait à 1.250 francs, et qu'à Herne-Bay, chaque Huître élevée dans les mêmes conditions coûtait 2.500 francs.

En Allemagne, des essais très anciens furent faits pour créer des bancs huîtriers en semant des Huîtres dans des régions marines où ces mollusques n'existaient pas. Sur les côtes de Poméranie, à diverses reprises, en 1753, en 1830 et en 1843, on sema donc des mollusques sur les fonds littoraux de la Baltique. Ces expériences n'eurent aucun succès et, deux ans après leur immersion, les Huîtres semées étaient toutes mortes.

Dans le Wattenmeer, divers spécialistes allemands ont souvent préconisé l'installation d'une industrie huîtrière analogue à celle de France et de Zélande. Mais, suivant K. Mœbius, l'instabilité des fonds et la rigueur de la température hivernale s'opposeraient au succès des tentatives ostréicoles dans cette région. Il faudrait, en effet, consentir des dépenses telles pour consolider le sol et pour créer des bassins d'hivernage, que l'élevage de l'Huître ne saurait être fait dans des conditions suffisamment économiques pour rémunérer le capital qui s'y consacrerait.

Aujourd'hui, comme par le passé, l'industrie allemande vit donc sur le stock d'Huîtres qu'elle retire chaque année des réserves naturelles du Wattenmeer.

En Italie, l'ostréiculture s'est surtout développée dans le golfe de Tarente, où elle emploie des procédés sensiblement différents, comme nous le verrons plus loin, de ceux qui sont utilisés en France et en Zélande. En Autriche, de nombreux essais, faits dans l'Adriatique, pour implanter là l'ostréiculture n'ont pas encore franchi la période d'expérimentation. Dans ce pays, toutefois, les pratiques ostréicoles qui consistent à recueillir sur des piquets le naissain produit en mer, par des bancs naturels, pour l'élever dans des parcs littoraux, paraissent avoir été mises en usage de temps immémorial à Zaule, dans l'estuaire de Grado.

En Espagne, au voisinage de bancs à demi ruinés, des entreprises ostréicoles ont été créées près de la Corogne et de Santander. Ces régions paraissent se prêter fort bien à la production et à l'élevage de l'Huître. Mais les conditions d'écoulement de ce produit comestible sont difficiles et limitent forcément l'industrie qui l'exploite.

CHAPITRE X

Ostréiculture proprement dite. — Production en France et en Hollande. — Récolte du naissain produit par les huîtrières naturelles et artificielles. — Collecteurs. — Matériaux employés comme collecteurs. — Chaulage. — Divers modèles de collecteurs. — Pose de ceux-ci. — Production italienne. — Poids spécifique de l'eau dans les centres de production. — Détroquage. — Élevage. — Claires et caisses ostréophiles. — Pousse des Huîtres. — Pousse et amélioration de l'Huître portugaise. — Élevage complet et engraissement. — Industrie charentaise. — Industrie normande. — Industrie belge. — Industrie de la Méditerranée française. — Industrie italienne. — Bassin de dégorgement. — Éducation des Huîtres pour leur transport. — Culture de la Moule. — Exploitation des moulières naturelles françaises. — Historique de la mytiliculture en France. — Industrie de la Baie de l'Aiguillon. — Bouchots. — Valeur de l'exploitation des moulières artificielles de France.

L'industrie ostréicole proprement dite, qu'il importe de distinguer de la simple exploitation des gisements huîtriers naturels, recueille sur des surfaces spéciales de fixation les larves d'Huîtres, au moment où ces larves passent de la vie pélagique à la vie sédentaire. Elle veille sur le développement de ces jeunes Huîtres ou « naissains », puis elle les dispose dans des régions littorales et dans des établissements convenablement aménagés pour leur croissance. Enfin, elle améliore, par des procédés divers, les mollusques qu'elle a ainsi produits, soit en les engraissant, soit en leur communiquant des qualités alibiles particulières.

Elle comprend donc : 1° la production du naissain, 2° son élevage et 3° son engraissement.

Ces diverses opérations donnent lieu à de nombreuses manipulations, arrivées aujourd'hui à une précision de technique relative, encore qu'un certain empirisme préside à la plupart d'entre elles.

Sur les bancs huîtriers, les mollusques ne peuvent fournir que des rendements limités. Leur puissance formidable de reproduction est contrebalancée, en effet, par des causes de destruction si nombreuses, que les chances de survivance de leurs larves sont des plus faibles. Non seulement, donc, ces gisements doivent être exploités avec ménagement, — et par conséquent ne peuvent produire que des valeurs irrégulières, — mais encore ils sont exposés à disparaître par la seule infériorité des Huîtres qui les composent, dans la lutte pour l'existence qu'elles sont appelées à soutenir. On peut dire toutefois que les moyens employés par l'homme pour maintenir aux huîtrières naturelles leur vitalité ressortissent aux procédés ostréicoles.

En Ostréiculture proprement dite, la spéculation industrielle repose tout entière sur ce fait que les eaux marines peuvent nourrir des quantités d'Huîtres très supérieures à celles que donnent normalement ces eaux, à condition que l'on mette les jeunes mollusques à l'abri des ennemis et des causes de destruction qu'ils rencontrent quand ils vivent à l'état sauvage. En somme, il s'agit là de rompre, au profit de l'Huître, l'équilibre biologique qui existe dans les eaux marines où elle vit.

En France, la récolte du naissain, son élevage et son engraissement sont le plus souvent pratiqués en des régions différentes de nos côtes, qui présentent des avantages spéciaux pour l'une ou l'autre branche de l'industrie ostréicole. Parfois, ces trois opérations se font dans la même localité, mais alors elles utilisent des terrains différents. Tel est le cas de certaines entreprises du bassin d'Arcachon et de l'ensemble des entreprises de la Zélande. En Italie, par contre, toutes les phases de l'ostréiculture se passent en général dans les mêmes eaux.

On appelle « parcs » les parties du sol sur lesquelles arrivent normalement ou artificiellement l'eau de mer et sur lesquelles on se livre à l'une quelconque des pratiques ostréicoles. Il existe ainsi des parcs de reproduction, d'élevage et d'engraissement. Certains des parcs d'élevage sont soumis au jeu naturel des marées, mais d'autres sont aménagés de manière qu'ils ne découvrent qu'aux périodes de pleine et de nouvelle lune. Enfin, sur les parties hautes des plages, on creuse le sol de manière à constituer des bassins, dans lesquels le liquide est renouvelé ou retenu suivant la volonté des ostréiculteurs ; on donne plus spécialement à ces bassins le nom de « claires ». Ces claires peuvent être situées soit en bordure des plages cultivées par l'ostréiculture, soit sur les rivages de la partie maritime des rivières et à de grandes distances parfois dans l'intérieur des terres.

Les claires peuvent servir à l'élevage simple des jeunes mollusques ou, en raison de la nature des eaux qui les alimentent, être utilisées pour leur engraissement, combiné ou non avec leur verdissement.

Nous allons donc examiner maintenant les divers procédés mis en œuvre pour produire industriellement des Huîtres comestibles, en passant successivement et rapidement en revue la production du naissain, son élevage et son engraissement.

La récolte du naissain s'effectue soit aux dépens de la production des gisements naturels, soit au moyen de larves fournies par les Huîtres cultivées et amassées en quantités considérables dans une région déterminée.

C'est ainsi que dans les rivières d'Auray et de la Trinité, les jeunes mollusques sont produits par les bancs naturels dont nous avons parlé plus haut. Il en est de même dans les quelques régions huîtrières anglaises où l'on fait un peu d'ostréiculture proprement dite, ainsi qu'en Hollande. Le naissain de Zélande est en effet émis pour la plus grande partie par des gisements naturels d'Huîtres situés au pied des digues de l'Escaut oriental. Des lois anciennes édictées pour la protection des digues, et qui interdisent tout dragage à moins de 500 mètres de celles-ci, ont eu pour résultat de créer là une vaste huîtrière.

Dans le bassin d'Arcachon, au contraire, l'industrie de la

production du naissain s'alimente uniquement avec les larves
fournies par les Huîtres cultivées sur les parcs de cette localité. Il paraît en être de même en Italie, à Tarente, où existent
d'importantes exploitations ostréicoles.

Au moment où commence la fraye de l'Huître, en France,
on descend sur la bordure des huîtrières naturelles ou artificielles des collecteurs destinés à servir de lieux de fixation
aux larves de mollusques, au moment où ceux-ci passent de
la vie pélagique à la vie sédentaire.

C'est de juin à septembre, et même quelquefois plus tard,
que s'effectue la récolte du naissain dans nos eaux. Il importe
toutefois de ne pas immerger trop tôt les collecteurs sous peine
de les voir se recouvrir, soit de larves d'ascidies, soit simplement d'une sorte de vernis de vase qui s'oppose à l'adhérence
du naissain. La pose des collecteurs a lieu dans le bassin
d'Arcachon dans la deuxième quinzaine de juin ; à Auray,
elle s'effectue dans la première quinzaine de juillet. On
commence à placer les collecteurs dans la partie haute des
parcs, pour éviter l'invasion sur leur surface d'animaux
autres que ceux que l'on veut recueillir ; à mesure que la saison s'avance, on les descend sur les fonds les plus bas.

Il a fallu de longs tâtonnements et de longues études pour
déterminer la nature et la forme des collecteurs qui convenaient à nos diverses régions. Primitivement, suivant l'exemple donné par les Italiens, Coste employa comme collecteurs
des fascines de bois, puis des cordages, des poutres et des
coquilles sèches trempées dans du brai. Je ne veux pas ici
examiner en détail les perfectionnements successifs apportés
dans le choix des collecteurs. Je me bornerai à rappeler que
ceux-ci sont presque uniquement constitués en France par
des tuiles et des planchers en bois.

On ignore exactement quel fut l'inventeur qui employa la
tuile comme collecteur. Certains auteurs disent que ce fut à
Régneville, dans les parcs de Mme Sarah Félix, que fut tentée
cette innovation. Divers ostréiculteurs pensent au contraire
que ce fut à Arcachon.

On disposa tout d'abord ces tuiles en forme de toits. Ceux-
ci, suivant les circonstances et les conditions spéciales aux
régions huîtrières, affectaient des dispositions différentes.
Dans certains cas, sur les fonds de culture même, on enfon-

çait des piquets suivant des lignes peu écartées et dépassant le substratum de 15 à 20 centimètres. Sur les extrémités des piquets on clouait des lattes, et sur les chevalets formés par cet ensemble on plaçait des tuiles concaves se touchant par leurs bords et tournées de façon à présenter leur convexité en haut. Des pierres assez lourdes chargeaient l'appareil pour qu'il ne pût être déplacé par les mouvements des flots.

FIG. 67. — Fascine collectrice de Tarente,
d'après Bashford Dean [1].

Un autre modèle de collecteur comprenait un double plancher de tuiles croisées. Une troisième disposition consistait à placer obliquement les tuiles entre les piquets, de manière qu'elles fissent avec le sol un angle de 25 à 30 degrés ou encore de manière que, deux à deux, elles fissent une sorte de tente.

Quoi qu'il en soit, il est fort probable que l'usage de la tuile ne se fût pas généralisé si l'on n'avait songé à la recou-

(1) BASHFORD DEAN, *Report on the European Methods of Oyster Cultur* *Bull. of U. S. Fish Commission,* 1891 et 1892 ; vol. XI et XII).

vrir d'un enduit particulier. En effet, les embryons se fixent bien sur ce collecteur, mais, comme on les en doit détacher pour permettre aux jeunes Huîtres de se développer librement, on rencontrait les plus grandes difficultés pour opérer la séparation de l'Huître d'avec son collecteur. Cette opération, à laquelle on donne le nom de *détroquage*, et qui s'effectue au moyen d'un couteau spécial, avait pour action de blesser et de détruire de grandes quantités des jeunes et délicats mollusques.

Le Dr Kemmerer, l'un des hommes qui ont le plus sérieusement contribué aux progrès de l'ostréiculture française, eut l'idée de recouvrir les tuiles d'un enduit qui en permit facilement le détroquage. Il enduisit les tuiles avec un mastic composé de chaux hydraulique, de sable et de sang défibriné. Dans la couche de mastic il plaçait, de plus, des débris de coquilles et des brindilles de bois, dans le but d'augmenter la surface d'insertion des jeunes Huîtres. Plus tard, le même ostréiculteur recourut au procédé suivant pour opérer le détroquage de son naissain. Il posait sur la tuile un papier mouillé, en ayant soin que ce papier laissât à nu un centimètre environ du collecteur sur tout son pourtour. Par-dessus ce papier, il passait une couche légère de ciment, puis il laissait sécher l'appareil ainsi préparé. Quand, après la saison de fraye, il retirait la tuile de son fond de production, il découpait le ciment sur les bords et obtenait d'un coup une membrane mince qui supportait toutes les jeunes Huîtres. Il ne lui restait plus alors qu'à fragmenter cette membrane en autant de morceaux qu'il y avait de naissains.

Quelque ingénieux que fussent les procédés de détroquage inventés par le Dr Kemmerer, ils avaient l'inconvénient d'exiger des dépenses considérables, et ils n'aboutirent pas à la découverte d'une méthode très pratique. Toutefois, ils mirent sur la voie des recherches qui amenèrent les ostréiculteurs arcachonnais — et M. Michelet, le premier, paraît-il — à trouver le procédé dit du *chaulage* qui rend de nos jours les plus grands services.

Pour chauler les tuiles, on procède aujourd'hui de la manière suivante, dans le bassin d'Arcachon et sur les plages charentaises où l'on se livre à la culture de l'Huître portugaise.

Lorsque les tuiles sont neuves, on leur donne une première couche de mortier de chaux, et on les laisse sécher. On leur redonne alors une nouvelle couche de mortier composé d'environ 1/3 de chaux et 2/3 de sable. Si les tuiles ont déjà servi, la première couche est inutile. Le premier mortier se fait dans un baquet où l'on met de la chaux éteinte que l'on additionne d'eau, en brassant fortement au moyen d'une pelle d'aviron, jusqu'à ce que le mortier devienne assez clair pour qu'en y plongeant la tuile elle conserve une couche légère et régulière. Le deuxième mortier se fait d'une manière analogue, à cette différence près qu'il entre 2/3 de sable dans sa composition. Il doit être de consistance telle que la tuile n'en conserve qu'une couche régulière de l'épaisseur d'une pièce de dix centimes. On doit avoir soin de brasser constamment le mortier pendant que l'on procède au chaulage des tuiles, faute de ce brassage, le sable se séparerait de la masse, en sorte que les premières tuiles recevraient trop de chaux et les autres trop de sable.

Grâce au « chaulage » dont nous venons de parler, les jeunes Huîtres peuvent être si facilement détachées, que bien peu d'entre elles sont abîmées dans l'opération du détroquage.

Mais il ne suffit pas de placer des tuiles convenablement chaulées au voisinage des huîtrières naturelles ou artificielles pour recueillir du naissain. Suivant la nature du sol et le régime des courants du bassin huîtrier dans lequel on opère, il faut disposer les tuiles de diverses manières pour faciliter et même rendre possible la fixation des larves.

C'est ainsi que, sur les plages de l'île d'Oléron, et dans toutes les régions françaises où l'on produit l'Huître portugaise les tuiles sont disposées en rangées parallèles au cordon littoral et imbriquées les unes sur les autres. On place un plus ou moins grand nombre de ces tuiles, qui sont légèrement incurvées et ne se touchent que par leurs bords. Parfois même on met des chevilles de bois entre les rangées pour que les collecteurs n'aient aucune adhérence entre eux. On adopte cette disposition sur les terrains durs, non soumis à des bouleversements par tempêtes. De plus, on a le soin de visiter fréquemment les collecteurs pour les débarrasser de la vase qui a pu les couvrir d'un vernis. Cette disposition des collecteurs par rangées parallèles est employée en France pour la récolte du naissain d'Huîtres portugaises; on l'emploie aussi pour l'*Ostrea edulis*, sur les fonds de Zélande.

Mais, pour que le naissain se dépose facilement, il est généralement admis qu'il profite des remous et des interférences de courants. De plus, sur les terrains vaseux et mous, des collecteurs disposés comme ceux dont nous venons de parler s'enfonceraient dans le substratum et ne serviraient de rien. En Bretagne est née une technique qui a reçu de très utiles applications et qui consiste à réunir les tuiles par groupes, disposés autour d'un piquet, que l'on fixe dans le sol.

A cette disposition des tuiles on a donné le nom de collec-

Fig. 68. — Terrains de reproduction avec leurs collecteurs en Zélande ; d'après Bashford Dean.

teur en « champignon » ou en « bouquet ». Elle fut imaginée par M. E. Leroux. Les tuiles sont maintenues par ce moyen à 20 ou 25 centimètres au-dessus du fond vaseux. Diverses modifications ont été apportées à l'appareil de E. Leroux, mais elles procèdent toutes du même principe, qui est de tenir les collecteurs au-dessus des vases.

Ces collecteurs sont très employés dans les rivières du Morbihan. Là, il est d'usage de chauler les tuiles en deux fois comme à Arcachon. Mais le deuxième mortier est fait, soit avec de la chaux hydraulique, soit avec de la chaux, du sable et un peu de vase sèche.

Sur les fonds durs ou peu mous, à Arcachon surtout, un autre système de collecteur en tuiles est utilisé. C'est celui auquel on a donné le nom de « ruche ».

Il est formé par une charpente en lattes de bois, renfermant à l'intérieur des tuiles convexes, disposées la concavité en bas en rangées alternativement longitudinales et transversales et figurant assez bien les alvéoles d'une ruche. Le nombre des tuiles contenues dans ces sortes d'appareils à claire-voie peut varier de 100 à 200 suivant leur grandeur. Il se crée évidemment dans les alvéoles de la ruche de nombreux courants et contre-courants, dont les interférences facilitent la fixation des larves mobiles. C'est à la face concave et inférieure des tuiles que se fait surtout le dépôt du naissain. La face supérieure de l'appareil collecteur, pris dans son ensemble, est quelquefois protégée par des lattes pour éviter que l'action du soleil

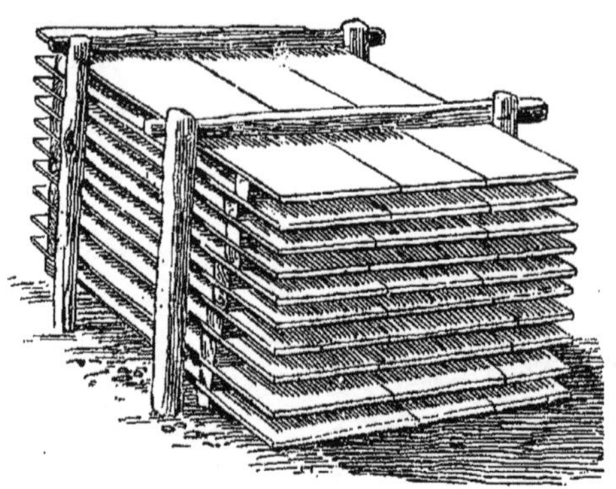

Fig. 69. — Plateaux collecteurs du bassin d'Auray.

ne se fasse trop vivement sentir sur les individus qui sont fixés sur les premières tuiles.

Mais en Bretagne, bon nombre d'ostréiculteurs ne se servent pas, ou ne se servent plus, de collecteurs en tuiles. Ils préfèrent employer les « planchers collecteurs ». Ceux-ci sont formés par une douzaine de planches horizontales, coaltarées et chaulées, disposées parallèlement, séparées les unes des autres par des sortes de lambourdes peu épaisses, ils sont fixés ainsi au-dessus du sol par quatre piquets parallèles. Tout l'appareil forme une sorte de piles de planches. On le leste au moyen de pierres posées sur la face supérieure. Les mêmes planches peuvent en quelque sorte servir indéfiniment.

En France et en Hollande, comme nous venons de le voir,

la récolte du naissain s'effectue dans les eaux peu profondes;
il en va autrement en Italie. Là, on utilise toutes les couches
d'eau superposées dans une même région marine. De plus, la
reproduction des Huîtres paraît se faire d'une manière inter-
mittente durant toute l'année dans la mer de Tarente, qui
constitue la localité ostréicole la plus importante de ce pays.

Voici la description qu'en donne Bashford Dean :

« A l'extrémité du golfe, protégée par des hauteurs se
trouve une petite baie qui a, de tout temps, été fameuse par
ses Huîtres, le *Mare Piccolo*. Les parois en sont formées par
ses bords en pente : une étroite voie d'écoulement débouche
dans le golfe et est resserrée par la présence d'une île ro-
cheuse qui affleure, île sur laquelle s'élevaient l'ancienne
ville et le château de Tarente. Le *Mare Piccolo* est une masse
d'eau oblongue mesurant environ 7 milles dans son plus
grand diamètre ; sa profondeur la plus considérable dépasse
à peine 13 mètres. L'aspect général de son bassin est celui
d'une soucoupe. Le fond en est tapissé par du sable calcaire
dur. La profondeur moyenne étant peu considérable, l'eau
conserve toute l'année une température plus élevée que celle
du golfe. La densité qui paraîtrait au premier abord devoir
être élevée en raison de la surface d'évaporation de ce bassin
est au contraire faible. L'eau douce qui pénètre dans cette
petite mer intérieure et qui provient des terres ou de sources
sous-marines, compense et au delà cette évaporation même. »

Un peu plus loin, le même auteur résume ainsi les installations ostréicoles du Mare Piccolo.

« Toute exploitation italienne se compose de poteaux d'angles qui supportent une série de cordes soutenant des appareils divers destinés aux différentes opérations.

« Les poteaux d'angles, solidement fixés dans le sol, mar-
quent les limites du parc. Aux quatre coins, ils sont disposés
en triangles inclinés l'un sur l'autre et s'élevant seulement de
quelques pieds au-dessus de l'eau. Une fois plantés, ils ne
doivent plus être bougés, car les tempêtes sont rares dans le
Mare Piccolo. Grâce à la nature calcaire du fond, qui le rend
consistant, on peut enfoncer ces piquets à coups de maillet.
Les cordages qui forment une sorte de réseau entre les
piquets sont destinés à supporter les appareils collecteurs.
Ils doivent être solides et résistants à l'eau.

« Des paquets de branches de coudrier ou d'ajonc, appelés fascines sont complètement immergés dans l'eau et forment collecteurs. Quand elles sont recouvertes de naissains, elles sont brisées en petites baguettes superposées, liées par des cordes de manière à utiliser la profondeur d'eau, etc. »

Les fascines collectrices sont mises en place en mars, avril et mai. A cette époque, on les immerge dans les couches les plus profondes. En mai, on commence à les rapprocher de la surface. Souvent on les réunit en groupes et on les attache

Fig. 70. — Écluse de retenue du lac Lucrin; d'après Bashford Dean.

à des bouées. Quant les fascines ont récolté le naissain d'eau profonde, on les lave soigneusement et on les place dans les parcs plus plats. Elles prennent alors une deuxième récolte. Il paraît que les brindilles de bois disparaissent alors sous une couche blanche de jeunes mollusque.

En Italie encore, dans le lac Fusaro, dont Coste nous a donné une description, l'industrie de la production du naissain se fait sur une petite échelle. Lorsque M. Bouchon Brandely, visita cette région, il y a 25 ans environ, il put constater que de grandes difficultés existaient actuellement pour y mener à bien les opérations ostréicoles. Les eaux y ont peu de profondeur — 1^m,20 dans la plus grande partie et 3^m,20 dans un seul endroit — les fonds y étaient alors envasés, enfin les Moules avaient envahi le bassin. Mais récemment, M. Bashford Dean (1892) nous a renseigné exactement sur l'état de l'ostréiculture dans cette région. Le lac Fusaro ne communique avec la mer que par une étroite ouverture. Celle-ci est aujourd'hui munie d'une écluse. Mais, d'autre part, les eaux étant peu profondes, il est nécessaire de les renouveler. Le problème de la production consiste donc, là, à déterminer le temps pendant lequel on peut retenir l'eau sans compromettre la vitalité des reproducteurs. Les procédés sont identiques à ceux du Mare Piccolo. Mais les récoltes sont irrégulières. Il en va de même dans le Lucrin.

Bien qu'en Angleterre la récolte du naissain paraisse insignifiante, je ne puis me dispenser de dire que, dans ce pays, on place des coquilles sèches chaulées sur les concessions, pour recueillir les larves provenant des Huîtres élevées. En Hollande, en dehors des collecteurs dont nous avons parlé, on jette aussi des coquilles sèches sur les concessions.

L'industrie de la production s'alimente donc aux dépens des huîtrières naturelles ou artificielles. On a essayé à diverses reprises de recueillir le naissain dans des viviers clos. Les expériences entreprises à ce sujet dans le Morbihan, en Angleterre et, plus récemment, dans le vivier du laboratoire de Roscoff, n'ont pas donné des résultats suffisamment réguliers pour que l'on puisse espérer que l'industrie tire des profits de la récolte des larves provenant d'Huîtres conservées en milieu confiné.

Dans toutes les régions où existe l'industrie de la production du naissain, il est à noter que le poids spécifique des eaux marines est relativement faible. On peut s'en convaincre en consultant le tableau suivant (p. 257), que j'ai dressé d'après le mémoire de Bashford Dean.

Le naissain se fixe irrégulièrement sur les collecteurs. Ceux qui sont posés sur les fonds vaseux fournissent généralement des récoltes beaucoup moins abondantes sur les tuiles qui se trouvent à leur base que sur celles de leur milieu et de leur sommet. Par contre, il semble que les ruches posées sur les fonds résistants offrent une assez grande abondance de production sur toutes leurs tuiles.

Poids spécifique de l'eau de mer dans les diverses localités ostréicoles, d'après M. Bashford Dean.

(*Les régions de productions sont en italiques*)

RÉGIONS OSTRÉICOLES	POIDS SPÉCIFIQUE	DATES D'OBSERVATION
Wattenmeer	1,024	»
Zélande (entre Goes et Bergen-op-Zoom)	**1,015-1,023**	16 au 20 Juin
Ostende.	1,023	Juin
Whitstable	1,025	Août
Crouch, Blackwateur, Colne .	**1,022-1,023**	—
Cancale.	1,0263-1,0271	—
Roscoff.	1,0263	—
Belon.	1,0249-1,0266	—
Lorient	1,0238	—
La Trinité.	**1,0230**	—
Auray	**1,0227-1,0232**	—
Les Sables d'Olonne	1,0243	—
Marennes.	1,0241	—
La Tremblade	1,0246	....
Arcachon	**1,0189**	Août, com^t Septembre
Osségor	1,0242-1,0255	Octobre
Lucrin	**1,0225-1,0245**	Mai
Fusaro	**1,019-1,023**	—
Mare Piccolo { Nord	**1,022-1,023**	Avril
Sud et Ouest	1,027	—

En automne, en France, un peu plus tôt ou un peu plus tard, dans les pays étrangers suivant leur latitude, on enlève les tuiles, on vérifie la richesse de leur récolte, puis on les lave pour les purger de la vase et des animaux fixés autres que les Huîtres qui ont pu s'y attacher.

Quelques ostréiculteurs laissent sur leurs collecteurs, pendant l'hiver, les jeunes Huîtres qui s'y sont fixées en été. Il est alors prudent de descendre ces collecteurs dans les parties basses des fonds huîtriers pour soustraire les jeunes mollusques aux rigueurs de la température hivernale.

Mais le plus généralement les collecteurs sont démontés. Les tuiles sont alors mises dans des bassins spéciaux auxquels on donne le nom de « claires ». Ces claires sont des réservoirs qui ont de 40 à 50 centimètres de profondeur, 30 à 40 mètres de longueur et 4 à 5 mètres de largeur. Elles sont divisées par des cloisons en palissades de bois transversales pour éviter que

les vents n'y produisent de grosses dénivellations. Les parois
en sont consolidées soit avec des pierres, soit avec des palissades. Enfin un massif d'argile les entoure. Creusées sur les
parties hautes des concessions huîtrières, ces claires ne sont
remplies d'eau qu'aux hautes marées, en général. Le liquide
qu'elles contiennent peut être évacué, soit au moyen d'une
petite vanne, soit par un simple trou que l'on bouche à volonté
avec de l'argile. Les tuiles y demeurent un temps variable
suivant les régions. Dans le bassin d'Arcachon, elles n'y sont
pour ainsi dire que déposées momentanément en attendant
le détroquage. En Bretagne et en Zélande, elles demeurent
généralement dans les claires jusqu'au mois de mars qui suit
la récolte du naissain.

Le nombre des jeunes Huîtres fixées sur les tuiles est variable suivant les régions et suivant les parcs d'une même
région. Les quantités les plus considérables paraissent être
obtenues dans le bassin d'Arcachon, exception faite pour la
mer de Tarente, dont les collecteurs ne sauraient offrir de
terme de comparaison avec ceux des pays océaniques. A Arcachon, on trouve parfois 3oo naissains et plus par tuile. Les
quantités les moins grandes sont celles que fournissent les
collecteurs de Zélande, où l'on considère comme une bonne
moyenne la récolte de 4o naissains par tuile.

Dans le bassin d'Arcachon, on commence à détacher le naissain de sa tuile immédiatement après que les collecteurs ont
été retirés de leur parc. C'est à cette opération que l'on donne
le nom de « détroquage ».

Grâce au chaulage dont nous avons parlé, elle s'effectue
avec la plus grande facilité. Il n'est même plus nécessaire aujourd'hui de détacher les Huîtres l'une après l'autre. Un coup
sec donné en un point choisi de la tuile chaulée détache et
fait tomber par fragments menus tout l'enduit. Les mollusques
sont donc facilement recueillis. En Bretagne, on détache encore les jeunes mollusques un à un. Il en est de même en
Hollande. En Italie, les naissains, fixés sur les brindilles de
bois, sont laissés adhérents à leur collecteur pour la durée de
leur élevage. Dans le bassin d'Auray, certains ostréiculteurs,
au lieu de détacher les naissains de la tuile, fragmentent
celle-ci en autant de petits morceaux qu'ils veulent élever de
jeunes. Ceux-ci demeurent donc attachés à une sorte de talon

de terre cuite. On appelle « Huître à tesson » celle qui est ainsi élevée adhérente à un fragment de sa tuile collectrice.

Il est d'usage encore pour beaucoup d'ostréiculteurs de laisser les jeunes sur leurs collecteurs pendant dix-huit mois. On conçoit que cette méthode, tout en ayant l'avantage de ne priver les mollusques de leur appui qu'à un âge où ils peuvent plus facilement supporter une modification dans leurs conditions de vie, a l'inconvénient d'exiger un très grand emplacement pour l'élevage des récoltes successives. De plus, elle a l'inconvénient de donner, paraît-il, aux animaux une forme aplatie et défectueuse.

À Arcachon, quand les jeunes Huîtres ont été détroquées, elles sont placées dans des caisses dites « caisses ostréophiles ». Là, elles demeurent le temps nécessaire pour acquérir une taille et une résistance qui permettent de les placer sur le sol même des claires où doit se poursuivre leur élevage. En Bretagne et en Zélande, on place aussi dans des caisses ostréophiles les mollusques détroqués au mois de mars qui suit leur récolte. Il paraît cependant que cet usage tend à disparaître et que l'on ne réserve l'usage des appareils de ce genre, dans ces deux régions ostréicoles, que pour les mollusques qui ont été blessés dans le détroquage ou qui paraissent débiles.

Les caisses ostréophiles, encore appelées « ambulances », ont été mises la première fois en usage par M. Michelet d'Arcachon. Cet inventeur eut pour but de placer les jeunes mollusques à l'abri des nombreux ennemis de leur premier âge, et de substituer dans ce but des appareils résistants aux caisses en bois et aux paniers d'osier qu'employaient alors à cet usage les parqueurs arcachonnais. Primitivement, son appareil était formé par « un bassin en pierres à fond de briques cimentées, reposant sur un fort madrier en bois, lequel était lui-même soutenu par des pieux enfoncés dans le sol. Un second madrier, posé sur les pierres, se reliait au premier par de forts boulons en fer. À l'intérieur et à 10 centimètres environ du fond étaient fixées des claies en osier ou en toile métallique sur lesquelles étaient placées les jeunes Huîtres. La couverture se composait de panneaux mobiles en bois ou en toile métallique. L'ensemble de la construction était entouré d'un massif d'argile qui en consolidait les murailles. » (De Bon.)

Aujourd'hui de grandes simplifications ont été apportées dans la construction de ces appareils, dont l'usage est devenu très pratique. Les caisses ostréophiles sont formées maintenant par une sorte de châssis dont le fond est en toile métallique et qui ont 10 à 12 centimètres de hauteur. Elles reposent sur le sol par quatre piliers en bois qui forment les angles des caisses et les maintiennent à une vingtaine de centimètres au-dessus du sol. Leur couvercle est formé par un cadre de bois

Fig. 71. — Caisse ostréophile du bassin d'Arcachon.

sur lequel est tendue une toile métallique et qui s'articule à charnières avec le châssis. Divers modèles de caisses ostréophiles sont actuellement en usage. Toutes répondent à des besoins particuliers de l'élevage dans les diverses régions et dans les différents parcs d'une même région. Dans un livre tel que celui-ci, je ne saurais examiner en détail ces divers appareils. Chacune des caisses du type que je viens de décrire sommairement a 2 mètres de longueur sur 1 mètre ou 1^{m},20 de largeur. Elle est légèrement inclinée dans le sens transversal, et peut contenir quatre à cinq mille jeunes naissains.

Le naissain d'Arcachon est mis en caisse sur une hauteur de 3 à 4 centimètres ; il est fréquemment visité par les parqueurs de manière à le débarrasser de la vase qui a pu le recouvrir. Si des jeunes mollusques ont été blessés pendant l'opération du détroquage, on a soin de les déposer dans des caisses ostréophiles différentes de celles qui contiennent les animaux en parfait état. Aussi bien, à Arcachon, cette opération du détroquage produit peu d'animaux blessés. Et cependant elle se fait avec une rapidité qui peut aller jusqu'à donner 20.000 naissains par ouvrière et par jour.

Les Huîtres qui ne sont détroquées qu'au bout de dix-huit mois, celles qui sont demeurées dans des caisses et les Huîtres à tesson, sont étalées sur le sol marin même dans des parcs ou claires d'élevage.

Quand les mollusques ne passent pas dans des caisses ostréophiles immédiatement après leur récolte, on a soin de les placer tout d'abord sur les parties hautes des plages cultivées. Dans les bas-fonds ils seraient trop exposés à être dévorés par les Crabes et autres ennemis. Quelques ostréiculteurs pour protéger leurs élèves recouvrent leurs claires avec des filets à mailles étroites.

La croissance des Huîtres est plus ou moins rapide suivant la quantité de nourriture qu'elles trouvent dans les eaux. Quoi qu'il en soit, on les voit au printemps émettre sur le bord de leur coquille une frange hyaline calcaire, qui va grandissant, puis s'arrête. C'est la première pousse. En général, il se produit deux pousses par an. En même temps, le mollusque grossit, mais conserve tout d'abord une apparence diaphane. Il est maigre. C'est à la suite d'une transplantation sur des terrains choisis qu'on l'amène à engraisser.

Toutes les régions ne se prêtent pas à l'engraissement, mais toutes ne se prêtent pas non plus à la pousse. De plus, il faut que l'ostréiculteur aménage le sol de ses concessions pour qu'elles servent à l'élevage. Autant que possible on choisit dans ce but un sol résistant et dur. Néanmoins les parqueurs bretons ont admirablement tiré parti des rivages vaseux et du substratum marin meuble de leur région. Ils enlèvent la vase, bétonnent le sol de leurs concessions et remplacent par un terrain artificiel celui qui ne leur peut servir.

En France, les régions propres à la production du naissain sont généralement propres aussi à la « pousse » des mollusques ; tel est le cas du bassin d'Arcachon pour la culture de l'Huître indigène et celui des plages de l'île d'Oléron, pour la culture de l'Huître portugaise. Mais en Bretagne, le naissain est le plus souvent transporté sur d'autres rivages que celui où il a été recueilli : dans le golfe du Morbihan, par exemple, dans la baie de Bourgneuf, sur les plages de la Charente-Inférieure ou du Cotentin, de l'étranger.

Il en est autrement en Zélande. Sans doute, là comme en France, ce ne sont pas les mêmes parties du sol sous-marin sur lesquelles on pose les collecteurs et sur lesquelles on élève les Huîtres. Mais l'industrie ostréicole hollandaise trouve réunis, dans la très petite surface que représente la partie cultivée de l'Escaut oriental, tous les terrains nécessaires à la production, à la pousse et à l'engraissement de ses mollusques. D'ailleurs, au lieu de compter comme nous sur les marées pour pouvoir visiter leurs concessions et débarrasser leurs Huîtres de la vase qui a pu se former autour d'elles et sur elles, les Hollandais font de l'élevage en eau profonde. Il en est de même des Anglais, qui, comme eux, draguent les Huîtres d'élevage sur leurs propriétés, les changent de place et se livrent en bateau à toutes les opérations ostréicoles que nous faisons à pied. Chez nous, durant toute la durée de l'élevage, les Huîtres sont effectivement soigneusement visitées à toutes les grandes marées, c'est-à-dire quand on peut aller à pied dans les parcs. C'est alors que l'on remue les coquilles, enlève le limon vert, les bigorneaux perceurs, les huîtres malades, etc.

A Arcachon, une mesure administrative, prise sur la demande des parqueurs du bassin, interdit l'exportation, hors de ce bassin, des Huîtres ayant moins de 5 centimètres dans leur plus grande dimension. Qu'elle provienne d'Arcachon ou des autres régions ostréicoles françaises, l'Huître de 5 centimètres ne saurait être considérée comme une Huître de taille marchande. A cette taille, on la vend cependant aujourd'hui pour la consommation. Mais le plus souvent elle continue à demeurer dans les parcs pour atteindre de plus grandes dimensions, et surtout elle est achetée pour peupler les claires et viviers de la Charente-Inférieure, des îles d'Oléron et de Ré, des Sables-d'Olonne, du Croisic, de Saint-Vaast, de Courseulles et les installations ostréicoles de la Méditerranée, à Cette et à

Toulon. On l'expédie aussi par très grandes quantités en Angleterre et en Irlande, en Belgique et en Espagne.

Dans ces dernières années même, on expédiait en Espagne, dans les baies de Santoña et de Santander, des Huîtres d'Arcachon ayant 5 à 6 centimètres de grandeur. Là elles effectuaient une pousse très satisfaisante et engraissaient. On les ramenait alors en France pour être livrées à la consommation. Les droits de douane que devaient supporter ces Huîtres, à leur entrée en Espagne et à leur retour en France, paraissent seuls s'être opposés au développement de cette industrie. Les Huîtres expédiées pour l'engraissement, d'Arcachon en Espagne, sont aujourd'hui consommées dans ce pays.

En France encore, on s'est attaché à améliorer l'Huître portugaise. Ainsi on transporte maintenant des Huîtres de cette espèce, recueillies à l'état de naissains sur les plages d'Oléron ou de Pauillac, dans une autre région marine pour y faire leur pousse. Certains ostréiculteurs les portent dans ce but au Fiers de Loix à l'île de Ré, où leur coquille devient plus plate et plus régulière. De là, ils les expédient pour l'engraissement sur certains points de la côte anglaise, où elles acquièrent un goût très différent de celui qui leur est propre à l'état sauvage.

En Portugal, par contre, on paraît se borner encore à vendre sans amélioration la Gryphée anguleuse.

Là, le naissain de cet animal s'offre, naturellement, en quantités énormes dans toutes les eaux peu profondes. Il s'attache aux graviers, aux coquilles et même aux algues marines. Il croît rapidement. Quand il a quelques mois, il est récolté, attaché à ses mille collecteurs, grossièrement trié et vendu par corbeilles pour être placé sur des terrains d'élevage aménagés à la côte, et affermés par les pêcheurs. On ne fait usage d'aucun appareil d'élevage. On se borne à conserver les mollusques sous une couche d'eau de 2^m,50 à 5 mètres. Quand ils ont atteint une taille marchande, on les récolte au râteau pour les expédier en pays étranger ou pour la consommation locale. Les Portugais ne paraissent pas cependant estimer beaucoup cet aliment.

Toutes les Huîtres qui sont livrées à la consommation française ou étrangère n'ont pas passé par divers parcs d'élevage et d'engraissement. Aujourd'hui, en effet, on fournit directement, à de très bas prix, des Huîtres d'élevage, au public.

Mais les produits supérieurs en goût et en qualité passent tous par les parcs ou claires des centres d'engraissement.

En France, les régions d'engraissement les plus renommées, qui sont aussi souvent d'ailleurs des régions d'élevage, sont celles de Courseulles, de Regnéville, de Belon (dans le Morbihan), le Croisic, les Sables-d'Olonne, Oléron, Marennes et la Tremblade, Osségor (sur la côte des Landes), Cette, Toulon. En Italie, tous les centres producteurs fournissent des mollusques dont l'élevage est complet. En Espagne, Santander et Santoña, dont nous avons déjà parlé, sont les deux pays les plus importants pour l'élevage des Huîtres.

En Angleterre, nous avons déjà cité les régions où l'industrie huîtrière est la plus florissante. Parmi ceux-ci les centres de Whitstable et de Colchester jouissent d'une réputation justement renommée. Les principaux pays d'approvisionnement en sont : la France, la Hollande, le Portugal et l'Amérique. En ce qui nous concerne, les Huîtres sont habituellement importées de France quand elles sont encore toutes petites. Elles sont conservées parfois durant deux ou trois années et plus, jusqu'à ce qu'elles aient atteint la taille marchande. Toutefois, le marchand d'Huîtres ne peut réaliser un gain réel sur le commerce de ces mollusques qu'en les achetant à un très bas cours dans les premières phases de leur existence et en les revendant à un prix beaucoup plus élevé après leur croissance sur des fonds appropriés. C'est grâce à cette manière de faire que le marché d'Huîtres se trouve d'ordinaire largement approvisionné en Angleterre. Les Huîtres de Hollande, de Portugal et d'Amérique sont soumises à un traitement similaire ; mais, comme elles sont généralement achetées quand elles sont presque adultes, la durée de leur séjour dans les parcs anglais est nécessairement moins longue que pour les Huîtres françaises.

En Belgique, on pratique exclusivement l'engraissement des Huîtres. En Hollande, comme nous l'avons dit, l'engraissement des Huîtres est assuré dans des claires aménagées soit dans les polders qui bordent l'Escaut oriental, soit sur des parcs de ce bassin huîtrier.

Nous nous arrêterons ici un instant à l'examen de l'industrie de Marennes, qui est à la fois la plus compliquée et la plus parfaite de toutes pour donner aux Huîtres des qualités alibiles spéciales. Aujourd'hui elle a pour but d'améliorer et d'engraisser les Huîtres « produites et poussées » dans d'autres régions. Mais elle est très ancienne ; jadis elle s'alimentait seulement avec des Huîtres draguées sur les bancs naturels.

A Marennes, — ou pour parler plus exactement sur les bords de la Seudre, — on pratique l'élevage et l'engraissement de l'Huître indigène blanche dans des parcs, viviers ou dépôts ; on fait subir les mêmes opérations à l'Huître portugaise ; enfin et surtout on produit l'Huître verte, si estimée du public français.

Les claires d'engraissement et verdissement de la Seudre diffèrent sensiblement des claires d'élevage et d'engraissement qui existent dans les autres centres ostréicoles et dont nous avons déjà parlé. Celles-ci sont en somme de simples bassins dans lesquels l'eau marine est retenue quand la mer se retire à chaque marée descendante. Sur les rives de la Seudre, les claires ne reçoivent en général de l'eau nouvelle qu'à chaque grande marée. Ces claires sont des réservoirs, dont la forme et l'étendue sont variables, mais qui ont le plus souvent 300 à 400 mètres carrés. Elles sont entourées d'une levée de terre appelée « chantier », ayant une hauteur de 1 mètre sur la même épaisseur. Une écluse ménagée dans la levée, et que ferme une vanne, met en communication la claire avec les eaux de la Seudre. Le liquide contenu dans les claires est à un niveau supérieur au niveau moyen des marées de morte eau. Ce n'est donc qu'aux « malines » que l'on peut les alimenter. Sur tout le pourtour des claires — dont le fond est légèrement bombé — existe un fossé, destiné à recevoir les vases qui s'accumuleraient autrement sur le sol du bassin. L'eau marine n'est admise, durant la période de travail, que deux ou trois jours avant et trois ou quatre jours après chaque marée de syzygie. On se livre alors dans les bassins d'engraissement à des manœuvres analogues à celles dont nous avons parlé pour les réservoirs à poissons. De nos jours, de grands perfectionnements ont été apportés dans la construction et l'aménagement des claires. Certaines d'entre elles sont divisées en nombreux compartiments qui permettent un tri judicieux des mollusques ; certains chantiers sont consolidés par de véritables murs, les doues ou fossés forment des sortes de canaux à fond bétonné ; enfin un magasin de dépôt et de triage est adjoint à chaque claire.

Lorsque arrive la fin de l'hiver, les parqueurs de la Seudre se débarrassent des produits qu'ils ont élevés. Ils laissent ouvertes leurs écluses et l'eau, s'écoulant des bassins, en laisse le fond à sec. Sous l'influence des vents printaniers la terre se durcit. Les parqueurs ont alors le soin de racler les vases et d'arracher du sol les animaux parasites ou les plantes marines qui ont pu l'envahir. Ils recreusent leurs fossés en jetant les vases qui s'y sont accumulées sur les chantiers. En juin, juillet ou août, suivant les conditions dont ils sont juges, les ostréiculteurs laissent, à l'une des malines, rentrer une certaine quantité d'eau dans leurs claires. Le sol desséché se délite au contact du liquide. Puis on fait arriver l'eau marine en quantité plus considérable, et quinze jours après, le plateau de chaque claire forme une surface molle et parfaitement uniforme, propice à recevoir les Huîtres. « La claire est en humeur, dit-on à ce moment, et on procède à leur étalage (1). »

Placées dans les claires, les Huîtres poussent et engraissent, mais ce n'est qu'à partir du mois de septembre qu'elles commencent à se pigmenter. Le sol se recouvre d'une couche de grains arrondis, puis il se tapisse d'une pellicule verte. Les Huîtres verdissent. La hauteur de l'eau qui recouvre les Huîtres a une action sur la production du verdissement et sur sa rapidité. Une température un peu élevée le favorise. Il se fait d'une manière quelque peu inégale suivant les claires, puisque quelques-unes peuvent, suivant les années, faire verdir trois fois plus vite leurs mollusques que les autres. Il arrive même que ces derniers, dans certains bassins, restent non colorés. On a le soin, dans ce cas, de mettre en communication ces bassins avec le liquide d'autres claires où le verdissement se fait normalement. Peu après leurs mollusques se pigmentent (Grand). Les claires qui verdissent les premières sont celles qui se trouvent le plus près de la Seudre ou « claires basses ». Ce n'est que plus tard que le verdissement se mani-

---

(1) S. GRAND, *l'Industrie huîtrière à Marennes* ; Paris, 1882. Michelet, édit.

feste dans les « claires hautes », c'est-à-dire dans celles qui se trouvent le plus éloignées du lit du fleuve.

On maintient environ un pied d'eau dans les bassins. La température de cette eau est plus élevée que celle de la Seudre. Sa densité est sensiblement identique dans toutes les parties de la région huîtrière de Marennes. Enfin, on ne constate la présence d'aucune source dans les claires. L'eau douce qui abaisse la salinité du liquide marin provient uniquement des pluies.

Pour réussir l'engraissement dans des conditions satisfaisantes, il est nécessaire de ne pas trop serrer les Huîtres sur le sol d'élevage. On admet généralement qu'elles ne doivent pas être au nombre de plus de cinquante par mètre carré. La chaleur, l'abondance des végétaux nutritifs et des animaux inférieurs, une salinité convenable de 1.022 à 1.024, constituent pour les Huîtres des conditions d'élevage analogue à celles que trouvent des plantes en serre. La retenue de l'eau entre les malines contribue à la multiplication naturelle des diatomées dont les Huîtres se « nourrissent avec une si grande avidité, qu'elles se font avec les carapaces une sorte d'auréole blanche » (Grand).

La réputation des Huîtres vertes de Marennes est telle, que l'on emploie indifféremment l'une et l'autre appellation pour désigner ces mollusques. En France, cependant, on verdit aussi des Huîtres en d'autres régions : aux Sables-d'Olonne, au Croisic, à Arcachon et ailleurs. Mais il faut bien dire que le verdissement ne semble pas donner par lui-même des qualités alibiles bien spéciales aux Huîtres. Celles-ci trouvent, dans les centres d'engraissement tels que ceux de la Seudre, un ensemble de conditions qui, indépendamment de toute coloration, les font rechercher du public à juste titre. A Roach River, en Angleterre, existe également l'industrie du verdissement.

Dans la région de Marennes on se livre encore à l'élevage et à l'engraissement de l'Huître blanche ; cet élevage se fait sur parcs et viviers de la côte charentaise et de l'île d'Oléron. On fait aussi de l'élevage complet sur quelques points du bassin d'Arcachon. A Osségor, dans les Landes, les mollusques sont conservés en caisses ostréophiles placées dans une orientation convenable par rapport aux courants. Les Huîtres y sont maintenues de champ, si serrées, que l'on pourrait croire à priori qu'elles ne vont pouvoir s'ouvrir. Il n'en est rien d'ailleurs, et les Huîtres d'Osségor croissent très rapidement. L'élevage complet de l'Huître se fait encore (sans verdissement) aux Sables-d'Olonne, au Croisic, dans le Morbihan ; à Belon, notamment, est produite l'une des qualités d'Huître blanche les plus estimées, sinon la plus estimée, des côtes de France. A Régneville, quelques parcs produisent aussi l'engraissement dans des conditions avantageuses ; enfin sur les côtes de Normandie, à Saint-Vaast, à Courseulles, l'industrie ostréicole fournit des produits tout particulièrement estimés.

A Saint-Vaast, ordinairement le dépôt s'effectue en mai. Vers la fin d'octobre, l'Huître s'est assez accrue pour être transportée dans les parcs, qu'elle ne quittera que pour être livrée à la consommation. Le naissain vient d'Auray ou d'Osségor. Il a, avant de venir à Saint-Vaast, neuf à dix mois de séjour sur les collecteurs. A son arrivée on le met dans des caisses ostréophiles. Il y séjourne une année et acquiert 4 à 5 centimètres. Quelquefois il atteint 6^{cm},5 pendant la première année. La mortalité pendant cette première année est de 20 à 25 pour 100. En avril et mai de l'année suivante, on place ces Huîtres sur le sol même des parcs. Elles y restent deux ans. Pendant la deuxième année, l'Huître s'épaissit et atteint 7 à 7^{cm},50. Pendant la troisième année, elle ne croît que de 0^{cm},50 à 1 centimètre. Durant la période de séjour sur le sol des parcs la mortalité est de 20 à 35 pour 100. Il n'arrive donc à maturité commerciale que 40 à 60 pour 100 du naissain reçu des lieux de production.

L'industrie de Courseulles, qui produit une Huître blanche exquise, est analogue à l'industrie ostendaise.

Il existe encore des localités où l'on pratique l'élevage complet des Huîtres, sur les plages plus septentrionales de la Manche, mais elles ne livrent à la consommation que peu de produits.

En Belgique, la ville d'Ostende est le siège d'une industrie célèbre pour l'amélioration et l'engraissement des Huîtres.

La région d'Ostende est, comme celles de Marennes et de Courseulles, un pays bas traversé par une rivière paresseuse, l'Ypres. Elle présente en outre de nombreux canaux soumis à l'action des marées, très riches en nourriture pélagique et se prêtant parfaitement à l'engraissement de l'Huître. Là, on cultive ce mollusque dans des claires. Celles-ci ont environ un hectare de superficie ; elles prennent l'eau dans un grand canal ; mais, pour éviter leur envasement par le limon que charrie ce canal, on a le soin, quand le besoin s'en fait sentir, de laisser le liquide se décanter dans de grands réservoirs. On ne se livre pas au verdissement dans les claires d'Ostende. On ne les laboure pas et on y renouvelle fréquemment l'eau.

Les Huîtres reçues de France, d'Angleterre, de Hollande, restent un mois dans les bassins. On les y nettoie et remue tous les jours. Elles se polissent, s'arrondissent et prennent l'aspect sous lequel nous les connaissons : celui d'un mollusque relativement petit, rond, dont la coquille paraît exiguë pour l'épaisseur du corps de l'animal, qui est très gras et très savoureux. Il existe à Ostende douze ou quinze parcs qui emmagasinent jusqu'à 5oo.ooo Huîtres. Cette provision est incessamment renouvelée pendant huit mois de l'année. Mais il ne faudrait pas croire que toutes les Huîtres qui viennent d'Ostende ont séjourné dans les claires de ce pays un temps suffisant pour que leur saveur et leur aspect se soient modifiés. Beaucoup d'Huîtres françaises, d'origines diverses, ne font que transiter par ce port avant de venir à Paris et ailleurs, sous le nom d'Huîtres d'Ostende. Elles atteignent ainsi des prix plus élevés que ceux qui leur seraient assignés si elles ne portaient que la désignation des localités de nos côtes où elles ont été élevées.

L'éleveur, comme on le voit, ne se borne pas à produire ses Huîtres, il se livre encore à diverses spéculations d'un ordre très différent. Dans le cas qui nous occupe, c'est une simple spéculation sur le transport de ses produits.

A Ostende, les Huîtres sont classées, suivant leur origine, en six catégories. Ce sont: 1° les Natives de Whitstable ; 2° les Natives de Colchester ; 3° les Barnham Natives ou Noisettes ; 4° les Victoria Natives, Huîtres bretonnes engraissées à Ostende après avoir poussé en Angleterre ; 5° les Françaises qui restent une semaine en magasin ; 6° les Zélandaises.

L'engraissement des Huîtres se fait encore en Belgique, à Neuport et à Blankenberghe.

En Méditerranée, cette industrie est pratiquée, sur le littoral français, à Cette et dans la rade de Toulon.

On fait même là de la pousse en même temps que de l'engraissement. A Cette, dans le canal qui relie l'étang de Thau à la mer, des installations ostréicoles sont comprises de manière à utiliser les plans d'eau superposés d'une même surface marine. Un bâtiment, construit sur pilotis et à plancher mobile, recouvre tout le parc. Celui-ci est formé par des caisses ostréophiles superposées et manœuvrables au moyen de palans. Les Huîtres sont disposées de champ dans ces

Fig. 72. — Vue d'un établissement d'engraissement à Neuport ; d'après Bashford Dean.

caisses et immergées. La pousse en est excessivement rapide. De plus, nourries abondamment avec le plankton qui se trouve dans la masse des eaux, les Huîtres engraissent d'une façon surprenante.

Il en est de même dans la baie de la Seyne, où sous un radeau sont immergées des caisses ostréophiles contenant des Huîtres qui proviennent soit des parcs de Bonifaccio, soit d'Arcachon. Dans l'anse de Balaguier aussi, un parc, remarquablement bien aménagé et formé par une construction sur pilotis en fer, procède du même principe dans son installation. Des caisses ostréophiles sont suspendues par des crochés aux croisillons supérieurs et superposées les unes aux autres.

Comme nous l'avons dit déjà, à Tarente, un même parc permet de se livrer à tous les actes de l'industrie ostréicole. Le naissain qui s'est développé sur ses collecteurs y engraisse également. On se borne à suspendre les mollusques à des cordes, dont le balancement naturel dans la masse liquide empêche la vase d'adhérer aux coquilles et facilite leur nutrition. La croissance de ces Huîtres est très rapide ; leur surveillance et leur nettoyage sont très faciles. Quand les animaux se détachent et tombent sur le sol, ils sont placés dans des corbeilles, que l'on suspend par des cordes dans le parc ; on maintient les mollusques ainsi immergés jusqu'à ce qu'ils aient atteint la taille de vente. Quelquefois on les place aussi dans des filets formés par un cercle de fer et un tissu lâche.

L'industrie ostréicole emploie des méthodes identiques dans le lac Fusaro et le lac Lucrin, mais, la production y étant irrégulière, on élève là de grandes quantités d'Huîtres achetées à Tarente et ailleurs, à la taille de 13 à 27 millimètres.

La durée de l'élevage de l'Huître varie beaucoup suivant les régions. Ainsi en Italie, à Tarente, une Huître qui n'a que 2 centimètres en mars présente une largeur de 75 millimètres au mois d'octobre suivant ; dans le lac Lucrin, les mollusques de deux ans ont 875 millimètres (Bashford Dean).

Sur nos côtes, Carbonnel avait noté autrefois, en 1845, que les Huîtres d'Arcachon avaient 78 millimètres à deux ans et que les mêmes Huîtres, transportées à Marennes, présentaient au bout du même temps 90 à 100 millimètres. Aujourd'hui, dans une même localité ostréicole, nous savons que la pousse s'effectue irrégulièrement suivant les positions des terrains. À Arcachon, certaines Huîtres atteignent facilement 6 à 7 centimètres en deux ans ; sur d'autres points du bassin elles n'arrivent qu'à peine à la taille de 5 centimètres quand elles ont trois ans. Les plages de la Charente-Inférieure, de la baie de Bourgneuf, de la mer du Morbihan, du Cotentin, fournissent des pousses généralement plus fortes et plus régulières que celles du bassin d'Arcachon.

Pour compléter les installations ostréicoles, il existe encore des bassins dits de dégorgement. Ces bassins sont surtout destinés au triage et à l'emmagasinage des produits destinés à la vente. Ils sont formés en général par des murs, en pierres ou en briques, cimentés et formés de plusieurs compartiments. Entre ces compartiments et sur le sommet du mur épais qui les sépare est souvent posée la voie de petits wagonnets. L'eau entre et sort des bassins de dégorgement au moyen d'écluses.

On laisse les mollusques un temps variable, mais jamais

Fig. 73. — Bassin de dégorgement à la Tremblade ; d'après Bashford Dean.

très long dans les réservoirs de dégorgement : huit ou quinze jours au plus. En dehors de leur rôle pour le triage, ces bassins, ne recevant que des eaux pures, ont aussi pour but de permettre aux mollusques, élevés sur des fonds vaseux, de se débarrasser des particules terreuses qu'ils renferment entre leurs valves et dans leur tube intestinal.

La plupart des installations ostréicoles françaises sont pourvues de bassins de dégorgement. A l'étranger, il existe des réservoirs analogues, mais qui ne servent exclusivement qu'au triage et à l'emmagasinage des produits destinés à la vente.

A Husum, dans le Holstein, se trouve un réservoir de ce genre pour les Huîtres draguées sur les bancs du Wattenmeer.

Les eaux y pénètrent par un canal donnant accès dans un bassin de décantation. Elles peuvent en être évacuées complètement tous les jours par le seul jeu de la marée.

« Le bassin d'emmagasinage, dit Bashford Dean, est divisé en compartiments, et chaque compartiment peut, grâce à une disposition spéciale, être vidé séparément. Les écluses de sortie ne laissent pas échapper l'eau directement dans le canal principal, mais dans un canal intérieur en forme d'U, qui peut contenir une provision d'eau supplémentaire, qu'on utilise quand on procède au nettoyage du réservoir. Le compartiment le plus grand du bassin d'emmagasinage a un fond plan-

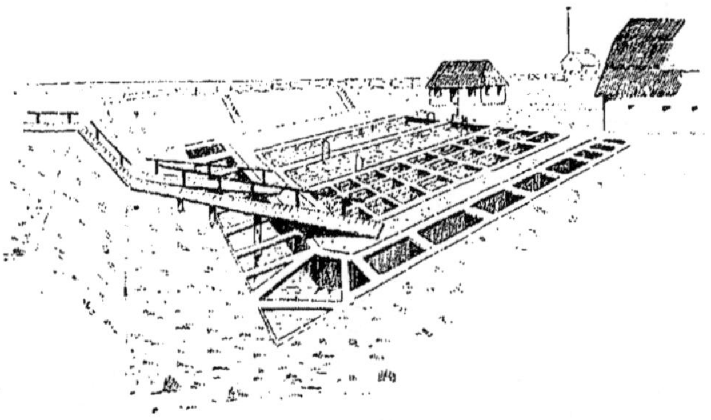

Fig. 74. — Bassins de triage et d'emmagasinage, à Husum ;
d'après Bashford Dean.

chéié, élevé de 1 ou 2 pieds au-dessus du sol, à travers les interstices duquel les sédiments s'échappent ou sont entraînés quand on nettoie le réservoir. Des cloisons de 1 pied de haut environ divisent le fond, formant des chemins entre lesquels sont disposées les Huîtres. Ces chemins servent à séparer les mollusques de différents âges et permettent de procéder facilement à leur lavage. Les bassins latéraux, alimentés par le bassin principal, ont chacun des cloisons formant chemin ; leur fond est formé de briques solidement bétonnées.

« L'emploi de ces bassins d'emmagasinage est des plus simples. Les Huîtres y demeurent jusqu'au moment de leur expédition par chemin de fer. Au point de vue commercial, il n'est en aucune façon tenu compte de l'amélioration que ces Huîtres ont pu recevoir durant leur séjour dans les bassins. »

Des viviers semblables existent aussi en Angleterre et en Belgique. Parfois ce sont des bassins du même genre que ceux d'Husum, tantôt ce sont des sortes de puits dans lesquels arrive l'eau de mer.

Les étalages dont nous avons fait mention plus haut jouent un rôle quelque peu différent de celui des bassins de dégorgement. Ce sont, en somme, des parcs installés sur des plages. Ils servent aussi à conserver les mollusques pêchés par les dragueurs sur les gisements naturels, mais ils contribuent à modifier la saveur toujours un peu âpre des Huîtres sauvages et qui n'est estimée que d'un relativement petit nombre de consommateurs.

C'est sur ces parcs que les pêcheurs étendent leurs produits, à Cancale et dans les autres centres où se fait encore la récolte des Huîtres sur des gisements en mer.

C'est également dans les étalages que, de tout temps, on s'est livré à l'éducation des mollusques en vue de faciliter leur transport. Aux époques, en effet, où les chemins de fer n'existaient pas, les Huîtres demeuraient de longues journées en voyage. Aujourd'hui il n'en est plus de même, mais, néanmoins, les mollusques demeurent quelquefois longtemps dans les paniers avant d'être consommés. Or il importe que les coquilles ne s'ouvrent pas avant le moment où l'on veut consommer l'Huître, sous peine qu'elle ne se dessèche et meure. Sur les parcs, on a donc conservé l'habitude ancienne des pêcheurs d'Huîtres et qui a pour but « d'entraîner » celles-ci à maintenir leur coquille fermée.

Les pêcheurs de Courseulles et de Cancale procédaient à cet entraînement de la manière suivante : Tous les jours ils tiraient à terre les mollusques de leurs étalages et les laissaient ainsi à sec des temps de plus en plus longs. Aujourd'hui on procède d'une manière un peu différente en fait, bien que son principe soit identique. Au fur et à mesure que les Huîtres approchent de la taille marchande et de l'époque où elles vont être mises en vente, on les déplace des parcs qui restent le plus longtemps sous l'eau à chaque marée pour les porter dans les parcs qui découvrent le plus fréquemment et le plus longtemps. Si les animaux sont élevés en claires, on vide celles-ci durant des périodes de plus en plus longues, tous les jours.

Les animaux, habitués à tenir durant de longues heures leur coquille fermée par suite de la contraction du muscle adducteur des valves, ont ainsi moins tendance à s'ouvrir pendant le voyage et leur séjour en paniers. On évite donc qu'ils ne « bâillent ». Ce fait, qui aurait tout d'abord pour action de leur permettre de s'oxygéner quelque peu, ne manquerait de provoquer rapidement la dessiccation de leur manteau, de leurs branchies, et d'amener leur mort.

Après avoir examiné les méthodes ostréicoles, nous devons étudier rapidement maintenant les procédés employés pour la culture de la Moule, culture beaucoup plus simple que celle de l'Huître, mais qui à beaucoup d'égards s'en rapproche.

La Moule est un mollusque rustique que l'on trouve en abondance sur presque tous les points de nos côtes. Elle se fixe sur tous les rochers, épaves, fonds durs, herbeux et même vasards. Elle supporte assez bien d'ailleurs la vie dans des eaux très vaseuses, résiste au froid, peut demeurer longtemps en dehors de l'eau sans en trop pâtir. On la trouve dans des eaux franchement salées, dans des eaux saumâtres et même dans des eaux presque douces.

En dehors des rats d'eau, des oiseaux de mer et des poissons jeunes ou adultes — les jeunes anguilles, entre autres — qui font de grands ravages parmi les bancs de Moules littoraux, ce mollusque a des ennemis relativement peu nombreux. Ce sont surtout le Crabe enragé, le *Pinnotheres pisum*, qui s'introduit entre ses valves, et le Péray ou Corophie longicorne, qui, dans la baie de l'Aiguillon notamment, coupe le byssus des Moules pour les faire tomber dans la vase et les y dévorer à son aise. Le Bigorneau perceur s'attaque aussi à ces mollusques. Mais le plus grand danger qu'ils rencontrent est constitué par les émanations de gaz délétères qui se dégagent parfois, en été, des vasières au-dessus desquelles ils sont élevés.

D'après M. L. Vidal (1), le poids du corps de la Moule égale 1/6 de son poids brut; la coquille pèse 1/3 de ce poids; l'eau qu'elle contient en pèse les 2/5. Le byssus a un poids variable qui peut aller jusqu'à 3 décigrammes.

(1) L. VIDAL, *Monographie de la Moule* (*Bull. de la Société d'acclimatation*, t. VIII, 2ᵉ série, 1871, pp. 536-554 et 597-606).

Dans de bonnes conditions de nutrition, la croissance de la Moule est surtout rapide dans les deux premières années de son existence ; elle se continue avec moins d'intensité pendant les trois années suivantes ; vers la sixième année aucun développement apparent n'est constaté, si ce n'est que la coquille s'épaissit un peu. Arrivé à cet état, ce mollusque dépérit peu à peu, puis meurt.

Dans la Méditerranée, une Moule de six ans a de 9 à 11 centimètres de longueur et pèse de 40 à 45 grammes. Dans la baie de l'Aiguillon, les Moules d'un an, qui sont marchandes, ont 5 centimètres de longueur et pèsent 15 à 18 grammes.

La Moule commune est très répandue sur toutes les côtes de France. Elle est pêchée soit en bateau, soit à pied sur les bancs, où elle vit en colonies. Ces moulières sont surveillées dans leur exploitation par l'Administration de la Marine. Toutefois, quand une moulière est en voie de formation au voisinage d'une huîtrière naturelle ou d'une exploitation ostréicole, il est procédé immédiatement à sa destruction. Dans tous les autres cas, la pêche des Moules procurant des gains importants à la population maritime, il convient évidemment d'en assurer la conservation.

Le graphique ci-joint donne une idée de la valeur de cette pêche, dans les divers quartiers de notre littoral (page 277).

Mais la Moule n'est pas seulement pêchée lorsqu'elle vit à l'état sauvage ; il s'en fait une véritable culture. On peut même dire que la mytiliculture est d'un rapport beaucoup plus sûr que l'ostréiculture. Elle exige des soins infiniment moins nombreux, et ses produits, bien que d'un prix très modique, sont tellement abondants et d'un écoulement si facile, qu'avec un tout petit capital il est possible de retirer de grands bénéfices de l'élevage des Moules.

Sur nos côtes de l'Ouest, cette industrie est florissante, depuis plusieurs siècles, dans les environs de la Rochelle. Là, on recueille le naissain de Moule sur des appareils particuliers. On donne à l'ensemble de ces appareils de production et d'élevage le nom de bouchots (1).

(1) Le mot « bouchot » dérive par contraction de *boutchoul*, expression provenant d'un mélange de celte et d'irlandais et signifiant : clôture en bois (*bout*, clôture et *choul* ou *chol*, bois) (Coste. p. 147).

En 1235, une embarcation chargée de moutons fit naufrage, dans les parages de la baie de l'Aiguillon, sur les rochers de la pointe de l'Escale. Le patron seul fut sauvé. Cet homme, nommé Walton (Patrick), jeté sur une terre hospitalière, s'y fixa définitivement. Non seulement, avec les quelques moutons échappés au naufrage, il put faire de l'élevage et créer une race spéciale de ces animaux qui est encore très estimée, mais encore il s'ingénia à tirer parti des vasières marines bordant le rivage de sa nouvelle patrie. Il tenta le premier aussi,

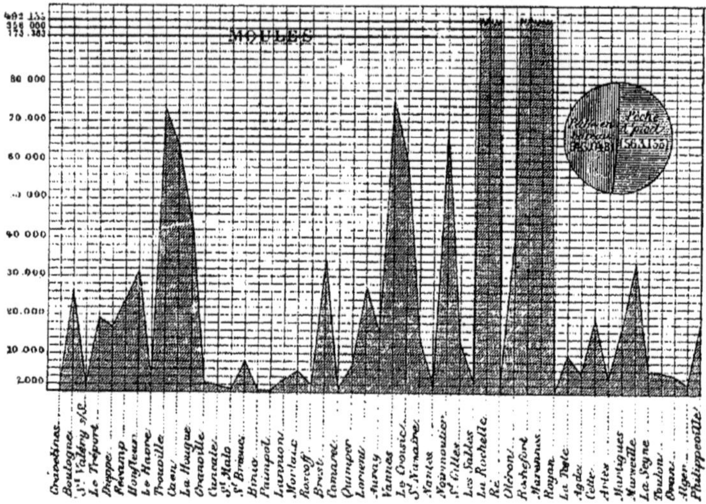

Fig. 75. — Valeurs des rendements de la pêche de la Moule commune, en bateau et à pied, dans les divers quartiers de France.

dans les parages d'Esnandes, la capture des oiseaux de mer avec un filet tendu sur de longues perches nommé filet d'allouret (1).

C'est alors que Walton s'aperçut que les pieux qui soutenaient ses filets se recouvraient de jeunes Moules. Il multiplia les points de fixation de ce genre, et la récolte de coquillages qu'il fit correspondit justement au nombre de collecteurs qu'il fixa ainsi dans la vase molle de la lagune.

(1) *Allaoural* ou *allawral,* signifiant filet de nuit; expression dérivée par contraction de deux termes irlandais et celte : *allaow,* obscurité, nuit sombre et *ral* ou *rel,* filet (Coste, p. 150).

Il réunit ensuite avec des clayonnages les pieux qu'il avait
fichés en terre ; enfin il construisit l'appareil type pour la récolte et l'élevage du naissain de Moule, tel qu'il est encore
employé aujourd'hui par les boucholeurs de la baie de l'Aiguillon. « Il dessina, dit Coste, au niveau des basses marées, suivant une ligne supposée aller du château d'Esnandes au château de Charron, là où maintenant il existe de vastes prairies,
un double V dont le sommet, légèrement entrebaillé, était
tourné vers la mer et dont les côtés, prolongés d'environ
200 mètres vers le rivage, s'écartaient de manière à ouvrir un
angle d'environ 45 degrés. Le long de chacun des côtés de cet
angle, il planta, à la distance de deux ou trois pieds les uns
des autres, de forts pieux de dix à douze pieds de hauteur
qu'il enfonça dans la vase, dont il clayonna les intervalles avec
des fascines ou branchages, afin d'en former de solides palissades capables de résister à l'effort des flots. Au sommet de
l'angle représenté par ces longues ailes, il laissa, entre les
panneaux, un écartement de trois ou quatre pieds, pour y
adapter les engins destinés à recevoir les poissons qui, à mer
descendante, suivaient la voie bordée par cette double haie ;
se ménageant par cette heureuse combinaison une double res-
source ; car cet établissement était à la fois une moulière artificielle et une pêcherie. »

Mais Walton ne renonça pas pour cela à l'emploi de pieux
isolés ; il continua à planter des piquets sans fascines du
côté de la mer.

A l'heure actuelle, comme nous l'avons dit, les appareils de
la baie de l'Aiguillon sont à peu près identiques à ceux de
Walton.

Des troncs d'arbres enfoncés dans la vase et s'élevant à
2 mètres au-dessus de celle-ci, écartés de 80 centimètres environ, servent de soutien à des palissades de 250 mètres de
longueur disposées en forme de W. Le clayonnage qui réunit les pieux ne descend pas jusqu'au niveau du substratum,
et le flot, montant ou descendant, peut librement circuler
sous les palissades des bouchots. Ceux-ci sont disposés de
façon à présenter toujours leur sommet vers la mer et à
éviter les lames qui pourraient les prendre de flanc et les
démolir.

Les bouchots sont échelonnés sur quatre rangs. Suivant

leur position par rapport à la mer, on les nomme, en allant du large vers le rivage : bouchots du bas ou d'aval ou bâtisses, bouchots bâtards, bouchots milouins, bouchots d'amont.

Les bouchots d'aval ne découvrent qu'aux grandes marées de nouvelle et pleine lune. Ils sont formés simplement par des pieux, espacés de 40 centimètres environ. Ils servent surtout à recueillir le naissain. Celui-ci se fixe sur ces pieux vers le mois de février ou le mois de mars. On le laisse grossir sur les collecteurs, mais en juillet, quand il a atteint la grosseur d'un haricot, on procède à sa transplantation. On l'appelle alors « renouvelain ».

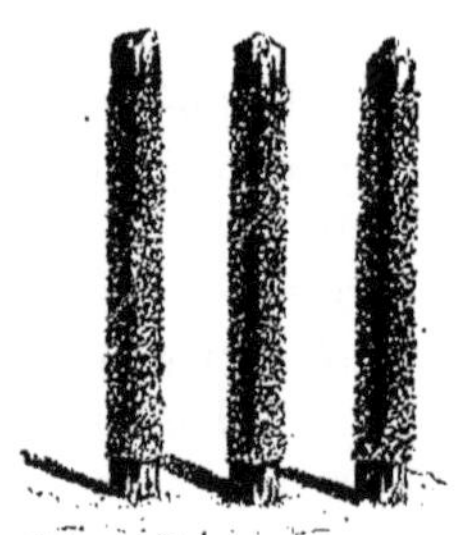

Fig. 76. — Bouchots d'aval.

On prend donc sur le bouchot des plaques de renouvelain, on les entoure d'un morceau de filet, et on les porte sur les palissades des bouchots bâtards, que recouvrent les marées de vives eaux ordinaires. On les insinue entre les branches des clayonnages « comme le feraient des maçons qui couleraient du plâtre pour convertir en murailles ces panneaux à claire-voie ». On a soin toutefois d'espacer les colonies que l'on intrique dans les claies, de façon à ce qu'elles puissent librement croître. Aussi bien, le filet qui les entoure pourrit rapidement, et les mollusques ne rencontrent plus de difficultés pour grandir librement.

Quant les Moules arrivent à se toucher et que l'espace paraît trop petit sur les bouchots bâtards pour qu'elles ne puissent se gêner, on les transplante à nouveau. Alors on

Fig. 77. — Bouchots milouins et d'amont.

les porte sur les bouchots milouins, qui découvrent à toutes les marées de mortes eaux. C'est l'opération dite du « repiquage », qui s'effectue en ménageant encore aux moules un espace suffisant pour qu'elles puissent s'accroître, sans se nuire mutuellement.

Enfin, au bout de dix mois environ de culture, les Moules sont devenues commercialement exploitables. On les transfère alors, au fur et à mesure qu'on les reconnaît susceptibles d'être vendues, sur les bouchots d'amont, qui servent d'entrepôts.

Il n'est pas indispensable que les Moules passent par tous les étages des bouchots avant d'être livrées à la consommation. Les Moules qui croissent sur les bouchots d'aval, ou du bas, ou bâtisses, y grandissent au point de devenir marchandes. Mais, comme on ne les pourrait récolter que pendant les fortes marées de la saison d'hiver, on ne pourrait en fournir à la consommation pendant les autres époques de l'année, si on ne les transplantait sur les autres bouchots ; d'un autre côté, en grossissant sur des collecteurs trop étroits, ces moules,

Fig. 78. — Mytiliculteur et son acon ; d'après Coste.

se superposant, finiraient par tomber dans la vase et y périr. Sur les bâtards, elles deviennent aussi grosses que sur les milouins ; enfin, elles passent quelquefois, quand elles sont assez grosses, des bâtards et même des bâtisses aux bouchots d'amont, alors surtout que les bouchots intermédiaires sont suffisamment garnis de mollusques.

L'exploitation d'une série de bouchots est faite par un individu ou par plusieurs personnes associées. Les diverses opérations qu'elle nécessite ne sont exécutées qu'à marée basse, de jour ou de nuit. Les boucholeurs se rendent à leurs concessions respectives en glissant sur la vase au moyen des acons ou pousse-pied, dont l'invention est attribuée à Patrick Walton ; ces embarcations, d'un type tout spécial, sont en effet mues au moyen d'une jambe que le boucholeur laisse pendre

en dehors de la caisse à fond plat qui constitue son esquif.
Tenant avec les deux mains les bords parallèles de l'acon,
dont l'avant est relevé en forme de prone, l'aconier, age-
nouillé sur un genou dans son bateau, plonge sa jambe libre
dans la vase, sur laquelle il prend ainsi un point d'appui; se
penchant alors en avant et contractant les bras, il progresse
sur le fond mou; puis il retire sa jambe de la vase et la projette de nouveau en avant et fait ainsi un nouveau pas. Ces
manœuvres s'exécutent avec une rapidité très grande, et les

Fig. 79. — Culture des Moules en Italie; d'après Bashford Dean.

aconiers circulent sur leur vasière avec une vitesse dont aucune description ne saurait donner l'idée.

En général les Moules les meilleures et les plus grasses sont
celles qui se trouvent à la partie supérieure des bouchots.
Celles de la partie inférieure sont non seulement plus maigres,
mais présentent en outre un goût de vase, qu'elles doivent
évidemment aux particules du fond que les flots mettent en
suspension dans l'eau.

Les moulières artificielles les plus importantes des côtes de
France sont celles de la baie de l'Aiguillon. Des bouchots
existent cependant en beaucoup d'autres points de nos côtes.

Bien qu'il ne faille pas considérer comme des appareils

d'élevage les viviers où l'on conserve les Moules, il existe encore une certaine confusion, dans les statistiques, entre les dépôts de coquillage et les parcs.

En Méditerranée, les exploitations ostréicoles de Cette et de Toulon se livrent aussi à l'élevage de la Moule.

Ce mollusque croît et engraisse rapidement dans les eaux chargées de matière nutritive de ces deux régions. Son procédé d'élevage est analogue à celui qui est adopté là pour l'Huître. On intrique dans les torons de cordages grossiers les jeunes Moules et l'on suspend les grappes ainsi formées dans les parcs d'eau profonde dont nous avons parlé plus haut. La vase formée par les Moules est enlevée par le balancement des cordages et ne saurait nuire à l'élevage des Huîtres. On place des collecteurs en coquilles et autres matières pour recueillir le naissain. On se livre donc là à un élevage complet de la Moule. Toutefois, on alimente aussi les parcs avec des jeunes Moules prises par les pêcheurs sur les moulières naturelles du littoral.

En Italie, à Tarente, la culture de la Moule est, comme à Toulon et à Cette, pratiquée concurremment avec celle de l'Huître dans les parcs du Mare Piccolo et des autres centres ostréicoles. La production de cette industrie est très importante.

Le tableau suivant nous donne les résultats de la mytiliculture en France pour l'année 1895.

Quantités et valeurs des Moules d'élevage produites
sur les divers appareils du littoral en 1895.

LOCALITÉS	QUANTIT.	VALEURS	LOCALITÉS	QUANTIT.	VALEURS
	Hectol.	Francs		Hectol.	Francs
Étretat	12	144	Saint-Martin	350	350
Concarneau	480	2.400	Rochefort	19.000	95.000
Auray	415	920	Le Chapus	4.000	40.000
Sarzeau	1.700	20.460			
Damgan	2.450	36.750	Cette	»	60.000
Billiers	5.000	45.000	Cassis	»	4.550
Le Croisic	3.000	30.000	Le Bruse	»	20.000
Penestin	16.000	2.400	Toulon	»	40.000
Noirmoutier	1.100	5.500	Saint-Tropez	»	45
Les Sables	10	100	Nice	»	550
La Rochelle	2.000	25.580	Oran	»	1.160
Marans	26.985	345.408			
L'Aiguillon	4.912	62.875	TOTAL DE LA VALEUR		1.134.182
Esnandes	25.390	324.990			

En consultant ce tableau, on peut se rendre compte de l'iné-
galité de valeur de l'hectolitre de Moules suivant les régions
envisagées. Ceci tient surtout à ce fait qu'en dehors des
conditions d'écoulement des Moules directement comestibles,
certains centres fournissent surtout les petites Moules destinées à engraisser dans d'autres localités où elles acquièrent
définitivement toutes leurs qualités. Dans certaines autres régions, au contraire, telles que la baie de l'Aiguillon, on se livre
au même endroit à la culture complète de ces mollusques.

CHAPITRE XI

Après avoir traversé de longues et difficiles périodes de tâtonnements, l'ostréiculture est devenue aujourd'hui une industrie très active, dont la production est régulièrement considérable, — trop considérable même en certains endroits, eu égard aux débouchés actuels qu'elle s'est créés.

En France, le plus clair de ses avantages a été de procurer

un travail rémunérateur à la population des inscrits maritimes.
Avant que l'on fût fixé en effet sur les méthodes qui
devaient être employées dans les divers parcs des différentes
régions de notre littoral, les capitaux se sont portés vers cette
nouvelle branche d'activité commerciale. Beaucoup de ces
capitaux ont couru des risques tels, qu'ils ont été engloutis.

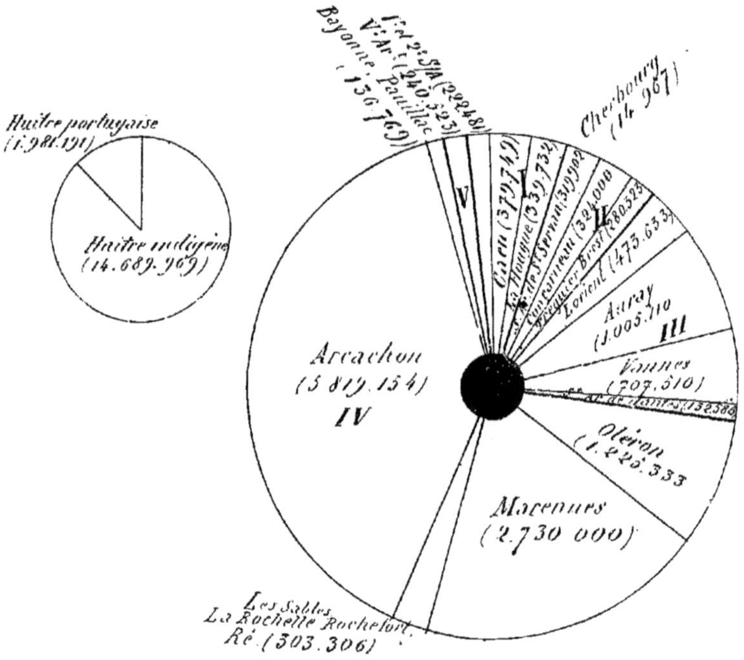

Fɪɢ. 86. — Valeurs annuelles des rendements bruts de la culture de l'Huître
indigène dans les divers quartiers de France.

Mais le marin, l'inscrit, employé sur les concessions avec sa
famille, a profité largement de toutes ces spéculations heu-
reuses ou malheureuses. Dans le bassin d'Arcachon et dans
le Morbihan, on a vu alors de nombreux paysans, des rési-
niers, etc., se faire inscrire sur les registres de l'inscription
maritime pour se faire accorder des concessions sur le domaine public et se livrer à la culture de l'Huître pour leur
compte, après avoir travaillé comme ouvriers sur les terrains
d'autres ostréiculteurs.

Depuis longtemps, d'ailleurs, une association heureuse s'est établie entre le capital et le travail, qui mettent en exploitation les plages autrefois stériles de nos centres ostréicoles. Sans doute tous ceux qui spéculent sur l'ostréiculture ne réalisent pas les gains fantastiques qu'ils s'imaginent devoir en retirer ; quelques-uns même s'y ruinent. Mais quelle industrie ne fait pas courir les mêmes risques, suivant une infinité de circonstances que je n'ai pas à envisager ici ? En France, il existe actuellement des exploitations ostréicoles extrêmement importantes, mettant en valeur des capitaux très considérables et employant une armée de travailleurs. Elles nous montrent que, conduites par des hommes intelligents, les méthodes de culture de l'Huître sont arrivées

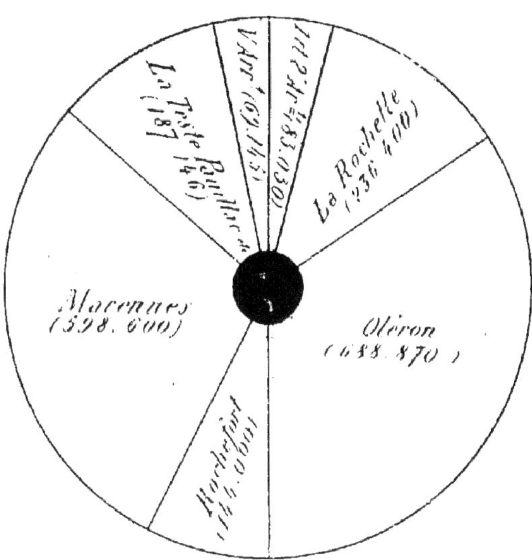

Fig. 81. — Valeurs des rendements bruts de la culture de l'Huître portugaise dans les divers quartiers de France.

aujourd'hui à une précision technique suffisante pour faire échapper l'industrie à la plupart des aléas inhérents à sa nature même. D'autre part, nombre de petits parqueurs, d'inscrits maritimes, trouvent dans la culture de l'Huître — sinon la fortune, comme leurs ascendants et leurs prédécesseurs — du moins un moyen d'améliorer beaucoup leur situation.

L'ostréiculture a donc parfaitement répondu aux espérances de Coste.

L'une des causes les plus certaines du développement rapide pris par l'ostréiculture en France tient certainement à la réglementation libérale qui détermine les conditions dans lesquelles doivent être concédés les terrains du domaine public maritime, destinés à la production ou à l'élevage de l'Huître.

Chez nous, il existe peu de parcs installés sur des propriétés privées.

Les ostréiculteurs adressent une demande au ministre de la marine pour obtenir la concession d'une parcelle du domaine public maritime ; cette demande est soumise à une enquête *de commodo et incommodo* par l'officier du commissariat de la marine qui administre le quartier dans lequel est demandée la concession. Les intéressés ayant fait connaître leur opinion, le commissaire transmet la demande avec son avis propre au service des ponts et chaussées, puis à celui des domaines. Enfin le ministre de la marine statue.

Jusqu'à maintenant (10 juillet 1897), les concessions sur le domaine public maritime n'étaient sujettes à payer une redevance au trésor que lorsqu'elles étaient accordées à des non inscrits. Mais il semble que de nombreux individus se soient fait inscrire dans le but unique d'éviter le paiement de cette redevance ; de là sont nés des abus que l'administration a dû réprimer.

Quoi qu'il en soit, ces concessions ne sont jamais accordées qu'à titre précaire, ne sont pas transmissibles par héritage et peuvent être révoquées par l'autorité, soit parce que les terrains n'ont pas été mis en valeur, soit pour toute autre cause.

En dehors des règles générales établies par l'autorité maritime pour accorder les concessions ostréicoles et qui ont pour but de ménager aux inscrits le plus grand nombre possible des avantages que peut réserver l'ostréiculture, il existe quelques dispositions légales qui restreignent le libre exercice de cette industrie.

C'est ainsi qu'à Arcachon, pour éviter que les parqueurs ne dépeuplassent leur bassin en faisant commerce du naissain à une époque où les huîtrières artificielles n'étaient qu'en voie de formation, il fut interdit de vendre les jeunes Huîtres hors de ce bassin avant qu'elles eussent atteint la taille de 5 centimètres dans leur plus grande dimension. Cette mesure a contribué beaucoup en son temps au peuplement artificiel de la région ostréicole girondine. Aujourd'hui on ne saurait admettre qu'elle ait encore une raison d'être, si on se place au seul point de vue de la conservation des fonds huîtriers. Les Arcachonnais tiennent beaucoup en général toutefois à son maintien. A plusieurs reprises, la Marine a procédé à des enquêtes pour déterminer les raisons que les Arcachonnais pouvaient faire valoir à ce sujet. Nous aurons l'occasion de les examiner un peu plus loin. Ces raisons sont d'ordre purement commercial.

Sur la demande des parqueurs du bassin également, la vente des Huîtres destinées à l'élevage en d'autres points des côtes doit prendre fin le 15 mai dans la région d'Arcachon et ne s'ouvrir qu'en septembre.

Sur les autres points où se pratique l'ostréiculture en France, le commerce des Huîtres est libre toute l'année et dans quelque condition de taille que ce soit. Autrefois, cependant, il était interdit de vendre ces mollusques (dans un but purement sanitaire) du 1er mai au 31 août. Mais cette mesure a été rapportée quand il a été démontré que les Huîtres n'offraient aucun danger pour les consommateurs durant cette période. A cette époque qui précède la fraye ou correspond à la fraye, les qualités sapides de l'Huître sont certainement inférieures, mais ce mollusque n'est nullement dangereux.

En Italie, des concessions sont accordées dans des conditions analogues aux nôtres. Toutefois le préfet de province statue ; de plus les concessions sont affermées, pour un temps donné, par des locataires qui ont eux-mêmes le droit de sous-louer à bail.

En Zélande, les terrains ostréicoles sont mis aux enchères par l'État et affermés au plus offrant et dernier enchérisseur. L'État devient un simple propriétaire, et le bail qu'il a passé avec ses tenanciers devient la loi des parties. Le bureau des pêcheries établit les clauses des concessions et se préoccupe d'allier les intérêts des ostréiculteurs avec ceux de l'État.

« Un règlement approprié à la culture dans une localité pourrait sembler rigoureux dans une autre ; de même un secteur, dans une même localité, peut ne pas être soumis aux restrictions commandées par les besoins de la culture dans les eaux plus profondes ou plus basses d'un autre secteur. Les termes des baux sont soigneusement étudiés, ce qui est facile dans un district aussi petit, par l'inspecteur des pêcheries, qui adresse un rapport dont on s'inspire pour apporter les modifications ou suppressions connues nécessaires. On loue un terrain à l'ostréi-

culture, dans la même forme qu'à l'agriculture. Si un ostréiculteur s'est assuré un bail avantageux, dont il tire un bon revenu,
il peut vouloir offrir un prix important de sa concession, mais
alors ses voisins ont un droit égal de la lui disputer. » (Bashford Dean.)

Ce mode de concession est quelquefois avantageux pour
les tenanciers. Il l'est toujours pour l'État. Celui-ci retire, en
effet, comme redevances le tiers de la valeur brute produite
annuellement par l'ostréiculture zélandaise.

Suivant leur position et les facilités qu'ils offrent pour la
récolte du naissain ou l'élevage, les terrains ostréicoles de Zélande atteignent naturellement des prix variables. Mais, en
matière de production, les conditions de récolte peuvent varier
profondément d'une année à l'autre. Tel industriel qui aura
cru faire une excellente affaire en louant un terrain de production pourra ne rien recueillir sur ses collecteurs. L'État
n'en est pas responsable. Pour faire de l'ostréiculture en Zélande, il est donc nécessaire de disposer de capitaux considérables. Aussi les exploitations ostréicoles sont-elles là entièrement entre les mains de puissantes sociétés. Encore consi-
dère-t-on en Hollande comme un placement aventureux celui
qui est fait sur l'ostréiculture (Hoek).

Pour l'engraissement des Huîtres, l'État afferme encore les
polders qui se trouvent en contre-bas des digues de l'Escaut
oriental.

« Chaque année, on fait connaître les parcelles domaniales
qui sont susceptibles d'être mises en vente. Un catalogue préparé par l'inspecteur des pêcheries indique les emplacements
à affermer, les clauses des contrats, le jour et le lieu de la
vente. Il est procédé aux enchères dans la chambre des no-
taires de Berg-op-Zoom, de onze heures à quatre heures : il
peut être adjugé soixante-dix parcelles de terrain chaque jour.
La concession est adjugée au plus offrant et dernier enchérisseur. Si aucune offre n'était faite pour un terrain domanial,
on le joint au terrain qui sera mis aux enchères immédiatement après. Peuvent seuls obtenir des concessions les sujets
néerlandais qui n'ont aucune dette envers le trésor public et
qui peuvent fournir deux cautions solvables. En cas de doute
sur le prix des enchères, le terrain est immédiatement remis
en vente pour une adjudication nouvelle. Un dépôt représen-

tant 5 pour 100 de la redevance annuelle doit être consigné entre les mains du secrétaire du bureau des pêcheries dans les huit jours qui suivent la vente, et on peut obtenir un bail en forme des parcelles dont on s'est rendu propriétaire, moyennant le payement d'un droit de transcription. La redevance annuelle du fait d'occupation de terrains huîtriers est payable au 1er mars. En cas d'erreur dans le lever des plans, le gouvernement — c'est-à-dire le bureau des pêcheries — n'en peut être rendu responsable. Le preneur, néanmoins, peut s'assurer des limites de sa concession. Il n'a pas le droit de s'emparer du terrain qui existe ou peut exister entre les lignes de démarcation. Il ne possède aucun recours en raison des dommages causés à sa propriété par la navigation ou par des causes naturelles qui seraient la conséquence directe ou indirecte des changements opérés dans les procédés de drainage des terrains domaniaux. Aucune concession ne peut être divisée ou sous-louée sans le consentement écrit du bureau des pêcheries. Les tenanciers sont responsables des dommages causés à leurs voisins aussi bien qu'à l'État, mais l'État n'est jamais responsable des dommages causés à un tenancier.

« Les tenanciers ont l'obligation de délimiter leurs propriétés au moyen de piquets, sous peine d'amende en cas de négligence ; quand ces piquets sont dérangés à la suite d'une tempête, ils doivent être promptement remis en place. Les violations de propriété sont punissables d'une amende de 50 florins. Les ostréiculteurs dont les terrains ne confinent pas au rivage ont le droit, à mer basse, de traverser les fonds voisins. Ils doivent se rendre à leur terrain par le chemin le plus court sous peine des pénalités appliquées aux violations de propriété, et dans ce cas, comme dans tous les autres, le tenancier est responsable des actes de ses employés.

« La culture des Moules est interdite sur les terrains loués pour la culture des Huîtres : cette contravention est punissable d'une amende. Si les Moules ne sont pas immédiatement détruites par le concessionnaire, il peut être procédé à leur enlèvement par les soins des autorités administratives, aux frais du contrevenant. Les Huîtres de provenance étrangère ne peuvent être importées (dans l'Escaut oriental seulement). Toutefois les mollusques dragués au nord d'une ligne tirée entre Douvres et Dunkerque peuvent être disposés dans les parcs avec le consentement formel du bureau des pêcheries. Le dragage de nuit (une heure après le coucher du soleil jusqu'à une heure avant son lever) est puni d'une amende de 100 florins. Les bateaux dragueurs doivent porter leurs marques distinctives, à l'avant et sur les voiles, en lettres d'une grandeur déterminée. On ne doit apporter aucune gêne par la création de canaux. Tous obstacles de cette nature qui, vingt-quatre heures après la signification du bureau des pêcheries, n'auraient pas été enlevés le seraient par les soins de l'État aux frais du concessionnaire. Le bailleur est responsable de la totalité de la redevance ; si, en cas de vente, le concessionnaire ne fournit pas le montant complet de la somme, le vendeur est tenu de consigner la différence. Tous les droits des ostréiculteurs sur leurs propriétés sont absolument subordonnés à ceux de l'administration des digues et cours d'eau. Différentes parcelles de terrain peuvent faire l'objet de baux de durée différente. Un bail d'une année peut, sur la demande du tenancier, dans certains espaces de terrains, être renouvelé deux fois. » (Bashford Dean.)

Nous devons faire ressortir, avant d'en finir avec la réglementation appliquée à l'ostréiculture en Hollande, que l'importation du naissain français est rigoureusement interdite sur les terrains huîtriers de l'Escaut oriental.

On a voulu, paraît-il, par cette mesure protéger les fonds zélandais contre l'invasion du Bigorneau perceur et autres ennemis de l'Huître. Cette raison semble être un simple prétexte pour protéger l'industrie nationale. Nous pensons toutefois que cette protection est mal comprise. Aujourd'hui surtout où le naissain breton est vendu à des prix très bas, il semble bien probable que l'intérêt des ostréiculteurs zélandais serait plutôt de se livrer à l'élevage qu'à la production combinée avec l'élevage. Les hauts tarif de vente des « zélandaises » expliquent seul que leurs éleveurs puissent vivre d'une pareille profession. Il nous reste à souhaiter à nos amis hollandais qu'ils puissent longtemps maintenir ces cours. Aussi bien le Dr P.-P.-C. Hoek pense que l'interdiction d'importer du naissain de France ne pourrait être levée qu'avec profit pour l'industrie de son pays.

En Belgique, les claires à Huîtres sont établies sur des propriétés privées. Il n'existe pas dans ce pays de réglementation spéciale pour l'ostréiculture. L'État n'intervient en rien dans ses opérations, et l'initiative privée, qui a, seule, créé cette industrie, veille seule à sa prospérité. Toutefois le gouvernement projette d'établir un nouveau canal qui facilitera certainement les opérations ostréicoles. Jusqu'ici, en somme, il ne leur a donné aucun aide et ne leur a imposé aucune restriction.

En Angleterre, comme en France et en Hollande, les terrains sur lesquels sont pêchées ou cultivées les Huîtres sont la propriété de l'État. Celui-ci les concède pour de longues périodes, après de nombreuses démarches par acte spécial. C'est une sorte de rente nominale qu'il fait ainsi à une société ou à une association de pêcheurs.

Depuis un temps immémorial la pêche des Huîtres dans la rivière Colne appartient à la corporation du bourg de Colchester ; la première licence lui fut donnée à ce sujet dans la première année du règne de Richard Ier (1180).

La corporation de Rochester a, d'après les termes mêmes de sa licence (donnée en 1729) joui de tout temps du droit de contrôler la pêche des Huîtres dans la Medway.

En 1793 un act du Parlement a créé la compagnie libre des pêcheurs et des dragueurs de Whitstable.

Dans le « Sea Fisheries Act 1868 » sont édictées les dispositions nécessaires pour que l'on puisse obtenir une concession. Ces concessions sont accordées après une enquête *de commodo et incommodo* et ne peuvent excéder une durée de soixante années. Elles peuvent être retirées si l'on s'aperçoit que les détenteurs ne donnent pas à leurs propriétés temporaires le soin nécessaire. (Disposition prise à la suite de l'exploitation de Herne Bay.)

Les exploitations de Tollesbury et Mersea, celle de Paglesham, celles de Swansea et Falmouth, sont régies par les dispositions de cet act.

La compagnie de Roach River jouit également de pouvoirs anciens. Ceux-ci ont été reconnus par un act de 1886.

En Angleterre encore, la pêche des Huîtres sur les gisements naturels situés dans les eaux territoriales et extraterritoriales est soumise à une réglementation spéciale.

Dans les eaux extraterritoriales, la pêche sur les bancs est interdite du 15 juin au 31 août, entre Dunkerque et North Foreland, d'une part, Ouessant et Land's End, d'autre part.

Cette disposition a fait l'objet d'une convention internationale entre l'Angleterre et la France. Toutefois, bien qu'il soit convenu entre les gouvernements des deux pays que la surveillance internationale sera renforcée durant cette période, nous avons refusé de signer cette convention qui réduisait d'un mois et demi la durée imposée à l'interdiction de pêche par une convention antérieure, conclue en 1839. Celle-ci effectivement établissait que les pêcheurs anglais et français ne pourraient draguer sur les gisements huîtriers de la Manche, au delà de trois milles du rivage, du 30 avril au 1ᵉʳ septembre.

Un act de 1877 interdit dans le Royaume-Uni la vente des Huîtres de fond entre le 16 juin et le 4 août. Cette défense ne s'étend pas aux Huîtres pêchées dans les eaux d'un autre pays ni à celles qui sont conservées en parcs ou qui sont destinées à l'ostréiculture. Cet act confère aussi au Board of Trade le pouvoir de supprimer le dragage, s'il en reconnaît la nécessité sur certains bancs.

Le Sea Fisheries Act de 1883 interdit la drague et le transport des Huîtres dans toutes les périodes de prohibition et dans toutes les mers ; il est applicable aux dispositions nationales et internationales passées et à venir.

Mais l'act qui domine la réglementation des pêches d'Huîtres en Angleterre est celui de 1888. Il crée des comités de districts pour les pêcheries, placés sous l'autorité du gouvernement local. Ces comités ont vu leurs pouvoirs étendus encore par un nouvel act de 1894 : ils ont toute faculté de réglementer les conditions des pêches dans leurs circonscriptions respectives. Ils peuvent augmenter les périodes d'interdiction pour la pêche des Huîtres, mais ils ne peuvent pas les réduire au-dessous des limites prévues par l'act de 1877.

En Allemagne, je ne mentionnerai ici que pour mémoire, — puisque l'ostréiculture proprement dite n'existe pas dans ce pays, — le mode de fermage adopté pour l'exploitation des huîtrières du Wattenmeer.

L'État détermine chaque année les bancs qui doivent être dragués. Il préside au triage des mollusques, afin que l'on n'écoule pas de trop petits produits. Il détermine même la quantité d'Huîtres qui peuvent être pêchées, et le fermier ne peut, sous peine de fortes amendes, se soustraire à ces dispositions. Ce fermier paye à l'État un droit de 1 franc environ par centaine de mollusques; il salarie les équipages des bateaux dragueurs au prorata de leurs prises, enfin il acquitte divers frais pour le transport de ses produits jusqu'à Husum, port de débarquement où s'effectue le contrôle du gouvernement. Il en dispose ensuite dans les conditions qu'il juge convenables. La pêche sur les bancs ne peut avoir lieu que du 1ᵉʳ septembre au 8 mai.

Comme pour les pêches maritimes, nous n'avons que des renseignements statistiques disparates sur les rendements actuels de l'ostréiculture à l'étranger et sur les surfaces marines qui sont affectées à cette industrie. Des données nous manquent complètement à cet égard en ce qui concerne l'Angleterre, encore que l'élevage s'y fasse certainement sur une grande échelle, autant qu'on en peut juger par l'importance des exportations d'Huîtres de demi-élevage faites de France dans le Royaume-Uni (1).

En Allemagne, on pêche annuellement, depuis 1891, deux millions deux cent cinquante mille Huîtres, représentant une valeur de 350.000 francs environ, sur laquelle l'État prélève environ 210.000 francs de fermage.

En Hollande, les rendements de l'ostréiculture, depuis 1884, ont été les suivants :

ANNÉES	NOMBRE d'Huîtres	VALEUR des produits
1884	30.246.000	3.511.040
1885	34.077.000	3.954.440
1886	28.887.000	3.352.790
1887	35.354.000	2.903.360
1888	36.146.000	3.051.060
1889	43.072.000	2.726.120
1890	51.237.000	3.783.230
1891	17.985.000	2.846.390
1892	12.765.000	2.289.350
1893	45.794.000	2.586.860
1894	18.583.000	1.761.938
1895	21.668.000	1.803.377

(1) En 1891, la France a importé en Angleterre 353.135 kilogrammes de naissains d'Huîtres représentant une valeur de 4.237.620 francs, soit 12 francs le kilogramme et 55.255.000 Huîtres adultes de toutes tailles, estimées environ 35 francs le mille, soit un produit de 1.933.925 francs.

En Italie, la seule région de Tarente produit annuellement vingt millions d'Huîtres comestibles; elle expédie en outre du naissain dans les lacs Fusaro et Lucrin.

En France, en 1895, 8.060 hectares, répartis entre 33.945 concessionnaires, étaient affectés à la culture de l'Huître indigène, et 1.606 hectares de plage, répartis entre 9.428 concessionnaires, étaient affectés à la culture de l'Huître portugaise.

Le tableau suivant permet de se rendre un compte assez exact de la répartition des établissements ostréicoles sur les côtes françaises.

Huîtres indigènes.

QUARTIERS ET PORTS		ÉTABLISSEMENTS		
		NATURE	NOMBRE	SUPERFICIE
Dunkerque		Dépôts	2	2ᵃ50ᶜ
Boulogne	Boulogne	Parc	1	2ʰ00 00
	Étaples	Parcs	2	3 00 00
Dieppe	Dieppe	Parcs	3	24 37
	Le Tréport	Parc	1	5 00
	St-Valéry-en-Caux	Dépôt	1	»
	St-Pierre-en-Port	Dépôt	1	»
Fécamp	Fécamp	Réservoirs	3	32 00
	Yport	Dépôt	»	»
	Étretat	Réservoir	1	5 50
Le Havre. Harfleur		Réservoirs	2	»
Trouville		Dépôt	1	2 00 00
Caen	Dives	Parcs	4	64 00
	Ouistreham	Parcs	3	39 40
	Courseulles	Parcs	14	8 22 25
La Hougue.	Grand-Camp	Parc	1	2 40 00
	St-Vaast	Parcs, dépôts et claires	119 16	61 00 30 10 54 00
Cherbourg.	Cherbourg	Parcs	4	19 00 00
	Portbail	Réservoirs	2	0 16
Granville	Régneville	Parcs	8	7 07 00
	Granville	Parcs	72	10 30 00
Cancale		Parcs et étalages	1.293	174 00 00
Dinan, Saint-Jacut		Parc	1	1 30 00
Paimpol		Parcs	6	1 25 12
Tréguier		Parcs	95	4 55 00
Morlaix		Parcs	23	79 00 00
Le Conquet. L'Aberwrac'h		Parcs	2	»
Brest		Parc	1	36 00
Quimper		Parcs et claires	8	5 84 95
Concarneau		Parcs	39	35 00 00
Lorient	Lorient	Parcs	3	1 00 00
	Doëlan	Parcs	167	39 00 00
Auray	Étel	Parcs	74	40 21 90
	Trinité-sur-Mer	Parcs	101	72 44 40
	Auray	Parcs et claires	696	543 78 00
	Larmor-Baden	Parcs	114	51 00 00
A reporter			2.805	1.176ʰ01ᵃ85ᶜ

QUARTIERS ET PORTS	ÉTABLISSEMENTS		
	NATURE	NOMBRE	SUPERFICIE
Report		2.805	1.176ʰ 01ᵃ 85ᶜ
Vannes — Ile-aux-Moines	Parcs	80	80 46 00
Vannes — Vannes	Parcs	37	16 90 00
Vannes — Montsarrac	Parcs	16	36 00 00
Vannes — Séné	Parcs	147	3 95 00
Vannes — Sarzeau	Parcs	200	180 00 00
Vannes — Port-Navalo	Parcs	36	42 00 00
Vannes — Damgan	Parcs	284	30 60 00
Le Croisic — Mesquer	Parcs	5	2 23 00
Le Croisic — Le Croisic	Parcs	20	30 00 00
Le Croisic — Penestin	Parcs	7	3 00 00
Noirmoutier	Parcs	83	79 00 00
Les Sables-d'Olonne	Parcs et claires	600	40 00 00
La Rochelle	Claires et parcs	3	7 68 00
Ile de Ré-Saint-Martin	Parcs	2.138	406 24 00
Ile de Ré-Saint-Martin	Claires	297	8 26 00
Oléron	Claires et réservoirs	1.260	51 00 00
Oléron	Viviers	4.070	360 00 00
Rochefort	Viviers	690	91 00 00
Rochefort	Claires	99	29 00 00
Marennes — Marennes	Claires et viviers	550	60 00 00
Marennes — Le Chapus	Viviers	2.170	630 00 00
Marennes — La Tremblade	Claires	10.000	900 00 00
Marennes — La Tremblade	Viviers	480	42 00 00
Marennes — L'Eguille	Claires et viviers	1.962	395 00 00
Arcachon	Parcs et claires	5.824	3.348 00 00
Bayonne — Cap-Breton (Osségor)	Caisses	27 concessions	»
Bayonne — Saint-Jean-de-Luz	Claires	14	2 50 00
Cette	Caisses	4 concessions	»
La Ciotat, Cassis	Parc	1	1 40 00
Toulon, La Seyne	Parcs et dépôts	6	5 94 92
Cannes	Dépôts	5	2 70
Nice	Dépôts	4	5 69
Ajaccio-Bonifacio	Parc	1 concession	»
Alger-Dellys	Parc	1	1 00 00
Oran	Viviers flottants	10	»
TOTAUX		33.945	8.059ʰ 27ᵃ 16ᶜ

Huitres portugaises.

QUARTIERS ET PORTS	ÉTABLISSEMENTS		
	NATURE	NOMBRE	SUPERFICIE
Fécamp-Saint-Pierre-en-Port	Dépôt	»	»
Le Havre, Harfleur	Réservoirs	»	»
Caen — Dives	Parcs	»	»
Caen — Courseulles	Parcs	»	»
Noirmoutier	Parcs	6	7ʰ 00ᵃ 00ᶜ
La Rochelle — La Rochelle	Parcs	1.233	120 00 00
La Rochelle — Marans	Parcs	4	36 00 00
La Rochelle — Esnandes	Parcs	1.013	87 71 00
Oléron	Parcs-viviers	4.123	371 00 00
Marennes — Marennes	Claires et dépôts	975	310 00 00
Marennes — Chapus	Parcs et dépôts	2.000	600 00 00
Marennes — La Tremblade	Parcs-viviers et claires	»	»
Marennes — L'Eguille	--	»	»
Pauillac-Verdon	Parcs	69	69 00 00
Pauillac-Verdon	Claires	5	5 70 00
Cette	Caisses	»	»
TOTAUX		9.428	1.606ʰ 41ᵃ 00ᶜ

Un autre tableau donne maintenant la production de l'industrie ostréicole française, la valeur de cette production et les rendements annuels bruts par hectare de surface cultivée depuis l'année 1874.

ANNÉES	NOMBRE D'HUÎTRES (indigène et portugaise) produites dans tous les parcs, viviers, claires, étalages de France	VALEUR TOTALE pour toute la France	SURFACE de travail occupée par l'ostréiculture	NOMBRE de mollusques produits par hectare	RENDEMENT brut approché par hectare
	Nombres	Francs	Hectares	Milliers	Francs
1874	104.731.350	7.727.002	4.565	23	1.700
1875	227.640.242	11.247.416	5.890	38	1.950
1876	335.774.070	13.226.296	6.485	52	2.000
1877	654.882.400	21.790.903	6.757	93	3.200
1878	640.884.674	20.357.595	7.207	88	2.800
1879	542.027.052	16.378.834	7.697	70	2.350
1880	563.943.358	15.303.810	8.102	69	1.900
1881	680.372.750	17.954.114	6.426	80	2.150
1882	528.603.229	16.343.627	8.739	60.5	1.880
1883	557.676.682	17.785.447	9.266	60	1.930
1884	529.768.767	13.577.926	9.383	56.5	1.550
1885	597.164.043	12.744.216	9.679	62	1.320
1886	619.727.445	10.956.560	9.880	63	1.110
1887	604.284.350	11.087.873	9.914	61	1.120
1888	562.823.898	13.361.859	10.108	56	1.340
1889	672.221.774	12.418.348	10.474	64.5	1.220
1890	796.740.400	13.857.873	9.499	86.5	1.500
1891	922.599.455	13.594.961	9.171	100.5	1.470
1892	1.163.987.729	17.276.663	8.893	130	1.940
1893	1.105.822.462	19.143.866	8.963	123.5	2.210
1894	1.054.600.360	16.047.690	9.108	116	1.761
1895	1.081.743.189	13.694.455	9.630	112.5	1.422

On peut se rendre compte, à l'examen des tableaux précédents, de l'activité de l'industrie ostréicole dans notre pays.

Cependant, depuis plusieurs années, les parqueurs français ne cessent de se plaindre de l'avilissement des prix de vente de leurs produits. Ils disent que la situation de l'ostréiculture est gravement menacée et que, si la production ne se restreint pas, il faut s'attendre à voir engloutir les capitaux qui sont actuellement engagés dans la culture de l'Huître.

Depuis plusieurs années, en effet, la production, — tout au moins dans certains centres, tels qu'Arcachon, — excède les besoins de la consommation. Il reste, chaque année, entre les mains des éleveurs, des stocks énormes d'huîtres qu'il leur faut écouler à tout prix. C'est en vain que les ostréiculteurs ont cherché à se syndiquer afin de fixer les cours de vente; pour arriver à un tel résultat, il eût fallu réaliser une entente entre le producteur et l'expéditeur et supprimer, du coup, la concurrence que les éleveurs peuvent se faire entre eux. Il n'est rien de dangereux comme d'établir des cours fictifs sur une marchandise, surtout quand cette marchandise est une denrée essentiellement délicate et dommageable, comme l'Huître, et qui n'est pas encore suffisamment répandue pour répondre à une nécessité de l'alimentation ordinaire. On peut, dans des circonstances exceptionnelles, fausser le libre jeu de la loi de l'offre et de la demande; mais on n'y peut réussir que momentanément et comme par surprise. Tôt ou tard, la cohésion, l'union vient à se rompre entre les intéressés, — ce qui est d'autant plus facile que cette cohésion repose sur des intérêts souvent contradictoires, — et tout l'échafaudage savant que l'on avait voulu édifier pour créer des cours fictifs vient à s'écrouler en laissant derrière lui passablement de ruines (1).

Pour nous rendre un compte exact de la valeur des plaintes formulées par les ostréiculteurs, il nous faut comparer les rendements fournis par l'industrie ostréicole dans la première et dans la seconde moitié de la période 1874-1895. Nous avons ainsi deux espaces de temps, de onze années chacun, qui nous permettent de mettre en regard : les nombres d'Huîtres sorties des parcs français, leur valeur, les surfaces moyennes cultivées annuellement, durant chacune de ces périodes de onze années, de même que la production moyenne et la valeur moyenne annuelles, par hectare de surface cultivée.

Les deux tableaux suivants résument les termes de ces comparaisons.

Comparaison de la production et de la valeur des Huîtres cultivées sur les parcs français pendant les périodes 1873-1884 et 1884-1895.

PÉRIODES	NOMBRE D'HUITRES produites	VALEUR des produits
1878-1834	5.363.304.000	171.689.970
1884-1895	9.181.714.000	154.181.364

(1) Bull. d. Pêch. mar., t. 4, octobre 1893, pp. 401-404 : *l'Exportation des Huîtres françaises.*

Comparaison de la surface moyenne annuelle cultivée, de la production et de la valeur moyennes annuelles des rendements pendant les périodes 1873-1884 et 1884-1895.

PÉRIODES	SURFACE MOYENNE annuelle	PRODUCTION moyenne annuelle par hectare	VALEUR MOYENNE annuelle par hectare
1873-1884	8.320	65 000	2.080
1884-1895	9.540	87.000	1.468

L'examen de ces deux tableaux nous montre que l'extension de l'industrie huitrière sur nos côtes a eu comme corollaire un avilissement considérable des prix de vente. Celui-ci ne tient pas tant à l'augmentation de la surface cultivée qu'à la production toujours plus grande des parqueurs dans les limites de leurs concessions.

En effet, nous voyons que dans la dernière période, 1884-1895, il a été fourni par chaque hectare de plage cultivée, sur l'ensemble des côtes françaises, 34 % plus de mollusques que dans la période 1873-84 ; par contre la valeur du rendement brut par hectare s'est abaissée de 29 %, dans la période 1884-1895 par rapport à ce qu'elle était de 1873 à 1884.

On conçoit donc que les parqueurs français recherchent les moyens de lutter contre ce qu'ils appellent une crise de surproduction. D'ailleurs, dans les données statistiques précédentes, nous n'avons pas tenu compte de ce fait que l'industrie de l'Huître portugaise qui exige peu de soins et fournit des rendements relativement réguliers, est comprise dans les totaux d'Huîtres et de valeurs sur lesquels nous avons opéré (1).

En fait, c'est surtout le bassin d'Arcachon qui paraît, avec son industrie intensive, avoir été le point de départ de la crise actuelle ; c'est lui également qui s'en plaint le plus vivement, en raison du bas prix auquel il doit livrer ses produits et de l'extrême abondance de ceux-ci. Du reste, il existe évidemment un antagonisme commercial entre les centres d'élevage

(1) L'Huître portugaise, beaucoup plus rustique que l'Huître indigène, se reproduit et pousse avec une facilité très grande. Son prix est très bas, et elle concurrence ainsi très sérieusement l'Huître plate sur les marchés. On ne saurait évidemment entraver un commerce

ou d'engraissement tels que ceux des bords de la Seudre et
les centres de production tel que le bassin d'Arcachon. De
plus, il existe un antagonisme analogue entre les deux grands
centres de production français : Arcachon, d'une part, et le
Morbihan, d'autre part.

Les éleveurs, en effet, doivent s'approvisionner de jeunes
Huîtres dans les lieux où on les produit. Leur intérêt est évidemment de les payer le meilleur marché possible, tout en se
procurant des animaux vigoureux, susceptibles de pousser
rapidement dans leurs claires ou d'y engraisser dans de
bonnes conditions. Or la concurrence commerciale a voulu
que les producteurs, dont les prix s'avilissaient par le seul fait
que leurs débouchés étaient limités, produisissent des quantités croissantes de mollusques, dans l'espoir qu'ils récupére-
raient par le nombre de leurs naissains ce que leur faisait
perdre la diminution de leur valeur. Dans cette voie économique, les petits parqueurs ne pouvaient manquer d'être
éprouvés les premiers par les conséquences de la surproduction
dont ils étaient les auteurs. D'ailleurs ces petits parqueurs, ne
disposant que de capitaux insignifiants, ont besoin de « réaliser » leur récolte rapidement. Tous les ans, ils doivent se débarrasser de leurs produits, ne fût-ce que pour faire place à
la production de l'année. Ils se présentent donc tous à la fois
pour vendre, et l'encombrement du marché les met à la merci
des éleveurs.

Dans le tableau suivant, j'ai résumé la production de quatre

qui fournit en somme des gains notables et relativement faciles à
une partie de la population maritime, tout en offrant aux classes peu
aisées un aliment qu'elles apprécient.

Depuis 1886, les trois grands centres de production ou d'élevage des
Huîtres portugaises ont fourni les nombres de mollusques suivants :

ANNÉES	LA ROCHELLE	OLÉRON	MARENNES
1886	32.700.000	90.000.000	50.000.000
1887	28.500.000	95.000.000	42.000.000
1888	26.000.000	98.000.000	26.600.000
1889	44.170.000	101.000.000	42.000.000
1890	68.000.000	108.000.000	42.000.000
1891	43.500.000	93.000.000	63.000.000
1892	55.000.000	90.000.000	70.000.000
1893	57.000.000	83.000.000	?
1894	103.000.000	85.000.000	72.000.000
1895	?	72.000.000	127.000.000

grands centres huîtriers français : on pourra voir quelle a été la brusque ascension de la production dans les dix dernières années.

Nombre d'Huîtres produites dans deux centres d'élevage et deux centres de production français de 1886 à 1895.

ANNÉES	OLÉRON	MARENNES	AURAY	ARCACHON
1886	»	55.146.000	40.480.000	236.276.000
1887	»	54.430.000	59.563.000	212.427.000
1888	39.000.000	54.500.000	33.986.000	236.982.000
1889	42.000.000	61.500.000	47.000.000	247.463.000
1890	49.302.000	61.500.000	72.374.000	258.067.000
1891	67.050.000	76.068.000	46.340.000	373.613.000
1892	79.688.000	97.000.000	58.000.000	540.283.000
1893	67.500.000	96.000.000	95.108.000	442.955.000
1894	61.005.000	97.000.000	70.445.000	424.726.000
1895	74.000.000	113.142.000	77.962.000	446.986.000

Les quantités d'Huîtres sorties des centres d'élevage ne sont donc, comme nous le montre ce tableau, en aucune façon comparables à celles qui sont sorties du bassin d'Arcachon. De plus, si l'on voit que l'industrie du bassin d'Auray subit des variations annuelles importantes dans ses rendements, et qui tiennent aux conditions mêmes dans lesquelles est recueilli le naissain, on voit également que la production est, à Arcachon, progressivement croissante.

Les divers centres d'élevage français, anglais, espagnols, etc. absorbent seulement une partie de cette production. Le reste est directement vendu comme Huître comestible. Sans doute, il existe bien dans le bassin d'Arcachon quelques centaines d'hectares sur lesquels peut se faire, et se fait, de l'élevage complet, mais en général les Huîtres qui proviennent directement de cette localité n'ont que peu de qualité. Leur valeur marchande est donc faible. Dès lors, venant sur les marchés des villes consommatrices ou expédiées directement aux consommateurs, par colis postaux, les Huîtres d'Arcachon concurrencent les produits des centres d'engraissement, en raison de leurs bas prix. Il en résulte que, comme les centres de production, les centres d'élevage dont les produits ne peuvent être vendus à bas prix, subissent à leur tour une crise de mévente.

Comme nous le savons, la région ostréicole arcachonnaise est placée sous un régime exceptionnel pour la vente de ses produits. Ceux-ci ne peuvent être exportés dans d'autres endroits que lorsqu'ils ont 5 centimètres de largeur dans leur plus grande dimension.

Quelques parqueurs attribuent à cette restriction l'origine du mal dont souffre leur industrie. Aussi je crois devoir m'arrêter un instant à l'examen de cette très importante question.

L'obligation de ne vendre que des Huîtres ayant une largeur de 5 centimètres paraît, à Arcachon, avoir eu en principe un double but. On voulait tout d'abord éviter, comme nous l'avons déjà dit, que le bassin ne fût dépeuplé ; de plus, on se préoccupait d'interdire la vente de petits mollusques dans la crainte qu'à la faveur de cette liberté on ne détruisît le naissain sur les bancs naturels de nos côtes, dont on tentait alors la reconstitution. C'est ainsi que, dans une lettre au ministre, le 27 septembre 1867, un ostréiculteur, M. Laffon, se plaignait qu'on laissât vendre des Huîtres de 2 centimètres au prix de 30 francs le mille.

Coste était partisan de laisser libre le commerce du détroquage. Dans un de ses rapports au ministre de la marine, il envisageait l'avenir du « commerce de graine animale » qui ne pouvait manquer de s'établir, si on laissait une liberté absolue de vente aux producteurs de naissain. Il pensait aussi que rien ne pouvait mieux faciliter l'essor de l'ostréiculture sur toute l'étendue de notre littoral (6 janvier 1870). Il est bien certain que Coste avait vu juste. Nombre de centres d'élevage ont traversé des périodes pénibles en raison de la difficulté qu'ils avaient à se procurer dans de bonnes conditions de prix et de qualité le naissain nécessaire à leur industrie.

Toutefois la législation spéciale au bassin d'Arcachon a eu pour résultat de mettre en valeur la moindre parcelle de terrain utilisable dans cette région. Tous les parqueurs dont les concessions ne se prêtaient pas à la reproduction avaient intérêt en effet à se le procurer sur place et à bas prix. Cependant aujourd'hui toutes les concessions ne sont pas susceptibles de fournir dans un délai suffisamment rapide des Huîtres de 5 centimètres, et il existe des parcs dans lesquels les mollusques n'atteignent pas cette dimension au bout de trois ans.

Leurs détenteurs ont donc un intérêt à voir abaisser la limite de taille pour la vente des Huîtres d'Arcachon.

Certains parqueurs pensent aussi que le bassin girondin se trouve dans la situation d'un « étang forcé », et que ses produits baissent de qualité en raison de la trop grande abondance des mollusques par rapport à la masse de nourriture qu'ils peuvent trouver dans les eaux. M. Bouchon-Brandely admettait cette manière de voir qui correspond apparemment à la réalité des faits. Il pensait que les Arcachonnais devraient s'attacher à faire de l'élevage proprement dit, avec un nombre limité de mollusques, quitte à se débarrasser de leurs naissains en excédent. Quand on songe que pendant la saison de vente de 1896 le prix des Huîtres est tombé à 4 et 5 francs le mille, on se demande si la liberté la plus absolue pour le commerce de ces produits ne contribuerait pas à relever les parqueurs de leur situation actuelle.

Il est intéressant à ce sujet de se rappeler les prédictions faites à diverses époques par les partisans déclarés de la restriction du commerce des jeunes Huîtres d'Arcachon. « La liberté du commerce amènerait au prix de 7 francs le mille les Huîtres de 5 centimètres », disait M. Maucouvert, il y a vingt ans. Le régime de restriction a eu un résultat identique, pire même que celui prévu par cet honorable ostréiculteur.

En 1877, le journal *l'Avenir d'Arcachon*, dans son numéro du 9 août, disait en parlant de l'industrie du bassin : « Nous produisons trop, nous produisons trop cher et nous ne savons pas vendre. » Un an auparavant, le même journal disait (14 août 1876) : « Pensez-vous que vous n'auriez pas plus de bénéfice à vendre 6 ou 10 francs le mille de détroquage que vous n'en avez actuellement à vendre 12 francs des produits de 5 centimètres ? » Et il ajoutait : « Tandis qu'en 1873-74 nous vendions notre détroquage, dans le bassin, 50 centimes le mille, la Bretagne le vendait 10 francs. Cette année-ci où nous l'avons vendu difficilement 1 fr. 50, la Bretagne le recherchait à 7 francs. » Aujourd'hui, nous le savons, il ne s'agit plus de pareils prix pour la vente des Huîtres de 5 centimètres elles-mêmes. En outre, certains parqueurs renoncent à l'exploitation de leurs terrains dans le bassin d'Arcachon. La surface cultivée était en effet de 4.700 hectares en 1890 ; elle n'était plus que de 3.348 hectares en 1895. Or il est sorti 258 millions d'Huîtres du bassin en 1890 et 447 millions en 1895. La valeur de ces produits était de 3.728.000 francs en 1890 ; elle était de 3.463.000 francs en 1895.

Cependant les partisans du maintien de la réglementation existante — et ce sont de beaucoup les plus nombreux — font observer que la liberté de vendre soit le détroquage, soit des Huîtres ayant dix-huit mois, ne pourrait profiter qu'aux éleveurs des autres centres qu'Arcachon. Ils disent que la production est telle, que ce serait se leurrer étrangement de croire que l'on vendrait du détroquage ou du « dix-huit mois » à un prix supérieur ou même égal à celui qui est donné du cinq centimètres » actuellement. Ils disent encore que le régime de liberté amènerait une production et partant un encombrement plus grand que jamais. Enfin ils ajoutent que les prix sont suffisamment avilis pour que les éleveurs puissent s'approvisionner à bon marché de jeunes Huîtres de demi-élevage, et que c'est un argument spécieux que de prétendre à l'influence mauvaise de la réglementation actuelle pour l'essor de l'industrie de l'élevage.

En ce qui concerne ce dernier argument, on peut faire observer que toutes les Huîtres de 5 centimètres qui sortent du bassin d'Arcachon ne se prêtent pas toutes également à un élevage et à un engraissement convenables. Celles de ces Huîtres qui ont poussé lentement et difficilement par suite des mauvaises conditions dans lesquelles elles se trouvaient placées pour leur nutrition, celles qui ont mis plus de deux ans à atteindre péniblement la taille de 5 centimètres, semblent frappées pour le reste de leur existence d'une débilité, d'un rachitisme acquis, qui en font de mauvais produits pour l'élevage. On leur donne le nom significatif de « boudeuses ». Et il paraît que ces boudeuses ne sont malheureusement pas rares dans les Huîtres que les éleveurs achètent à Arcachon.

Aussi bien, je ne veux pas prendre parti ici au sujet de la lutte commerciale qui existe entre les éleveurs et les producteurs. Il est certain que, lorsque deux industries dépendent l'une de l'autre aussi étroitement que l'élevage et la production des Huîtres, il doit se produire des conflits d'intérêts entre les gens qui s'adonnent à l'une et à l'autre. On ne saurait demander non plus que tous les parqueurs acceptent de gaieté de cœur de conserver leurs Huîtres de qualité inférieure. Par contre, on ne saurait se figurer que tous les éleveurs apportent une bonne foi absolue dans les transactions commerciales qu'ils font avec les producteurs.

Quoi qu'il en soit, la situation de l'industrie dans le bassin d'Arcachon peut être résumée de la façon suivante :

Dans la période 1875 à 1885, il est sorti du bassin deux milliards deux cent six millions d'Huîtres indigènes, pour une valeur de 43.700.000 francs environ. Dans la période 1885 à 1895, il est sorti trois milliards quatre cent trente-huit millions de ces Huîtres pour une valeur de 44.781.000 francs.

D'où une surproduction de 55 pour 100 pour une augmentation de gain brut de 2 1/2 pour 100. Comme la mortalité est plus grande en raison du grand nombre de mollusques cultivés, que le matériel est plus considérable et par conséquent plus coûteux, que le travail est plus long et plus pénible, on peut donc se rendre compte que l'augmentation du nombre des produits correspond, non pas à une augmentation de bénéfices mais à une diminution de ceux-ci.

Enfin, si les chiffres fournis par l'administration locale sont sensiblement exacts, nous voyons que la production d'Huîtres à l'hectare s'est élevée de 132 pour 100 en 1895 par rapport à 1890, et que la valeur des rendements bruts à l'hectare s'est accrue seulement de 24 pour 100.

Ces données nous permettraient de conclure que l'on ne saurait considérer comme un signe de crise la surproduction du bassin d'Arcachon, puisqu'en définitive, elle aboutit à une augmentation des gains bruts des ostréiculteurs. Mais il faut nous rappeler les chiffres que nous avons cités plus haut relatifs à l'ostréiculture française, prise dans son ensemble. L'incroyable fécondité du bassin girondin, en avilissant les cours de vente, constitue, dans les circonstances actuelles, le plus important facteur du malaise dont se plaignent tous les centres ostréicoles français.

Les Arcachonnais ont cherché à réduire la production de leur région. Au début des essais ostréicoles, il fut établi réglementairement que les parqueurs devaient laisser libre une zone de 15 mètres sur la bordure des chenaux du bassin. Petit à petit des empiètements s'étaient produits, et certains parqueurs avaient insensiblement agrandi leurs terrains. Sur la demande des Arcachonnais, la Marine a fait reviser toutes les concessions et interdit l'exploitation de cette zone de 15 mètres. Nous devons ajouter que le même nombre de collecteurs que celui des années précédentes a été immergé à la suite de cette mesure. Si le nombre des animaux reproducteurs a été diminué, la surface de fixation offerte à leurs larves a proportionnellement augmenté. Il était donc fort probable qu'à moins de désastres, les quantités de naissain recueillies devaient être sensiblement les mêmes. Aussi les pétitionnaires ne spéculaient-ils que sur la mortalité, qui ne pouvait manquer d'être plus forte pour le naissain conservé en claires. En effet, l'obligation de laisser libre la bordure des chenaux obligeait les parqueurs à placer leur détroquage sur les parties hautes des plages ou crassats, où il est évidemment plus exposé, durant l'hiver, à de multiples causes de destruction. Cette espérance ne pouvait se réaliser qu'à la suite d'un hiver rigoureux ou de violentes tempêtes. Or le dernier hiver a durement éprouvé les parqueurs arcachonnais, mais il a également fait souffrir beaucoup les éleveurs des autres régions ostréicoles, et le marché a été très lourd durant le dernier printemps. Enfin il faut bien reconnaître que toute spéculation basée sur la mortalité des jeunes Huîtres pendant leur pousse ne devait profiter qu'à un nombre déterminé de parqueurs et non à leur masse.

Les étés pluvieux s'opposent aussi à la récolte du naissain dans des conditions convenables. Il est arrivé que l'été dernier (1896) a été mauvais pour cette récolte, le prix des jeunes Huîtres s'est donc élevé ; mais, que celui-ci soit favorable à la production, ce prix ne saurait manquer de baisser.

Ce n'est pas, en somme, dans la restriction de la production que l'on trouvera le remède à la crise dont se plaignent les ostréiculteurs — ceux du bassin d'Arcachon, particulièrement. Nous venons de voir quels sont les efforts faits par ceux-ci pour lutter contre l'avilissement des prix de vente. Nous avons pu nous rendre compte que ces efforts n'avaient donné aucun résultat. Mais, quand on songe que nombre de localités françaises ne reçoivent jamais d'Huîtres, que des grandes villes du centre en sont totalement dépourvues, on acquiert la conviction que c'est dans l'extension des débouchés qu'il faut chercher un remède à la crise ostréicole.

Depuis quelques années, certains parqueurs ont inauguré le système des envois directs par colis postaux de leurs produits aux consommateurs. Et ils s'en trouvent bien. Mais il y a plus à faire. Les petits parqueurs, en effet, ne pourront toujours qu'écouler avec difficulté leur production sans recourir à des intermédiaires. Cependant, les grands ostréiculteurs et les négociants qui peuvent se procurer à des prix très avantageux et en grandes quantités des Huîtres comestibles ne sauraient manquer de trouver de sûrs débouchés ailleurs que dans les quelques grands centres où ils expédient ordinairement leurs mollusques.

A cette question se relie étroitement celle des droits d'octroi fort lourds dont sont frappés ceux-ci dans la plupart de nos villes.

Un travail très intéressant, présenté par M. le sous-commissaire de la marine Pottier au congrès de pêche des Sables-d'Olonne, au mois de septembre 1896, nous montre combien les villes elles-mêmes peuvent contribuer au développement de notre ostréiculture, tout en trouvant dans l'abaissement de leurs tarifs d'octrois un avantage pour leur budget.

L'Huître indigène est produite à assez bas prix pour que l'on ne la considère plus comme un aliment de luxe. Elle devrait certainement faire partie des matières consommables par toutes les parties de la population. Comme aliment, elle réunit toutes les conditions nécessaires pour constituer — toute question de saveur mise hors de cause — une substance comestible de première valeur. Il n'y a aucune raison qu'elle ne rentre pas dans la consommation des milieux ouvriers.

L'ostréiculture, qui doit à la fois servir les intérêts de la population maritime et ceux de l'alimentation générale du pays, n'a jusqu'ici rempli qu'une partie de son double but. La crise ostréicole ne prendra certainement fin que lorsque l'Huître deviendra un produit ordinaire de l'alimentation.

Les ostréiculteurs peuvent contribuer à atteindre ce résultat en recherchant les débouchés qu'ils n'ont pas encore exploités ; mais il incombe aux municipalités le devoir de ne pas rendre ces efforts nuls ou infructueux.

D'après M. Pottier, les droits d'octroi supportés par les Huîtres sont les suivants :

VILLES	UNITÉS	QUALITÉS DES HUÎTRES		
		VERTES	BLANCHES	PORTUGAISES
Paris.	100 kilog.	18,00	18,00	6,00
Bordeaux	—	8,00	3,00	3,00
Toulouse.	—	10,00	10,00	10,00
Agen.	—	8,40	5,40	5,40
Libourne.	—	7,00	5,00	2,50
Montpellier.	—	11,00	11,00	11,00
Blois.	—	10,00	10,00	»
Limoges	—	20 00	20,00	10,00
Nîmes	—	13,00	13,00	13,00
Perpignan	—	2 50	2,50	2,50
Narbonne	—	15,00	15,00	15,00
Nancy	—	15,00	15,00	15,00
Pau	—	15,00	8,00	8,00
Lyon.	—	25,00	25,00	25,00
Nice	—	15,00	15,00	15,00
Marseille.	—	20,00	20,00	20,00
Rodez	Mille	6,00	6,00	6,00
Dijon.	—	20,00	20,00	20,00
Cette.	—	14,00	14,00	14,00
Le Mans	—	10,00	10,00	10,00

Je ne puis mieux faire pour me résumer sur ce point que de citer ici la conclusion du travail de cet officier, établissant l'intérêt que les villes elles-mêmes peuvent trouver dans l'abaissement de leurs tarifs d'octrois pour les Huîtres.

« Nous ne vous demandons pas de vous mettre en déficit ; nous venons, au contraire, vous proposer d'augmenter vos ressources ; donnez-nous les moyens de pouvoir offrir dans votre ville nos produits à un prix raisonnable, et aussitôt les Huîtres, que vous considérez comme une nourriture de luxe, deviendront un aliment démocratique. Diminuez vos tarifs de moitié, la consommation quadruplera, et, en nous donnant satisfaction, vous aurez fait une opération avantageuse pour votre ville d'abord, pour votre population ensuite.

« Et ce que j'avance n'est pas une hypothèse : dans une ville du Nord, à Sedan je crois, les tarifs d'octroi concernant les Huîtres ont été diminués, et la consommation annuelle, qui était d'environ 35.000, s'est élevée en un an à plus de 100.000.

« D'ailleurs, les villes fixent leur budget tous les ans, qu'elles tentent une diminution des droits d'entrée sur nos produits, à titre d'essai, et, si nos prévisions ne se réalisent pas, elles pourront toujours revenir aux anciens tarifs (1). »

Avant de terminer ce chapitre relatif à l'économie de l'industrie ostréicole, je ne puis me dispenser d'examiner ici les relations qui existent entre la consommation des mollusques cultivés et l'hygiène publique.

Si ces mollusques constituent un excellent aliment dont la valeur comestible est universellement reconnue, si les villes ont intérêt, en effet, à en vulgariser la consommation, il importe que nous recherchions les causes auxquelles on peut attribuer les phénomènes morbides qu'a provoqués (dans des circonstances tout à fait exceptionnelles, du reste) l'ingestion des Huîtres et des Moules.

Les conditions mêmes dans lesquelles se fait l'élevage des Huîtres ont donné lieu à diverses reprises à des critiques, qui ne sont pas tout à fait injustifiées de la part des services sanitaires français et étrangers.

En Amérique et en Angleterre, tout d'abord, on remarqua que certaines Huîtres provenant de localités où les eaux étaient normalement contaminées par le bacille d'Eberth, étaient susceptibles de communiquer la fièvre typhoïde à leurs consommateurs. Des observations analogues avaient été faites au sujet de la transmission du choléra.

En France, dans diverses circonstances, les pouvoirs publics s'étaient préoccupés des dangers que pouvait faire courir la consommation de ces mollusques à certaines époques de l'année. On croyait notamment qu'au moment de la fraye, l'Huître sécrétait des substances toxiques pour l'homme. On pensait aussi qu'en été, elles pouvaient contenir le frai de l'étoile de mer, que l'on considérait comme vénéneux. Un travail de M. Bouchon-Brandely établit nettement que la consommation des Huîtres n'occasionnait pas plus d'accidents à l'époque de la reproduction qu'à d'autres moments de l'année. Puis le comité consultatif d'hygiène publique de France,

(1) R. Pottier, *l'Ostréiculture et les Intermédiaires*, compt. rend. des séances du Congrès international des pêches maritimes des Sables-d'Olonne, 1896, p. 330.

par l'organe de M. le professeur Grancher, admit que les seules Huîtres qui pouvaient produire des troubles morbides étaient celles qui avaient séjourné dans des eaux souillées par des matières organiques en décomposition.

Les rapports de MM. Bouchon-Brandely et Grancher datent de 1888.

Mais, en 1896, le professeur Chantemesse traita devant l'Académie de médecine du danger que pouvait faire courir la consommation des Huîtres, en communiquant à cette assemblée une observation sur un cas de transmission de la fièvre typhoïde par des mollusques provenant d'un parc de Cette.

Il est avéré, en effet, après les recherches sur ce sujet de divers savants anglais et américains, que le bacille typhique n'est pas tué immédiatement lorsqu'il est placé dans l'eau de mer. En conséquence, les mollusques élevés ou engraissés au voisinage de bouches d'égouts, de lavoirs, etc., ou conservés dans des eaux qui, pour une raison quelconque, ont été polluées par des déjections typhiques, absorbent par le seul mécanisme de leur nutrition les germes pathogènes.

Une partie de ces derniers, soumise à l'action des sucs digestifs de l'Huître, sont évidemment détruits ; mais il en est beaucoup qui demeurent intacts, soit dans le liquide qui baigne l'animal, soit adhérents à son manteau, à ses branchies, etc.

Herdmann et Boyce, de Liverpool, ont constaté déjà que l'Huître contaminée ne présente extérieurement aucun indice permettant de déceler son état. Ils ont constaté aussi que, si l'on place cette Huître contaminée dans de l'eau pure et renouvelée, elle se débarrasse rapidement des germes pathogènes qu'elle contient. C'est également la conclusion à laquelle est arrivé le Dr Thorne, chargé par le gouvernement anglais de déterminer quelles étaient celles des installations ostréicoles du Royaume-Uni qui pouvaient être défectueuses au point de vue des conditions sanitaires de l'élevage des Huîtres. Enfin M. Chantemesse et une commission spéciale nommée par l'Académie de médecine de Paris, pour l'étude de cette question, aboutissent aux mêmes résultats.

On peut donc penser tout d'abord qu'il suffirait de transporter les mollusques élevés dans des régions normalement contaminées vers d'autres points du littoral pour les priver de tout contage bactérien. Cette mesure est d'une application difficile. Du reste, il serait impossible d'en contrôler l'exécution. Aussi pensons-nous qu'il serait préférable à tous égards de retirer leurs concessions aux détenteurs de parcs installés dans des conditions défectueuses, quitte à leur donner des concessions en d'autres points du littoral. L'autorité maritime, se préoccupant de cette grave question dans l'intérêt des ostréiculteurs comme dans celui de l'hygiène publique, a décidé de faire procéder par un hygiéniste à une enquête complète sur le nombre et la nature des concessions du littoral français dont il lui faudrait faire cesser l'exploitation. D'ores et déjà nous savons que, par rapport à la surface qu'occupe l'ostréiculture sur nos côtes, le nombre de ces concessions est infime.

On sait aussi que l'ingestion des Moules donne parfois naissance à des troubles qui peuvent être assez graves pour amener la mort. En réalité, il ne s'agit pas là seulement de troubles gastro-intestinaux, mais de véritables empoisonnements.

Ceux-ci ont été longtemps attribués à un petit crabe, *Pinnotheres pisum*, qui se trouve fréquemment entre les valves des Moules comestibles; on les a imputés aussi au frai d'Astérie et à une idiosyncrasie de l'estomac des individus ayant présenté des manifestations morbides à la suite d'ingestions de Moules. On a dit encore que ces animaux ne provoquaient de troubles pathologiques que s'ils étaient recueillis sur des navires doublés de cuivre, etc. Aucune de ces explications n'avait de valeur réelle : le *Pinnotheres pisum* se trouve indifféremment dans les Moules saines ou non ; ces mollusques peuvent être toxiques, comme l'Huître, en dehors de la saison de fraye des Étoiles de mer; des individus très différents peuvent être malades à la suite de la consommation du même plat de Moules, et des animaux sont sujets aux mêmes manifestations pathologiques dans les mêmes circonstances; enfin, en ce qui concerne l'influence du cuivre sur la toxicité des Moules, il a été établi par Heckel que ces animaux mouraient dans un liquide cuprique avant qu'ils aient pu emmagasiner un sel de ce métal dans leurs tissus en quantité suffisante pour provoquer de simples vomissements.

A la suite d'un empoisonnement survenu à Willemshaven, parmi des ouvriers qui avaient mangé des Moules recueillies

dans les eaux stagnantes et putrides du port, il fut établi par
Brieger et Schmidtmann que ces mollusques toxiques contenaient une ptomaïne à laquelle ils donnèrent le nom de myti-lotoxine. Cette ptomaïne est un poison violent qui, suivant
Wolff, serait localisée dans le foie des animaux et s'y développerait sous l'action d'un microbe spécial étudié plus tard par
Lustig. Salkowski montra que le carbonate de soude détruisait ce poison, et Virchow constata que les Moules conservées
en eau pure en sortant des milieux pollués, cessaient d'être
vénéneuses. Lustig enfin démontra que les Moules élevées en
mer ne présentaient jamais de ptomaïne et que les Moules vénéneuses étaient produites dans des eaux stagnantes et contaminées. (HENNEGUY, *Rapport au Comité cons. des pêches*, 1888.)

Quoi qu'il en soit, il incombe évidemment aux pouvoirs publics de veiller à ce que l'élevage de la Moule soit toujours
pratiqué dans des eaux pures.

Les Moules sont mangées cuites en France, d'une façon très
générale. Dans les localités où on les consomme crues, elles
doivent, comme les Huîtres, provenir de régions telles, qu'elles
n'aient pu être contaminées par des germes bactériens vivants.

Mais le fait de soumettre ces mollusques à la cuisson n'implique pas évidemment qu'elles puissent cesser d'offrir des
dangers. Certaines ptomaïnes — et la mytilotoxine paraît être
du nombre — ne sont pas détruites ou sont détruites d'une
manière seulement partielle sous l'action de la chaleur. Aussi
est-ce sur les lieux de production qu'il convient d'exercer une
surveillance sérieuse pour s'opposer toute à contamination des
mollusques. Sans doute, on ne pourra jamais empêcher certaines gens de consommer les Moules qu'elles recueilleront
elles-mêmes dans les eaux souillées de certains ports, de même
que l'on ne peut s'opposer à ce que diverses personnes ne
mangent les champignons qu'elles vont récolter, sans les connaître suffisamment, dans les bois.

Mais il importe seulement qu'un contrôle sérieux soit exercé
sur les parcs qui fournissent leurs produits au commerce de
l'alimentation. Aussi ce contrôle, qui fonctionne actuellement
pour les moulières et qui fonctionnera incessamment pour les
exploitations ostréicoles, mettra-t-il complètement le public
à l'abri du danger d'être intoxiqué par la consommation des
mollusques pêchés en mer ou cultivés sur les plages.

CHAPITRE XII

Rendements annuels des pêcheries d'Éponges. — Variétés industrielles d'Éponges. — Structure, reproduction et développement des Éponges commerciales. — Essais de culture des Éponges industrielles dans l'Adriatique, sur les côtes françaises de la Méditerranée et en Floride. — Critiques faites au sujet de ces tentatives de spongiculture.

On évalue à 10 ou 12 millions de francs le produit total des Éponges pêchées dans les diverses parties du monde pour un usage industriel. Dans ce chiffre, les Éponges de la Méditerranée, récoltées en Syrie, en Tunisie, en Tripolitaine, près de Chypre, etc., figurent pour 7 à 8 millions de francs, et celles qui sont prises sur les fonds des côtes américaines, aux îles Bahamas, en Floride ou à Cuba, représentent 3 à 4 millions.

La France seule importe pour 4 à 5 millions d'Éponges du Levant et pour 2 millions des Bahamas ou de Cuba.

Soubeiran estimait qu'avant 1850, diverses compagnies françaises recevaient pour 15 millions d'Éponges. C'est vers cette époque que l'attention des marchands américains se porta vers les fonds de la Floride. Jusque-là on n'exploitait que les Éponges de la Méditerranée et des Bahamas.

Sans entrer ici dans le détail des diverses variétés commerciales d'Éponges, que les pêcheurs et négociants de chaque localité ont établies pour classer leurs produits, variétés très nombreuses et déterminées uniquement par la finesse du « grain », la forme et la couleur des Éponges, je ne puis me dispenser d'énumérer les quelques types auxquels elles se rattachent.

Ce sont : *Spongia graminea*, propre à la côte floridienne ; *Spongia officinalis*, qui se trouve en Europe comme en Amérique : on lui donne les noms de Coupe, Turque, du Levant, Gant (Floride et Bahamas) ; *Spongia equina*, qui comprend les Éponges grossières : Vénitienne, Laine, Velours et Herbes (américaines) ; *Spongia aquaricina*, que l'on désigne sous les noms de Zimocca, tête dure, jaune, etc.

Les Éponges les plus fines sont celles de la Méditerranée ou de la Turquie, qui comprennent vingt-cinq variétés de finesse ; elles valent de 55 à 550 francs le kilo. Celles des Bahamas diffèrent peu de celles de la Floride. Elles valent de 17 à 25 francs le kilo et comprennent quinze variétés. Les Éponges de la Floride proprement dite sont groupées en cinq qualités.

Les Éponges sont pêchées, soit par des plongeurs, soit au moyen de longs tridents, maniés par des hommes qui se servent d'une lunette d'eau pour examiner les fonds. On les pêche encore avec une sorte de drague, sur les côtes tunisiennes principalement.

En Méditerranée, cette pêche se fait par 3 à 5 mètres d'eau. En Amérique, les fonds à Éponges se trouvent par 9 à 12 mètres de fond.

Depuis longtemps, on se plaint de l'appauvrissement des fonds méditerranéens et américains. Aussi s'est-on attaché à déterminer les conditions dans lesquelles on pouvait restreindre la pêche des Éponges pour leur permettre de se développer convenablement. De plus, on a essayé de pratiquer une culture logique de ces animaux. On a voulu créer au voisinage des côtes, des champs d'Éponges exploitables à la volonté de leurs détenteurs, à la manière des parcs à Huîtres.

Jusqu'ici, ces tentatives n'ont pas eu les résultats que l'on espérait en obtenir. Je ne crois pas cependant devoir les passer sous silence. Mais, auparavant, il me paraît nécessaire de rappeler les phénomènes principaux qui se rapportent à la ponte et au développement des Éponges.

Ce que l'on désigne couramment sous le nom d'« Éponge » ne peut donner qu'une idée des plus vagues de la constitution de l'animal ainsi dénommé par les zoologistes. En effet, la matière spongieuse qui sert aux usages domestiques n'est qu'une partie, le squelette, d'un être, dont tous les tissus vivants ont été intentionnellement supprimés. Dans toute Éponge vivante, la masse principale est constituée par un tissu mésodermique, compris entre un entoderme et un ectoderme cellulaires. Cet ensemble est soutenu par un stroma qui, débarrassé des tissus organisés, est employé pratiquement sous le nom d'Éponge (1).

Ainsi, à l'état vivant, les éléments tissulaires des Éponges utilisées par l'industrie sont soutenus par une charpente fibreuse. Dans les autres groupes de cette classe, cette charpente manque ou se présente sous une forme différente ; mais, comme sa consistance et sa composition sont sujettes à des modifications caractéristiques, elles ont une importance de premier ordre pour la classification de ces animaux. On s'accorde à répartir ceux-ci dans les quatre grands groupes suivants :

1. MYXOSPONGES. — Éponges muqueuses ou gélatineuses, dépourvues de squelette.

2. CÉRATOSPONGES. — Éponges dont le squelette est formé de fibres de spongine et qui représentent les espèces utilisées en médecine ou pour les usages domestiques.

3. SILICISPONGES. — Éponges dont le squelette est constitué par des spicules de silice.

4. CALCISPONGES. — Éponges dont le squelette est constitué par des spicules calcaires.

Seules les cératosponges présentent un véritable intérêt au point de vue industriel. Aussi nous occuperons-nous d'elles seulement dans les lignes qui vont suivre.

La masse qui constitue l'Éponge est parcourue dans sa totalité par un système compliqué de canalicules. Ceux-ci prennent naissance à la surface de la masse par des trous désignés sous le nom de « pores inhalants ». Ils aboutissent à

(1) La spongine qui forme seule ou associée à des spicules, le squelette des Éponges, se rapproche de la soie par ses propriétés et sa composition chimiques.

d'autres trous appelés oscules ou « pores exhalants ». Un courant d'eau continu circule des pores inhalants aux oscules.

Ces canalicules augmentent de calibre au fur et à mesure qu'on se rapproche des parties centrales de l'Éponge (1). Normalement, ils sont tapissés par un épithélium surbaissé ; ils se dilatent par places, donnant ainsi naissance à des espaces plus ou moins vastes, irrégulièrement arrondis, qui constituent les « chambres flagellées » ou « corbeilles vibratiles ». Au niveau de celles-ci, le revêtement épithélial change de structure ; les petits éléments aplatis du canalicule proprement dit sont remplacés par des cellules très différenciées.

Ces dernières forment, en effet, des sortes de petits flacons ovoïdes, portant à leur extrémité libre une collerette mince et renfermant un noyau contenant un nucléole. En outre, par sa portion supérieure, le cône qui fait saillie dans la collerette donne insertion à un long cil animé de mouvements ondulatoires.

La masse de l'Éponge dans laquelle sont creusés le canalicules et les corbeilles n'est autre que le mésoderme. Ce tissu mérite de retenir quelques instants notre attention. Il est constitué par une matière plus ou moins hyaline, au sein de laquelle sont plongés de nombreux éléments figurés. Ce sont des noyaux, des cellules étoilées, des fibres fusiformes et contractiles, enfin des cellules migratrices qu'on voit se déplacer en émettant des pseudopodes et qui ont été considérées autrefois comme des amibes parasites. On sait aujourd'hui que ce sont des productions tissulaires normales, formant deux catégories distinctes et destinées à se transformer en produits sexuels mâles (spermatozoïdes) et femelles (œufs). Les œufs dérivent des cellules mésodermiques qui rétractent leurs prolongements et s'entourent d'une couche folliculaire. C'est à l'intérieur de cette couche que se passent les phases de la segmentation, et les larves ne deviennent libres que lorsqu'elles ont atteint un certain degré de complication structurale.

Quant aux corpuscules mâles, ils ont également pour origine des éléments mésodermiques qui subissent l'évolution suivante : les spermatoblastes dérivent de cellules qui rétractent leurs prolongements puis se divisent en spermatocystes. Ceux-

(1) Lendenfeld, *Monographia of the Horny Sponges*.

ci se transforment en spermatozoïdes qui se fraient un passage à travers les tissus pour aller féconder les ovules voisins ou pour quitter leur générateur et s'en aller féconder les éléments femelles d'autres Éponges.

Les spermatozoïdes et les œufs peuvent se développer simultanément sur le même sujet, qui est ainsi un véritable hermaphrodite ; mais il est probable que la plupart des spongiaires produisent les deux sortes d'éléments reproducteurs à des moments différents. La protérandrie semble être une règle générale ; de la sorte, les Éponges se conduisent physiologiquement comme des êtres véritablement dioïques; d'ailleurs, il n'est pas impossible que certaines Éponges soient unisexuées (1).

A côté de cette reproduction sexuée, certains types paraissent, en outre, capables de se multiplier par voie asexuée : par gemmiparité et gemmulation. Mais, vraisemblablement, on ne rencontre aucun exemple de ces modes de reproduction chez les cératosponges, qui nous occupent plus spécialement ici.

L'œuf, qui, comme nous l'avons indiqué, s'est développé au sein du mésoderme, est constitué par une cellule complètement dépourvue de substances nutritives. C'est le type par excellence de l'œuf alécithe. Sa segmentation est donc presque régulière (2). Les cellules nées par voie de division karyokynétique se différencient bientôt en deux tissus, l'ectoderme et l'endoderme; quelque temps après, un nouveau tissu intermédiaire aux précédents prend naissance, le mésoderme. Finalement ce processus aboutit à la constitution d'un embryon libre et capable de nager.

La larve de l'*Aplysella sulfurea*, que nous prendrons comme type, est constituée par une masse ovoïde que limite une couche superficielle de cellules ciliées recouvrant la totalité du corps (3). Il convient d'indiquer toutefois que le pôle antérieur est garni de cils si courts et si fins, qu'il est fort difficile de les distinguer. En revanche, le pôle qui correspond au

(1) Ed. Perrier, *Traité de Zoologie*; Paris, 1894.

(2) Schultze, *Bau und Entwicklung des Spongien*, *Zeilschrift für Wissensch. Zool.*, t. XXII, 1879.

(3) Yves Delage, *Embryogénie des Éponges* (*Archives de zoologie expérimentale*, 1892).

gros bout de l'œuf est garni de grands cils qui le recouvrent et ne forment pas une simple couronne. L'intérieur du corps est occupé par une masse cellulaire formée d'éléments à peu près tous semblables et contenant tous un grand noyau clair.

Après avoir nagé quelque temps sous cette forme, en recherchant les endroits obscurs, l'embryon se fixe sur un caillou ou quelque autre corps sous-marin. Immédiatement il s'aplatit et s'étale en un disque large et fort mince. Bientôt celui-ci se creuse de cavités que tapissent des cellules spéciales et qui représentent les premières ébauches des corbeilles vibratiles. Celles-ci se soudent alors entre elles au moyen de tubes décrivant du centre à la périphérie des lignes allongées, sinueuses et irrégulières. Lorsque toutes les chambres flagellées communiquent entre elles, un système de canaux draine donc tout le corps à l'exception des parties centrales.

Les têtes renflées des corbeilles, en effet, convergent vers le centre, mais ne l'atteignent pas. Ce centre se transforme ultérieurement en un cloaque muni d'un oscule dans lequel les culs-de-sac arrondis des chambres flagellées font saillie. Plus tard, des communications s'établissent par déhiscence des tissus aux points de contact des parois du cloaque et des têtes de corbeilles ; en même temps, la voûte du cloaque se perce d'un large orifice qui est l'oscule.

A ce moment l'Éponge présente un système de canaux qui mettent en relation le cloaque avec les cavités des corbeilles. Entre ces dernières se forment de grandes lacunes auxquelles les réunissent de petits hiatus et qui communiquent d'autre part avec le milieu ambiant, au moyen de pores qui se forment à la surface libre de l'Éponge.

Dès lors, cet animal est pourvu de tous les organes qui lui sont nécessaires pour respirer et s'alimenter. L'eau entre par les pores inhalants, se rend directement dans les lacunes situées entre les corbeilles, pénètre dans ces dernières par les hiatus et arrive enfin au cloaque qui représente à lui seul la totalité du système exhalant.

Parvenue à ce stade, la jeune Éponge ne diffère pas sensiblement de l'adulte ; toutefois le système inhalant et exhalant continue à se développer. En effet, sous sa forme définitive, le corps est limité extérieurement par une membrane épider-

mique criblée de pores, donnant accès à l'eau dans une cavité
superficielle qui s'étend au-dessous de toute la surface, excepté
au niveau des cloaques. Cet espace sous-épidermique a pour
plancher une membrane mince perforée, en communication
directe avec les lacunes inhalantes. Enfin, les oscules permettent à l'eau de se rendre dans un vaste cloaque d'où, par
un large tube, elle passe dans la profondeur du corps. Là, elle
rencontre les racines du système exhalant.

La croissance des Éponges paraît être assez rapide, bien que
l'on ne puisse citer aucun chiffre à l'appui de cette assertion (1). D'après Lee, les pêcheurs de Nassau estiment que
les Éponges sont utilisables dès l'âge de trois mois. Lamiral,
sans pouvoir préciser la rapidité d'accroissement de ces animaux, admet que, « dès la troisième année, on peut revenir
pêcher dans les endroits où les Éponges avaient été précédemment presque épuisées ». Oscar Schmidt, lui, pense qu'une
éponge doit avoir au moins six ans pour être vendue sur un
marché.

En 1785, Filippo Cavolini remarqua que des Éponges
détachées des fonds pouvaient à nouveau se fixer et continuer à croître. Ses observations furent faites dans la baie de
Naples (2).

En 1862, Oscar Schmidt constata que des fragments
d'Éponges étaient pourvus de la même propriété. De là naquit,
dans l'esprit de ce savant, l'idée qu'en fragmentant des
Éponges et en plaçant leurs parcelles dans des eaux qui con-
vinssent à leur mode de vie, on pouvait augmenter la production naturelle des terrains spongifères.

De 1863 à 1872, il fit à ce sujet des expériences qui furent
dirigées par Buccich dans la baie de Soccolizza, au nord-est
de l'île de Lésina près de la côte dalmate (3). Les pêcheurs de
la région montrèrent une très vive hostilité contre l'entreprise

(1) ALLEN, *Report on the Sponge Fishery of Florida and the artificial
Culture of Sponges*, dans *Journal of the Marine biological Association*,
N. sér., vol. IV, n° 2, 1896.

(2) FILIPPO CAVOLINI, *Memorie per servire alla storia de Polipi ma-
rini*, pp. 226-271 ; Naples, 1785.

(3) O. SCHMIDT, *Die Spongien des Adrialischen Meeres*, Leipzig, 1862 ;
et *Supplement der Spongien des Adrialischen Meeres*, Leipzig, 1864.

E. von MARENZELLER, *The Raising of Sponges from Cuttings* (*Report
of U. S. Fish. Commission for 1879*, pp. 771-777).

de ces savants. Ceux-ci durent renoncer à poursuivre leurs travaux en 1872.

Leur mode opératoire était le suivant : Les Éponges pêchées sur les terrains où elles croissent naturellement étaient ramenées à la traîne dans un petit vivier. On les laissait un certain temps dans ce réservoir pour s'assurer qu'elles n'avaient pas été endommagées au point d'en mourir. On les débarrassait ensuite de toutes les parties qui n'étaient pas parfaitement saines, puis on les débitait en petits morceaux de 10 centimètres cubes environ. Cette coupe se faisait sur une surface humidifiée et au moyen d'un couteau dentelé, pour déchirer le tissu de l'animal. Chaque morceau devait avoir une parcelle d'épiderme intact. Enfin la fragmentation devait de préférence être opérée en hiver.

Les fragments d'Éponges ainsi obtenus étaient immergés dans des eaux abritées, pures, sur des fonds durs et non vaseux. Ils étaient fichés sur des baguettes en bambou disposées elles-mêmes entre deux planches écartées de 15 centimètres par des barres de fer, et lestées convenablement.

Buccich a constaté que 90 pour 100 des fragments mis en expériences se développaient et que, dans leur première année de fixation, ils croissaient de trois ou quatre fois leur volume primitif.

En France, la Société d'acclimatation avait songé à cultiver sur nos côtes métropolitaines de la Méditerranée les Éponges importées du Levant. Voici du reste ce que disait à ce sujet M. E. Lamiral en 1861, c'est-à-dire un an avant que fussent commencés les travaux d'Oscar Schmidt et Buccich :

« La difficulté à vaincre consiste dans l'opération de la transplantation des Éponges de Syrie en Algérie et en France. Mais voici comment on pourrait faciliter cette conquête, plus précieuse que celle d'une province ou d'une colonie :

« Un bateau plongeur peut descendre à toutes les profondeurs physiquement permises à l'organisme humain, et l'équipage, qui peut rester immergé longtemps, puisqu'il respire un air pur et vital, est mis en contact libre avec les objets environnants. Les hommes manœuvrent au milieu des Éponges pour choisir celles qu'on voudra naturaliser dans les eaux françaises; on aura alors le soin d'éclater et d'enlever les blocs sur lesquels les Éponges sont adhérentes ; on les placera dans des caisses trouées, et on les remorquera jusque sur les côtes où l'on désire les déposer, afin de laisser s'acclimater ces zoophytes, dont la nature n'est pas délicate. Certainement, dès l'année suivante les Éponges se propageront dans leur nouvelle patrie.

« On pourrait aussi dans les mois du printemps recueillir les larves essaimant en abondance, et les transporter rapidement de Syrie en Algérie.

« Lorsque ces champs sous-marins, créés relativement à peu de frais, seront, au bout de trois ans, en plein rapport, on pourra les mettre en exploitation méthodique et les moissonner par coupe réglée, par le moyen des bateaux plongeurs et des scaphandres.

Aux frais de l'administration de la marine, du gouvernement général de l'Algérie et de la Société d'acclimatation, M. E. Lamiral put, dans la suite, mettre à exécution ses idées.

Des Éponges recueillies sous sa surveillance en Syrie et en Tripolitaine furent amenées sur nos côtes de Provence et immergées dans des caisses spéciales : dans la baie de Toulon, aux environs de Bandol, aux environs de Pomègue et à Port-Cros.

Les spécimens rapportés par M. E. Lamiral avaient beaucoup souffert en voyage ; d'ailleurs leur immersion avait été faite d'une manière tout à fait empirique, — et il ne pouvait en être autrement alors.

Quoi qu'il en soit, quand on voulut se rendre compte des résultats donnés par ces expériences, on constata ou que les Éponges étaient mortes, ou que les caisses avaient disparu.

A Key-West, en Floride, dans le centre même de la pêche des Éponges de cette région, MM. Kesson et Robbins, négociants à New-York, ont repris, en 1889, 1890 et 1891, les expériences d'Oscar Schmidt. Leur manière de procéder fut sensiblement la même que celle adoptée dans l'Adriatique. Mais, à ce sujet, M. George Bidder, de Plymouth, a fait une série d'observations très intéressantes et fort justes que je crois devoir résumer ici.

(1) E. LAMIRAL, *Sur l'Acclimatation des Éponges dans les eaux de la France et de l'Algérie*. (*Bull. de la Soc. d'aclim.*, 1ʳᵉ série, t. VIII, 1861, pp. 327-334).

M. George Bidder fait remarquer que rien ne prouve que, si les Éponges fussent demeurées intactes, elle ne se fussent pas autant et plus développées que les fragments qui en ont été obtenus par les expérimentateurs européens et américains. Il dit encore que nous ignorons s'il existe pour les Éponges un état de sénilité, que nous ne connaissons pas les conditions exactes de leur croissance, mais qu'il est à présumer que les tissus d'une Éponge âgée sont moins aptes à croître que ceux d'une Éponge jeune. On en peut induire que les fragments découpés sur un individu de forte taille ont un vitalité et une faculté d'accroissement inférieures à celles d'une jeune Éponge de même volume que ces fragments. Il y aurait à déterminer les conditions de croissance et la longueur de la vie chez des Éponges vivant dans des conditions naturelles, attachées au fond ou à des corps flottants. Les courants contribuent beaucoup, en raison de l'organisation même de ces animaux, à faciliter leur accroissement. Il faudrait faire des observations analogues sur des éponges coupées et déterminer, enfin, la taille et l'âge auxquels commence la ponte chez les Éponges naturelles et celles qui proviennent de fragments cultivés (1).

Comme on le voit, nous sommes encore trop peu au courant de phénomènes importants et relatifs à la vie des spongiaires pour que l'on puisse en tenter une culture raisonnée sur nos côtes de France, d'Algérie et de Tunisie ; on peut penser néanmoins qu'il importe de ménager l'exploitation des fonds naturels. La culture de ce fonds — si on peut donner ce nom à une méthode conservatrice de leur productivité — pourrait tout au plus consister pour le moment à en réglementer la mise en valeur et à semer des collecteurs sur leur surface.

(1) George BIDDER, *Note on Projects for Improvement of Sponge Fisheries* (*Journ. of Marine Biol. Assoc. N. Ser.*, t. IV, n° 2, février 1896, pp. 195-202).

FIN

TABLE DES MATIÈRES

CHAPITRE PREMIER

CHAPITRE II

CHAPITRE III

PLAINTES SUR LA DIMINUTION DES RENDEMENTS DE LA PÊCHE
FRAICHE. — RÉGLEMENTATION DES PÊCHES MARITIMES

CHAPITRE IV

PISCIFACTURE MARINE

CHAPITRE V

PISCICULTURE MARINE. — RÉSERVOIRS A POISSONS

CHAPITRE VI

REPRODUCTION DU HOMARD ET DE LA LANGOUSTE. — ESSAIS DE
PROPAGATION ARTIFICIELLE DU HOMARD

CHAPITRE VII

BIOLOGIE DES HUÎTRES COMESTIBLES

CHAPITRE VIII

GISEMENTS HUITRIERS NATURELS

CHAPITRE IX

RÉSUMÉ DE L'HISTOIRE DE L'OSTRÉICULTURE EN EUROPE

CHAPITRE X

MÉTHODES EMPLOYÉES PAR L'OSTRÉICULTURE EN EUROPE
CULTURE DE LA MOULE

CHAPITRE XI

CONSIDÉRATIONS ÉCONOMIQUES SUR L'INDUSTRIE OSTRÉICOLE

CHAPITRE XII

ESSAIS TENTÉS SUR LA CULTURE DES ÉPONGES INDUSTRIELLES

1846-7. — Tours, imp. E. Arrault et Cie.

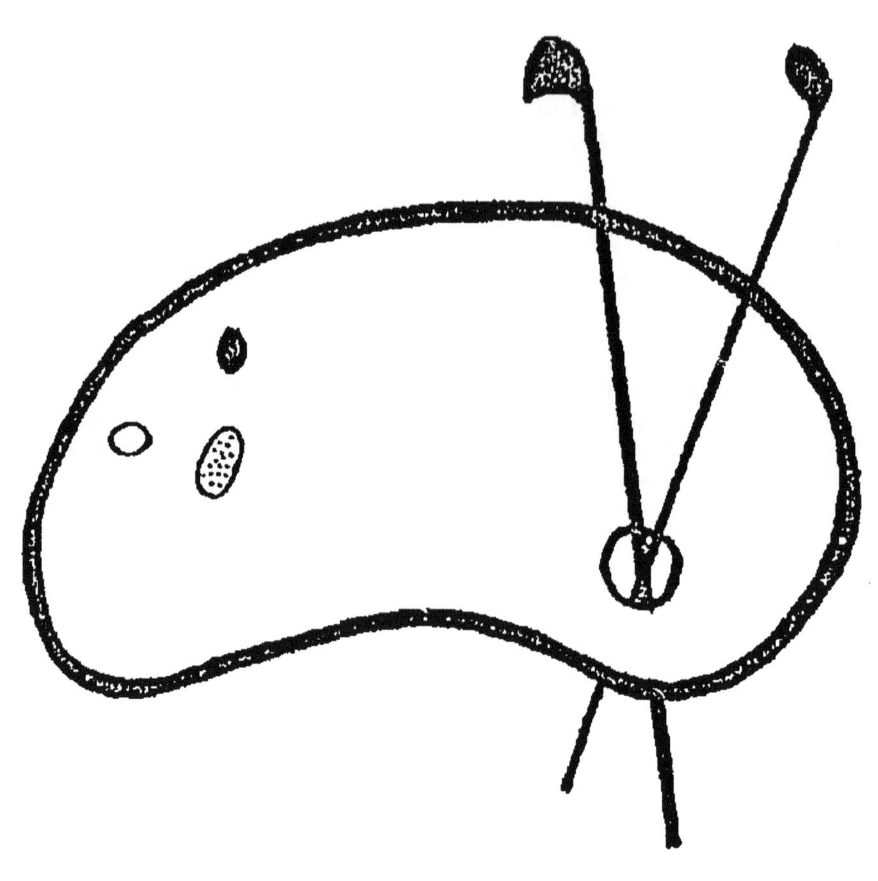

ORIGINAL EN COULEUR
NF Z 43-120-8

www.ingramcontent.com/pod-product-compliance
Ingram Content Group UK Ltd.
Pitfield, Milton Keynes, MK11 3LW, UK
UKHW020725120726
13693UKWH00001B/162